罪犯教育学
（第二版）

主　编　贾洛川
副主编　陈丽天　张东平
撰稿人　（以姓氏笔画为序）
　　　　孙丽娟　余　飞　张东平
　　　　陈士涵　陈丽天　荣道福
　　　　姜绪平　贾洛川　程建宸

北京大学出版社
PEKING UNIVERSITY PRESS

图书在版编目(CIP)数据

罪犯教育学/贾洛川主编. —2 版. —北京:北京大学出版社,2016.2
ISBN 978-7-301-26788-2

Ⅰ. ①罪… Ⅱ. ①贾… Ⅲ. ①犯罪分子—教育学—教材 Ⅳ. ①D916.8

中国版本图书馆 CIP 数据核字(2016)第 009839 号

书　　名	罪犯教育学（第二版）
	Zuifan Jiaoyuxue
著作责任者	贾洛川　主编
责任编辑	徐　音
标准书号	ISBN 978-7-301-26788-2
出版发行	北京大学出版社
地　　址	北京市海淀区成府路 205 号　100871
网　　址	http://www.pup.cn
电子信箱	sdyy_2005@126.com
新浪微博	@北京大学出版社
电　　话	邮购部 62752015　发行部 62750672　编辑部 021-62071998
印　刷　者	三河市北燕印装有限公司
经　销　者	新华书店
	730 毫米×980 毫米　16 开本　20.25 印张　353 千字
	2008 年 8 月第 1 版
	2016 年 2 月第 2 版　2017 年 7 月第 2 次印刷
定　　价	45.00 元

未经许可，不得以任何方式复制或抄袭本书之部分或全部内容。
版权所有，侵权必究
举报电话：010-62752024　电子信箱：fd@pup.pku.edu.cn
图书如有印装质量问题，请与出版部联系，电话：010-62756370

前　言

2005年7月,上海政法学院法学(刑事司法方向)专业被上海市教委批准列为上海市高校本科教育高地建设项目。为推进项目建设,学院确立了一批核心课程建设项目,罪犯教育学课程也于2007年4月被批准立项。为配合罪犯教育学核心课程建设,适应教育高地建设以及监狱学专业人才培养需要,我们以本院教师为主,并邀请了上海市犯罪改造研究所和实际工作部门一些素有研究的同志参加,编写了这本《罪犯教育学》教材,由广西师范大学出版社于2008年出版。

本教材在编写中,以马克思主义、毛泽东思想、邓小平理论、"三个代表"重要思想、科学发展观和"四个全面"战略布局为指导,根据监狱工作法制化、科学化、社会化建设和实现教育改造中心任务的要求,立足于中国监狱罪犯教育工作的实际,关注中外罪犯教育发展的共同特点和趋向,吸收和借鉴本学科及相关学科的研究成果,力图总结罪犯教育工作的成功经验,揭示罪犯教育的规律和特征,抽象出具有普遍指导意义的罪犯教育理论,特别是对改革开放以来罪犯教育理论和实践中的重大问题进行探讨,做到思想性、科学性、应用性和创新性的统一,对进一步促进我国罪犯教育向前发展,提高教育改造质量有所贡献。

本教材出版后,受到了监狱学界和相关学界的普遍肯定和高度评价,并成为有些司法警官职业院校和基层监狱干警的教学和业务参考用书。为了使本教材进一步完善,以更加适应监狱学专业人才培养和监狱学研究的需要,我们在原有的基础上,进行了一定幅度的修订。本教材的修订工作得到了北京大学出版社的大力支持。

本教材由贾洛川任主编,陈丽天、张东平任副主编,各章执笔人是(按章节先后为序):贾洛川(绪论、第一、二、三、四、十四、十五章);张东平(第一章、第六章第二节);荣道福(第五、十一章);余飞(第六章);陈丽天(第七、八、九章);孙丽娟(第十、十六章);姜绪平(第十二、十四章);程建宸(第十三章);陈士涵(第十七章)。全书的修订在各章完成的基础上,先由张东平作了初步的整理和修改,最后由贾洛川统稿、定稿。

本教材在编写和修订过程中,始终得到了学院领导和有关专家、学者的关心和支持,并参考了与本教材内容相关的著作、教材和论文等研究成果,得到相关出版社的紧密配合和协助。借此教材出版之际,一并致以诚挚的感谢!

由于水平有限,不当之处在所难免,恳请读者批评指正。

编者

2015 年 9 月

目　录

绪论 …………………………………………………………………（1）
　　第一节　教育概述 ………………………………………………（1）
　　第二节　罪犯教育和罪犯教育学概述 …………………………（6）
　　第三节　罪犯教育学的对象和特点 ……………………………（10）
　　第四节　学习和研究罪犯教育学的意义和方法 ………………（13）

第一编　罪犯教育基本原理论

第一章　罪犯教育的必要性、可能性、艰巨性和局限性 ………（21）
　　第一节　罪犯教育的必要性 ……………………………………（21）
　　第二节　罪犯教育的可能性 ……………………………………（26）
　　第三节　罪犯教育的艰巨性 ……………………………………（40）
　　第四节　罪犯教育的局限性 ……………………………………（42）

第二章　罪犯教育的特点、目标和任务 …………………………（45）
　　第一节　罪犯教育的特点 ………………………………………（45）
　　第二节　罪犯教育的目标 ………………………………………（48）
　　第三节　罪犯教育的任务 ………………………………………（54）

第三章　罪犯教育的规律 …………………………………………（58）
　　第一节　教育基本规律与罪犯教育 ……………………………（58）
　　第二节　罪犯教育的具体规律 …………………………………（64）

第四章　罪犯教育的指导思想和基本原则 ………………………（69）
　　第一节　罪犯教育的指导思想 …………………………………（69）
　　第二节　罪犯教育的基本原则 …………………………………（75）

第五章　罪犯教育的价值 …………………………………………（85）
　　第一节　价值与罪犯教育价值 …………………………………（85）
　　第二节　罪犯教育价值的形态 …………………………………（87）
　　第三节　罪犯教育价值的实现 …………………………………（95）

第六章 监狱民警与罪犯 (99)
第一节 监狱民警 (99)
第二节 罪犯教育的专职化 (104)
第三节 罪犯 (112)
第四节 监狱民警与罪犯的互动关系 (119)

第二编 罪犯教育内容论

第七章 罪犯思想教育 (131)
第一节 罪犯思想教育的地位和作用 (131)
第二节 法制教育 (134)
第三节 道德教育 (140)
第四节 世界观、人生观和价值观教育 (145)
第五节 时事政治教育 (146)

第八章 罪犯文化教育 (151)
第一节 罪犯文化教育的概念、特点和意义 (151)
第二节 罪犯文化教育的原则 (156)
第三节 罪犯文化教育的实施要求 (161)
第四节 罪犯文化教育的方法 (164)

第九章 罪犯技术教育 (168)
第一节 罪犯技术教育的概念、特点和作用 (168)
第二节 罪犯技术教育的内容 (172)
第三节 罪犯技术教育的原则 (175)
第四节 罪犯技术教育的方法 (177)

第十章 罪犯心理健康教育 (181)
第一节 罪犯心理健康教育概述 (181)
第二节 罪犯心理健康教育的原则 (189)
第三节 罪犯心理健康教育的内容、模式和方法 (191)

第十一章 罪犯体育和美育 (201)
第一节 罪犯体育 (201)
第二节 罪犯美育 (204)

第三编 罪犯教育方法论

第十二章 罪犯集体教育 ……………………………………… (213)
第一节 罪犯集体教育概述 ……………………………… (213)
第二节 罪犯集体教育的方法 …………………………… (216)
第三节 罪犯集体教育的实施要求 ……………………… (220)

第十三章 罪犯分类教育 ……………………………………… (223)
第一节 罪犯分类教育的概念、特点和作用 …………… (223)
第二节 我国罪犯分类教育的历史发展 ………………… (225)
第三节 不同类型罪犯的分类教育 ……………………… (229)

第十四章 罪犯个别教育 ……………………………………… (242)
第一节 罪犯个别教育的概念、特点和意义 …………… (242)
第二节 罪犯个别教育的主要环节 ……………………… (244)
第三节 罪犯个别教育的方法 …………………………… (247)

第十五章 罪犯社会帮教与监区文化建设 …………………… (257)
第一节 罪犯社会帮教 …………………………………… (257)
第二节 监区文化建设 …………………………………… (265)

第四编 罪犯教育评价与比较论

第十六章 罪犯教育评价 ……………………………………… (273)
第一节 罪犯教育评价概述 ……………………………… (274)
第二节 罪犯教育评价的类型和原则 …………………… (280)
第三节 罪犯教育评价的程序和方案设计 ……………… (286)

第十七章 罪犯教育比较 ……………………………………… (293)
第一节 罪犯教育比较的意义 …………………………… (293)
第二节 中外罪犯教育的比较 …………………………… (295)
第三节 中国罪犯教育的历史比较 ……………………… (310)

主要参考书目 ………………………………………………… (318)

绪 论

罪犯教育学是从 20 世纪 80 年代着手建立,正在走向成熟的一门新的学科。它所涉及的许多基本理论问题和实践问题尚在研究解决之中,它的逻辑体系也在继续探索建构之中。

本章根据当前的研究水平,就教育、罪犯教育、罪犯教育学的一些基本问题作一个简单的概述,大致勾画出罪犯教育学的逻辑体系框架。

第一节 教育概述

一、教育的概念及功能

关于教育一词,在我国最早见于《孟子·尽心上》中的"得天下英才而教育之,三乐也"一句。而就教育的概念,具体表述的形式很多,如我国东汉学者许慎撰写的《说文解字》中说,"教,上所施,下所效也;育,养子使作善也。"捷克教育家夸美纽斯认为,教育在于发展人健全的个性。瑞士教育家裴斯泰洛齐认为,教育是依照自然法则,发展儿童道德、智慧和身体各方面的能力。德国思想家康德认为,人只有靠教育才能成人,人完全是教育的结果。美国教育家杜威说:"教育就是经验的不断改造或重新组织""教育即生活""教育即生长"。这些说法都想力图说明教育的含义。但由于历史的局限或阶级的局限,都未能科学地说明教育这一概念。

那么,教育这一概念的确切含义是什么呢？按照辩证唯物主义的观点,教育是一种社会现象,其他动物界都没有。有些动物出生以后就有某些特殊行为,如小鸭生下来就会游泳,蜜蜂生下来就会酿蜜、造窝,这都是它们的本能的活动,谈不上教育的结果。动物界没有教育,只有人类社会有教育。但社会现象各种各样,如政治、经济、军事、法律等,而教育这种社会现象与其他社会现象有什么不同呢？它区别于其他社会现象的特点就是培养人,它是人类社会所特有的培养人的一种社会活动。今天,一般人们更多地从社会的角度定义教育,它有广义和狭义两种解释。从广义上讲,凡是增进人们的知识和技能,影响人们的思想品德的活动,都是教育。不论是有组织的或无组织的、系统的或零碎的,都是教育,其内容十分广泛,形式也是多种多样。它包括人们在家庭里、学校里、社会上所受到的各种有目的的影响,包括看电视、看电影、读文艺作品所受到的启发和教育。从狭义上讲,是指专门组织的教育,主要指学校教育,即教育者根据一定社会或阶级的要求,有目的、有计划、有组织地对受教育者身心施加影响,把他们培养成为一定社会或阶级所需要的人的活动。这里凡带有学校特性的都可以视为狭义教育,如各种大、中、小学教育,函授、刊授教育,包括罪犯教育——中央就曾提出劳改、劳教场所是教育改造违法犯罪分子的学校。近年来,有些学者认为,单从社会的角度审视教育还不够,还应从个体的角度定义教育,教育不仅要使受教育者达到社会的一般要求,而且要注重教育过程中个体各种心理需要的满足及心理品质的发展。换句话说,就是要重视受教育者个性的发展。如果把社会和个体两个方面兼顾起来,我们主要针对狭义的教育下一个定义,教育是教育者在一定社会背景下有目的、有计划、有组织地对受教育者施加影响,促使个体的社会化和社会的个性化的实践活动。这里一方面要强调"个体的社会化",另一方面要强调"社会的个性化"。个体的社会化是根据一定的社会要求,把个体培养成符合社会发展需要的具有一定态度、知识和技能结构的人;社会的个性化是指把社会的各种观念制度和行为方式内化到需要、兴趣、素质各不相同的个体身上,从而形成他们独特的个性心理结构。这里既不能搞千篇一律,整齐划一,把个体需要和社会发展无条件地拉向一致,同时也不能片面强调个性发展,导致个体自身的随心所欲。

从这两个方面出发,教育也同样具有社会功能和个体功能。[1] 就社会功能而言,教育具有改善人口质量,提高民族素质的功能;具有促进文化延续和发展的功能;具有促进经济发展的功能;具有促进政权稳定、社会和谐平安的功能;具有调节人与自然的关系,促进社会可持续发展的功能。就个体功能而言,一是教育具有对个体发展的促进功能。它能够促进个体社会化,主要表现为促进个体思想意识的社会化,促进个体行为的社会化,培养个体的职业意识和角色;它能够促进个体个性化,主要表现为促进人的主体意识的形成和主体能力的发展,促进个体差异的充分发展,形成人的独特性,开发人的创造力,促进个体价值的实现。二是教育的个体谋生和享用功能。教育的个体谋生功能,是教人"学会生

---

[1] 参见全国十二所重点师范大学联合编写:《教育学基础》,教育科学出版社2002年版,第32—47页。

存";教育的个体享用功能,不仅是指为了达到外在目的而受教育,而且是要使教育成为个体生活的需要,受教育过程是需要满足的过程。在满足需要的过程中,个体可以获得自由和幸福,获得一种精神上的享受;通过教育,知识的内在价值体现为促进人的身心和谐发展,以及造就完美的自由人格,从而使人成为自由、幸福之人,精神充实、愉悦之人。

二、教育的起源

人们普遍承认,教育是人类社会继承和延续、生存和发展的必不可少的手段,但在教育起源问题上,却有不同的看法,大致有以下几种观点:

(一) 神话起源说

这是人类关于教育起源的最古老的观点,所有宗教都持这种观点。这种观点认为,教育与其他万事万物一样,都是由人格化的神(上帝或天)所创造的。教育的目的就是体现神或天的意志,使人皈依于神或顺从于天。这种观点是非科学的,之所以如此,主要是受当时认识水平的局限。

(二) 生物起源说

该学说的代表人物是法国哲学家、社会学家利托尔诺。他根据对动物生活的观察得出结论:教育活动不仅存在于人类社会中,甚至存在于动物界。人出现之前,动物界就有了教育,如猫教小猫捕鼠,鸭子教小鸭游水。他把教育过程理解为按生物学规律完成的本能过程。该学说的提出,有一定的经验基础,与神话起源说相比,不能不说是一大进步,标志着在教育起源问题上开始从神话解释转向科学解释。但它的根本错误在于没有把握人类教育的行为与动物类养育行为之间质的差别,仅从外在行为的角度而没有从内在目的的角度来论述教育的起源问题,从而把教育起源问题生物学化。

(三) 心理起源说

教育的心理起源说在学术界被认为是对教育生物起源说的批判,其代表人物是美国教育家孟禄。他认为,利托尔诺没有揭示人的心理和动物的本质区别。孟禄从他当时的心理学立场出发认为,儿童对成人的模仿的本能是教育的基础,模仿是手段,是教育过程的实质。表面上看,这种观点不同于生物起源说,但仔细考虑,却也离生物起源论不远。因为如果教育起源于儿童对成人的模仿本能,那么这种本能就肯定不是获得性的,而是遗传性的,是先天的而不是后天的,即不是文化的和社会的。只不过这种本能是人类的类本能,而不是动物的类本能,这是孟禄比利托尔诺进步的地方,可是这种人类的类本能与动物的类本能的界限在哪里,孟禄没有回答,另外心理起源说对教育者在历史发展中的作用没有作出科学的评估。

(四) 劳动起源说

劳动起源说是在直接批判生物起源说和心理起源说的基础上,在辩证唯物主义理论的指导下形成的。这种观点认为,教育产生于于社会生活需要,而归根结底产生于生产劳动。人类在劳动中制造工具,使用工具,不仅获得了物质生产的经验,而且也产生了一定的生产关系。为维持人类的生存,年长的一代把生产技能、技巧经验和道德规范、利益方式、风俗习惯传授给下一代,教育就是从这种生产劳动的实际需要中产生的。这种观点鲜明地提出了教育是人类所特有的有意识的活动,是人类社会特有的传递经验的形式。持这一观点的学者主要集中于苏联和我国,并成为通说。

三、教育的发展过程

教育伴随着人类的产生而产生,随着社会的发展而发展,在不同历史的阶段中,由于生产力发展水平的不同,生产关系和政治制度的不同,教育也具有不同的性质和特点,形成了各种历史形态。

根据古代经籍的记载,在我国原始社会的后期,约四千年前的虞舜时期,开始有类似教育机构的建立,称为"庠"。学校的正式产生是在奴隶社会的夏代和商代。夏代除有"庠"外,还设有"序"等军事性教育机构。商代则有"学""瞽宗",这是传授礼乐、造就士子的学校。从国外考古学家和历史学家的研究中,发现在其他一些国家的原始社会中,也存在一种称为"青年之家"的机构。在那里,由一些丧失劳动能力,不能直接从事生产劳动的老人来专门训练和教导青年人。到了奴隶社会,从欧洲来看,有斯巴达和雅典两种较为典型的奴隶制教育。斯巴达是农业奴隶主统治的国家,为了镇压奴隶暴动和对外掠夺,特别注重军事体育训练,培养年青一代成为效忠奴隶制度的勇敢卫士。雅典是一个工商业比较发达的奴隶制国家,教育目的是培养效忠国家的公民。在雅典教育中,除了军事训练外,还有读、写、算、音乐、政治、哲学、文学等多方面的科学文化知识的教学。

到了封建社会,生产力有了进一步的发展,出现了新的生产关系,教育也有了新的发展。在我国,在办学形式上,官学和私学并存,五代以后又出现了书院。在教育内容上,除了主要灌输儒家经典外,也根据当时的生产水平,传授一些自然科学知识,如天文、历算、医学等学科。在欧洲,出现了为僧侣封建主和世俗封建主服务的教会学校和骑士教育。教育的目的是培养忠于神权的教士和维护封建统治利益的骑士。在封建社会里,教育制度具有森严的等级性,广大劳动人民基本上接受不到学校教育。但劳动人民要为生活而劳动,必须学会技术;如此一来,家庭中的父子相传,各行业的师傅带徒弟,也就成了封建社会大量存在的教育活动,构成了教育的重要组成部分。

到了资本主义社会,随着资本主义制度的形成和发展,教育也发生了巨大变化。资本主义社会采取大机器生产,生产力的发展远远超过封建社会,新的生产力要求生产工作者要有文化,能够懂得机器和正确使用机器,因而封建社会的等级性和脱离实际的教学内容等,已经不能适应社会的需要。因此,资产阶级在教育上进行了一系列重要改革,使教育有了新的发展。这个时期的教育主要特点是:其一,扩大了教育对象。劳动者的教育从生产过程中分化出来,成为独立形态。如产生了专门传递生产技术知识,为工业训练劳动力的职业技术学校、实科学校,同时逐步普及义务教育。这是由于大工业生产的发展不仅要求扩大劳动者的数量,而且要求提高劳动者的质量,资产阶级为了自己的阶级利益不得不这样做。其二,形成了比较完备的近代学校教育体系。随着现代教育意识的萌芽,班级授课制代替了传统的个别教学,开始形成了现代学校的模式和教学、教育及管理工作的一系列制度。特别是现代生产的不断发展,引起产业结构、经济结构和社会结构的变革,对办学的目的、规格、层次的要求也越来越多样、复杂,逐步形成了按教育程度和学校类型等分级的近代学校教育体系。其三,学校教育内容较为丰富,教学方法有较大改进。随着工业化的不断发展,学校教育增加了自然科学和科学技术知识,采用了演示、实验、实习等,革新了教学设备。但是,资本主义教育阶级性是很鲜明的。资本主义教育在内容上,始终渗透着资产阶级的思想意识和宗教精神;由于财富的巨大差别和办学条件好的学校里昂贵的学费,有产者和劳动者事实上无法做到真正意义上的教育机会均等。

鸦片战争以后,中国沦为半殖民地和半封建社会,帝国主义、封建主义和官僚资本主义掌握中国的经济命脉,控制中国的文化教育大权,在旧中国有帝国主义在中国直接开办的学校,设立的教堂,也有买办资产阶级的教育,还有"尊孔""读经"的封建教育。国民党统治时期的教育,是集封建的、买办的、法西斯教育的大成,为国民党统治服务。

在社会主义国家,教育权掌握在广大劳动人民手里,高度重视教育公平,人人有受教育的机会。我国的社会主义教育,是为推动社会主义经济、政治、文化、社会建设服务的。党和国家把教育作为民族振兴的基础,优先发展教育。在教育领域,广大教育工作者全面贯彻党的教育方针,坚持以人为本,德育为先,实施素质教育,提高教育现代化水平,培养德智体美全面发展的社会主义建设者和接班人,办好人民满意的教育。

当今世界,存在资本主义和社会主义两种不同性质的社会,也同时存在两种不同性质的教育。尽管在办教育的出发点、指导方针、受教育的实际权利、意识形态和思想道德教育内容等方面有明显不同,但在有些方面,有着共同的特点和发展趋势。一是教育成为社会发展的战略重点。在今日世界中,几乎所有国家都在努力寻求获得更好更快发展的道路,而加速发展教育,促进国民素质的改变和提高,则是一个国家期望获得更大发展的先决条件和基本方式。因此,各国都十分重视教育,许多国家都把教育视为本国经济、社会发展的战略重点。二是教育趋于民主化。教育的民主化首先是指教育机会均等,包括入学机会、教育过程中享有教育资源机会和教育结果的均等;其次是指师生关系的民主化;再次是指教育活动、教育内容、教育方式等的民主化,为受教育者提供更多的自由选择的机会。三是教育类型的多样化。既有从幼儿园到中学的普通教育系统,又有初级、中级、高级的职业技术教育系统;既有综合的,又有专业性强的大专院校及研究机构;既有全日制的各级各类学校,又有半日制、业余的各级各类学校;既有青少年的学校教育,又有成人的各级各类学校等等。这些多种类型的教育,增强了当代教育适应经济和社会发展的应变能力。四是教育技术的现代化。这是现代科学技术在教育技术上的应用,包括教育设备、教育手段,以及工艺、程序、方法等的现代化,扩大了教育的范围和对象,提高了教育效果。五是教育改革成为世界潮流。随着社会对教育的要求日益提高,教育改革日益迫切,这是历史发展的必然。20世纪80年代以来,各国几乎同时开始了教育改革,而且将不断地持久进行下去。这种改革是涉及教育思想、培养目标、教育内容、教育方法、教育制度等方面的综合性整体改革。这是当今各国教育发展的共同特点和趋势。

第二节 罪犯教育和罪犯教育学概述

一、罪犯教育概述

教育是一种培养人的社会活动,是一种促使个体的社会化和社会的个性化的实践活动,这是教育区别于其他社会现象的一般概念。但是,大千世界,总是千差万别的,即使是同一类事物中的各个具体事物,也不尽相同,由于教育在对象、内容、目的以及形式、手段等的区别,因而呈现出十分复杂的区分和类型,有着多种多样的教育。如除全日制教育外,还有面向工人、农民、军人、干部等等的在职教育。在诸多教育中如何对被判处刑罚(特别是监禁刑)的人进行教育以适应社会需要以及本人重新做人的问题,一直受到有关人士的关注,而且随着人类社会的发展,越来越引起相关方面的重视。

在西方,在16世纪欧洲兴起的感化院,一个重要的理念就是要让违法、堕落者忏悔,在劳动作业的过程中接受教化,得到拯救。其中最为著名的是1703年教皇克莱门特十一世在罗马改建的圣·米歇尔感化院,该机构旨在感化违法犯罪青少年,在它的大门上印有这样的题词:"对邪恶的人仅仅通过惩罚加以限制是不够的,同时必须通过矫正(教育)措施使其醒悟。"近代以来的西方,随着自由刑的发展,执行自由刑的监狱猛增,资产阶级学者以及管理者在主张强化监狱管理制度的同时,对罪犯提出了感化、教诲、矫正等一系列主张。例如监狱行刑的人道化、社会化、个别化,重视宗教的拯救人心的力量,鼓励、引导罪犯参加文化学习、职业培训。还提出了一系列教育矫正的方法,如心理疗法,通过心理咨询、辅导、引导,消除罪犯不良心态,形成健康心理;再如行为疗法,鼓励罪犯积极的行为,惩罚罪犯的不良行为;另如环境疗法,把罪犯放在一个好的环境里,使其不良行为得以矫正,如把吸毒者集中在一个不宜于接触到毒品并便于治疗的环境使其吸毒恶习得以矫正。另外,对于一些凶残、有暴力倾向严重的罪犯,给其提供一个环境,让其饲养动物,在培养对动物爱心的过程中潜移默化地唤醒其对人的爱心,消除心中的暴戾之气。应该看到,资本主义国家监狱的所谓教育,从根本上上说,是为维护资产阶级利益,巩固资产阶级专政服务的,但是其中一些做法、方法可以为我们借鉴。

在中国,传统文化中有一个重要的思想就是教化思想。不论是孟子的"性善论"还是荀子的"性恶论",都主张人的善良品行要通过后天的学习和教化得到培养。在儒家经典《礼记·学记》中,就提出过"长善救失"的思想。在我国古代,也有一些罪犯教育思想的萌芽和做法,在西周,当时的统治集团就提出"以圜土聚教罢民,凡害人者,置之圜土而施职事焉,以明刑耻之。"那时已提出用圜土(监狱)聚教(收容教养)罢民(罪犯)的思想。在唐代,统治者主要利用人们对宗教的信仰,使用佛教精义感化罪犯,像"苦海无边,回头是岸""放下屠刀,立地成佛"的格言,都是一些劝人改恶从善的教义。唐太宗李世民还有过将即将执行死刑的囚犯放回家中,安排后事,翌年自动回监狱问斩的做法,结果无一个罪犯不按时回来。在清代,据记载一些地方官员让罪犯在狱中学习出狱后的谋生技能。古代的监狱罪犯教育,在总体上不占主导地位,思想内容多含糟粕,具体做法也不够系统,较为零碎,但其毕竟是一个发展阶段,一些好的思想和做法也可为今人所用,如"长善救失"的思想等等。

新中国监狱的罪犯教育,不同于以往时代监狱的罪犯教育,它体现着工人阶级和广大人民群众的根本利益,是以依照国家法律被判处死缓、无期徒刑、有期徒刑的罪犯为教育对象的一种改造人、造就人的特殊教育。早在20世纪三四十年代,在中国共产党领导下建立起来的中华苏维埃共和国和陕甘宁边区民主政府,根据马克思列宁主义的国家和法的学说以及改造人、改造社会的理论,针对所在地区的犯罪问题,设置了监狱,先后对所关押的罪犯采取了劳动和思想、文化技能教育相结合的改造措施。新中国成立以后,中国共产党进一步继承和发展了马克思列宁主义的国家和法的学说以及改造人、改造社会的理论,系统地提出了在社会主义条件下教育改造罪犯,使之成为新人的学说。同时,创造了独具中国特色的社会主义监狱制度,重视对罪犯的教育改造,成为监狱制度的本质和政策核心。

新中国的罪犯教育实践大体上经历了三个重要的发展时期。一是劳动改造体制和政策的形成和发展时期。1952年,根据《第三次全国公安会议决议》,在全国范围内,建立了统一的劳动改造管理体制,对罪犯结合生产劳动,进行了系统的教育改造工作。1954年,政务院颁布了《中华人民共和国劳动改造条例》,对教育改造作了专门而又系统的规定。这一时期,成功地教育改造了800万名各种类型的罪犯,包括日本战争罪犯、封建末代皇帝、国民党战犯和大批反革命罪犯以及普通刑事犯,巩固了人民民主专政政权,促进了经济建设发展。二是创办特殊学校,既改造人,又造就人的新的发展时期。党的十一届三中全会后,为适应国家改革开放和现代化建设的需要,1981年8月,第八次全国劳改工作会议明确提出了"要加强对罪犯的教育改造工作,把劳改场所办成改造罪犯的学校"的要求。1982年中共中央在《关于加强政法工作的指示》中强调,"劳改劳教场所是教育改造违法犯罪分子的学校"。1985年6月,司法部进一步提出这类特殊学校的指导思想、办学原则和工作要求,即要坚持"改造思想、造就人才、面向社会、服务四化"的办学指导思想,实行系统化、正规化、科学化的教育。以此为契机,我国的罪犯教育实践进入了一个新的发展阶段,并取得较大成效。全国监狱在规定时间内均办成特殊学校,"三课"教育全面展开,为罪犯改造特别是回归社会顺利就业创造了条件。三是罪犯教育全面体现依法治监、建设现代化文明监狱、"三化"建设,凸显教育改造为监狱工作中心任务的新的发展时期。

进入21世纪以来,随着1994年《监狱法》的颁布、2012年《监狱法》的修订、2003年司法部《监狱教育改造工作规定》以及2007年《教育改造罪犯纲要》的颁布,特别是伴随1994年建设现代化文明监狱目标的提出,司法部关于实现监狱工作法制化、科学化、社会化的要求得到明确,并进一步确立了教育改造为监狱工作的中心任务,标志着罪犯教育工作进入到一个新的历史发展时期。在这一时期,罪犯教育工作有了新的推进,全面体现了上述精神,特别是在依法治教、罪犯心理矫治、监区文化建设、分类改造、依靠社会力量教育改造罪犯、罪犯教育改造质量科学评估以及循证矫正等方面取得了可喜的进展。

通过以上分析,我们可以对罪犯教育下一定义:罪犯教育是国家监狱依法对罪犯实施的有目的、有计划、有组织的系统教育改造影响,以促使罪犯个体的再社会化和社会的再个性化,使罪犯成为守法公民的实践活动。这里需要注意,罪犯教育不同于一般教育的社会化,它是一种再社会化,罪犯在以往的社会化过程中不合格,出现有悖于社会的犯罪行为,因此需要重新"回炉",进行再社会化;同时,罪犯教育也不同于一般教育的社会的个性化,罪犯个性往往呈现畸形发展,当下在监狱,就是要通过教育,对罪犯进行社会的再个性化,使其具有良好的个性心理品质,积极、向上、自助、助人、诚信、勤奋、耐劳、适应、开拓等,最终达到成为守法公民的目标。

二、罪犯教育学概述

罪犯教育的历史是古老的,自从人类进入阶级社会出现监狱时起就已经出现罪犯教育了。但是,以罪犯教育作为固有的对象,独立地进行研究,形成一门独立的、具有一定体系的罪犯教育学,却是现代的事。当然,在有完整体系的罪犯教育学出现之前,虽然没有罪犯教育学的名称,但罪犯教育思想、教育理论早已出现。那时,主要是人们在哲学、法学、政治学等著作当中,论述罪犯教育思想的。例如,古希腊哲学家亚里士多德在提出法所追求的正义标准的同时,也提出分配正义和矫正正义,并将守法作为矫正正义的道德基础。这为罪犯教育提供了一个标准。意大利刑法学家贝卡利亚在《论犯罪与刑罚》一书中,对预防犯罪的措施尤其是完善教育给予了一定的关注。德国刑法学家李斯特在其所著的《德国刑法学教科书》中明确指出:"再社会化刑罚的执行应注重社会教育""就犯人的再社会化而言,尤其要强化他们的意志力,激励他们的责任感,总之,要唤醒和激活他们的积极的社会素质。"①我国古代西周时期提出了"以德配天""明德慎罚"的思想,还提出"德主刑辅""刑以弼(辅助)教"的思想。这种思想对历代的罪犯教育都有不同程度的影响。在20世纪特别是二战以来,出现了罪犯教育学的专著。例如,苏联有《劳动改造教育学》的专著;在日本,也有类似的教材和课程。

罪犯教育学在我国的创立,则是在20世纪80年代。尽管之前的罪犯教育积累了丰富的宝贵经验,但尚未形成完整的理论体系。20世纪80年代以后,我国的经济、政治、文化、社会建设经历"拨乱反正",进入了一个健康发展的轨道。1981年,召开了第八次全国劳改工作会议,明确了新时期监狱工作的任务,确定了新的改造目标,提出了罪犯教育改革的一系列措施,对监狱民警的理论水平提出了较高的要求。实践的呼唤,要求条理化、系统化的科学理论指导。在这种形势下,在主管部、局的组织下,1985年11月,我国第一部具有中国社会主义特色的罪犯教育教材——《改造教育学》问世。随着全国各省、直辖市、自治区相继兴办监狱人民警察学校及监狱学会和监狱理论研究机构,监狱举办特殊学校实践活动不断普及和深入,以及社会科学中相关学科如教育学、法学、犯罪学、心理学、伦理学等多种学科蓬勃发展,推动着一大批罪犯教育的理论研究成果问世,包括专著、教材、论文等。经过三十多年的发展,罪犯教育学已形成了较为完备的学科体系。综上所述,罪犯教育学是以罪犯教育为对象的,是研究罪犯教育现象,揭示罪犯教育规律,探讨实现罪犯教育职能的一门科学,是对罪犯教育特别是新中国罪犯教育的经验总结和理论概括。

第三节 罪犯教育学的对象和特点

一、罪犯教育学的对象

每一门学科都有它自己特有的研究对象,即不为任何其他学科所专门研究的特殊对象。学科研究的区分,就是根据学科对象所具有的特殊矛盾性决定的。罪犯教育学是把罪犯教育现象的特殊矛盾性作为自己的研究对象。换句话说,它的主要研究对象是罪犯教育现象及其规律。

唯物辩证法认为,现实中任何一个事物都有现象和本质两个方面,任何事物

---

① 〔德〕冯·李斯特:《德国刑法教科书》,徐久生译,法律出版社2000年版,第19—20页。

都是现象和本质的对立统一。罪犯教育也不例外，它是罪犯教育现象和本质的对立统一。所谓"罪犯教育现象"，是指罪犯教育这一特殊社会形态在运动、发展过程中的外部表现形式，是人们通过感知可以认识的罪犯教育的外部特性和特征。例如，监狱中以转化罪犯思想、矫正恶习、传授知识、培养技能等为主要任务的教育活动，丰富多彩、陶冶情操、愉悦身心的监区文化活动，干警与罪犯之间的个体和群体交往等，都是罪犯教育现象的表现。所谓"罪犯教育规律"，是指罪犯教育内部诸因素之间、罪犯教育与其他事物之间的具有本质性的联系以及罪犯教育发展变化的必然趋势。例如，罪犯教育适应并促进经济、政治等发展的规律和罪犯教育适应罪犯教育改造起点并促进罪犯教育改造的规律，就是罪犯教育的两条基本规律。罪犯教育就是通过对罪犯教育现象的研究，来揭示罪犯教育发生、发展的客观规律，并在揭示罪犯教育规律的基础上，阐明罪犯教育的指导思想、基本原则、教育内容、方法等问题，为监狱民警提供理论上和方法上的依据，以推动罪犯教育实践的发展。

罪犯教育学的研究对象，具体地讲，主要包括以下几个方面：

（一）关于罪犯教育基本原理的研究

罪犯教育基本原理是罪犯教育学的理论基础，主要包括对罪犯教育的必要性、可能性、艰巨性、局限性的特点和基本规律、价值、指导思想、基本原则，以及罪犯教育的主导力量——监狱民警和对象——罪犯等问题研究。弄清这些基本原理，是进一步学习和研究罪犯教育内容、方法、评价以及比较研究等重大理论和现实问题的前提，也是树立正确的罪犯教育思想以指导罪犯教育实际工作的基础。

（二）关于罪犯教育内容的研究

罪犯教育内容是解决"教什么"的问题。开展任何实际的罪犯教育活动，教育者都要面对"教什么"的问题。因此，必须考虑尽可能选择合适的罪犯教育内容，形成符合社会与时代发展以及罪犯自身改造需要的教育内容。本教材对罪犯教育内容的研究，主要包括对罪犯的思想教育、文化教育、技术教育、心理健康教育以及体育、美育等内容的研究。

（三）关于罪犯教育方法的研究

罪犯教育内容的研究要解决的是"教什么"的问题，但不论罪犯教育内容如何正确、合理，能不能有效地为罪犯所接受，还取决于罪犯教育方法，即"怎样教"。因此，罪犯教育方法就成为罪犯教育学需要重点研究的课题。罪犯教育方法的研究主要包括罪犯集体教育、分类教育、个别教育、社会教育和监区文化建设等方法的研究。

（四）关于罪犯教育评价和比较的研究

罪犯教育评价是对罪犯教育改造效果和质量的一种科学检验工具或尺度，是罪犯教育科学化建设的需要；罪犯教育比较有助于开阔眼界，增长见识，吸取精华，剔除糟粕，促进罪犯教育更好发展。它们是罪犯教育学需要认真研究的重要课题和罪犯教育学研究不可或缺的重要方面。

上述研究内容构成了罪犯教育学的主要框架。其中，第一部分为罪犯教育基本原理论，第二部分为罪犯教育内容论，第三部分为罪犯教育方法论，第四部分为罪犯教育评价与比较论。它们之间相互联系，从整体上形成了罪犯教育学的学科体系。

二、罪犯教育学的特点

罪犯教育学作为一门刚刚建立不久的新兴学科，其特点主要体现在以下几个方面：

（一）交叉性

罪犯教育学，既是监狱科学的一个组成部分，又是教育科学的一个分支学科。监狱学是研究监狱这一特殊社会现象和揭示其内在规律的一门科学。科学的发展必然产生分化，监狱学也是一样。随着监狱学的发展，在监狱学的基础上分化成许多分支学科，这些分支学科的总体，就构成了监狱科学；而罪犯教育学则属于监狱科学体系的一个重要分支学科。教育学也是如此。随着教育学的发展，在教育学的基础上分化成许多部门，这些部门的总体，就构成教育科学。按照教育的不同对象进行研究划分，以在监狱服刑的罪犯这一特殊对象开展教育的现象及其规律的研究就是罪犯教育学。由此可见，罪犯教育学在监狱科学与教育科学中相互交叉，具有隶属于监狱科学和教育科学的双重属性。

（二）综合性

罪犯教育学的综合性特点主要表现为，它要综合运用多学科知识，运用监狱学、教育学、哲学、法学、犯罪学、心理学、伦理学、社会学、美学等多学科的理论和方法。但罪犯教育学综合运用多学科的理论和方法，绝不是使自己变成"一锅煮""大杂烩"，而是吸取多学科的理论和方法，用来研究罪犯教育现象，揭示罪犯教育固有的规律，提炼罪犯教育的原理、原则、内容和方法，构建独立的具有中国特色的罪犯教育学的学科体系。

(三) 应用性

罪犯教育学是一门实践性很强的应用学科,即操作性强,其对罪犯教育实践具有很强的指导意义。当然,这里所说的应用性,是一种罪犯教育科学理论对罪犯教育实践的指导的应用。它是对罪犯教育实践中反复出现的丰富经验的理论抽象,它透过现象抓住了最本质的东西,反映了罪犯教育尤其是新时期罪犯教育的客观规律,因此对罪犯教育实践具有普遍的指导意义。

综上所述,罪犯教育学作为既是监狱科学,又是教育科学中的一门重要分支学科,是一门新兴的、交叉的、综合性的应用学科。

第四节 学习和研究罪犯教育学的意义和方法

一、学习和研究罪犯教育学的意义

罪犯教育学是罪犯教育实践经验的历史总结、高度概括和科学抽象。它源于实践,又高于实践。罪犯教育实践的主体——广大监狱民警要提高罪犯教育实践水平,就必须学习和研究罪犯教育学理论。任何有经验的监狱民警,如果不自觉地学习罪犯教育学理论,其终身的经验也不能达到罪犯教育学理论所达到的高度,想要做好罪犯教育工作也只能是一句空话。在新世纪、新阶段,罪犯教育实践得到新的发展,对于罪犯教育学理论的期望和需求越来越迫切,要求也越来越高。罪犯教育学对罪犯教育实践的指导作用将日益显示出它的必要性,其实践功能将大大加强;同时,新形势下的罪犯教育实践日益复杂,包含在罪犯教育过程中的因素和矛盾更加多样化。如果没有一定的罪犯教育理论指导,要想掌握这种矛盾运动及其发展规律是不可能的。广大监狱民警学习和研究罪犯教育学的目的,就是以此来指导罪犯教育工作,解决罪犯教育实践中的问题。学习和研究罪犯教育学的意义,具体有以下四个方面:

(一) 促进监狱民警自身的专业化

监狱民警是指导、管理以及直接从事罪犯教育工作的专业人员,不仅应具有专业理想,而且要具有专业知识和专业能力,其中在专业知识结构中,应当具有罪犯教育学的专门知识,这样才能成为懂行的、称职的监狱民警。随着形势的发展,罪犯教育理论不断丰富和更新,罪犯教育内容和方法也在与时俱进,对监狱民警提出新的要求。监狱民警只有用先进的罪犯教育科学知识武装自己,才能适应罪犯教育发展的新形势、新任务的要求,把握罪犯教育工作的主动权。

(二) 增强监狱民警做好罪犯教育工作的自觉性

一位从事罪犯教育工作的监狱民警不同于一位工人。工人在一般情况下只完成生产流水线上的一道工序,而监狱民警时刻面对的是罪犯的整个精神世界。工序是固定的,工人只要经过了一定的训练或实践以后就可以达到熟练化的程度。而罪犯的精神世界则是独特的、复杂的、阴暗的,尤其是随着外部世界的变化而变化的,监狱民警必须有一种高度的自觉,才能在每一时刻了解和把握罪犯的精神世界,并采取适当的内容和方法促使其精神世界由旧变新。如果没有这种罪犯教育的自觉,监狱民警及其罪犯教育工作就会陷入到盲目性之中、狭隘的一孔之见之中以及陈规陋习之中。然而,这种罪犯教育自觉又不是天生的,也不是像技术或规则一样可以由外部获得的。它来自理论的教化以及在理论启迪之下的内在的自觉。罪犯教育学就是对广大监狱民警进行这种理论的教化,促使他们不断自我反省,从而不断增强罪犯教育活动的自觉程度的重要理论武器。它可以帮助监狱民警在自我反思中不断地增强罪犯教育自觉,做好罪犯教育工作。

(三) 提高监狱民警科学化水平

罪犯教育学是罪犯教育实践经验的高度概括,具有很强的科学性,有助于提高监狱民警的科学化水平。随着改革开放的不断深入,以及社会主义经济、政治、文化、社会建设的深入发展,在押罪犯出现了许多新情况和新特点,罪犯教育工作面临新的任务和挑战,其中提高罪犯教育改造质量是重中之重。若要提高罪犯教育改造质量,减少重新犯罪率,就要讲究科学性,遵循罪犯教育规律,把罪犯教育工作建立在科学的基础之上。这就需要提高监狱民警的科学化水平。学习和研究罪犯教育学,可以为提高罪犯教育改造质量提供科学的理论武器,从而提升监狱民警的科学化水平,为科学育人以及提高罪犯教育改造质量创造必要的条件。

(四) 推动监狱民警从事罪犯教育学理论研究

当前,随着罪犯教育的不断发展,监狱民警的素质要求也在不断提高,其中要求干警不仅是一个称职的实践工作者,而且要有一定的罪犯教育学理论研究水平,才能更好地面对新的任务、新的挑战。学习和研究罪犯教育学理论,有助于监狱民警正确地认识罪犯教育规律,总结新鲜经验,探索罪犯教育实践中出现的一系列新课题,这些研究成果必将丰富和发展我国的罪犯教育学理论。

二、学习和研究罪犯教育学的方法

（一）学习罪犯教育学的方法

学习罪犯教育学必须以马列主义、毛泽东思想、邓小平理论、"三个代表"重要思想、科学发展观以及"四个全面"战略布局为指导，从实际出发，做到学以致用。首先要学好罪犯教育学的基本原理、罪犯教育的内容和方法等，同时把学习理论、参加实践、总结经验和研究问题紧密结合起来。在学习过程中，要坚持做到三个结合。

1. 把学习罪犯教育理论与参加罪犯教育实践结合起来。理论来源于实践，学习理论的目的全在于应用。在认真学习理论的同时，参加一定的罪犯教育实践，把理论与实践结合起来，这样既能够加深对罪犯教育理论的认识和领会，又能学会应用，解答罪犯教育实践中提出的问题，提高运用理论分析问题和解决问题的能力。要做到两者相互结合，片面强调理论、忽视实践，或片面强调实践、轻视理论的观点和做法都是错误的。

2. 把学习罪犯教育理论与总结罪犯教育经验结合起来。监狱民警的罪犯教育实践经验比较丰富，这是很可贵的。但经验不等于理论，不是规律性的认识。特别是个人的具体经验具有明显的局限性，这种局限性表现在：零散性、局部性、表面性等方面。要科学地指导实际工作，仅凭个人经验是很不够的。因此，要通过罪犯教育理论的学习，把成功的罪犯教育经验条理化、系统化，使直接经验上升到理论高度，把感性认识提高到理性认识，从中找出规律性的东西，才能更好地指导自己的行动，避免随意性，增强自觉性，成为既有罪犯教育理论修养，又有丰富罪犯教育实践经验的罪犯教育行家。

3. 把研究我国罪犯教育的现状与研究罪犯教育发展的历史以及当代国外罪犯教育的现状结合起来。学习罪犯教育学最主要的目的是研究我国的罪犯教育现状，总结我国改革开放以来罪犯教育的实践经验，以便充分认识和揭示中国特色社会主义罪犯教育的客观规律，以及运用这些规律去指导当前的罪犯教育工作，解决罪犯教育领域中出现的新课题，不断推动罪犯教育理论向前发展。但是，学习罪犯教育学不能割断历史，要了解中外罪犯教育的历史概况，吸取有益的经验和做法，同时要密切关注当代国外特别是西方发达国家罪犯教育的现状，择优弃劣，使我国的罪犯教育工作健康发展。

（二）研究罪犯教育学的方法

研究方法，是人们为达到认识客观世界这一基本目的而采取的手段和途径。

学科的研究方法,按其普遍性程度可划分为三个层次,即哲学方法、一般方法和特殊方法。哲学方法是学科研究方法的最高层次,即马克思主义的世界观和方法论;一般方法是指从各类研究方法中概括出来的,具有一定程度的通用方法;特殊方法是学科研究方法中的最低层次,是在前两种方法制约下的具体操作方法。同理,罪犯教育学的研究方法也是如此,马克思主义的世界观和方法论是罪犯教育学的哲学方法,是本学科的方法论基础;一般方法常用的有经验分析法、调查统计法、实验法、比较法、追踪研究法等;特殊研究方法如观察、谈话、座谈、讨论、查阅文献资料等。这里仅谈谈罪犯教育学研究的一般方法。

1. 经验分析法。经验分析法是罪犯教育学研究中常用的一种方法,它是对他人或自己在罪犯教育实践中积累的经验进行分析,分析其成败得失的原因和条件,在正反经验中寻找带有规律性的东西,以提高按罪犯教育规律办事的自觉性。正确的经验总结是充实和丰富罪犯教育理论的重要资料来源,因为罪犯教育学的理论知识正是以过去和现在的罪犯教育实践中大量的宝贵经验为基础的。因此,必须坚持经验分析法。对来自个人的、集体的,自己的、别人的罪犯教育经验,要认真研究,进行总结概括。总结概括要有一定的理论深度,要从许多具体事实中抽象概括出一些结论和特点,在分析上下功夫,去粗取精,去伪存真,去劣择优。只有这样,才能有助于推动罪犯教育理论的发展与创新。

2. 调查统计法。一切结论来自于调查的末尾,罪犯教育学的研究同样如此,要面向实际,深入实际进行调查研究。在对罪犯教育现状进行综合和专题调查的基础上,把调查所获得的材料进行概率统计,从中得出有关的结论,这种方法就是调查统计法。要运用好这一方法,一是要有明确而具体的目的、任务,如选择的调查项目必须符合调查的目的、任务。二是要通过各种可能利用的手段(开座谈会、个别谈话、问卷与测验等等),尽量搜集能全面、客观反映和说明调查对象的材料,以保证材料最大限度的可靠性、客观性。三是要做好统计工作。统计一般分为两个步骤:一是进行统计分类整理数据,列出系统,绘制出统计表和统计图;二是数量分析,通过数据进行计算,得出结果。通过调查统计提供的信息,拟定罪犯教育的实施方案,借以进行有效的教育。

3. 实验法。实验法是罪犯教育学研究的重要方法,不进行罪犯教育实验,许多罪犯教育的实施构想就缺乏科学依据,不经过实验就推广的罪犯教育举措和手段就带有一定的盲目性。从一定意义上说,没有罪犯教育实验就不可能有科学的罪犯教育学。因此在罪犯教育学的研究中,要重视实验法的运用。近些年,一些监狱对某类罪犯进行分类教育,就采用了举办实验大队(监区)的做法。

所谓实验法,是研究者根据研究问题的设想,通过创设特定的条件而进行的一种特别组织起来的罪犯教育实践。其目的在于:一是通过对实验结果的分析比较来检验设想的科学价值和应用价值;二是探索所要了解的罪犯教育现象的变化发展的原因及条件;三是鉴定罪犯教育的某种内容、方法、措施的效果。罪犯教育实验一般应在自然状态下,即在罪犯教育的实际状态下进行,而不是在专门的实验室进行,所以又称为"自然实验法"。某所监狱、某个监区或分监区、课堂教学、监区文化活动等等都是罪犯教育实验的重要场所。只有在自然状态下进行罪犯教育实验,其结果才有较大的科学的实际价值。采用实验法,研究者要拟定实验计划,设计实验方法和组织形式,在实验过程中,要精确而详细地记录,为排除偶然性,一般实验可反复多次。处理实验结果,要考虑各种因素的作用,慎重作出结论,尽力排除偶然因素对实验结果的影响。为了使罪犯教育实验具有科学价值,并具有推广的价值,实验点(包括实验的对象和环境)的选择应具有广泛的代表性,切忌人为地搞"优质化"。

4. 比较法。没有比较就没有鉴别,有比较有鉴别才能发展,任何一项研究,都不能离开比较,要在比较中分析客观事物的规律性。罪犯教育学的研究也不例外。所谓比较法,就是通过对罪犯教育现象在不同时期、不同社会制度、不同情况下的不同表现加以比较,以揭示其特殊本质和发展规律的方法。在比较中,一是要注意横向比较,即与世界各国特别是发达国家监狱的罪犯教育进行比较,通过比较,取其精华,去其糟粕,这对于我国罪犯教育学的繁荣和发展,具有一定的现实意义。二是要注意纵向比较,主要是对我国历史上罪犯教育的发展状况进行比较,汲取有益成分,剔除有害成分。进行纵向比较,特别要从我国实际出发,通过系统总结新中国成立以来罪犯教育工作正反两方面的经验教训,来深刻认识遵循罪犯教育规律的必要性和重要性。这对于建设和发展中国特色社会主义罪犯教育学,指导今后的罪犯教育实践具有重要的现实意义。

5. 追踪研究法。鉴于罪犯教育效果的滞后性和教育改造罪犯的长周期性,罪犯教育学的研究还应采用追踪研究法。所谓追踪研究法,是指有目的地、持续不断地考察研究罪犯从入监服刑开始一直到刑满释放后一段时间每一个阶段的变化,从中分析各阶段教育对罪犯发展变化作用的大小及影响的深浅,特别是通过对刑释人员教育改造质量的分析,研究其长短得失等,反求于罪犯教育的利弊成败,从而寻求进一步提高罪犯教育改造质量的对策。这对于推动罪犯教育学的发展,提升其指导罪犯教育实践的针对性和有效性,具有重要的作用。

第一编

罪犯教育基本原理论

第一章　罪犯教育的必要性、可能性、艰巨性和局限性

自从社会出现犯罪,有了罪犯,就有了如何治理犯罪和处置罪犯的问题,其中用教育手段来解决这一问题,也一直引起人们的关注。随着社会的不断发展,文明程度的不断提升,罪犯教育的必要性、可能性、艰巨性和局限性等问题日益成为人们关注的热点和焦点。从罪犯教育学的研究立场来说,它既是其研究的重点,又是其研究的逻辑起点。

第一节　罪犯教育的必要性

罪犯教育有没有必要？在这个问题上,存在着不同的认识。比如,美国的一位学者马丁森曾以其调查得出矫正教育完全无效的结论,从而否定了罪犯教育的必要性。在监狱实际工作中,也常不难发现一些干警把罪犯教育看作"软任务",可有可无。这说明需要对罪犯教育是否必要的问题给予正确的回答。

我们认为,罪犯教育是十分必要的,特别是在新形势下,罪犯教育尤为必要。

一、罪犯教育是适应改革发展关键阶段服务大局的需要

所谓"大局",《现代汉语词典》的解释是"整个的局面,整个的局势"。引申开来,大局是指全局的中枢和关键,是主导整体局面演进的大势,是事关整体格局的战略利益。联系到我们说的罪犯教育中的"大局",就是特指"中国特色社会主义事业"这一关系到人民群众根本利益、关系到党和国家前途命运的核心利益。在新形势下,以习近平同志为总书记的党中央,围绕坚持和发展中国特色社会主义,实现中华民族伟大复兴的"中国梦"这个时代主题,进一步提出了"四个全面"战略布局。监狱工作以及罪犯教育工作必须自觉服从大局,主动融入大局,更好服务大局。监狱是国家的刑罚执行机关,它与社会相互依存,紧密联系。罪犯来自社会,通过监狱的教育和改造后又回归社会。罪犯刑满释放后是否重新犯罪,事关社会秩序的稳定,事关"中国特色社会主义事业"的大局。要坚持和发展中国特色社会主义,确保"两个一百年"宏伟目标和中华民族伟大复

兴的"中国梦"实现,必须有一个和谐稳定的社会环境。监狱工作以及罪犯教育工作正是维护社会和谐稳定的重要基础和保障。因此,必须充分发挥监狱工作以及罪犯教育工作在维护社会和谐稳定中的重要作用,把罪犯改造成为守法公民,使他们顺利回归社会,预防和减少重新犯罪,以最大限度地减少不和谐、不稳定因素,增加和谐稳定因素,从而为在新的历史起点上实现"两个一百年"的奋斗目标和中华民族伟大复兴的"中国梦",推动中国特色社会主义事业的健康快速发展提供和谐稳定的社会环境。

二、罪犯教育是适应平安中国建设的需要

平安是国家繁荣富强的基本前提,是人民幸福安康的基本要求。早在1983年,邓小平同志就高瞻远瞩地描绘了对小康社会的美好愿景,其中包括"人的精神面貌变化了,犯罪行为大大减少"等平安建设的内容。在新的历史起点上,习近平总书记提出了建设平安中国的新要求,指出要紧紧围绕全面建成小康社会的奋斗目标,积极回应人民群众的新要求新期待,继承优良传统,积极改革创新,着力把握规律,不断提高建设平安中国的能力和水平,努力使严重刑事案件、重大公共安全事故、重大群体性事件得到有效控制,人民群众安全感和满意度明显提升,确保人民安居乐业、社会安定有序、国家长治久安。全国政法综治部门包括监狱系统在内,都要按照习近平总书记的要求,下大力气解决影响社会和谐稳定的突出问题,以确保平安中国取得实效。

应该看到,在当前继续维持社会和谐稳定的形势下,社会和谐稳定形势依然存在严峻的一面。我国仍处于刑事犯罪的高发期,重大公共安全事故时有发生。① 在人民内部矛盾凸显、刑事犯罪高发、对敌斗争复杂的新形势下,滋生和诱发犯罪的消极因素增多,监狱在押罪犯的构成日益复杂,重大刑事犯、暴力犯、职务犯、涉黑涉毒等罪犯数量日益增多,与危害国家安全罪犯、"法轮功"等邪教组织罪犯的改造与反改造斗争日益尖锐,改造难度加大。特别需要指出的是,刑满释放人员的重新犯罪问题也不容忽视。据有关资料的介绍,近年来我国重新犯罪率呈直线上升趋势。20世纪90年代,我国公布的罪犯改造状况白皮书称重犯率为6%—8%;到了21世纪初,从各个监狱统计在押两次以上罪犯的比例看,均保持在15%以上,且仍呈上升状态。② 这虽不完全等同于重新犯罪率的统

---

① 参见孟建柱:《在更高起点上全面推进平安中国建设》,载《求是》2013年第14期。
② 转引自张伯平:《行刑成本与监狱工作》,载《中国监狱学刊》2003年第1期。

计标准,但从中的确可以反映重新犯罪的状况。另据有关资料表明,这些年有不少抢劫、强奸、凶杀、盗窃等大案要案多是未改造好的刑释人员所为。例如,震惊全国的渝湘鄂系列杀人、抢劫犯罪集团首领张君,特大系列杀人、抢劫、强奸且先后杀死67人、被称为"杀人恶魔"的杨新海,在重庆被击毙的抢劫银行取款人员的悍匪周克华等,都是未在监狱教育改造好的刑释人员,他们给平安和谐带来了严重威胁,造成了极其恶劣的社会影响。由此可以看出,平安中国建设的任务依然繁重。

若要搞好平安中国建设,需要多种手段、多种力量的协同配合,而监狱罪犯教育工作也是一个重要手段和一股重要力量。我国刑罚的目的是预防犯罪和减少犯罪,监狱对罪犯执行刑罚的目的是特殊预防,即把罪犯改造成为守法公民,使之回归社会后不再重新犯罪。而要达到这一目的,就必须对罪犯实施教育。按照辩证唯物主义观点,人的行为是受思想支配的,有什么样的思想,就会有什么样的行为。滋生犯罪最基础、最重要的源头也正是人的思想。总结大量的犯罪案例不难发现,无论是高官还是普通人之所以被"铐住"双手、银铛入狱,往往是从思想上的蜕变开始的,正是在拜金主义、享乐主义等腐朽思想的影响下,逐步陷入犯罪泥潭。因此,要防止罪犯重蹈覆辙,就必须在改造思想上下功夫。而这又与教育紧密相关,要清除盘踞在他们头脑中的各种腐朽思想,只有通过先进正确的思想教育的影响,舍此别无他途。只有加强改进罪犯教育模式,才能提高教育改造质量,实现特殊预防的目的,从而适应平安中国建设的需要,使人民群众过上更平安的生活。

三、罪犯教育是维护监狱安全稳定的需要

罪犯虽然在狱内服刑,但其社会危害性不会自然消失,仍是一个"高危人群";罪犯在狱内仍有实施重新违法犯罪的可能,维护监狱安全稳定的任务极为艰巨繁重。随着社区矫正的全面推行,不仅分流了在监服刑的押犯群体,提升了减刑、假释的适用率,更重要的是直接改变了监狱押犯的构成。《刑法修正案(八)》降低了盗窃罪及一些民生刑法罪名的入罪门槛,使此类罪犯数量亦有所攀升。《刑法修正案(九)》还对贪污罪犯增设了"终身监禁,不得减刑、假释"的规定,预示着此类长期犯将可能在今后的监狱中不断累积。特别是新刑事法对减刑程序的规范化及对特定犯罪限制假释的政策,明显使重刑犯和长期犯人数增加,同时短期犯的比例亦将有所上升,在客观上可能使监狱长期面临"收的多、留的多、放的少"的局面,从而导致监狱确保监管安全及日常改造秩序的压

力明显增大。根据有关的政策性法律文件，监狱对职务犯罪、破坏金融管理秩序和金融诈骗犯罪、组织（领导、参加、包庇、纵容）黑社会性质组织犯罪等罪犯（以下简称"三类罪犯"）的从严执法，成为今后一段时期的政策导向。随着押犯规模的扩大及危险罪犯比例的上升，行刑资源原本紧缺的监狱在基础设施、警力配备、矫正经费等方面的矛盾可能更加突出。

《刑法修正案（八）》及2011年11月最高人民法院《关于办理减刑、假释案件具体应用法律若干问题的规定》（以下简称《减刑、假释具体规定》）对减刑的起始时间、间隔时间和减刑幅度予以明确，在规范减刑程式的同时，实际上也对减刑适用进行了大幅限缩。《刑法修正案（八）》规定了针对特定罪犯的限制减刑制度，即对被判处死刑缓期执行的累犯以及因故意杀人、强奸、抢劫、绑架、放火、爆炸、投放危险物质或者有组织的暴力性犯罪被判处死刑缓期执行的犯罪分子（即"1+8类罪犯"），人民法院根据犯罪情节等情况可以同时决定对其限制减刑。《刑法修正案（八）》还规定了经一次或几次减刑后实际执行的最低刑期，判处无期徒刑的罪犯在减刑以后实际执行的刑期不能少于13年；被限制减刑的死刑缓期执行的犯罪分子，缓期执行期满后依法减为无期徒刑的，不能少于25年，缓期执行期满后依法减为25年有期徒刑的，不能少于20年。根据《减刑、假释具体规定》，未被限制减刑的死刑缓期执行罪犯经过一次或几次减刑后，其实际执行的刑期不能少于15年。并且，监狱提请减刑的幅度有所降低，以往一次最多减刑3年的规定改为一次最多只能减刑2年。可见，此次减刑制度的调整严格了减刑程序，压缩了减刑幅度，设置了刑期底线，规避了一次大幅减刑的可能性，不仅使罪犯的平均最低服刑期限延长，更使一些以往可能获得大幅减刑机会的死缓犯、无期徒刑犯逐渐沉积下来，从而使重刑犯在监狱押犯中的比例逐渐上升。

《刑法修正案（八）》同时规定，对累犯以及因故意杀人、强奸、抢劫、绑架、放火、爆炸、投放危险物质或者有组织的暴力性犯罪被判处10年以上有期徒刑、无期徒刑的犯罪分子，不得假释。根据《减刑、假释具体规定》，因上述情形和犯罪被判处死刑缓期执行的罪犯，被减为无期徒刑、有期徒刑后，也不得假释。可以预见，针对特定罪犯禁止适用假释的规定，使以往可能获得假释的重刑犯禁绝了提前出监的机会，致使累犯、10年以上的有期徒刑和无期徒刑罪犯大量滞留监狱，同样导致重刑犯、暴力犯所占监狱押犯的比例上升。特别是上述规定划分出既限制减刑、又不得假释的重刑犯群体，即对被判处死缓的"1+8类罪犯"否定了减刑和假释的双重可能。

根据新《刑事诉讼法》，对被判处有期徒刑的罪犯，在被交付执行刑罚前，剩余刑期在3个月以下的，由看守所代为执行。2012年修订的《监狱法》对此进行了确认。据此，最高人民检察院、公安部、司法部联合开展罪犯交付执行与留所服刑专项检查，要求不得将余刑3个月以上的罪犯留所服刑，对依法应当交付监狱执行刑罚的罪犯做到全部交付执行和收监执行。具体而言，对2012年12月31日以前看守所内的留所服刑罪犯和其他已决罪犯进行清查，对于余刑仍在1年以上的罪犯，一律由看守所送交监狱执行刑罚。2013年1月1日以后，看守所在收到人民法院交付执行的法律文书后，应将被判处有期徒刑余刑3个月以上的罪犯一律送交监狱执行刑罚，将其中所有的未成年罪犯一律送交未成年犯管教所执行刑罚，不得将余刑3个月以上的罪犯留所服刑。如此一来，不仅押犯流动速度减缓、服刑周期延长，在监重刑犯、长期犯比例上升，而且轻刑犯、短期犯的人数在一定程度上亦可能增加。也就是说，监狱押犯群体中的长期犯、短期犯比例均可能增长，尤其是重刑犯绝对数量的越积越多，将导致押犯构成发生明显变化。由于长期犯、重刑犯一般犯罪恶习较深，人身危险性较大，这类罪犯比重的增加无疑给监狱的监管安全及教育改造秩序带来严峻挑战。

由此可见，根据社会犯罪形势与押犯构成特点的上述变化，狱内改造与反改造斗争将更加尖锐复杂，未来监狱的和谐稳定无疑面临极其严峻的挑战。而要营造监狱和谐稳定的环境，就需要多种手段的配合。其中，罪犯教育能够通过发挥主动防范作用，有效地促进监狱和谐稳定环境的形成。在常规教育中，罪犯教育可以通过"三课"教育、心理健康教育和审美教育等内容，以集体教育、分类教育、个别教育、社会教育等形式，来疏导、感化、塑造、影响罪犯，在干警与罪犯之间建立起和谐的改造关系，这就为教育和谐稳定奠定了一个良好的思想基础。与此同时，在发现罪犯中的不稳定因素后，罪犯教育可以及时采取个别教育和专项措施，一人一事做工作，将矛盾解决在始发状态。对已经酿成矛盾并向对立面发展蔓延的问题，罪犯教育能够及时出击，及时转化，化整为零，各个击破，及时化解可能出现的突发事件。由上可见，罪犯教育特别是在新形势下对于维护监狱和谐稳定是十分必要的。

四、罪犯教育是把罪犯教育改造成为守规守法服刑人员和守法公民的需要

司法部制定的《教育改造罪犯纲要》指出，在罪犯服刑期间，通过各种教育改造手段和方法，使其成为守法守规的服刑人员。《监狱法》明确规定，监狱对罪犯实行惩罚与改造相结合、教育与劳动相结合的原则，将罪犯改造成为守法公民。罪犯教育的各项工作都要围绕使罪犯成为守规守法的服刑人员和守法公民的目标展开。而这一目标，又可分解为近期目标和长远目标。近期目标就是通过系列教育改造内容、手段和方法，使之在服刑期间守规守法，积极接受惩罚与改造；长远目标就是要发挥好罪犯教育的特有作用，将罪犯改造成为守法公民。在监狱，为了实现将罪犯改造成为守法守规的服刑人员的近期目标和守法公民的长远目标，各项工作所发挥的作用是各不相同的。例如，执行法律、政策是改造罪犯的根本，狱政管理是改造罪犯的前提，劳动是改造罪犯的基础，生活卫生是改造罪犯的物质保障。而罪犯教育着重于思想上的主动进攻，通过第一信号和第二信号系统，对罪犯进行思想转化、心理疏导、知识传授、技能培养和行为矫正等，直截了当地进行思想交锋，灵魂搏斗，义正词严地进行扶正祛邪。罪犯教育是监狱工作中最积极、最活跃、最灵活的因素，特别是在罪犯世界观、人生观、价值观、法制观、道德观的转变和文化技术等知识的积累中发挥着主导作用。正是由于罪犯教育在实现罪犯改造目标的特有作用，就要重视充分发挥其特有作用，并与其他手段紧密结合，既立足当下，又着眼长远，通过近远结合，逐步深化，以更好地实现把罪犯教育改造成为守规守法的服刑人员和守法公民的目标，确保监狱安全稳定，预防和减少犯罪。

第二节 罪犯教育的可能性

罪犯的犯罪行为是受罪犯消极意识支配的。所谓"罪犯消极意识"，是罪犯在社会化的过程中，受客观不良因素的影响，而在其头脑中产生的与社会规范不相适应的能动的反映。① 罪犯的消极意识对罪犯个体的违法犯罪活动起着定向和调节作用，致使他们在社会生活中违反法律规范，最终触犯刑律，入监服刑。罪犯主观方面导致犯罪的消极意识一旦形成以后，能否被教育转化，这是罪犯教育学理论必须回答的重要理论问题，它关系到监狱以及罪犯教育的存在价值。如果在理论观念上不承认罪犯是可以教育的，那么监狱的存在价值便只能局限于隔离和惩罚罪犯的"小天地"，所谓罪犯教育与罪犯新生也只是一种空谈罢了。

那么，究竟罪犯可不可以教育？持"不可以教育"的回答在部分干警群体中还是存在的，且表现出各种认识。如有的认为罪犯恶习很深，不能教育；有的则

---

① 参见杜雨主编：《监狱教育学》，法律出版社1996年版，第21页。

认为有的罪犯可以教育,有的罪犯不能教育;另有的认为,罪犯在服刑期间经过教育可以改造好,但刑满释放回归社会后又犯了罪,主要是外界太复杂,与我们干警关系不大。以上这些认识说明我们部分干警在罪犯的可教性上还有这样或那样的误区,如果这个问题不予解决,罪犯教育信念的确立也就成了无源之水、无本之木。

我们认为,罪犯是可以教育的。为了说明这一命题,可以从以下几个方面进行具体分析。

一、罪犯教育可能性的理论依据

（一）罪犯教育可能性的人性论依据

1. 中国古代和西方一些学者对人的可教性的论述

人具有可教性的命题,是一切教育的前提,同样也是罪犯教育的前提。中国传统的儒家文化,无论是以孟子为代表的"性善论",还是以荀子为代表的"性恶论",都充分肯定了教化的功能,强调教化对人的"善端"的发展或"化性起伪"的引导。俄国生理学家巴甫洛夫在给自己研究作出总结时指出,研究高级神经活动经常遇到的最主要、最强烈的印象,就是这种活动的高度可塑性及其巨大的可能性;任何东西不是不可变化、不可影响的,只要有相应的条件,一切总是可以达到的,并向好的方向转化。

行为科学的研究也表明,如果一个人每次都能按某种方式行事,那么就会出现这样的情形:如今的行事方式将慢慢占据头脑,过去的行事方式就越来越模糊,而新的行事方式将越来越占据主导地位。[①] 美国教育家杜威特别指出,教育之不同于训练,就在于它能改变人性,以形成那些异于朴质人性的思维、情感、欲望和信仰的新方式。[②] 美国心理学家马斯洛则将人性的善恶问题转化为对人性的积极定向与消极定向。对人性的积极定向与消极定向并不分别等同于"性善论"与"性恶论",它们只是看待世界的两种根本不同的方式。面对同一个人,对人性持积极定向的人,首先或主要关注其身上潜在的或现实的美好倾向,对人性持消极定向的人,总是习惯于首先或主要关注其身上潜在的及现实的罪恶倾向。教育者看受教育者的定向不同,就可能有不同的教育行动方式。马斯洛曾举过这样一个例子:假如人们相当强烈地认为黑人根本就是游手好闲,懒惰成性,那

---

① 参见吴维库:《情商与影响力》,机械工业出版社2007年版,第2页。
② 参见夏正江:《教育理论哲学基础的反思》,上海教育出版社2002年版,第90页。

么这个强烈的观念本身就会变成一个决定因素,并且导致该观点"自我实现";人们一旦认为黑人是不可教育的,并且顽固地坚持这一观点,那么自然就无须为他们修建学校,没有学校,黑人得不到教育,就会表现出愚蠢和迷信,而迷信、愚蠢和平均智商低反过来又被当作黑人不可教育的证据。① 鉴于此,马斯洛主张创建"积极心理学"。他主张在教育活动中对人性进行积极定向的观点,也是建立在人是可塑可教的思想基础上的。以上这些关于人性的可教性的论述,对于罪犯的可教性同样是适用的。罪犯作为一个人,也有善与恶的两面,只不过恶的成分占据主导地位。但只要施加足够的积极的影响,就可以促使罪犯向好的方面转化。

2. 人性改化与罪犯教育

如果从古代传统文化探寻罪犯感化教育的思想,可以上溯到先秦诸家关于人性可以改化的观点。古语云:"性相近也,习相远也"②。人的本性彼此相近,差别在于习气教养,所谓"干越夷貉之子,生而同声,长而异俗,教使之然也。"③也就是说,人之差异非主要在于先天的基因和体质,而主要取决于后天教化。古代理学家也认为,人性有"天命之性"和"气质之性"之分,多数人是气质偏杂、善恶相混的。如对人性施以正面教化,足可抑恶扬善、清本清源。由此,古人对教化和人性的关系抱有积极乐观的态度,与西方那种从人种、颅相及体型、血型及遗传上寻找犯罪原因的天生犯罪论大相异趣。中国传统文化中关于教化可以改善人性的思想,为犯罪预防和罪犯感化提供了良好的历史文化基础和民族心理基础。

从人的本性来看,任何人都具有生物性和社会性双重属性,是利己性与利他性的统一体。"人类决不只是一种生物学意义上的动物,他能够以一些与其他动物具有原则性区别的方式学习并掌握种类极其繁多、更加复杂的行为方式,并因而能够更有效地应付各种高度复杂、瞬息万变的环境要求,而不像动物那样只依靠那些作为长期自然适应结果的定型化的本能方式来应付有限的栖息地生活中重复出现的要求,从而表现出人类行为适应环境的灵活性和目的性。"④换言之,人类的学习本性不仅使受教育成为必要,而且使其固定为社会化的一种需求。更重要的是,人性可以借助充足和完善的教育而进行重塑,从而实现对不良

---

① 参见〔美〕马斯洛:《动机与人格》,许金声、程朝翔译,华夏出版社1987年版,第336—337页。
② 《论语·阳货》。
③ 《荀子·劝学》。
④ 高申春:《人性辉煌之路:班杜拉的社会学习理论》,湖北教育出版社2000年版,第94页。

品性的矫正。辩证唯物论也认为,"人们的观念、观点和概念,一句话,人们的意识,随着人们的生活条件、人们的社会关系、人们的社会存在的改变而改变"①。这就为教育改变犯罪恶性及心理意识提供了可能。在一定条件下,只要给予充足的时间,"许多犯罪分子是可以改造好的,是能够教育好的。"②

在美国犯罪学者萨瑟兰看来,"人类的所有行为模式只有在一定文化环境中才能理解其意义。所有的行为都是从周围的文化中吸收而来的。犯罪行为是一种习得获得的行为,所谓的正常的守法行为也是如此。"③用通俗的话来说,即为"近朱者赤,近墨者黑"。既然犯罪是由于不良文化的习染所致,那么通过隔离和消除囚犯的不良接触,而代之以良善教育和心理重构,就理应可以压制恶性、增长善性,从而矫正犯罪恶习,使其改过迁善。承认人性的可塑性,是罪犯感化教育的前提,其表明犯罪完全可能通过教化予以矫正。古人笔下的"摽然若秋云之远,动人心之悲;蔼然若夏之静云,乃及人之体;窎然若蒿之静,动人意以怨;荡荡若流水,使人思之,人所生往。教之始也,身必备之"④,或许代表了教化之于人性的至高境界。

(二) 罪犯教育可能性的社会学依据

人类有着"群居本能"⑤,人的一切方面都打上了社会生活的烙印,因而人的本质属性在于社会性。"在现实的人类生活中,由于每一个社会个体都不可能是孤立的实体,自诞生之日起,他就生活在社会之中而接受人类普遍经验的影响"⑥,所以个体成长都不可避免地经历一个由生物人向社会人转变的社会化过程,即"人们从他们当前所处的群体或他们试图加入的群体中,有选择地获取价值和态度、兴趣、技能和知识——简言之,文化的过程。它指的是社会角色的学习。"⑦

1. 社会化与罪犯教育

尽管人类天生带有随心所欲的本性,"既因它那狂放不羁的野性而欢快,也因它那为所欲为的天性而振奋;既不敢对它过于骄纵,也不愿弃之远离;既想驾

---

① 《马克思恩格斯选集》(第1卷),人民出版社2012年版,第419—420页。
② 杨殿升、张金桑主编:《中国特色监狱制度研究》,法律出版社1999年版,第58页。
③ 转引自[英]莫里森:《理论犯罪学——从现代到后现代》,刘仁文等译,法律出版社2004年版,第140页。
④ 《管子·侈靡》。
⑤ [奥]弗洛伊德:《弗洛伊德心理哲学》,杨韶刚等译,九州出版社2003年版,第64页。
⑥ 高申春:《人性辉煌之路:班杜拉的社会学习理论》,湖北教育出版社2000年版,第91页。
⑦ [美]默顿:《社会研究与社会政策》,林聚任等译,生活·读书·新知三联书店2001年版,第216页。

驭它的野性,又不愿把它管束得过于温良;既要小心翼翼地怕遭它踢咬,又病态地偷窥它的暴躁张狂。"①然而,"人的一切生物成分都在社会人类起源过程中被社会成分辩证地扬弃,并且存在于社会成分的范围中。"②这种社会性的趋向使得人们为满足社会秩序和群体利益的需要,不得不收敛桀骜不驯的原始涌动,接受与认同社会规范的约束,以适应和融入群居生活。在社会化的过程中,人类的食欲、性欲、攻击等天性固然存在,但在社会个体在秩序意识和价值观念的导向下,不至于沉溺原始欲望的驱使而不择手段;社会生活的各个领域普遍存在的社会化教育已将占主导地位的观念形态、文化操守、善恶标准等认知和评判机制内化为道德情感的一部分,从而使社会成员形成了稳固的自控与抑制能力。这种原始本性与社会规则的平衡和维系无疑要归功于良好的社会化教育。

　　毫无疑问,教育在人的社会化过程中扮演着至关重要的角色,其为社会成员适应社会生活所必要,人们通过受教育获得普适的价值观念与行为模式。但凡家庭、学校和社会教育,包括生活经验、成长经历、偶然事件及环境因素等在内,均构成了社会化的重要内容。也就是说,社会个体成长所接触和结交的一切有形的和无形的、系统的和非系统的因素都可能成为社会化教育的素材。从衣食住行到举止表现,从生活习惯再到风俗伦理,广泛的社会化教育使人们表现出相同或近似模式,从而塑成了社会生活的典型风尚与主流文化。"教育即生活,人的生活实是自新的过程。推而论之,人们能生活一天,就应受一天教育,也就能改造一天的经验,所以人们的经验,前天和昨天不同;昨天和今天不同;今天和明天又异;一天天继续不断地改变着。所以人们的一生,无论其为幼童、少年、成人,都能继续改造其经验,都有受教育的可能。"③

　　相比之下,犯罪是一种社会化缺陷的反照,为社会主流文化意识所不容。"普通众人与反社会人们的分别,大多前者能看出他自己行为社会意义与结果,而后者则不能,且无社会同情,专顾自己而不能为他着想,故第一要义使之了解社会,了解他与社会的关系,使他理会对社会应尽的责任,与尽责任后的利益,使他看见社会的意义与结果,而愿意尽他应尽的责任。"④显然,实现这种转变唯有借助教育。可以说,"监狱教育的问题,差不多是一个'社会化的问题'。这就是

---

①　皮艺军:《欲罢不能的暴力情结》,载宫本欣:《法学家茶座》(第一辑),山东人民出版社2002年版,第76页。
②　于凤春:《试论本能的社会性》,载《求索》2001年第5期。
③　黄志明:《感化教育与民众教育》,载《民众教育》1930年第2期。
④　严景耀:《北平监狱教诲与教育》,载《社会学界》1930年第4期。

一方面去改变囚犯通常所有的态度,代替以前恶化的态度。换一句话说,就是要将反社会的态度变为社会化的态度。变更态度的方法,厥惟使犯人多有接触,如读书写字就是接触之一。但是专靠读书习字的教育是不够的,必要有娱乐、演讲、讨论、讲道等,以多其接触。故社会化的程序,是用课室、职业、训练、娱乐、宗教、图书、聚会、自治及作业……"①由此,近代监狱"教育的目的,便是在发达个人而使之'社会化'"②,通过重启社会化的进程,罪犯得以再社会化。在社会学意义上,这是监狱感化教育的重要支撑点。

2. 罪犯教育的犯因论诠释

现代犯罪学研究表明,"犯罪性中的心理因素与遗传原因和素质原因有关,也与人格和个别差异的其他来源有关,并不意味着一些人注定是要实施犯罪的。犯罪行为也不是与生俱来的。遗传而来的只能是大脑和神经系统的一些特性,这些特性与一些环境因素相互作用,从而会增加特定的人在特定的情境中按照特定反社会方式行动的可能性。"③由此,生物学诱因不是犯罪的决定因素,犯罪也并非遗传而来。德国学者李斯特认为,"犯罪人实施犯罪的那一时刻所具有的个性是从它的天资发展而来,并由其出生后就面临的外界环境所决定的。"④所以,犯罪主要是由社会原因引起的,社会原因起着优势或主导作用。

在这一原因论看来,人的信念及心理总是浸染于一定社会背景下的文化底蕴、价值理念、道德情感以及法律信仰等各种因素的交融之中,社会个体心理究竟倾向于违法还是守法,取决于上述因素积极或消极两方面的消长与抉择,就像高尚的道德陶冶可增强犯罪的免疫力,而严重的伦理危机只能加速犯罪进程一样。所以,除了吃饭、睡觉等一些中性因素外,大量的社会因素从正反两面影响着人们的心理控制。正如英国学者艾森克指出,"犯罪……实际上是我们生活中的思潮的一种功能;它是流行的正强化和负强化、奖赏与惩罚、教育与条件反射活动的反映。这些活动在我们看到的各类电影、我们观看的电视节目、我们阅读的书刊报纸、我们在学校中接受的教育和榜样中得到反映。"⑤然而,在犯罪与非犯罪力量至关重要的对抗中,实际陷入犯罪与否则取决于犯罪心理习染与抑

---

① 严景耀:《北平监狱教诲与教育》,载《社会学界》1930年第4期。
② 徐公美:《社会教育是什么》,载《上海教育》1929年第3期。
③ 〔英〕莫里森:《理论犯罪学——从现代到后现代》,刘仁文等译,法律出版社2004年版,第139页。
④ 〔德〕李斯特:《德国刑法教科书》,徐久生译,法律出版社2000年版,第12页。
⑤ 〔英〕莫里森:《理论犯罪学——从现代到后现代》,刘仁文等译,法律出版社2004年版,第140页。

制犯罪倾向两者之间的博弈。美国学者格卢克夫妇认为,只有加之于反社会行为的诸力总和大大超出禁止力之时,才可能形成犯罪。"一般说,其间保持着20∶5的比例时仍然很难发生犯罪。"①

根据犯罪的差异交往理论,在犯罪交往和非犯罪交往并存的情况下,当违法的心理倾向超过守法的心理倾向,并达到与犯罪接触的"过剩"时犯罪即会发生。正所谓"得良友而友之,则所见者忠信敬让之行也。身日进于仁义而不自知也者,靡使然也。今与不善人处,则所闻者欺诬诈伪也,所见者污漫淫邪贪利之行也,身且加于刑戮而不自知者,靡使然也。"②由此,犯罪是内心赞同违法的因素超过了不赞同违法的因素所导致的,因而罪犯矫正就可通过良好教育使其重获守法的心理倾向,增强抑制犯罪的心理力量。这正是罪犯教育矫正和心理矫治的原理。

英国学者费尔德曼提出的整合学习理论与此殊途同归。"虽然在社会生活中,人们都会产生犯罪学习的过程,获得有关犯罪方式等方面的知识,但是,实施犯罪的人总是少数;对于大多数人来说,他们通过学习抑制犯罪而形成了一种抑制犯罪的能力。"③由于人们在长期社会化的过程中,大多总被教育要遵纪守法,这使其养成了守法习惯以及抑制犯罪的心理意识。在既学习犯罪、又学习不犯罪的二元模式中,社会化所促成的赞同犯罪与反对犯罪的意志较量非常关键。诸多社会成员虽早已掌握了犯罪本领,并拥有着现实的犯罪能力,但却并不必定实际犯罪的原因就在于,他们具有稳固的、更强的抑制犯罪的主观意识。这也恰恰证明了他们的社会化教育是成功的。

(三) 罪犯教育可能性的马克思主义理论依据

对人以及罪犯的可教性作出全面而科学揭示的,是马克思主义理论。马克思主义关于罪犯可教性的理论依据,至少可以体现在以下几个方面:

1. 马克思主义关于"改造社会、改造人类"的理论依据。马克思主义认为,无产阶级的历史使命是改造世界、改造社会、改造人类,而改造罪犯是无产阶级改造社会、改造人类的伟大事业的重要组成部分。列宁在十月革命胜利不久就提出"要改造可以改造好的人"。毛泽东同志则在《实践论》中明确指出:"无产阶级和革命人民改造世界的斗争,包括实现下述的任务:改造客观世界,也改造自己的主观世界……所谓被改造的客观世界,其中包括了一切反对改造的人们,

---

① 转引自张筱薇:《比较外国犯罪学》,百家出版社1996年版,第139页。
② 《荀子·性恶》。
③ 转引自吴宗宪:《西方犯罪学史》,警官教育出版社1997年版,第572页。

他们的被改造,须要通过强迫的阶段,然后才能进入自觉的阶段。"①这里所说的"一切反对改造的人们",其中就包括罪犯这一特殊的社会群体。对于他们不能统统从肉体上加以消灭,对于他们中的大部分人,只能采取改造的办法,促使其逐步由强迫改造走向自觉改造。对罪犯的改造,是一个很长的历史阶段,一直要到国家消亡。要完成改造罪犯的责任,离不开教育的作用,离不开教育功能的充分发挥。正如毛泽东同志所说:"犯了罪的人也要教育,动物也可以教育嘛,牛可以教育它耕田,马可以教育它耕田、打仗,为什么人不可以教育他有所进步呢?"②要采取教育政策,对罪犯要做"宣传教育工作,而且做得很用心,很充分"③。

2. 马克思主义关于"事物运动变化发展"的理论依据。按照马克思主义的哲学理论,世界上一切物质都是在不断发展变化的,绝对静止和永恒不变的事物是不存在的。人们的思想意识随着社会的存在变化而变化,罪犯的思想意识也是如此。他们的犯罪思想形成之后,也不是一成不变的,而是处在不断地发展变化中。毛泽东同志则根据马克思主义哲学原理,提出了在社会主义条件下人是可以改造的,"在我国社会主义条件下,就他们大多数人来说,将来有一天是会转变的"④。这一科学论断的伟大意义在于,它为监狱通过教育手段有效改造罪犯,保卫社会,实现罪犯的转化和再生奠定了坚实的理论基础,引导监狱民警在教育罪犯的科学途径和方法上去不断努力创造和追求。

3. 马克思主义关于矛盾是事物发展的动力的理论依据。马克思主义哲学认为,矛盾的存在是普遍的,任何一个事物都是一个矛盾体,事物之所以是不断发展变化的,根本原因在于事物本身包含矛盾运动。事物构成要素之间的对立统一关系是事物发展变化的根本矛盾,亦称"内因";事物之间的对立统一关系是事物发展变化的外部矛盾,亦称"外因"。外因通过内因起作用。这就启示我们,罪犯教育就是充分发挥社会、监狱等外部环境的影响,通过正确的理论、先进的法律、正确的方针政策和科学的手段激发罪犯的内因,使其发生作用,逐步达到矛盾的转化。只要工作做得充分,绝大多数罪犯是可以朝着好的方向转化的。

4. 马克思主义的实践观的理论依据。按照马克思主义哲学理论,实践是人

---

① 《毛泽东选集》(第1卷),人民出版社1991年版,第296页。
② 《中央及部门领导谈劳改劳教工作》,河北省劳改工作警官学校业务教研室1986年选编,第54页。
③ 《毛泽东选集》(第4卷),人民出版社1969年版,第1366页。
④ 《中央及部门领导谈劳改劳教工作》,河北省劳改工作警官学校业务教研室1986年选编,第12页。

类在一定社会关系中有目的地认识世界、改造世界的活动。人类的认识活动,本质上是作为认识主体在实践基础上对客体能动的反映过程。人是以实践为其本质的存在。人的本质在其现实性上是一切社会关系的总和,而现实的社会关系都是在人的实践活动中形成和发展的。罪犯教育是众多实践活动的一种,通过有目的、有计划、有组织的罪犯教育实践活动,可以使罪犯消极的意识和不良的行为习惯逐步得以转变。通过罪犯教育的实践活动,罪犯的转化是完全可能的。

二、罪犯教育可能性的实践依据

早在新民主主义革命时期,在战争环境下,在党的领导下,当时的革命根据地的监狱就十分重视罪犯教育工作。有关法规文件对此作了明确规定,如第二次国内革命战争时期中央苏区《劳动感化院暂行章程》第1条就明确规定,苏维埃劳动感化院的目的是"看守、教育及感化违反苏维埃法令的一切犯人"。1934年的中央工农临时政府的工作报告指出,"苏维埃的监狱对于死刑以外的罪犯是采取感化主义,即用共产主义精神与劳动纪律去教育犯人",为此,劳动感化院采取多种形式对罪犯进行教育。陕甘宁边区的监狱实施以教育为主、教育与劳动相结合的方针,对罪犯进行政治、文化、劳动等教育。1944年,边区强调"执行教育为主的监狱政策",强调"对犯人的教育,是监狱工作的中心环节"。当时《解放日报》载文报道,犯人有"三大课程"的学习,即生活教育、政治教育和文化教育。因而"犯人进监后,虽然被限制了自由,但就他们所过的教育生活来说,入监就是入学"。边区监狱重视对罪犯的教育,在当时影响广泛,国民党统治区的进步人士也称边区监狱是"由罪犯做新人的大学"。通过教育使大多数罪犯成为拥护革命、积极生产、支援革命战争的新人。

新中国成立后,我国监狱事业有了更大发展,新型的罪犯教育模式在全国监狱普遍建立。新中国成立初期,毛泽东等中央领导同志都对罪犯教育作过许多重要指示。1954年政务院通过的《中华人民共和国劳动改造条例》对罪犯教育作了许多明确规定,从而使罪犯教育向着符合我国国情的法制轨道发展。新中国曾成功地教育改造中国末代皇帝爱新觉罗·溥仪,使他由寄生剥削的皇帝变成自食其力的劳动者;教育改造了一批日本战犯、伪满战犯和蒋介石集团战犯,使日本战犯成为反战积极分子,而伪满战犯和国民党战犯则从反对共产党到拥护共产党和社会主义制度;教育改造了大批反革命罪犯和普通刑事罪犯,使他们中的绝大多数成为守法公民和自食其力的劳动者。罪犯刑满释放后的重新犯罪率,"文革"前一直在3%以下。罪犯教育为巩固人民民主专政的国家政权,维护社会治安秩序,保障社会主义革命和社会主义建设作出了突出贡献。

改革开放以来,我国监狱工作进入新的发展阶段,罪犯教育事业也随之蓬勃发展。从20世纪80年代到90年代初,在罪犯教育方面采取的主要改革措施有:把监狱办成改造罪犯的特殊学校,使罪犯的思想教育、文化教育和技术教育做到了系统化、正规化和规范化;个别教育、分类教育工作形成工作制度,在教育改造罪犯工作中发挥了重要作用;监区文化建设受到普遍重视,发挥了其在教育改造罪犯中的潜移默化作用;重视开展社会帮教活动,动员社会力量共同教育和帮助罪犯,效果明显;心理矫治、亲情教育应运而生,适应了罪犯教育的需要;提出了建设现代化文明监狱的奋斗目标,其中包括了"教育效果好"的要求。1994年《中华人民共和国监狱法》颁布实施,以及2012年全国人大常委会对该部法律的修订标志着我国监狱工作步入新的历史发展阶段,也标志着我国的罪犯教育工作进入新的发展阶段。《监狱法》设立专章对教育改造工作作了法律规定,为在新形势下加强罪犯教育工作,提高教育改造质量,提供了法律保障。为了贯彻《监狱法》,1995年国务院发出《进一步加强监狱管理和劳动教养工作的通知》,该通知明确指出,监狱"要坚持惩罚与改造相结合,以改造人为宗旨的方针。"这是对监狱工作方针的精练表述。在加强依法治监、贯彻新的监狱工作方针的基础上,2002年全国司法厅(局)长会议又提出,监狱工作要以提高教育改造质量为中心,使"以改造人为宗旨"的方针得以贯彻落实。为了把提高教育改造质量为中心的工作引向深入,2003年司法部进一步提出树立教育改造新观念,在实现监狱工作法制化、科学化、社会化上下功夫。与此同时,司法部颁布了《监狱教育改造工作规定》,在第2条明确规定:"监狱教育改造工作是刑罚执行活动的重要组成部分,是改造罪犯的基本手段之一,是监狱工作法制化、科学化、社会化的重要体现,贯穿于监狱工作的全过程。"

近年来,司法部进一步明确监狱工作指导思想,继续强调要把教育改造罪犯作为中心任务,指出监狱各项工作都要服从服务于教育改造工作。司法部通过出台《教育改造罪犯纲要》《关于进一步加强监狱教育改造罪犯工作考核的通知》等文件,明确规定教育改造的目标任务和主要内容,建立了工作体系和质量评估体系,同时提出以下要求:积极创新教育改造模式和方式方法;全面推行"5+1+1"(五天劳动教育、一天课堂教育、一天休息)教育改造模式,大力加强对罪犯的思想、法制、文化、管理、劳动教育,广泛开展心理咨询、心理矫治和个别化教育;深入推进监狱(监区)文化建设,大力开展社会帮教,力求罪犯教育改造质量不断提高。2008年全国监狱体制改革工作会议指出,全面实行监狱体制改革必须贯彻"惩罚与改造相结合,以改造人为宗旨"的监狱工作方针,确保改革的正确方向;必须强化监狱刑罚执行职能,提高罪犯改造质量,要进一步提高教育改造质量。会议要求进一步端正监狱工作指导思想,坚持监狱工作方针,把改造人放在第一位,并要求创新教育改造方法,加强监狱内部正规管理,认真贯彻宽严相济的刑事政策,做好监狱刑罚执行和社区矫正的衔接工作,努力预防和减少重新违法犯罪。2015年全国监狱会议再次强调,要坚持以法治为引领、以改造人为宗旨,提高监狱教育管理工作科学化水平,坚持把改造罪犯作为监狱工作的中心任务,健全完善教育改造制度和工作机制,加强分类教育,创新方式方法,使罪犯改造质量不断提高。这些重大举措或指导意见,推动罪犯教育改造工作跃上新的发展台阶,罪犯的教育改造质量有了新的助力,而且大多数罪犯事实上也都能被改造成为守法公民和有一定文化技能的劳动者。

当前,我国社会正处于转型期,在经济体制发生很大变化、社会流动人口增加、治安情况复杂的情况下,重新犯罪率始终保持在较低水平。可以说,罪犯教育为预防和减少犯罪、维护社会治安秩序发挥了积极作用。2004年,时任司法部副部长的范方平在国际矫正与监狱协会第六届年会上表示,由于采取正确的政策和措施,我国罪犯改好率一般在90%以上,绝大多数罪犯刑满释放后成为具有一定文化知识和劳动技能的守法公民,重新犯罪率始终保持在8%左右。根据2012年《国务院关于监狱法实施和监狱工作情况的报告》,2008年以来,全国监狱系统共完成对125万名罪犯的扫盲和义务教育工作,监狱新入监罪犯测试率、罪犯心理健康教育普及率、出监罪犯评估率均达到100%,98.1%的罪犯刑满时获得普法教育合格证,取得职业技术证书的罪犯达到参训总数的77.3%,罪犯守规守纪率达90%以上,顽危犯转化率达70%以上。另据2015年7月召开的全国监狱工作会议透露,近十年来全国监狱累计完成159万余名罪犯扫盲和义务教育任务,15.8万余名罪犯获得国家承认的大专及以上毕业证书,238万余名罪犯获得职业资格证书,大多数罪犯被改造成为守法公民;全国监狱健全完善教育改造制度和工作机制,实行分类施教、因人施教,普遍开展心理健康教育,大力加强罪犯职业技术教育和职业技能培训,开展罪犯扫盲、义务教育和学历教育,不断提高罪犯文化素质。应当说,全国监狱系统的罪犯教育改造工作取得了显著成效。

由上可见,我国监狱在教育改造罪犯方面成就巨大,功不可没。我国罪犯教育的辉煌实践历程充分说明了罪犯的可教性这一命题的正确性。

三、罪犯教育可能性的主观依据

罪犯的可教性存在于罪犯主观方面的可塑性、可转化因素。没有这些因素存在,罪犯教育的外因只能是监狱和干警单方面的一厢情愿,而且这种教育只能成为一种不起作用的过程,也不会有积极有效的结果。我们认为,罪犯主观方面存在着可塑造、可转化因素,可以从以下几个方面加以理解。

(一) 人的神经活动具有可塑性

列宁指出:"心理的东西、意识等等是物质(即物理的东西)的最高产物,是叫作人脑的这样一块特别复杂的物质的机能。"[①]这就是说,意识是自然发展中的高级物质——人脑的属性和机能。在人类的漫长进化中,神经系统逐渐发展,出现了中枢神经和周围神经系统,中枢神经系统的调节中心就是大脑。生理学的研究表明,人的神经活动具有可塑性。人的大脑在外界信息的刺激下,在大脑皮层上留下兴奋灶,从而建立暂时的神经联系。如果这种刺激反复出现,多次强化,就形成了一种较为稳固的神经联系;如果刺激信号改变,旧的神经联系又会受到抑制,新的神经联系又会建立。因此,暂时神经联系不是不可以改变的,它具有可塑性、灵活性,以及对环境变化的高度适应性。这也说明罪犯的消极意识不会一成不变,而具有在外部刺激条件改变的情况下发生改变的可能。只要坚持在教育过程中保持一贯暂时神经联系的新系统方法,就能破坏罪犯已形成的消极意识——旧的暂时神经联系,逐渐建立起符合社会规范要求的积极意识——新的暂时神经联系,促使罪犯朝着好的方向转化。

(二) 罪犯意识中存在着一些可以接受教育的积极因素

任何事物都是一分为二的,罪犯意识中也不例外,具有两重性,也有积极因素和消极因素之分。尽管消极因素占上风,但仍存在一些可以接受教育的积极因素,只不过这种积极因素暂时处于劣势,甚至淹没在消极因素之中,不易被人发现与了解。例如,他们毕竟生活在社会主义制度下,社会主义的先进思想道德不可能在他们身上不留下一定的影响和痕迹。另外,他们也有一定的自尊心、羞耻心、好胜心以及正当的兴趣、爱好等,这些积极因素正是罪犯可以接受教育的可贵"闪光点"。对罪犯身上存在的"闪光点",只要善于捕捉,并创造条件使之发扬光大,他们就会在监狱的教育作用下,使其身上的积极因素通过量的积累,由量变增加到质变,最终完成由旧我向新我的转变。

---

① 《列宁选集》(第2卷),人民出版社1995年版,第170页。

(三) 罪犯的消极意识具有可变性

罪犯的消极意识不是先天就有的,而是在后天外界不良环境与罪犯自身已有的不良因素互相作用下形成的。一旦改变了罪犯以前生活的不良环境,创建新的外部环境,通过各种教育,启发调动他们的积极要求改造、争做新人的自觉性,其消极意识可以逐步得以消除。一般说来,罪犯入监后,在强制教育改造的条件下,大多数人能不同程度地认识自己的罪过,表现出一定的上进心和劳动、学习的积极性即接受教育的主观能动性。通过加强教育,可不断唤醒、激发其主观能动性,加速他们的改造进程,促使其主体性沿着正确的道路向前发展,因而也就能促使罪犯的消极意识发生根本转变。

四、罪犯教育可能性实现的客观条件

世界上任何事物的存在和发展,除了内在的根据外,还有客观的条件。罪犯教育的可能性要变为现实性,也离不开必要的客观条件。在我国社会主义制度条件下,创造了罪犯教育的必备条件,能够使罪犯教育的可能性变为现实。

(一) 社会主义中国面貌的历史性变化为罪犯教育提供了良好的外部环境

我们党领导全国各族人民经过长期的反对帝国主义、封建主义、官僚资本主义的革命斗争,推翻了"三座大山",取得了新民主主义革命的胜利,建立了新中国;新中国成立以后,顺利地进行了社会主义改造,完成了从新民主主义到社会主义的过渡,确立了社会主义基本制度,发展了社会主义的经济、政治和文化。这一时期,一大批日本、伪满、国民党战犯和反革命犯得到成功的教育改造。从外部环境来看,在很大程度上这是一个国家占统治地位的新的社会制度和占主导地位的新的思想意识形态,对被推翻的旧的社会制度和旧的意识形态的成功改造,因为这些罪犯只不过是已不复存在的帝国主义、封建主义和官僚资本主义的残渣余孽。在这种社会背景下,他们不想变也得变。社会主义中国面貌的历史性变化,最根本的是改革开放以来,我国实现了从"以阶级斗争为纲"到以经济建设为中心、从封闭半封闭到改革开放、从计划经济到市场经济的深刻转变,促使我国经济平稳快速增长,人民生活水平日益提高,拥有十几亿人口的中国创造了并继续创造着充满活力的中国特色社会主义,社会主义中国以面向现代化、面向世界、面向未来的崭新面貌屹立在世界东方。这种良好的社会外部环境,对罪犯教育的有效实施,势必会发生重大的作用和产生深远的影响。尽管在社会转型期社会环境中出现了不少难以控制的消极因素,但从总体上看,积极因素是占主导地位的,特别是社会方方面面、广大人民群众对罪犯帮教工作的积极参与,为罪犯教育提供了可靠的保证。从这些年的情况看,绝大多数罪犯经过教育改造,成为守法公民和自食其力的劳动者,这与良好的外部环境有着密切的联系。

（二）正确理论指导下的刑罚制度、方针政策和改造手段体系为罪犯教育功能的有效发挥创造了良好条件

马克思列宁主义、毛泽东思想、邓小平理论、"三个代表"重要思想、科学发展观和"四个全面"战略布局,是我国一切工作的指导思想。在正确理论的指导下,我国的刑罚制度不断完善,并根据宪法,制定了较为完整的执行刑罚的法律——《中华人民共和国监狱法》。其中,对罪犯的教育改造还设置了专章,从而使罪犯教育活动能依法实施。同时,形成了比较完整的监狱工作方针政策和改造手段体系,其内容主要包括:"惩罚与改造相结合,以改造人为宗旨"的方针;惩罚管制与思想改造相结合,劳动生产与政治文化技术教育相结合,严格管理与教育、感化、挽救相结合,区别对待等政策;监管、教育、劳动三结合的改造手段体系。在改造手段体系中,教育在罪犯的思想转变、心理矫治、文明程度提高等方面处于关键地位,发挥主导作用。这一切为罪犯教育功能的有效发挥,为把罪犯消极意识转化的可能性变为现实性创造了良好条件。

（三）建设一支高素质的监狱民警队伍是罪犯教育得以成功的坚强组织保证

法律的执行、方针政策的落实、改造手段的运用说到底需要有专职的监狱管理人员即监狱民警。没有高素质的监狱民警是无法把罪犯教育的可能性变为现实性的。正如给病人治好病要有高素质的医生、给学生上好课要有高素质的教师一样,建设一支高素质的监狱民警队伍十分重要。我国几十年的监狱工作包括罪犯教育工作实践,锻炼和造就了一支强有力的有中国特色的高素质的监狱民警队伍,在教育改造罪犯这条特殊战线呕心沥血、无私奉献,为罪犯教育改造质量的提升提供了坚强的组织保证。

综上所述,罪犯教育的可能性这一理念的确立是监狱民警实施罪犯教育前提和基础。有了这一理念,才能对罪犯改造的结果作乐观与积极的期待,也才能为罪犯教育的实施不断提供"源头活水",不断推进罪犯教育改造进程。监狱民警诚然无法完全按照自己的意愿把所有罪犯都教育改造过来,因为这要受到诸多因素的制约,但依然应该有"罪犯是可以教育改造"的理想追求。而经验表明,也正是很多监狱民警在对"罪犯是可以教育改造的"理想追求中,使一批批罪犯改恶从善,成为新人。

第三节 罪犯教育的艰巨性

罪犯是可教的,同时把这种可能性变为现实性又有很多良好的客观条件。但是,毕竟罪犯是有着这样那样的罪行,在思想上、心理上有着这样那样缺陷的人。如果说社会上的学校对学生的教育是从正面培养为主、以塑造教育为主,那么监狱对罪犯的教育则是以改造为主。在多数情况下,监狱对罪犯的教育改造要比社会上学校对学生的正面塑造更加艰巨,往往要花费更多的时间和精力,需要倾注更多的心血,需要更加高超的教育艺术和智慧。一般地说,造成罪犯教育艰巨性的因素主要存在内外两个方面。

一、罪犯的内在因素

(一)罪犯教育的艰巨性首先来源于罪犯教育的对象——罪犯消极意识和恶习的劣根性

罪犯虽然身在监狱,但原有的消极意识和恶习不会随之消失殆尽,虽然在服刑的压力下有所收敛,但一有机会就会暴露出来。主要表现为:本能需要上的低下贪婪,情感上的冷酷、残忍,意志上的消极、偏激和缺乏自制力,行为上的伪装或消极"混泡"乃至破罐破摔,动机上的极端利己以及人生观上的享乐主义,价值观上的拜金主义,道德观上的利己主义,法制观上的虚无主义和自由观上的无政府主义等等。在服刑期间罪犯欲念与拘禁生活冲突强烈;罪犯角色意识淡漠,认知逆向改造;追求高消费和生活享受,投机心理重;既向往自由,又迷恋旧我,常使心态失衡。这些已经定型了的个性化倾向,总是会对监狱和干警施加的罪犯教育影响持排斥或观望态度。没有强大的外力冲击,没有一整套针对罪犯实际的教育改造对策,是难以改变罪犯原有的定式的。

(二)多数罪犯缺乏自我教育的需要

社会上的各级各类学校的受教育者,一般都是自愿去就学的,有受教育的需要,因而表现出接受教育的积极性和产生出自我教育的需要。而罪犯是因为自己犯罪受到法律惩处被送到监狱强制服刑改造的,对此服刑罪犯是不情愿的,是被迫的和无奈的。在这种情况下,要使他们接受积极的教育信息,并转化为自我教育的需要,是有很大难度的。只有罪犯教育开展到一定程度,罪犯思想斗争到一定程度,罪犯自我教育的需要才会出现。

（三）罪犯消极意识和行为习惯的耐受性

罪犯消极意识形成和恶劣行为习惯的养成，可谓"冰冻三尺，非一日之寒"，而这种消极意识和恶劣行为习惯一旦形成和养成，要想加以转变也绝非一日之功，而需要有一段时间。所以，罪犯教育要贯穿于罪犯入监阶段、中期阶段和出监阶段的全过程。中国监狱学会教育改造专业委员会的一份研究报告表明：罪犯在入监阶段，多数罪犯会产生对现实的恐惧和抵触，对前途极度悲观甚至绝望，总觉得判决不当，判得太重。此时罪犯出现的一般特点是：垂头丧气，烦躁不安；神志迟钝，情绪紊乱；思维逆向，正事反看。在中期阶段罪犯极其矛盾，改造与反改造情绪波动大，并时有反复。这时罪犯出现的一般特点是：盼减刑、怕吃苦；悔罪时，常反复；时常存有"消、磨、混、泡"心理，新旧思想斗争激烈。到了出监阶段，这一阶段罪犯特别是入监时间较长（七年以上）的罪犯，心理压力与矛盾较大，一怕社会歧视，二怕亲朋看不起，三怕工作没着落，无处安身。这一阶段罪犯表现出的一般特点是：心情浮躁，无心学习；心理矛盾，包袱较重；盼望出狱，度日如年。这就要求我们进行长期、耐心、细致的教育工作，而且要针对罪犯不同阶段的表现特点，有的放矢地开展工作，这样才能最终实现罪犯教育的目标。

二、罪犯的外在因素

（一）监狱外部干扰罪犯教育的消极因素

应该看到，改革开放以来，随着社会全面进步、人民生活水平显著提高，中国特色社会主义理论体系深入人心，人民的精神生活和精神世界更加丰富，精神面貌焕然一新。但是，我们也必须清醒地认识到，我国的改革发展正处于关键期，随着现代化、城市化、市场化进程的加快，经济社会发展的不平衡和社会利益分配的不均衡，使得不同的社会阶层和利益群体之间的贫富差距拉大，利益冲突明显加剧；流动人口不断增加，在某些方面管理处于失控状态；随着对外开放的不断扩大，不良思想文化渗透侵入；社会上存在着消极腐败现象以及各类严重刑事犯罪活动；社会上一些人对刑满释放人员有歧视以及刑满释放人员就业困难等等，这些问题都会给社会和谐稳定带来严重影响。此外，西方敌对势力不断变换手法对我国实施"西化""分化"战略。当前和今后一个时期，既是"黄金发展期"，又是"矛盾凸显期"，和谐稳定工作形势的保持和发展，正处在人民内部矛盾凸显、刑事犯罪高发、对敌斗争复杂的时期。罪犯虽然正在监狱服刑，对外界的了解受到一定限制，但社会上的各种信息总是可以通过多种渠道对他们施加影响，特别是社会上消极、负面的因素会干扰他们转化的进程，影响教育功能的正常发挥。

(二) 监狱内部干扰罪犯教育的消极因素

如罪犯群体内缺乏改造氛围,拉帮结伙,弱肉强食,积极受压,邪气受捧,在这种环境中,有改造愿望的罪犯也会被不良风气同化;另外,监狱必备的物质保障、劳动保护条件的欠缺,少数干警的执法不公、处理问题方式的不当以及工作作风方面的严重缺陷等问题,也会在客观上造成一种干扰罪犯教育的消极因素。

我们认为,如果说把罪犯教育比作一场与罪犯灵魂搏斗的战争,那么树立罪犯教育的可能性的理念就是个战略问题,而看到罪犯教育的艰巨性则是一个战术问题。毛泽东同志有一句名言,战略上藐视敌人,战术上重视敌人。认识到罪犯教育的可能性,将使我们在战略上和整体上,充满信心地去做好罪犯教育工作;认识罪犯教育的艰巨性,将使我们在战术上和各个工作环节上慎重从事,注意细节,努力制订最佳工作方案,坚持不懈,积小胜为大胜,最终实现预定目的。因此,在罪犯教育实践中,要正确地把握好两者之间的辩证关系,以更好地促进罪犯转化。

第四节 罪犯教育的局限性

从理论上说,所有罪犯均可通过足够长时间的充分教育使其改邪归正,但实际上未必尽然。对于恶性较浅之犯施以教育,其改悔的盖然性自不待言;而对于恶性习染已根深蒂固之犯,不仅感化难度因之增加,或许在其有生之时亦没有充足的时间对其施以感化。尽管这并非意味着针对教育感化的质疑,但因人之感化需要时间,并且感化效果亦非即显,因而在一定条件下教育感化可能会丧失时空上的现实性。汉代董仲舒的"性三品"说认为,"圣人之性"纯善而不需教化,"中民之性"可善可恶而需教化引导,而"斗筲之性"虽经教化但仍难为善,故须用刑罚不可。所谓"斗筲之性"即预证着感化教育的局限,然而"斗筲之性"恶性虽深以致实难感化,却并非无法感化,感化障碍再大也不足以成为否认感化教育的理由。

况且,就预防与抑制犯罪的意义言之,监狱感化教育亦非万能。美国学者萨瑟兰认为犯罪取决于两种因素的相互结合:"一是适宜于犯罪的一切条件的存在。二是个人赋予这些条件存在的意义。"[1]也就是说,犯罪发生既需要客观的

---

[1] 转引自张筱薇:《比较外国犯罪学》,百家出版社1996年版,第139页。

外在条件,也需要主观的犯罪意志。然而,监狱感化教育的对象是囚犯个体,其仅能抑制或矫正被感化主体的犯罪意识,而不能破除犯罪的社会土壤,消减犯罪的社会原因。如果诱发犯罪的外在原因未能消除,社会遭受犯罪侵扰的风险就依然存在。

从刑释人员的重新犯罪情况看,尽管我国监狱系统对罪犯的监管改造工作取得了明显成绩,但由于一些监狱对罪犯教育工作的重视程度不够、罪犯教育措施不完善及教育矫正技术不发达,加之各地监狱教育管理的科学化水平亟待提高等原因,罪犯刑满释放后的再犯情况不容乐观。据不完全统计,20世纪80—90年代我国刑释人员的重新犯罪率呈现明显上升趋势。1992年国务院新闻办公室发布的《中国改造罪犯状况白皮书》显示重新犯罪率为6%—8%。[1] 2003年12月,北京市监狱管理局对在押罪犯重新犯罪情况的调查显示,累犯占全部押犯的比例达20.1%,[2]而同一时期上海市监狱系统曾被判刑的罪犯占押犯总数的18.53%,湖南省的这一数字为12.46%。[3] 根据2007年司法部有关讲话文件推断,以当时全国超过150万的押犯为基数,监狱系统中被判刑两次以上的罪犯达15.98%。另据北京市监狱管理局对2007—2009年全部刑满释放人员开展回归社会后的情况调查,结果显示五年内重新犯罪率为5.89%。[4] 2008年以后,有关权威文稿大多以"始终保持在较低水平"[5]描述全国监狱系统罪犯在回归社会后的重新犯罪率。有学者对甘肃省某监狱108名有两次以上犯罪经历的天水籍罪犯调查显示,刑释人员出监后五年是重新违法犯罪的高发期,占全部重新违法犯罪刑释人员的68.5%,尤其是三年内重新违法犯罪的刑释人员占45.4%。[6] 另据调查,在重新犯罪人员关于犯罪意识是否得到矫治的回答中,32.2%的人认为经过上次服刑得到了较大矫治,46.1%的人认为得到一些矫治,13.9%的人认为没有得到矫治,而7.8%的认为犯罪意识更强烈了,也即认为监狱矫治没有效果的占21.7%。[7] 尽管上述累犯的不完全统计尚不能准确反映罪犯刑满释放后

---

[1] 参见翟中东:《当代国际行刑领域正在发生的变革》,载《河北法学》2012年第10期。
[2] 参见北京市监狱管理局"重新犯罪"课题组:《北京市在押犯重新犯罪情况的调查分析》,载《中国司法》2005年第6期。
[3] 参见翟中东:《当代国际行刑领域正在发生的变革》,载《河北法学》2012年第10期。
[4] 参见刘晓玲:《刑满释放人员重新犯罪率5.89%,本市监狱系统减刑假释条件及保外就医条件将更加严格》,载《北京青年报》2014年3月30日。
[5] 李豫黔:《中国监狱罪犯矫正工作的新发展》,载《犯罪与改造研究》2013年第2期。
[6] 参见霍珍珍:《甘肃省天水市刑释人员重新违法犯罪调查报告》,载《犯罪与改造研究》2014年第9期。
[7] 参见周根杨等:《近三年来重新犯罪原因的实证研究》,载《犯罪与改造研究》2013年第4期。

的重新犯罪情况,但至少在一定程度上表明了罪犯教育改造的局限性。

从行刑功能上看,"教育刑主义一面主张刑罚应该教育化,同时承认教育刑的限界;尤其是今日的行刑状态下,更不能无限制的行使教育刑。……所谓教育原以受教育者之愿意与受教育者之自由为依归。依刑罚而施行的教育自不免有强制的性质。强制教育的自身即含有矛盾。今日监狱的巍巍墙壁以及预防逃走而建筑瞭望台,均使受刑者感觉刑罚之强制的性质,非将监狱改为精神病院式的建筑,教育的行刑不易彻底的实现。"[1]可见,刑罚的强制性与教育的自由性是教育刑始终需要协调的法理冲突,这多少构成对感化教育效果的一种弱化。而实际上,监狱感化教育既要给予罪犯一定的自主性,又脱离不了刑罚的必要保障,所谓"教之不从,刑以督之"[2],刑罚为盛世所不能废,感化教育仅是刑罚内部功能的体现,超脱了刑罚的教育将会陷入虚无主义。尽管教育刑思想至今仍是主导的行刑思想,但久已式微的报应刑又逐渐在行刑观念中重新占据一定的地位。这或许是对感化教育局限性的最好诠释。

---

[1] 蔡枢衡:《教育刑主义概观》,载何勤华、李秀清主编:《民国法学论文精萃(刑事法律篇)》,法律出版社2004年版,第112页。

[2] 《朱子语类》卷七十八。

第二章 罪犯教育的特点、目标和任务

罪犯教育的特点、目的和任务是罪犯教育学的基本理论问题之一。它主要回答罪犯教育是什么、达到什么目标和干什么等问题。本章也就这些问题逐一进行阐述。

第一节 罪犯教育的特点

罪犯教育是监狱对罪犯所实施的一项既区别于其他社会现象又不同于其他教育现象的具有自身突出特点的活动。下面就罪犯教育的六个特点作一阐述。

一、罪犯教育是在依法执行刑罚的前提下实施的,具有行刑性

任何一种教育的实施都要有一定的前提,罪犯教育是在依法执行刑罚的前提下在监狱实施的特殊教育活动。

罪犯教育是由刑罚派生出来的。根据我国刑法的规定,我国刑罚体系分为主刑和附加刑两类。主刑的种类有死刑、无期徒刑、有期徒刑、拘役、管制;附加刑的种类有罚金、剥夺政治权利、没收财产等。在我国刑罚执行实践中,大量适用的是徒刑,即有期徒刑和无期徒刑。从形式上看,我国的刑罚体系也是以剥夺自由刑为主。依照刑法和刑事诉讼法的规定,被判处死刑缓期二年执行、无期徒刑和有期徒刑的罪犯,在监狱内执行刑罚。没有刑罚判决,就不会有罪犯,没有监狱这一特殊的服刑场所,就谈不上有什么罪犯教育。

罪犯在监狱内执行刑罚期间,根据《监狱法》的规定,对罪犯实行"教育与劳动相结合的原则""对罪犯进行思想教育、文化教育和技术教育"。同时,《监狱法》在第五章设置了对罪犯教育改造的专章。要执行刑罚,必然离不开教育,罪犯教育与执行刑罚具有同一性。同时,罪犯教育与执行刑罚共存。罪犯教育活动从刑罚的判决开始,直至刑罚的解除,它贯穿于行刑的全过程。罪犯教育围绕罪犯行刑,服务于行刑,以确保刑罚的正确执行。由此可见,罪犯教育充满了行刑的特点。

二、罪犯教育是由国家刑罚执行机关依法强制进行的,具有强制性

罪犯教育的这种强制性具体体现在:强迫罪犯在监狱这种特殊的环境中,在具有强制性的严格监管的条件下进行的。监狱是国家的刑罚执行机关,是对罪犯实施惩罚与改造的特殊执法机关,它是以一整套完备的强制性设施和措施来保证罪犯教育的实施。从强制性的设施来看,有专门的警戒设施,如高墙、电网、岗亭等障碍性设施,并有武警部队驻防看守,把罪犯控制在一定范围之内,罪犯只能在一定范围内参加教育活动,不能超越警戒地区。同时监狱设有严密的监控系统,包括闭路电视监控等物质性监控。从强制性的措施来看,监狱有完整的监规制度和纪律,罪犯的行为要受到服刑人员行为规范的约束,而且有干警采取的各种监视和控制措施,如狱情耳目、班、组长、改造积极分子公开或秘密的监视等。总之,在监狱这一特殊的环境中,通过一系列强制性的设施和措施,以强制的方式使罪犯接受教育,并要求他们通过教育改过自新,重新做人。如果没有这种外在的强制性,便不能顺利开展正常的教育活动。特别是罪犯入监初期,罪犯接受教育的自觉性较差,为了把罪犯拉入正常的教育改造轨道,必须借助外在的强制性,迫使罪犯就范,以推动教育活动的开展。当然,对强制性不能理解成为是一味高压、简单粗暴、不按精神活动的转化规律办事的代名词,这样只会事与愿违。

三、罪犯教育是改造罪犯的基本手段之一,具有主导性

监狱对罪犯改造的手段是多样的,主要有监管、劳动、教育三大手段。其中,监管是改造罪犯的前提,管不住一切都无从谈起。劳动是改造罪犯的基础。离开了劳动,罪犯改造就成了无源之水、无本之木。就罪犯教育而言,根据教育科学的研究,遗传、环境与教育是影响人的发展的三个基本因素。遗传是人的发展的物质前提,但不能决定人的身心发展的方向和程度;环境给人的发展以客观影响,对人的身心发展具有重要作用,但往往有着自发、分散和偶然的性质;教育是有计划、有组织、有目的的培养人的活动,因而对人的发展起着主导作用。罪犯教育虽然有它特殊的一面,但作为一种教育,它仍然具有教育的一般属性,因此,教育在人的身心发展中起主导作用的原理对于罪犯教育同样是适用的。对罪犯教育而言,它是一种定向的诱导。它有着缜密的计划性、严密的组织性、明确的目的性,推动罪犯朝着新人的目标努力改造。这就使得罪犯教育具有很强的主导性。教育可以直接作用于罪犯的精神世界,进行灵魂再塑、知识更新和技能养

成,特别是对罪犯的思想转化,教育的主导性尤为明显。思想上的肮脏只有用思想上的清水去洗涤;腐朽的头脑只有用先进的思想去占领。这都说明教育在罪犯转化过程中,具有主导性。

四、罪犯教育是一种破旧立新的教育活动,具有再塑性

监狱所实施教育的对象不同于一般的教育对象,而是被判刑投监,头脑里充斥着乌七八糟毒素的罪犯。他们不是一张白纸,好写好画,而是污染了的脏纸,需要化腐朽为神奇,变废为宝,需要再塑。要再塑,首先要破旧,要着重铲除他们已形成的消极观念和犯罪思想,矫正其恶劣行为,同时还要立新,把他们造就成为新人,成为既适应社会又有新的个性的新人。由破旧立新的过程,也可以看出罪犯教育实质上就是对教育对象的再塑过程。罪犯教育这一活动与一般的社会教育是大不相同的。社会上一般教育多是以塑造为主,对受教育者直接予以思想品德的培养和文化知识的传授,为社会输送所需要的合格人才。而罪犯教育却必须把破旧和立新紧密结合起来,在破旧中立新,在立新中破旧,促使罪犯旧的东西得以消除,新的东西得以生成,使罪犯由不自觉改造最终转化为自觉改造。

五、罪犯教育是在监狱这一特定环境中实施教育的,具有熏陶性

罪犯教育是在监狱这个特定环境开展的教育活动。这一环境不仅是要断其犯罪之源,进行病毒隔离,更重要的是通过创设一个适宜于罪犯走向新生的环境,于潜移默化中使罪犯受到熏陶,使其思想和行为朝着好的方向发展。这一环境的熏陶源来自多个方面:如监管的养成作用、劳动的体验作用、政策的感召作用、监狱文化的养育作用、监狱民警自身的示范作用、社会力量的帮教作用等等,使对象置于多种熏陶源的共同影响之下,推进罪犯加速改造步伐。

六、罪犯教育是一种旨在培养罪犯自我教育能力的活动,具有开发性

罪犯在教育活动中,在强制条件下,是教育的客体,无条件地服从监狱民警的教育。但从认识论的角度来看,又是教育的主体,因为罪犯也是有思想、有情感、活生生的人,具有主观能动性。任何来自外部的教育影响,只有通过罪犯的自身活动,才能决定接受与否。干警可以从形式上强制罪犯参加监狱组织的各种教育活动,但不能强制他改变内心的想法。因此,在罪犯教育过程中,要培养罪犯自我教育的能力,开发他们的自我教育能源。应该看到,罪犯无视法律,不

讲道德,是非颠倒,善恶不分,消极因素在他们身上占了上风,他们的教育改造需要经过一个由强制教育改造到自愿改造、自觉改造的过程。但是他们还是存有自我教育的能源,只不过暂时还处于次要地位,处于劣势。而在一定条件下,处于次要地位、处于劣势的自我教育能源是可以转化到主导地位和优势地位的。这就需要监狱民警在充分发挥罪犯教育主导作用的同时,开发罪犯自我教育的能源,培养他们自我教育的能力,变"要我改造"为"我要改造",最终使罪犯发挥主体性,从而主动地接受教育改造,自觉地反作用于教育环境,甚至创造性地提出教育改造需求,真正获得重新做人的"合格证"。

第二节 罪犯教育的目标

人类社会活动的一个基本特征,就是它的意识性和目的性。罪犯教育作为人类社会多种教育活动之一,也必然有其目的性或目标性,罪犯教育就是要依据所确定的教育目标来进行的。

所谓罪犯教育目标,一般是指罪犯教育想要达到的境地或标准,反映对罪犯教育在罪犯的再塑规格、努力方向和社会倾向性的要求。这里所说的罪犯教育目标,是特指一定社会中的国家通过制定法律法规为监狱罪犯教育所确立的标准。它是监狱开展罪犯教育活动的出发点和依据,也是罪犯教育活动的归宿。罪犯教育目标规定着罪犯教育活动,即决定着罪犯教育的原则、内容和方式方法。监狱开展的各种罪犯教育活动,都是按照一定的目标去确定的。罪犯教育目标确定之后,自身的活动才能有组织、有计划地向预定的方向进行。将罪犯改造成为守法公民,降低刑满释放人员重新犯罪率,可谓是整体监狱工作也是罪犯教育工作的根本目标。多年来,我国监狱一直重视罪犯教育,特别是近些年来,我国监狱全面推行一周五天劳动教育、一天课堂教育、一天休息的教育改造模式,大力加强对罪犯的道德、法制、文化、管理、劳动教育,广泛开展心理咨询、心理矫治和个别化教育,广泛开展监狱(监区)文化建设,充分利用社会资源开展社会帮教,罪犯教育改造质量不断提高;普遍开展罪犯职业技能培训,建立完善劳动培训制度,提高罪犯刑满释放后适应社会的能力。据时任司法部监狱管理局局长的邵雷在中英监狱管理研讨会的发言,2008年至2014年全国监狱共完成对125万名罪犯的扫盲和义务教育工作,100%的罪犯接受了心理健康教育、入监心理测评和出监心理评估,98.1%的罪犯刑满时获得普法教育合格证,取得职业技术证书的罪犯达到参训总数的77.3%,罪犯回归社会后重新犯罪率始终保持在较低水平。

一、罪犯教育目标对罪犯教育活动和对象质的规定性

罪犯教育目标对罪犯教育活动和对象具有质的规定性,主要表现在:一是对罪犯教育活动的质的规定性,即规定罪犯教育"为谁再塑人""为谁(哪个社会、哪个阶级)服务"。这种质的规定性在于明确罪犯教育对罪犯进行再塑的社会性质和根本方向,使其再塑出与一定社会要求相一致的人。如果偏离了社会要求或违背了社会性质,社会必然要通过各种方式进行批评、整顿、改造。二是对罪犯教育对象的质的规定性。主要体现在两个方面:一方面规定了罪犯教育对象再塑的社会倾向,即要使罪犯教育对象成为哪个阶级、哪个社会的人,服务于哪个阶级、哪个社会;另一方面规定了教育对象通过再塑应有的基本素质,即要使教育对象养成哪些方面的素质等。正是因为罪犯教育目标对罪犯教育活动和教育对象的这种质的规定性,使它自身对各种教育活动和教育对象的再塑具有很强的原则性,成为社会把握罪犯教育活动及对罪犯进行再塑性质和方向的根本所在。坚持了所规定的罪犯教育目标,把握了罪犯教育活动及对象的质的规定性,就能从根本上保证罪犯教育对罪犯的再塑与社会发展要求相一致。

总之,罪犯教育目标对罪犯教育活动和对象具有的质的规定性,说明罪犯教育目标作为监狱改造人、再塑人的标准总是内在地决定着罪犯教育的社会性质和罪犯教育对象所应具有的素质,反映一定社会发展的需要。

二、罪犯教育目标的功能

罪犯教育目标的功能是指罪犯教育目标对罪犯教育实际活动所具有的作用,其层次的多样性,使它具有多方面的功能。

(一) 定向功能

监狱的罪犯教育活动,是通过罪犯教育目标才得以定向的。其功能具体表现在:一是对罪犯教育的社会性质的定向作用,对罪犯教育"再塑什么样的人"具有明确的规定。二是对罪犯教育个体再塑的定向作用,使罪犯教育依据这样的规定,按照对罪犯未来再塑的方向,使其发展与预定的方向相一致,产生社会所需要的新品质。三是对罪犯教育内容、方法的定向作用。它对选择什么样的罪犯教育内容、方法,对罪犯教育内容、方法如何进行取舍等具有决定作用。四是对监狱民警给予罪犯实施具体教育的方向的定向作用。除了对转化罪犯思想、矫治心理等方面的价值定向作用,还有对罪犯知识增长、技能培养等方面的

教育定向作用。正因为罪犯教育目标的定向功能,罪犯教育活动才能有所依据,避免其社会性质和发展方向上的失误。

(二)调控功能

罪犯教育目标,是一定社会(国家)、监狱根据自身或罪犯的发展需要对罪犯教育活动进行调节、控制的一种手段,以达到其自身发展的目的。罪犯教育目标对罪犯教育活动的调节主要借助以下方式进行:一是通过标准的方式进行调控。罪犯教育目标总是含有"改造或再塑什么样的人"的标准要求,这种标准要求对罪犯教育的实际活动的影响是多方面的,监狱民警根据这样的标准调节和控制自身对罪犯教育内容和方法的选择。二是通过目标阶段性的方式进行调控。一种罪犯教育目标的实现会使它自身衍生出系列的短期、中期、长期的教育目标,从而铺开了罪犯教育目标可以实现的行走(操作)路线,具体调节和控制罪犯教育的各种活动。三是通过对具体对象进行调控。就调控的对象而言,既包括对监狱民警的罪犯教育观念、行为的调控,还涉及监狱民警所实施的具体教育内容、方法的选择等,这些都直接或间接地遵循罪犯教育目的进行调控,同时还含有对罪犯行为的调控。由于罪犯教育目标的本身含有对罪犯教育的期望和要求,因此监狱民警对罪犯不符合教育目的的行为总是设法予以引导或纠正,把罪犯发展纳入预定的方向中去,一步步实现由旧我到新我的转变。

(三)激励功能

目标是人类对于活动结果的一种指向和认定,罪犯教育目标在本质上是一种罪犯教育理想。作为理想的罪犯教育目标对罪犯教育当事人具有激励作用。正如美国学者布鲁巴克所说:"目标就是价值,假如目标有价值,并且人愿意获得它,(实现它),那么它便能使学习者付出为达到该目标所需要的力量。"[1]监狱民警因为有目标的存在,便可以运用自己的智慧和力量,发挥创造能力去设计罪犯教育活动,从而达到目标。明确的罪犯教育目标的存在,能够很好地调动罪犯接受教育的主动性和积极性,为实现教育目的努力进取。

(四)评价功能

罪犯教育目标可以作为评价罪犯教育实践的标准。运用这样的评价标准来评价具体的罪犯教育活动过程,可以判断出罪犯教育过程的得失、质量的高低、目标达成的程度等等。通过依据罪犯教育目标不断分析评价罪犯教育过程发展状况和结果,适时作出恰当判断,就能更好地从根本上把握罪犯教育活动的进

---

[1] 转引自陈桂生:《教育原理》,华东师范大学出版社1993年版,第219页。

行,促进罪犯教育的健康发展,确保罪犯教育目标的实现。

罪犯教育目标的上述功能,是相互联系、综合体现的。每一个功能的作用,都不是单一表现出来的,定向功能是伴随着调控、激励和评价功能的发挥而发挥的,没有调控、激励和评价功能,定向功能难以发挥更大的作用;而调控、激励功能的发挥需要定向功能和评价功能作为依据;评价功能的发挥也离不开对定向、调控和激励功能的凭借。因此,在罪犯教育实际工作中,应从整体上合理把握这些功能,发挥出整体大于部分之和的效应。当然,需要说明的是,罪犯教育目标对罪犯教育实践的指导作用是有条件的,其中最为重要的条件是罪犯教育目标是否科学、合理,是否具备与罪犯教育目标实现相应的外部环境、罪犯自身的主观能动性等等。

三、我国罪犯教育目标的内容和精神实质

(一)我国罪犯教育目标的内容

我国罪犯教育的目标内容,依据于《监狱法》规定的监狱工作目标以及司法部确立的教育改造罪犯主要目标。根据《监狱法》的规定,将罪犯改造成为守法公民是我国监狱工作的总目标。根据司法部制定的《教育改造罪犯纲要》的精神,教育改造罪犯的主要目标是通过各种教育改造手段和方法,使其成为守法守规的服刑人员。罪犯教育目标既要符合监狱工作的总目标的精神,同时又要将总目标予以分解,要体现《教育改造罪犯纲要》的精神,在罪犯教育工作实践中要将二者有机结合,统一起来。

1. 我国监狱工作目标的历史回顾

由于罪犯教育的目标从长远来看与监狱工作的目标是一致的,因此有必要对监狱工作的目标作简要的历史回顾。

在新中国成立之初,1954年政务院通过并颁布实施的《中华人民共和国劳动改造条例》规定,要把罪犯改造成为认识犯罪本质,消灭犯罪思想,树立新的道德观念的"新人"。[①]

到了20世纪60年代,1964年党中央批转的《关于第六次全国劳改工作会议的报告》提出,要把罪犯中的绝大多数改造成为自食其力的"新人"。[②]

到了20世纪80年代,1981年党中央和国务院办公厅转发的《第八次全国

---

① 参见王明迪、郭建安主编:《岁月铭记》,法律出版社2004年版,第103页。
② 同上。

劳改工作会议纪要》提出,"要把绝大多数罪犯改造成为拥护社会主义制度的守法公民和对社会主义建设的有用之材"。①

到了20世纪90年代,1992年我国在以国务院新闻办名义发布的《中国改造罪犯人权状况白皮书》中提出,"把罪犯改造成为能够遵守法律、自食其力的新人,并让他们回归社会成为自由公民。"②1994年我国颁布的《监狱法》及2012年修订的《监狱法》均要求"将罪犯改造成为守法公民"。

从以上的历史回顾可以看出,在我国的不同历史发展时期,对监狱将罪犯改造或教育成为什么样的人国家有着不同的要求。这些要求在不同历史阶段对于监狱的改造罪犯或教育罪犯的工作起到了十分重要的导向和推动作用,对于监狱提高教育改造质量也产生了十分重要的影响。尽管在不同历史阶段对罪犯改造或罪犯教育目的的表述有所不同,但是其精神实质都是一致的,从长远看,都是围绕着将罪犯改造或教育改造成为"守法公民"这一基本目的而展开的,体现了我国监狱以改造人为宗旨的基本精神。

2. 我国罪犯教育目标的构成

如前所述,罪犯教育的目标既要体现监狱工作目标,同时又要将目标予以分解,在罪犯服刑期间具体化。根据司法部制定的《罪犯教育改造纲要》的规定,教育改造罪犯的主要目标是:在罪犯服刑期间,通过各种教育改造手段和方法,使其成为守法守规的服刑人员。守法守规服刑人员的基本条件是:认罪悔罪、遵守规范、认真学习、积极劳动。另外根据《监狱法》的要求,最终"将罪犯改造成为守法公民"。这里涉及两个层面,一是罪犯在服刑期间的层面,二是罪犯刑满释放回归社会后的层面。前者强调的是罪犯在狱内服刑期间做"守法守规"的服刑人员;后者强调的是罪犯刑满释放回归社会后"成为守法公民",二者之间呈现出一种近期与远期的关系。

就使其成为"守法守规"的服刑人员而言,根据司法部制定的《罪犯教育改造纲要》的规定,包括如下内容:

(1)认罪悔罪:承认犯罪事实,认清犯罪危害,对自己的犯罪行为表示悔恨,服从法律判决,不无理缠诉。

(2)遵守规范:遵守法律、法规,遵守服刑人员基本规范、生活规范、学习规范、劳动规范、文明礼貌规范。

---

① 参见王明迪、郭建安主编:《岁月铭记》,法律出版社2004年版,第103页。
② 司法部劳改局、中国法学会研究部编:《中国改造罪犯人权状况白皮书》,法律出版社1992年版,第27页。

(3) 认真学习:积极接受思想、文化、职业技术教育,遵守学习纪律,学习成绩达到要求。

(4) 积极劳动:积极参加劳动,遵守劳动纪律,服从生产管理和技术指导,掌握基本劳动技能,严格遵守操作规程,保证劳动质量,完成劳动任务。

罪犯刑满释放时,符合守法守规服刑人员条件的,要逐步达到当年释放人数的90%以上。

就将罪犯教育改造"成为守法公民"而言,要求罪犯通过监狱教育改造,法律素养明显提高,法治观念和法律意识明显增强,刑满释放后大多数人都能够做到自觉守法,不再重新犯罪,并在此基础上,基本素质得到全面发展,能够在社会上得到较好的生存与发展。

(二) 我国罪犯教育目标的精神实质

我国罪犯教育的目标的精神实质主要体现在以下几个方面:

1. 体现了远近结合,完整地构成了我国罪犯教育工作罪犯的目标体系。将罪犯改造"成为守法公民"是监狱教育改造的长远目标,要求罪犯狱内"守法守规"是监狱教育改造的近期目标。将罪犯监狱改造"成为守法公民"是与监狱工作的总目标紧密联系在一起的,也是罪犯教育所要实现的最终目标。狱内"守法守规"是与罪犯在监狱服刑期间的现实联系在一起的。作为一个罪犯只有在服刑期间做到守法守规,才能认真接受改造,认真履行法定义务,保持监狱安全稳定,并为将来成为守法公民打下扎实的基础。但如果仅停留在狱内守法守规,也难以使罪犯成为守法公民。在现实中也不难发现,有些罪犯在狱内服刑期间能够做到守法守规,那是趋于外部压力,一旦走出监狱大门,又故态复萌。因此作为监狱教育改造,一定需要有一个长远目标来引领,使罪犯通过教育改造真正守法,远离犯罪。总之,远与近二者之间密切联系,相辅相成,从而完整地构成了我国罪犯教育工作罪犯的目标体系。

2. 体现了我国监狱工作的宗旨。我国监狱工作的宗旨,就是"改造人"。我国监狱在对罪犯执行刑罚的过程中,履行着惩罚与改造两项职能。其中惩罚是前提,也是基本任务,而对罪犯实施改造则是监狱工作的宗旨,同时又是监狱的一项基本职能。而罪犯教育在罪犯改造中发挥着主导作用,通过教育改造,使罪犯在狱内做到"守法守规",刑满释放回归社会后成为无害于他人、有益于社会的守法公民。我国的罪犯教育目标正是很好地体现了监狱工作的"改造人"的宗旨。

3. 促使罪犯全面发展。我国罪犯教育目标着眼于使罪犯成为守法守规的服刑人员,最终使罪犯从监狱人走向社会,成为守法公民。但这个"守法守规的服刑人员"和"守法公民"不能简单地理解为罪犯仅仅在狱内守法守规和刑释后守法就够了,作为一个守法守规服刑人员特别是作为一个守法公民具有的基本素质,应该包括思想、心理、文化知识、生产技能、体质等诸多方面。这是促进罪犯的再社会化和再个性化所必需的,有利于防止"监狱人格"的形成,有利于罪犯全面发展,将来回归社会后生存发展充满内在的活力。

第三节 罪犯教育的任务

罪犯教育目的是确定罪犯教育任务的根本依据,罪犯教育任务又是监狱及监狱民警实现罪犯教育目的所担负的各项工作责任。在罪犯教育的实施过程中,罪犯教育主要担负以下几项任务。

一、转化思想

思想又可理解为"德",指个人对待生活、工作,对待与社会、集体、他人、自然关系时所应具有的价值观念、行为品质、道德追求、人格修养、人生信念等,是对世界观、人生观、道德观、法制观及行为品质的总称。思想是行动的先导。现实生活中的大量事实证明,罪犯犯罪行为的发生,除了社会的、阶级的、历史的、自然的原因之外,就其主观的、内在的原因来看,主要是受其自身不良的思想品德的支配,这亦是属于思想领域方面的问题。要彻底解决这些问题,就必须要在转化思想上下功夫。所谓"转化思想",就是要转变罪犯头脑中错误、消极或反动的立场、观点,清除各种犯罪思想,即以社会主义核心价值体系去冲击、转换、更新罪犯的消极、腐朽的价值体系,用社会主义法律去矫正罪犯无视法律的消极意识,用社会主义道德破除其损人利己、个人至上、拜金主义、享乐腐化等违背社会主义伦理道德的腐朽观念,使其逐渐树立新的价值体系、法制观和道德观,推动他们改恶从善,弃旧图新,获得重新做人的"合格证"。转化思想要把"守法"放在突出位置。要使罪犯在教育改造期间建立和形成能够调节和支配自己自觉守法的内在机制,至少应注意促进罪犯达到下列要求:一是掌握一定的法律知识;二是形成一定的法律观念;三是培养守法精神所倡导的思想情感;四是养成遵守法律和维护法律的行为习惯。

二、增长知识

科学文化素质是现代人素质结构的重要内容,是人的其他各种素质发展的前提条件。在现实生活中,很多罪犯走上犯罪道路是由于愚昧,而愚昧往往与无知或知识贫乏有关。知识贫乏不仅是很多罪犯走上犯罪道路的一个重要因素,而且由于缺乏知识,他们认识能力低下、接受能力差、反应慢,给其接受教育改造带来困难。针对罪犯缺乏文化知识的这一实际情况,必须努力增长罪犯的知识,提高他们的科学文化素质。特别是在新世纪、新阶段,在科学文化日新月异变化发展的情况下,更要重视对罪犯科学文化知识的教育,使之了解社会发展的现状与发展趋势,为他们眼前改造和将来回归社会后顺利融入社会创造条件。

三、培训技能

对罪犯进行生产技术培训,培养生产技能,是罪犯教育的又一项重要任务。在押罪犯中有相当一部分人沾染了好逸恶劳的恶习,缺乏劳动习惯,不懂生产技能,因此对罪犯必须进行生产技术培训。一方面,要结合劳动生产任务,加强对他们劳动知识的教育和生产技能的培养,这对于使他们顺利投入劳动改造,提高劳动生产率,提高经济效益,具有直接作用;另一方面,要根据罪犯将来刑满释放后的去向,对他们进行适应将来就业需要的职业技术教育,为他们刑满释放后自食其力创造有利条件。

四、矫治心理

在现实生活中,犯罪心理结构的存在与犯罪行为的发生,存在着必然的因果联系。心理因素是导致罪犯走上犯罪道路的主观原因之一。比如,低级的心理需求产生犯罪动机,犯罪动机支配着犯罪行为的实施;犯罪行为发生后,又可能引起犯罪心理的正、负强化。罪犯被判刑入狱后,常常产生各种消极的心理,如疑惧、抵触心理,抗拒心理,悲观、失望心理,消极"混泡"心理,孤注一掷、破罐破摔心理等等。这些消极心理无疑会极大地妨碍对他们正常的教育改造,因此,罪犯教育必须承担罪犯心理矫治的重要任务。从广义上看,罪犯教育所承担的罪犯心理矫治任务,主要是在罪犯教育过程中,运用心理测验、心理咨询、心理疾病治疗、心理健康教育等专门技术和手段,帮助罪犯逐步消除犯罪心理和各种消极心理,提高罪犯的心理档次和人格品位,使罪犯的心理世界由反社会转向亲社会,需要由不良转向良性,情感由冷漠变态转向热爱人生,情趣由低级转向高尚,意志由薄弱转向对犯罪诱因的自觉抵制,使低下的人格转向良好的人格,从而提高教育改造效果。从狭义上看,侧重于罪犯心理健康教育。我国对罪犯心理矫治的研究始于20世纪80年代,到了90年代罪犯心理矫治已开始引起监狱有关方面的关注。到了21世纪,已在全国各监狱广泛展开。我国监狱法规对罪犯心理矫治也作了明确规定,2003年司法部制定的《监狱教育改造工作规定》设专章(第七章),对罪犯心理矫治作了专门具体规定,罪犯心理矫治已成为罪犯教育一项不可或缺的重要任务。

五、增强体质

身体素质是人的素质结构中的物质基础。罪犯教育也要把增强罪犯体质作为一项任务来抓。其具体任务包括:指导罪犯身体锻炼,增强罪犯体质,提高健康水平;使罪犯掌握身体运动锻炼的科学知识和基本技能,掌握运动锻炼的方法,增强身体运动能力;使罪犯掌握身心卫生保健知识,养成良好的身心保健习惯。

六、以美育人

实践表明,相当一部分罪犯美丑颠倒,以丑为美,因而在罪犯教育过程中,以美育人显得极为重要。以美育人,就是在监狱这一特定环境中,以改造人为出发点,通过社会生活、生产劳动、艺术作品、改造环境中的诸种美的因素,对罪犯进行熏陶和启迪,使罪犯养成健康的审美感受力、正确的审美观、高尚的审美情操和良好的审美创造力;使罪犯形成美好心灵和行为;使他们在服刑期间乃至将来回归社会,都能体现出内在美和外在美的统一。

以上所谈的罪犯教育的六项任务,既不可分割,又不可代替。说它们不可分割,是因为它们彼此间是互相联系、互相影响的。各项任务都具有制约或促进其他各项任务的因素,各项任务的发展都离不开其他各项任务的配合,需要其他各项任务与之协调。并且任何片面的做法,都有可能导致罪犯教育的发展出现倾斜。说它们不能代替,是因为各项任务之间是相互区别的。各项任务都具有特定的内涵,都有自己特定的任务。所以,任何一项任务都是不可代替的。各项任务的不可分割和不可代替,反映了它们在实现罪犯教育目的中的关系是辩证统一的。根据上述各项任务之间的关系,在罪犯教育中要把各项任务结合起来,使它们在为实现把罪犯改造成为守法公民这一目标的过程中相互协调、相互促进,都得到发展。当然,这六项任务也不是平分秋色的,要把转化思想作为核心,相互关联,互为条件,互相促进,才能收到最佳效果。

第三章 罪犯教育的规律

所谓规律,"是事物发展过程中的本质联系和必然趋势。"①宇宙间任何事物和现象都有自己运动、变化和发展的规律。罪犯教育也不例外。本章着重从两个方面谈谈罪犯教育规律问题:一是从教育的基本规律与罪犯教育的关系来看罪犯教育规律问题;二是谈谈罪犯教育的具体或特有规律问题。

第一节 教育基本规律与罪犯教育

罪犯教育虽然是以罪犯为工作对象的特殊教育活动,但作为一种教育,它仍然要受教育基本规律的制约。教育的基本规律是在教育领域中普遍存在的,罪犯教育必然要受到教育基本规律的制约。根据目前教育科学的研究,认为教育的基本规律有两条:一条是教育与社会发展的关系的规律,称为"外部规律";一条是教育与人的发展的规律,称为"内部规律"。在罪犯教育过程中,教育的基本规律无时不在发生作用。从一定意义上讲,教育的这两条规律,也是罪犯教育的基本或一般规律。

一、教育的外部规律与罪犯教育

教育是培养人的社会活动,它必然要同其他社会现象发生联系。教育这一社会现象同社会的其他现象——主要是生产力发展水平和政治经济制度等现象之间的本质联系是教育的一条基本规律。这条基本规律可以表述为:教育受社会发展规律制约并为社会发展服务。②也就是说,教育与社会之间存在着相互影响、相互作用的本质联系。一方面,教育的发展要受社会发展规律的制约,生产力发展水平和经济政治制度能给教育的发展以巨大的制约作用;另一方面,教育能为社会的发展服务,影响生产力和政治经济制度的发展。从监狱的罪犯教育来看,罪犯教育事业的发展必然要受到一定社会的生产力发展水平和政治经

---

① 《辞海》,上海辞书出版社1985年版,第1440页。
② 参见王道俊、扈中平主编:《教育学原理》,福建教育出版社1998年版,第68页。

济制度等因素的制约;而罪犯教育事业的发展又对一定社会的生产力发展水平和政治经济制度具有相应的反作用。

(一) 生产力发展水平和政治经济制度对罪犯教育的制约作用

1. 生产力发展水平对罪犯教育的制约作用。罪犯教育的发展离不开一定的物质基础,罪犯教育的发展规模和速度、罪犯教育改造的规格和结构,以及教育的内容、手段和组织形式等,都不同程度地受生产力发展水平的制约,罪犯教育的发展不能超越生产力发展水平这一物质前提。就罪犯教育的手段来说,生产力水平低下,其手段也相应落后、简陋。而随着科学技术的突飞猛进,生产力水平的提高,传统的教育手段已经不能适应罪犯教育发展的客观需求,电视、录像、计算机辅助教学(CAI),甚至多媒体教育管理手段已逐步在监狱中使用和推广。

2. 政治经济制度对罪犯教育的制约作用。经济是指经济基础,即一定社会关系的总和,它决定着罪犯教育的性质。政治是经济的集中表现,它在上层建筑中居于主导地位。经济基础通过政治对罪犯教育发生影响和作用。政治经济对罪犯教育的制约作用主要体现在:决定罪犯教育的社会性质。罪犯教育的社会性质是由生产关系所决定的,是由社会和国家的性质所决定的。罪犯教育的社会性质集中体现在再塑什么人,为谁服务的教育方向上;用什么样的政治、法律和道德意识来教育改造罪犯等等。我国的罪犯教育性质是由我国社会主义政治经济制度所决定的,它要求我国罪犯教育必须牢固树立社会主义性质和方向,始终把将罪犯改造成为守法公民放在罪犯教育工作的首位;坚持以社会主义政治、法律和道德意识等为指导,促进罪犯改造。

(二) 罪犯教育对生产力发展和政治经济制度具有重要的反作用

1. 罪犯教育对生产力发展具有促进作用。这种促进作用主要体现在:(1) 通过实现劳动力的再生产来促进生产力的发展。劳动力是生产力中最重要、最活跃的因素。劳动力即人的劳动能力。有生命的人的存在是劳动力产生的前提。而活的生命个体要成为劳动力就必须使他们具备一定的体力和脑力,愈是现代社会,对脑力的要求愈高。劳动力的再生产就是把活的生命个体这种可能的、潜在的劳动力转化为现实的劳动力,这种转化主要依靠教育来实现。正如马克思指出:"要改变一般人的本性,使他获得一定劳动部门的技能和技巧,成为发达的和专门的劳动力,就要有一定的教育或训练"[①]。在监狱,罪犯教育

---

① 《马克思恩格斯全集》(第23卷),人民出版社1972年版,第195页。

这一作用主要体现在两个方面：一是监狱对罪犯的文化知识、生产技术等方面的教育培训可以使罪犯尽快适应监狱所组织的劳动改造生产项目的技能要求，由一个潜在的劳动力变为现实的劳动力。二是监狱通过对罪犯开展职业技术教育等培训，使其具有一技之长或一专多能，这就为罪犯成为适应未来社会发展需要，能够自食其力，具有较高素质的劳动力打下了基础，从而促进生产力的发展。

(2) 通过实现科学技术再生产促进生产力的发展。罪犯教育是实现科学技术再生产的重要途径。科学、技术是两个紧密相连而又有区别的概念。科学是反映自然、社会、思维等的客观规律的知识体系，而技术则是在实践经验和科学原理的基础上发展而成的各种工艺操作方法和技能。科学技术与生产力关系密切，在生产力诸要素中，劳动力的再生产、工具的制造、生产资料的获取，都离不开科学技术，尤其是人类进入现代工业大生产以后更是如此。因此，邓小平明确指出："科学技术是第一生产力。"[①]但是要把科学技术转化为现实的生产力，是一点也离不开能够驾驭它的人的。而人的科学知识和技术才能不是天生的，主要靠教育获得。对于服刑罪犯同样是如此，他们科学技术才能的获得，也需要靠有目的、有计划、有组织的教育才能得以掌握。监狱对罪犯开展的教育活动承担着传承科学技术知识，实现科学技术再生产的重任。

2. 罪犯教育对政治、经济的反作用。罪犯教育对政治、经济的反作用主要是通过向罪犯灌输一定的阶级意识，进行道德和法律教育，从而使罪犯具备一定时代或阶级所希望的政治、法律、道德意识，将其改造或矫正成为"守法公民"，以维护和巩固一定社会的政治、经济制度。为达到这样的目标，任何一个阶级掌握了监狱罪犯教育权，都必然要利用罪犯教育这个阵地，通过多种教育手段，宣传本阶级的政治、法律、道德意识，以使罪犯不再干扰和破坏社会治安和社会稳定。西方监狱对罪犯的思想教育往往以生活指导、宗教教诲、心理辅导、社会教育等形式出现。我国监狱通过思想教育来向罪犯灌输社会主义新的政治、法律和道德意识等，揭露和批判盘踞在罪犯头脑中的消极腐朽的思想意识，促使他们改恶从善，重新做人，从而预防和减少犯罪，对社会治安和社会稳定发挥重要作用，为巩固和发展我国的社会主义政治、经济制度服务。

二、教育的内部规律与罪犯教育

人是教育的对象，人的发展与教育之间的关系是教育活动中的核心联系，因

[①] 《邓小平论教育》，人民教育出版社1997年版，第219页。

而教育与人的发展的本质联系是教育的基本规律之一。这条规律可以表述为"教育受人的发展规律制约并为人的发展服务"[①],即教育与人的发展之间存在着相互影响、相互作用的关系。一方面,教育能为人的发展服务,它在人的发展中起主导作用;另一方面,教育的发展要受人的发展规律的制约。同理,罪犯教育与罪犯的转化之间也存在相互影响、相互作用的关系,罪犯教育对罪犯的转化起主导作用,同时罪犯教育也要受到罪犯个体身心发展的特点和规律的制约。

(一)影响人的发展因素及教育在人或罪犯转化中的主导作用

所谓发展,是指事物由小到大,由简到繁,由低级到高级,由旧质到新质的运动变化过程。它既指质变,也指量变;既指明显变化,也指细微变化。人的发展内容包括身体和心理两个方面,也即通常所说的人的身心发展。从人的发展的时间范围来看,一般是指个人从出生到成人这段时间,但现在愈来愈趋向于将人的发展的时间段加以延伸,把人的发展视为"个体从生物学的受孕至生理死亡整个时期所经历的变化过程。"[②]对人的发展时间范围的扩展对于罪犯教育具有重要意义,除了对未成年犯教育,对青年犯教育、中年犯教育、老年犯教育,都可以视为人的发展在时间上的延伸。

影响人的发展的因素很多,从外部因素来看,遗传、环境和教育是主要的因素;从内部因素来看,个体的主观能动性是人的发展的决定性因素。这些因素在人的发展中所起的作用不同,总的来看,外因是个体发展的条件,内因是个体发展的关键。但在人的发展的三项外部因素中,遗传为人的发展提供生理基础,环境对人的发展起一定的制约作用,教育是一项特殊的因素,教育自身的本质特征决定了它在人的发展包括罪犯身心发展中起主导作用。下面着重谈谈罪犯教育在罪犯的发展或转化中所起的主导作用。

罪犯教育作为一种特殊教育,在罪犯的发展或转化中有着重大的促进作用,起着主导作用。首先,罪犯教育制约着罪犯的发展或转化方向。罪犯的发展或转化方向是指罪犯在身心特别是心所要达到或追求的目标规格和水平。罪犯教育要受许多因素影响,它有目的地影响罪犯的社会活动,能够对罪犯的发展方向产生制约作用。罪犯教育的目的性在任何形式的罪犯教育活动中均有反映,在规范化、制度化的罪犯教育中反映最为明显。罪犯教育从微观的四五十分钟一节的课堂教学活动到宏观的罪犯教育目的、指导思想和原则,对罪犯教育改造的

---

① 王道俊、扈中平主编:《教育学原理》,福建教育出版社1998年版,第68页。
② 《心理学百科全书》(上卷),浙江教育出版社1996年版,第534页。

每一阶段、每一方面的目标都有明确的要求和规定,从而对罪犯发展或转化的方向产生全方位的制约作用。其次,罪犯教育能够对罪犯的发展或转化施以全面的、系统的、深刻的影响。罪犯教育活动的目的性不仅表现在对罪犯发展或转化方向的规定与设想上,而且表现在为了达到规定的要求而进行的有计划、有组织的罪犯教育实践活动之中,这一点,在罪犯教育中表现得十分明显。罪犯教育通过精心设计、组织的教育教学计划,对罪犯思想、心理、文化、技能、身体、审美等各方面的素质发展或转化产生全面、系统、深刻而持久的影响,这种影响同环境和遗传的影响力有着很大差别。最后,罪犯教育有专职的监狱民警,从而强化了罪犯教育在罪犯发展或转化中的主导作用。监狱民警是对罪犯实施教育改造的专职监狱管理人员。在罪犯教育过程中,监狱民警是执法者,处于指挥地位;是教育者,处于主导地位;是管理者,处于支配地位。监狱民警的选择和任用,必须严格遵循一定的条件,要求他们具有坚定的政治立场、牢固的法制观念、认真的工作态度、合理的知识结构、良好的教育智能,具备这样条件的民警能够运用科学的罪犯教育理念,选择正确的内容和采用恰当的方法,更好地促进罪犯的发展或转化,充分发挥罪犯教育在罪犯发展或转化中的主导作用。当然,罪犯教育的主导作用的发挥有赖于罪犯主观能动性的发挥,要调动罪犯的主动性和参与性,这样才能收到好的教育效果。

(二) 罪犯教育的发展要遵循罪犯个体的身心发展的规律

教育与人的发展,处在相互影响、相互作用的本质联系之中。教育以及罪犯教育对人的发展以及罪犯的发展或转化起主导作用只是联系的一个方面;反过来,教育以及罪犯教育的发展也要受人以及罪犯身心发展规律的制约,这是它们之间相互联系的另一面。这里着重谈谈罪犯教育应遵循罪犯个体的身心发展规律。从人的身心发展规律包括罪犯个体身心发展规律来看,罪犯教育的发展要受下面几条规律的制约:

1. 罪犯教育要受罪犯个体身心发展的顺序性的制约。教育学的研究表明,人的身心发展呈现顺序性,即由低级到高级、由量变到质变、按次序发展的特性。身体发展的顺序是:先头部后四肢,从中心部位到全身边缘,从骨骼到肌肉。心理机能发展也有顺序性,一般遵循这样的顺序:感知—运动—动机—社会能力(语言交往)—抽象思维。① 而每一种心理活动发展也大致呈现出由简单到复杂、由低级到高级的顺序,感知觉从简单的感觉到精细的感知,思维由动作思维

---

① 参见李丹主编:《儿童发展心理学》,华东师范大学出版社1987年版,第35页。

到具体形象思维、抽象思维。人的身心发展的顺序性要求教育以及罪犯教育必须遵循这一规律,罪犯作为人,也具有人的发展的顺序性的特点。在罪犯教育过程中,如果"揠苗助长""凌节而施",不仅无助于罪犯的发展或转化,而且会事与愿违。

2. 罪犯教育要受罪犯个体身心发展的不平衡性的制约。人的身心发展总的来看是按一定顺序进行的,但发展又是不平衡的。人的身心发展也不是齐头并进的,一般说来,生理上的成熟要早于心理、社会性的成熟。身心发展的不平衡性对未成年犯的教育更有启示意义。未成年犯正处于身心发展的特殊时期,身心矛盾往往格外突出,这是在对他们开展教育工作时要加以特别注意的。另外,从身心两个系统各自的内部来看,发展也是不平衡的,也即有的方面发展成熟较早,有的方面则发展成熟较晚。比如,在生理系统内部,神经系统、淋巴系统成熟在先,生殖系统成熟在后;在心理系统内部,感知系统成熟在先,思维成熟在后,情感成熟更后。人的身心发展的不平衡性,要求教育包括罪犯教育要特别抓住未成年犯身心发展的关键期,以便最大限度地促进未成年犯身心发展和良性转化。同时,我们可以将关键期的概念作进一步引申理解,即把所有罪犯接受教育的适宜时机称为罪犯教育的"关键期"①,抓好"关键期",往往就可以事半功倍。

3. 罪犯教育要受罪犯个体身心发展的互补性的制约。人的身心发展的互补性是指人的身心发展所具有的互补性的特性。它主要表现为三个方面:一是机体机能方面,即机体某一方面机能受损或缺失能够通过其他方面的超常发展得到部分补偿。如失明者可以通过听觉、触觉、嗅觉等方面的超常发展得到一定补偿。二是心理机能和生理机能之间,如良好的心态和坚强的意志可以在一定程度上弥补生理方面的某些不足。三是心理发展的不同方面,如人的智力因素和非智力因素之间就有很强的互补性。尤其是优秀的非智力因素,如刻苦、细心、执著,对智力因素的不足具有重要的补偿作用。罪犯作为个体的人,其身心发展中也存在互补性的特点,罪犯虽然有着这样和那样的缺陷,但在教育中重视其身心发展的互补性特点,取长补短,就可以更好地促进罪犯的发展和转化。

4. 罪犯教育要受罪犯个体个别差异性的制约。人的身心发展既呈现共同趋向,又表现出个别差异。在罪犯教育中,罪犯在总体上具有共性,同时又存在着个别差异性。作为教育对象的罪犯,具有比普通教育对象更为复杂的个别差异特点。无论是生理、心理、罪名、罪因、犯罪性质、改造动机、改造表现等方面,

---

① 王秉中主编:《罪犯教育学》,群众出版社2003年版,第68页。

都具有鲜明的个别差异性。人的身心发展特别是罪犯个体身心发展的个别差异性,要求罪犯教育不能千篇一律,一个模式,而必须针对每个罪犯的特点,因人施教,有的放矢。各项教育的内容和方法的选择等均须受罪犯个别差异性的制约,充分考虑每个罪犯的不同特征,有针对性地促进罪犯的健康发展和良性转化。

三、从罪犯教育的视角来看教育两条基本规律的关系

教育的两条基本规律,一条反映的是教育与社会之间的本质联系,即教育外部规律,另一条反映的是教育与人的发展之间的本质联系,即教育内部规律,尽管内容不同,然而人总是一定社会条件下的人,人的发展是在社会中实现的。因此,不能把教育的两条基本规律视为互不联系的孤立的规律,而应看到这两条规律是有机联系的整体。

(一)教育的内部规律要受教育的外部的规律的影响

由教育在人的发展中起主导作用,推出罪犯教育在罪犯的发展或转化中起主导作用,然而要充分发挥罪犯教育的这种主导作用,就必须使罪犯教育自身有良性的发展,罪犯教育能否得以良性发展既取决于是否符合人的发展或罪犯的发展的规律,更取决于社会特别是生产力、经济和政治制度发展规律的要求。因此,罪犯教育应主动适应我国社会主义现代化建设的需要,以社会发展的要求来促进罪犯教育工作的开展。

(二)教育的外部规律要通过教育的内部规律来实现

教育要受社会生产力发展水平、经济和政治制度等的制约,同时,教育又能影响社会生产力、经济和政治制度等的发展。这一外部规律的实现离不开教育与人的发展的关系这一教育内部规律。它启示我们,罪犯教育必须遵循个体身心发展的客观规律,充分发挥主导作用,再塑出合格的守法公民为社会发展服务。

总之,教育以及罪犯教育的两条基本规律是相互联系的关系,必须把两条基本规律当作有机联系的整体来看待,在分析和解决实际的罪犯教育问题时,不能顾此失彼。

第二节 罪犯教育的具体规律

教育以及罪犯教育的两大基本规律是适用于所有教育的一般规律,对于罪犯教育来说,除了要遵循基本规律外,还要遵循罪犯教育自身的具体规律。

对罪犯教育具体规律的研究是罪犯教育学研究的一个基本内容,受到从事罪犯教育学教学和研究者的关注。20世纪80年代以来,有关规律的提法主要散见于一些罪犯教育学的教材中。有人认为,罪犯教育规律可概括为,强制教育与自觉改造相适应的规律,转变罪犯思想与传授知识相促进的规律,反复教育与罪犯思想反复相一致的规律。① 还有人认为,罪犯教育基本规律可概括为,监狱教育与社会主义文明建设在主动适应中同步发展的规律,监狱教育与改造罪犯诸手段在优化结合中发挥主导作用的规律,教育内容、形式、方法在配合作用中与教育效果同态消长的规律,教育强制再塑性与罪犯愚顽执著性在反复撞击中逐步由对立走向良性循环的规律,教育者的主导性与受教育者的主动性在教育实践中共同决定教育效果的规律。②

以上观点表明,对罪犯教育具体规律的认识,还很不一致。在规律的表述上,有的就直接称"罪犯教育的规律"(如上述第一种对罪犯教育规律的概括),有的则表述为"罪犯教育基本规律"(如上述第二种对罪犯教育基本规律的概括)。罪犯教育是否有基本规律和具体规律之分,认识上不一致。此外究竟有哪些规律意见也不尽一致。这都表明我们对罪犯教育的具体规律的认识还不够成熟,同时也表明人们对规律的探索在不断深化。

本章第一节对教育以及罪犯教育的基本规律已有详尽论证。本着探索的精神,这里对罪犯教育的具体规律作些探讨。

所谓罪犯教育的具体规律,是罪犯教育发展过程中内部各要素之间的本质联系和发展的必然趋势。如存在于罪犯教育过程中的干警和罪犯之间的联系及互动趋势,社会和监狱的教育与罪犯现有接受水平的联系及其相互作用的方向等。研究罪犯教育的具体规律,就是要探求罪犯教育活动中各要素之间是如何联系的,其相互作用的趋势如何。根据对罪犯教育具体规律的这一理解,我们认为,罪犯教育的具体规律可作如下表述。

一、由强制教育到自觉改造的规律

罪犯由强制教育到自觉改造的必然过程,也是罪犯教育必须经过的两个阶段。毛泽东同志曾经指出:"所谓被改造的客观世界,其中包括了一切反对改造的人们,他们的被改造,须要经过强迫的阶段,然后才能进入自觉的阶段。"③他

---

① 参见魏荣艳主编:《罪犯教育学》,中国检察出版社2011年版,第16—18页。
② 参见杜雨主编:《监狱教育学》,法律出版社1996年版,第59—62页。
③ 《毛泽东选集》(第1卷),人民出版社1991年版,第296页。

又指出:"人们的认识,不论对于自然界方面,对于社会方面,也都是一步又一步地由低级向高级发展,即由浅入深,由片面到更多的方面。"①罪犯教育工作也必须遵循这一改造和认识规律进行。罪犯由强制教育到自觉改造的规律正是辩证唯物主义的改造和认识规律在罪犯教育中的具体体现。

首先,强制教育是首要的,没有强制教育就没有自觉改造。犯罪是危害社会治安和社会稳定,危害广大人民群众利益的行为,是犯罪主体的主观意识支配下的有目的的活动。要矫正犯罪行为首先是必须清除犯罪主体主观上的犯罪意识,而犯罪主体的主观意识并非一朝一夕形成的,是在长期的不良社会环境中形成的,而且形成后都有相对的稳定性、顽固性。正因为如此,罪犯的意识和行为的改变一般不会自发地进行,必须借助于外部的强制教育力量。特别是外部的强制教育力量的不断冲击能够引发罪犯的思想震动,使其对自己的行为有所检讨、反省,对犯罪行为进行否定,并重新审视、选择、调整、规范自己的行为,如此一来,他们的意识和行为习惯的改变才可能形成和发展。可以说,强制教育是自觉改造的基础和条件,没有强制教育,自觉改造就根本无从谈起。

其次,强制教育到自觉改造之间有一个尖锐复杂的斗争过程。罪犯被判刑押送到监狱服刑,其犯罪意识是不可能随着入监就一下子自动消失的,在罪犯教育面前,罪犯会在思想深处产生服刑与抗拒或消极"混泡",接受教育与抵制教育等的斗争。对于大多数罪犯来说,斗争的结果是不得已接受服刑和接受教育的现实,或通过思想上的反复斗争接受。

最后,自觉改造是罪犯思想斗争的必然结果,是罪犯重新做人的标志。在监狱这一特定条件下,在强制教育各种力量的推动下,会促使罪犯完成思想斗争过程,向自觉改造方面转化。自觉改造是在罪犯认识被改造的必然性和必要性以后的主观能动性。主要表现为:认罪服法,对犯罪产生的思想根源与犯罪危害有正确认识,自觉参加各项教育活动,自觉批判、清除、抵制消极、腐朽思想的毒害和侵蚀,并以正确的思想为准则去支配自己的行为能力。自觉改造并不是说就完全改造好了,而是愿意接受改造、愿意自我改造,有改造好的表现。在自觉接受改造后,也可能会有一定反复,但经过教育能很快改过,将功补过。这些都应视为自觉改造的表现。

---

① 《毛泽东选集》(第1卷),人民出版社1991年版,第283页。

二、在罪犯教育活动中，干警的主导与罪犯的主动作用相统一的规律

实现罪犯由强制教育到自觉改造的转化，必须使监狱民警的主导作用与罪犯的主动作用结合起来。在罪犯教育过程中，监狱民警施教与罪犯受教，是辩证统一的。监狱民警在施教中的主导作用是由监狱民警的地位、作用和性质决定的，监狱民警同罪犯相比，是矛盾的主要方面。但是，事物和现象的发展的根本原因，不是在事物的外部，而是在事物的内部，在于事物内部的矛盾性。内因是变化的根据，外因是变化的条件，外因要通过内因才能起作用。监狱民警施教所产生的主导作用，只有通过受教罪犯本身的内在因素，才能收到明显效果。因此，调动罪犯接受教育的积极性和主动性，是罪犯教育中不可或缺的重要因素。

在罪犯教育活动中，监狱民警的主导作用和罪犯的主动作用是互相联系、互相促进的。从相互联系的一面来看，没有监狱民警的主导作用，罪犯的主动作用就会失去引导；反过来，没有罪犯的主动作用，监狱民警的主导作用就无处体现。从相互促进的一面来看，监狱民警的主导作用发挥得越充分，就越能调动罪犯接受教育的主动性；而罪犯的主动性的充分发挥，又能更好地体现监狱民警的主导作用。

三、罪犯教育活动的整体运行规律

在罪犯教育活动中，任何一个组织或部分（要素）都不是孤立存在、各自运行的。它们都是彼此依存、相互关联，结合成罪犯教育活动的整体运行的。

首先，罪犯教育活动的两个主体，即施教者主体——监狱民警与实践和认识的主体——罪犯都以对方的存在为前提。没有罪犯，监狱民警就失去了存在的价值；没有干警，也就无所谓服刑罪犯。所以，罪犯教育活动的两个主体缺少任何一方，或只有一方发挥作用，罪犯教育的双边过程都无从进行。与此同时必须明确，监狱民警与罪犯双方，虽然各自在罪犯教育活动中的地位、作用不同，但两个主体的活动只能在整体的教育活动中才能互相联系，统一运行。

其次，罪犯教育活动中各个要素都是相互联系、相互制约的，其中起核心作用的是罪犯教育目的。罪犯教育目的从根本上、整体上制约着罪犯教育内容和方法；反过来，如果罪犯教育内容不正确、不科学，罪犯教育方法不恰当，必然会妨碍正确罪犯教育目的的实现。再有，罪犯教育活动中每一个要素下面又有若干具体要素，也是相互联系、相互制约的。就罪犯教育方法而言，各种具体罪犯教育方法，如罪犯集体教育、分类教育、个别教育、社会教育和监区文化建设等方

法各行其是,相互不予配合,罪犯教育活动也不可能协调运行,也不可能达到良好的整体效益。

四、调控各种因素影响,形成正向合力的规律

在罪犯教育活动中,存在着两大方面因素的影响:一是教育者所施加的影响。包括监狱民警以及社会有关方面的力量如社会群体、罪犯亲属和帮教志愿者在内所施加的影响。在正常情况下,不同教育主体施加的教育影响是一致的,有相互补充、相互强化的作用。但是由于不同教育主体的思想水平和认识能力的差异,他们所施加的教育影响也可能出现不协调。特别是在社会转型时期,不同教育主体施加的教育影响就更容易出现差异,甚至出现对立和冲突。这种情况在我国罪犯教育中也一定程度地存在着,这就要求我们对不同教育主体的影响进行自觉的调控,使之同向发挥作用,形成正向合力。二是社会环境的自发影响。罪犯教育过程不是一个孤立封闭的过程,而是处在纷繁复杂的社会大环境中,各种环境因素都在对罪犯的发展和转化走向以及罪犯教育过程自发地产生影响。这些影响中,有积极和消极、健康和腐朽、正确与错误之分。在罪犯教育实际工作中,消极的、腐朽的、错误的影响在严重地削弱和抵消着罪犯教育的自觉影响。社会环境因素影响的复杂性,要求教育者特别是监狱民警在开展罪犯教育活动的过程中,要注意抑制和过滤社会环境因素中的消极、腐朽、错误影响,利用并强化其中的积极、健康、正确影响,使之与教育者尤其是监狱民警的自觉影响协调统一起来,从而形成强大的正向合力,推动服刑罪犯的思想行为朝着监狱与社会主流要求的方向发展。

在罪犯教育实际工作中,上述两大方面的各种因素的影响作用是紧紧联系在一起的,正面的、积极因素的影响和负面的、消极因素的影响也是混同在一起的。作为教育者特别是监狱民警,就是要对各种因素加以认真分析,做好调控,吸优去劣,对各种正面、积极的因素加以有机组合,使之朝着监狱与社会主流要求的方向发挥正向合力作用。这是罪犯教育活动顺利发展的内在要求。

研究罪犯教育的具体规律,是具体运用教育基本规律指导罪犯教育活动必须明确的一个重大理论问题和实践问题。本章仅是在吸收借鉴已有研究成果的基础上,对此作了初步探讨,希望借此引起更多的从事罪犯教育学教学和研究者以及实际工作者的关注、参与,进一步深化罪犯教育具体规律的研究。

第四章 罪犯教育的指导思想和基本原则

罪犯教育能否顺利进行,达到预期的目的,与坚持什么样的指导思想和基本原则有着密切的关系。为此,我们在研究罪犯教育学的基本原理时,不能不研究罪犯教育的指导思想和基本原则。

第一节 罪犯教育的指导思想

任何一种理性的实践活动,都离不开一定的指导思想的指引,在罪犯教育这种特殊的理性实践活动中,同样需要一定的指导思想的指引。根据司法部制定的《教育改造罪犯纲要》的提法,我国教育改造罪犯以邓小平理论和"三个代表"重要思想为指导为指导,全面贯彻落实科学发展观,牢固树立社会主义法治理念,按照构建社会主义和谐社会的要求,贯彻"惩罚与改造相结合,以改造人为宗旨"的监狱工作方针,紧紧围绕提高罪犯改造质量,坚持以人为本,充分发挥管理、教育、劳动改造手段的作用,发挥心理矫治的重要作用,推进教育改造罪犯工作的法制化、科学化、社会化,把罪犯改造成为守法公民。随着社会情势的不断发展,罪犯教育改造还应贯彻落实习近平总书记的系列重要讲话精神。在这一总的指导思想下,具体要坚持以下几个方面的指导思想。

一、以改造人为宗旨的指导思想

"改造"一词,在我国古代就有了,最早出自《诗经》。《诗·郑风·缁衣》云:"缁衣之好兮,敝予又改造兮。"这里的"改造"意指重新制作一件衣服,以取代旧的衣服。《荀子·议兵》曰:"是数年而衰,而未可夺也,改造则不易周也。"这里的"改造"则指另外选择。在现代汉语中,"改造"一词则演变为就原有事物加以变更或作根本上的改变,建立新的,使适应需要和新的形势。在西方刑法理论和实践中,改造称作"矫正"(correction),目的在于改造犯罪人的价值观念和行为方式。① 18世纪英国法学家边沁本着功利主义原则,认为应当以尽可能少的代价防止犯罪,而对犯罪人进行有效的矫正无疑是防止犯罪的方法之一。此后,随着矫正理论的成熟和系统化,各国刑法和监狱法大都贯彻了这一思想。

在我国监狱,改造人即改造罪犯,就是在执行刑罚、惩罚犯罪的同时,运用各种手段,使罪犯认罪服法,悔过自新,改恶从善,成为守法公民。改造人是我国监狱工作的宗旨,是我国监狱一切工作的出发点和归宿点,也是监狱工作中国特色的突出体现。②

在我国监狱工作实践中,对罪犯的改造主要包括三个基本方面:以执法、组织、指挥监督、控制、奖惩为特征的罪犯管理(狱政管理),以有计划、有目的、有组织的系统影响活动为特征的罪犯教育,以养成、磨炼、强身等为特征的罪犯劳动。其中,罪犯教育对于罪犯犯罪意识和恶习的改造以及文化知识和劳动技能等的掌握,起着主导的置换、启迪、导向作用。为了体现"改造人"的宗旨,实现对罪犯的改造,我国《监狱法》第4条明确规定,监狱根据改造罪犯的需要,"对罪犯进行思想教育、文化教育、技术教育。"2003年司法部又专门制定了《监狱教育改造工作规定》,对罪犯教育的任务、内容及入监教育、个别教育、思想教育、文化教育、技术教育、监区文化建设、社会帮教、心理矫治、激励措施、出监教育等作了更具体、更详细的规定。从新中国成立前革命根据地的监所对罪犯进行教育至今,已有八十多年历史,一以贯之地体现着以"改造人"为宗旨的精神,一直是改造罪犯不可或缺的重要组成部分,已成为实现改造人、改造社会、改造人类伟大历史使命的重要手段。

在新形势下,罪犯教育要坚持以"改造人"为宗旨,首先要坚持以思想教育为主,必须坚定不移地把思想教育放在全部教育活动的首位,因为犯罪是人的一种有意识的活动,直接受着犯罪人自身世界观、人生观、道德观、法制观的支配。一切犯罪行为的产生,都有其一定的社会根源和思想根源,而犯罪人自身的错误的世界观、人生观、道德观和法制观则是其实施犯罪的内在原因。因此,要想把罪犯改造成为守法公民,就必须加强思想教育,通过思想教育,转变罪犯的世界观、人生观、道德观、法制观,使之逐步树立起正确的世界观、人生观、道德观和法制观。这是一项治本措施。其次,要注意多种教育相结合。罪犯思想教育固然能够解决罪犯不敢、不愿犯罪的问题,但要巩固这一良好的愿望,还需要使罪犯

---

① 参见〔美〕克莱门斯·巴特勒斯:《矫正导论》,孙晓雳译,中国人民公安大学出版社1991年版,第67页。

② 参见杨殿升、张金桑主编:《中国特色监狱制度研究》,法律出版社1999年版,第5页。

在文化知识、生产技能等方面全面发展,特别是掌握一定的劳动技能,具有自食其力的本领,就使最大限度地预防和减少重新犯罪具有可靠的保证。因此,在坚持思想教育为主的同时,要与文化、技术等多种教育结合起来,进行综合影响,以更好地把罪犯改造成为守法公民。最后,要重视罪犯教育的创新。当今的外部环境、监狱内部环境和教育对象都发生了很大变化,为适应形势变化的要求,罪犯教育就要不断研究新情况、解决新问题,重视在教育内容、教育方法、教育运行机制等方面与时俱进,有所创新,从而更好地体现以改造人为宗旨的指导思想。

二、依法治教的指导思想

法治作为现代文明国家和社会治理的基本表征之一,已经逐步成为人类社会发展的主流意识形态。在全面推进依法治国,高扬法治国家、法治社会旗帜的时代,监狱以及罪犯教育活动同样置于法治的调整之中。依法治监、依法治教、实现监狱工作和罪犯教育工作法治化,是我国监狱以及罪犯教育工作发展的必然要求。所谓"依法治教",就是在党的领导下,在各相关部门、人民团体和广大人民群众的密切配合下,监狱及民警依照《监狱法》以及与罪犯教育有关的教育法律法规管理罪犯教育的各项工作,保障依法行使监狱对罪犯进行教育改造的职能,实现罪犯教育的法律化、制度化和规范化。全面推进依法治监,打造法治监狱是新形势下监狱工作的一个重要努力方向,而依法治教应成为其中的应有之义。罪犯教育作为监狱工作的重要组成部分,坚持依法治教的指导思想,就是要把全面推进依法治监,打造法治监狱的工作目标在罪犯教育中更好地体现出来,切实把罪犯教育活动纳入法治化的轨道。

依法治教是由若干方面构成的一个整体。首先,依法治教要求监狱民警熟练掌握有关罪犯教育的法律制度规定,这样就能够做到有法可依,处置好罪犯教育日常工作中遇到的各种问题,为依法治教打下可靠基础。其次,依法治教要求监狱民警提高对有关罪犯教育法律制度的执行力。监狱民警要切实从思想认识上重视法律、制度的执行。不能因为一些法律、制度可能存在的不尽完善的地方,而降低执行要求,更不能因为一些法律、制度已经有了一定的执行年限而有意无意地放松执行要求。法律、制度的执行要在严格、科学、公正、文明上下功夫。执法主体必须有严格的责任意识,绝不能把必须由执法者去执行的法律、制度规定,交由或变相交由执法对象去执行,比如把某些管理教育罪犯的职权"下放"给罪犯小组长、监督岗去行使。这不仅本身是一种严重的违法行为,而且对提高执行力本身也十分有害。其次，依法治教要求监狱民警从罪犯改造的根本目的出发，追求法律效果和社会效果的统一。坚持依法治教首先是要依法，它必须追求法律效果。也就是教育改造罪犯的法定要求在罪犯群体和个体中，必须全面地付诸实施，并收到法律制度所规定的种种效果。如果没有法律效果，依法治教就无从谈起。但是，罪犯教育的目的是把罪犯最终改造成为社会需要的守法公民，这就要求我们在依法治教的同时考虑罪犯改造的根本目的，在实现法律效果的同时，努力追求社会效果，把二者有机地统一起来。例如，在对罪犯按监狱法要求开展思想教育时，不忘系统设计个别教育的具体计划，帮助每一个罪犯真正实现认罪悔罪，坚定重新做人的信心和决心。最后，依法治教的保障是执法监督。一方面，要通过执法监督维护监狱民警正当的执行教育改造的权力和罪犯接受教育的权利；另一方面，当监狱民警滥用权力或罪犯以维权为由行为越轨时能够有效地加以纠正。

在依法治教的实际工作中，要澄清两种模糊认识。一是把依法治教理解为"以法治教"。实际上，二者是有区别的。依法治教绝不是用单一的法律手段简单地取代过去单一的行政手段管理罪犯教育，而是综合运用法律手段、行政手段及其他手段管理罪犯教育。无论采用哪一种手段，都必须依法办事。因此，不能将依法治教简单地理解成为"以法治教"。二是把依法治教片面地理解成为"以罚治教"。法律作为一种特殊的行为规范，当然具有惩罚、警诫、预防犯罪的重要功能，但这不是法律的唯一功能。法律还有评价、指引、预测人们行为，包括服刑罪犯行为，保护、奖励合法行为，以及教育等功能。在依法治教的过程中，不能仅仅注重法律的惩罚功能，而忽视法律的其他基本功能。

三、科学施教的指导思想

罪犯教育是一项复杂的系统工程，是一门复杂的人学，其工作对象是特殊的客体——罪犯。罪犯教育作为教育人的特殊工作，同样具有个别性、差异性等特点，需要多样化的教育方式来推动。如何遵循罪犯教育工作的规律，促使罪犯改过自新，成为守法公民，实现改造人的宗旨，关键在于坚持科学施教，强化教育管理，提高教育改造的质量。科学施教是提高罪犯教育工作效能的重要指导思想。罪犯教育坚持科学施教的指导思想，就是要尊重罪犯教育工作的规律，充分吸收和运用现代科学成果，提高罪犯教育工作的质量与教育管理的科学化水平。罪犯教育作为监狱工作的重要组成部分，要通过自身工作为提高监狱工作的整体水平和质量服务，就要坚持科学施教的指导思想。

科学施教是监狱工作科学化的重要体现,提高监狱工作质量,关键在于不断提高监狱教育管理的科学化程度。新形势下的监狱工作事关党和国家的工作大局。充分发挥我国监狱制度的优越性,对服刑人员进行科学、文明、有效的教育管理,对促进社会主义司法文明进步、维护社会和谐稳定、促进国家长治久安具有重要作用。2015年全国监狱工作会议强调,要坚持把教育管理作为监狱工作的中心任务,不断提高监狱教育管理工作科学化水平,努力使更多的服刑人员刑满释放后更好地融入社会,为促进公平正义、维护社会稳定作出新贡献。会议指出,各级司法行政机关要认真总结教育管理工作中积累的宝贵经验,不断提升教育管理工作水平;要确立劳动、监管等各项工作为教育管理服务的理念,确保监狱工作沿着正确方向健康发展;要进一步提升理念,把普遍教育与个别化教育结合起来,把传统教育管理手段和现代教育矫治技术结合起来,有针对性地做好分类教育、个别化矫治工作,促进教育管理科学化;要进一步创新内容、方法,从道德、文化、法律等方面综合采取措施,加大心理、行为矫治力度,促进教育管理专业化;要进一步运用社会资源,紧紧依靠家庭、基层组织、社会力量,聘请法律专家、心理理疗师、爱国宗教人士、社会志愿者等专业力量,共同做好教育管理工作,促进教育管理社会化;要把教育管理工作向监狱之外延伸,在服刑人员出狱前做到与社会对接工作,出狱后做好社会适应性帮扶工作,开展岗位技术培训和职业技能培训,提高他们回归社会后自食其力的本领;要建立社会关怀帮扶体系,搞好政策扶持和社会帮扶,解决好生活困难的刑满释放人员最低生活保障等实际问题。

在罪犯教育中坚持科学施教的指导思想,还要在工作实践中做到以下几点要求:首先,在罪犯教育中要树立科学理念。"理念"是奠基于人类文明和社会进步之上的对某种事物或现象的观念体系。罪犯教育中要树立的"科学理念"中的"科学",既是罪犯教育的前提,又是结果,既是原则,又是方法。罪犯教育要达到将罪犯改造成为守法公民的目标,所开展的各项教育活动必须奠基于科学的基础之上,罪犯教育的任务、原则、内容、方法等等都离不开科学理念的指导。其次,要科学认识罪犯。罪犯教育的对象是正在监狱服刑的罪犯,没有对罪犯的科学认识,就无法对罪犯开展有效的教育改造活动。科学认识罪犯,是对罪犯实施有效教育的前提,更是个别化教育矫正的基础,它不是对罪犯基本情况的简单罗列,而是要从罪犯特定的个体出发,认识其犯罪情况、生活经历、个人性格、文化程度、家庭背景以及现实改造表现等特殊性,通过对这些特定内涵的科学分析和归纳,准确认识罪犯。科学认识罪犯,关键要树立认识罪犯的科学发展观。一要正确认识罪犯的过去；二要正确认识罪犯的个性；三要正确认识罪犯的发展预期。在此基础上，对罪犯开展有的放矢的教育。再次，队伍建设科学化。要搞好专业分类，制订科学评估监狱民警工作的质量标准。对基层监狱民警按生产、管教、后勤等进行分类，实行不同的管理、训练和教育。对管教干警要按照知识、能力、实绩再分类为初、中、高级管教师。这里尤为重要的是要逐步培养一支教育改造罪犯的专家型监狱民警队伍，推进专家治监。复次，不断丰富科学施教的新内容。例如，在开展思想教育、文化教育、技术教育的同时，加大罪犯心理矫治工作的力度，建立心理健康档案、实施新入监犯、顽危犯心理测试，开展顽危犯招标攻坚。重视罪犯美育，通过美育陶冶罪犯情操，净化罪犯心灵。最后，教育手段科学化。教育设施要标准化、科学化。要着力打造监狱现代化平台，及时把最先进、最科学的高新技术运用到各项罪犯教育活动中去，全面提升罪犯教育的现代化水平。强化计算机及网络技术在罪犯教育中的应用力度。

四、开放扩教的指导思想

坚持开放扩教的指导思想，就是在罪犯教育过程中，以开放的视野，扩大教育眼界，充分利用社会资源和社会力量，服务于罪犯的教育改造工作，坚持以我为主，建立多角度、多层次、全方位的帮教体系，进一步提高教育改造质量，增强罪犯刑满释放后适应社会的能力。它是整个国家改革开放的大势和司法部对监狱改造工作提出的社会化要求的必然产物，是新形势下提高罪犯教育改造质量不可或缺的重要手段。

罪犯教育坚持开放扩教的指导思想，一是教育改造罪犯的需要。罪犯源于社会，终究要回归社会，封闭的监狱生活与开放的社会生活相距甚远，让罪犯脱离正常社会生活并将其置于非常态的环境中，同时又希望将来他们适应正常的社会生活，是很难收到明显的效果的。只有在罪犯教育改造中加大开放力度，调动社会多方参与帮教的积极性，形成社会与监狱的互动，将监狱作为一个特殊的"社区"，才不会使出狱人成为"不在监狱的监狱人"，真正融入社会。二是市场经济的必然要求。在市场经济下，监狱包括罪犯教育的任务是改造罪犯。其他社会组织、团体根据教育改造罪犯的需要，在一定程度上参与罪犯教育改造是必要的。如罪犯教育中的思想、文化、技术教育，监区文化建设，考核、发证、安置帮教等等，都与社会发生联系，需要社会多方面的支持配合。需要面向社会，依靠和挖掘整个社会的巨大潜力，促进罪犯教育工作的发展。三是国际交往与人权斗争的需要。罪犯教育通过开放扩教，可以更好地展示我国监狱教育改造罪犯的成果和文明程度,有利于树立我国在国际上的良好形象,使一些国际反华势力丧失攻击我国的借口,使我国更多地获取国际友人的理解和支持。

在罪犯教育中坚持开放扩教的指导思想,首先,要树立新理念。开放扩教是时代发展的必然要求,也是罪犯转化的内在规律所决定的。教育改造罪犯离不开社会,是在社会大系统内完成罪犯的"再社会化",社会支撑是教育改造罪犯不可或缺的条件,而且这个条件在新形势下显得越来越重要。只有树立这一新的理念,才能使罪犯教育加大开放力度,拓展教育渠道。其次,要多层面加大社会参与力度。根据不同罪犯的具体情况以及改造阶段的差异性,实施不同的社会参与内容,动员各级政府和各种社会力量开展对罪犯的帮教工作,签订帮教协议,建立社会帮教志愿者队伍,设立分类帮教基地,以形成广泛的帮教网络体系。再次,要创造条件让罪犯多渠道、多途径接触和了解社会。比如,在以往"请进来,走出去"的基础上,借助社会电信部门先进的通讯网络设施,在保障监管安全、保密的前提下,开通亲情电话、可视电话、亲情网站等,缩短罪犯与社会亲属的时空距离,对表现好的罪犯可以通过"特优"会见、亲属共餐和回家探亲等制度,使罪犯更多地接触和了解社会。最后,要在现有社会参与的基础上,进一步解放思想,扩大社会参与罪犯教育的范围与层面。在教育资源、帮教资源、法律资源、安置资源等多个层面深化推进。例如,在教育资源利用上,可以加强与社会联合办学,利用互联网络功能,开展远程教育,试办走读班,把封闭式教学逐步办成与社会接轨的开放式教育,形成"社会办学,监狱助学,罪犯自学,规范发证"的新模式。

第二节 罪犯教育的基本原则

罪犯教育的基本原则,是对罪犯进行教育所必须遵循的客观准则。它受罪犯教育指导思想的制约,既是罪犯教育目标、任务的具体体现,又反映了罪犯教育规律,是开展罪犯教育活动,选择罪犯教育内容和方法等的基本要求。

关于罪犯教育的基本原则,我国《监狱法》第61条规定:"教育改造罪犯,实行因人施教、分类教育、以理服人的原则。"司法部2003年制定的《监狱教育改造工作规定》根据《监狱法》的规定,结合监狱教育改造工作实际,在第一章第4条中,又增加了"循序渐进、注重实效"的原则。司法部2007年根据《监狱法》和《监狱教育改造工作规定》等法律、规章,结合教育改造罪犯工作实际,制定了《教育改造罪犯纲要》,对教育改造罪犯的基本原则规定为:以人为本,重在改造;标本兼治,注重实效;因人施教,突出重点;循序渐进,以理服人。鉴于《教育改造罪犯纲要》出台的时间相对最近,又是根据《监狱法》和《监狱教育改造工作规定》而制定,所提出的原则基本上涵盖了它们所提出的原则的精神,因此,本教材对罪犯教育基本原则的表述,也就以《教育改造罪犯纲要》的提法为准。下面分别予以论述。

一、以人为本,重在改造的原则

"以人为本"是指监狱及民警在罪犯教育中,要以人为罪犯教育工作的出发点,强调对人性的理解,尊重人、理解人、教育人、改造人,树立以人为中心的教育理念,着眼于使罪犯顺利回归社会,采取有针对性的教育改造措施。

坚持以人为本是树立科学发展观和构建和谐社会的核心内容,是社会主义法治理念的本质特征。落实到监狱罪犯教育实践中,就是要通过教育罪犯守规、守法,提高教育改造质量,体现执法为民。监狱依法对罪犯实施教育改造,实际上就是对"人"的教育改造,这就要求监狱的罪犯教育工作必须重在改造,必须坚持以"改造人"为本,侧重从"特殊人"即服刑罪犯的角度来实施,实现对罪犯由"犯罪人"向"守规人"和"守法公民"的重塑,体现"以人为本,实现人的全面发展"的重要思想,履行好促进人的全面发展的新的历史责任。

在罪犯教育中之所以强调以人为本,重在改造,首先因为罪犯也是人,从全民族的一分子的角度看罪犯个体,也要认可罪犯的个体价值,所以,以人为本不能把他们排除在外。其次,监狱的一切工作包括罪犯教育工作,都是以改造人为宗旨,为改造人创造各种精神和物质条件,促进罪犯改造。这也决定了罪犯教育工作要以人为本,重在改造。最后,教育改造罪犯,外因是条件,内因是根据,外因通过内因而起作用。这个内因,就是罪犯。只有确立罪犯在接受教育改造中的主体地位,发挥他们自身的主观能动性,才能促使罪犯的彻底转化。

罪犯教育要体现以人为本,重在改造的原则,涉及的问题很多,这里主要谈谈以下几个方面:

1. 尊重人。就是要从罪犯的实际出发,尊重罪犯的人格、价值、尊严、需要、兴趣、个性等。人都是作为一个独特的、整体的生命存在于世界上的。每个人作为世界上独一无二的个体都具有人格上同等的价值和尊严。罪犯虽然正在监狱服刑,但他们也有人格,也有尊严,也需要尊重。叔本华曾说过:"谁要是生活在人群当中,那他就绝对不应该摒弃任何人,——只要这个人是大自然安排和生产的作品,哪怕这个人是一个最卑劣、最可笑的人。"①孟德斯鸠也有过类似的说法:"在政治宽和的国家里,一个人,即使是最卑微的公民的生命也应当受到尊重。"②就监狱服刑罪犯而言,与自由地生活在社会中的人相比,从一定意义上说,也应当是"最卑微的公民"了。既然刑罚还没有剥夺他们的生命,或者他们中一些人暂时还没有被剥夺生命(死缓),监狱及其民警就要把他们当人看待,也要让罪犯生活,而且是在尊重他们的人格、尊严和依法享有的权利的条件下生活。由此从一个侧面充分体现我国当今社会是一个具有高度以人为本的包括对监狱服刑罪犯都以其为本的社会。

2. 理解人。在罪犯教育过程中,具体表现为监狱民警对罪犯的理解。以干警自己的全部情感、心灵因素去全面、细致、深刻地把握罪犯的情感和心灵,能够走进罪犯心里。对于这个过程用通常的表述就是"将心比心",即站在罪犯的角度去思考。它要求监狱干警用自己的情感、心灵作为手段与尺度去衡量、体会罪犯,如古人所说:"己欲立而立人,己欲达而达人""己所不欲,勿施于人",以充分理解罪犯的需要、愿望和追求等。如果没有这种理解,罪犯感化不可能深入人心,也不可能产生监狱干警所期望的效果。

3. 转化人。就是要转变罪犯错误或反动的立场、观点,清除各种犯罪思想,把各种犯罪的、消极的、病态的心理转变为守法的、积极的、健康的心理。要不断从罪犯身上发现和捕捉人性的闪光点,激发其"改过迁善"的强烈愿望和动机,充分发挥其自我改造和主动改造的积极性,实现罪犯由外在强制改造转变为内在的自觉改造,从而真正告别昨天,走上"自新"的人生之路。

4. 发展人。就是要真正把罪犯的发展作为罪犯教育的归宿。具体说来,罪犯教育的每一项活动的开展,都要顾及罪犯的今后发展,以促进罪犯健康情感的发展、真善美品质的形成、健康人格品质的发展、人生境界的提升为指向,使罪犯最终在回归社会后能够成为远离犯罪、自食其力、自得其乐、服务社会的守法公民。

尊重人、理解人、转化人、发展人,作为罪犯罪犯"以人为本,重在改造"原则的基本要求,同时也是目前的罪犯教育以及整个监狱罪犯改造发展的大趋势,监狱及民警要把握和顺应这一趋势,立足实践,创造性地开展工作,罪犯教育工作一定会出现一个崭新的局面。

---

① 转引自张晶:《正义试验》,法律出版社 2005 年版,第 66 页。
② 转引自同上。

二、标本兼治,注重实效的原则

标本兼治,注重实效是指教育改造罪犯要把规范罪犯行为与矫正罪犯犯罪意识有机地结合起来,增强各种改造手段和措施的实际效果,使罪犯成为守法守规的服刑人员,最终达到把罪犯改造成为守法公民的目的。

首先,贯彻这一原则,要正确处理好规范罪犯行为与矫正罪犯犯罪意识的关系。一个人的行为与思想是互为表里的。思想活动支配行为,行为反映思想。罪犯的思想和行为之间也存在着密切的联系。因此,罪犯教育过程中规范罪犯行为与矫正罪犯犯罪意识是高度统一的,需要把二者有机地结合起来,把治标与治本有机地结合起来,使规范罪犯行为与矫正罪犯犯罪意识同步进行。

从罪犯的行为演变过程来看,一般是从不良的行为习惯,逐步演变为违反道德规范、社会规范的错误行为,由于得到不断强化,终于发展成为犯罪行为沦落为罪犯。要把罪犯改造成为守法公民,就要从导之以行入手,明确规定各个方面的行为准则,特别是要求罪犯严格遵守服刑人员行为准则,禁止一切不符合行为准则的恶习劣行,严格督促罪犯按照标准规范自己的行为,通过行为规范,去引导罪犯改邪归正。同时必须及时纠正罪犯的违规行为。在罪犯教育过程中,罪犯的"旧我"和"新我"的斗争是激烈的。由于罪犯过去形成了较深的恶习,在不断变化的新的监狱服刑条件下必然会有所反映,难免会出现这样或那样的违规行为,甚至严重违规行为。及时发现、及时纠正罪犯的违规行为,及时进行有针对性的批评教育和必要的处罚是规范罪犯行为的重要组成部分,也是稳定改造秩序,树立改造正气,保证罪犯教育过程顺利发展的重要因素之一。与此同时,规范罪犯成为要注意从小事抓起,包括罪犯的站、坐、走、寝的行为要符合标准。要在固定的时间做相同的某一件事,因为习惯的养成需要很长一段时间,因此通过让罪犯在固定的时间做相同的一件事去强化,使之形成一个习惯。如规定罪犯早晨一起床就整理内务,开始不习惯,时间长了,一醒来脑子里闪出的第一件事就是整理内务,也就是说,已经形成习惯性动作了。

人的行为总是受其头脑中对客观世界的认识所制约的。人的行为总是一定思想观念支配下的行为,行为是思想的外在表现,有什么样的思想,就会有什么样的行为。犯罪行为的产生,多是受罪犯犯罪意识的支配,由于罪犯产生了犯罪意识,才使得他们发生触犯国家法律的犯罪行为。罪犯的犯罪意识不仅是他们走上犯罪道路的主要原因,而且也是他们走向自新之路的主要障碍。由于罪犯的头脑已被犯罪意识先入为主地占据了优势,所以,他们对监狱的教育改造总是采取排斥、抵制乃至对抗的态度。以上分析表明，监狱无论是要改造罪犯的犯罪行为，或者顺利、有效地推进改造，都必须在转变罪犯犯罪意识上下功夫。这是治本之策，罪犯犯罪意识得到良性转化，其他问题就会迎刃而解，这就需要加强思想、道德、法制等多方面的教育，促使罪犯犯罪意识的良性转化。

其次，贯彻这一原则，要注重各种改造手段的密切配合，增强各种改造手段和措施的实际效果。对罪犯实施教育，监狱教育改造部门以及干警是主要力量，但不是全部力量，狱政管理、生产劳动、生活卫生等部门都承担着相当重要的职责，它们相辅相成，互为前提。要增强罪犯教育效果，有赖于各项改造手段的密切配合。反过来，其他各项改造手段作用的有效发挥，也离不开罪犯教育作用的有效发挥。只有各部门、各种改造手段协调一致，形成合力，才能增强实际效果，达到改造罪犯的共同目的。因此，罪犯教育要与狱政管理手段密切联系，相互配合，管与教紧密地联系在一起，做到管中有教，教中有管。罪犯教育必须与生产劳动改造分工合作，相互支持，做到劳中有教，教中有劳。罪犯教育与生活卫生工作手段必须协调一致，增强生活卫生为罪犯教育提供必要的物质保证实效，以更好地促进罪犯改造。

最后，贯彻这一原则，需要防止的问题，一是要防止理论与实践脱节，有的监狱民警要么仅停留在讲道理，提高认识，而忽略规范行为，要么仅停留在行为养成，而忽略认识水平的提高，这两种极端认识和做法都不利于罪犯守法意识和良好行为习惯的同步提高。二是防止急于求成。有的监狱民警总想让罪犯一夜之间"放下屠刀，立地成佛"，从而做了好些看似"速效"实则无益的工作。这种"急于求成"主观愿望虽然看似无可厚非，但"欲速则不达"，收不到好的效果。三是防止取得一点成绩就过分夸大教育效果，自我陶醉，盲目乐观，松懈斗志，这样不仅已取得的一点成绩将难以巩固，甚至会出现倒退。四是要防止搞形式主义，搞花架子，做表面文章。要注重工作的有效性，注重实践的实际效果。总之，要在标本兼治，在提高罪犯教育改造实效性上下功夫，为把罪犯教育改造成为守法守规的服刑人员和守法公民，预防和减少犯罪，维护社会和谐稳定起到实实在在的促进作用。

三、因人施教，突出重点的原则

因人施教，突出重点是指在罪犯教育过程中，要根据不同类型、不同个体罪犯的实际情况，实施分类教育和个别教育，尤其对重点类型、重点罪犯，要重点采取教育改造措施，实现罪犯教育效果的最大化。

因人施教是古往今来教育人的一条重要原则。早在我国春秋时期，著名教育家孔子就十分重视因人施教。他在教育过程中十分注意受教育者的个别差异，根据其能力、特长、性格等的不同因人施教。宋代教育家程颐就曾这样称赞孔子："孔子教人，各因其材，有以政事入者，有以言语入者，有以德行入者"①。明代思想家王守仁也说："因人而施之，教也，各成其材矣，而同归于善。"②现代教育家蔡元培也指出："因而知教育者，与其守成法，毋宁尚自然；与其求划一，毋宁展个性。"③历史的经验证明，因人施教是教育人的一条普遍原则。同时它也是教育改造罪犯必须遵循的一条重要原则。

按照辩证唯物主义的观点，任何事物的发生发展都有其共同特征和普遍规律，因此在解决矛盾、处理问题时，必须遵循一般规律和普遍原则。同时，事物又都是可分的。"在人类社会和自然界，统一体总要分解为不同的部分，只是在不同的具体条件下，内容不同，形式不同罢了。"④同样，作为当今时代在监狱服刑的罪犯，他们有共同的思想、心理和行为特征，因此，有着适用于他们各种不同对象的教育内容、形式和方法。但是，在罪犯这个统一体中，由于他们犯罪性质的不同、刑期长短的不同、服刑阶段的不同、恶习深浅的不同、捕前身份的不同，加之年龄的差别、性别的差异、民族的差别以及来自城乡的差别等等，罪犯表现出多种类型。类型不同，特点不同，其教育也应有所区别。分类教育体现了矛盾的普遍性和特殊性的有机统一。罪犯除了在类型上有所不同，每一个教育对象，在思想认识水平、知识水平、接受能力、现实表现等方面都是各具特点和差异的复杂个体，至于气质、性格、兴趣等同样是千差万别。所以，要针对罪犯个体的不同特点，看锁配钥匙，用不同质的方法解决不同质的问题。对罪犯的教育，既要遵循罪犯教育的共性规律，同时又要着重解决某一类型或某个体的特有问题。

贯彻因人施教，突出重点的原则，要求做到以下几点：

第一，加强调查研究，全面准确地掌握罪犯实际情况。我国古代军事家孙子说过，"知彼知己，百战不殆"，这对于罪犯教育来说也是一样。不全面准确地了解和掌握罪犯实际情况就不可能做到因人施教。一般情况下，对于一个监狱民警来说，至少要求通过调查研究了解和掌握罪犯四个方面的基本情况。即"四

---

① 程颐：《河南程氏遗书》，载《二程集》第十九，第252页。
② 王守仁：《别王纯甫序》，载《王阳明全集》卷七。
③ 蔡元培：《新教育与旧教育之歧点》，载高平叔编：《蔡元培教育文选》，人民教育出版社1980年版，第49页。
④ 《毛泽东选集》（第5卷），人民出版社1977年版，第416页。

知道",知道罪犯的姓名、年龄、籍贯、文化程度、体貌特征;知道罪犯的简历、罪名、主要犯罪事实和所判刑期;知道罪犯的家庭情况和主要社会关系;知道罪犯的改造表现。在这个基础上,要通过心理测试等手段,重点针对罪犯不同类型和个体的犯罪思想、心理和恶习进行测试和深入分析,找准病因。这是进行因人施教的基本前提。

第二,贯彻因人施教原则,通常采用分类教育和个别教育的方法。分类教育,是在对罪犯分押、分管的基础上,针对某种类型的罪犯,提出不同的教育要求、内容和方法,开展有针对性的教育措施。分类教育源远流长。从西方的行刑制度的演变情况看,随着刑罚个别化思想的发展、成熟,行刑个别化原则开始应运而生。行刑个别化要求监狱在行刑过程中,按照罪犯的年龄、性别、性格特点、犯罪原因、犯罪性质、刑期长短、主观恶习深度、现实表现等进行分类分层,采用不同方法,有针对性地进行管理和教育,以求达到理想的矫正效果。这一原则已为当今世界多数国家监狱所采用。从新中国监狱的情况看,分类教育一直是我国监狱教育罪犯的一条重要原则,新中国成立后的一段时期,我国监狱按罪犯的年龄、性别、犯罪性质、刑期等的不同,对少年犯和成年犯、男犯和女犯、反革命犯和普通刑事犯、长刑犯和短刑犯进行了分押分管分教。尤其在对国民党、日本、伪满战犯的教育改造中取得了举世瞩目的成就。当然,由于历史的原因,那一个时期的分类教育还停留在较为粗放、感性的阶段。改革开放以来,我国监狱工作进入一个新的发展阶段,我国监狱战线,从上到下,都在积极探索新时期改造罪犯包括教育罪犯的新路子。20世纪80年代,在部分监狱开始进行"三分"(分押、分管、分教)试点工作取得初步成效的基础上,司法部劳改局于1989年10月颁发了《关于对罪犯实施分押分管分教的试行意见》。至此,新时期分类改造包括分类教育的基本模式大体确立。从分类教育的角度看,它是从提高罪犯教育改造质量的目的及我国基本国情出发,在原有的实施初级层次分押分管分教的基础上,进一步以犯罪性质为主分押分管,根据不同类型罪犯的特点,施以不同的教育措施。在新形势下做好分类教育工作,一方面分类要合理。目前,尽管罪犯分类已有了一个原则要求,但从对罪犯分类教育探索创新的角度出发,对于罪犯类型划分的标准众说纷纭,提出了多种分类形式。为了使类型划分在实践中便于操作,又顾及客观条件的许可,就应注意考虑分类的现实性、合理性,要尽可能与分押、分管类型相一致。当前,应主要巩固和深化根据犯罪性质分类的成果,还可在这些大类下再分若干层,如在同一类罪犯中,把初偶犯和惯累犯分开,以防深度感染,做到类中分层,分类分层施教。另一方面,内容要有指向性。要在常规教育的基础上,按照不同的类型开展专门性教育;要有针对某一类型罪犯的专门教材、教育计划、教育手段;特别是要在某一类型罪犯最本质、最要害的问题上下大功夫进行教育攻关,促其转化。

个别教育是根据罪犯个体的不同特点而直接进行的面对面的教育。它既是我国罪犯教育的光荣传统,在新形势下又有许多创新包括运用许多现代科技手段。需要强调的是,在当下做好个别教育工作,不能仅依靠先进技术搞遥控,要多与罪犯通过谈心来走入罪犯内心世界。罪犯在谈心中最容易暴露真实思想,便于监狱民警掌握罪犯最真实的想法,摸清罪犯的思想症结,在此基础上进行有针对性的教育就更切合实际,效果就更好。

第三,贯彻因人施教原则,要重视重点类型、重点罪犯的教育改造。例如,根据司法部制定的《监狱教育改造工作规定》的有关精神,监狱应当建立对顽固型罪犯(简称"顽固犯")和危险型罪犯(简称"危险犯")的认定和教育转化制度,监狱应当对顽固犯、危险犯制订针对性的教育改造方案,建立教育转化档案,指定专人负责教育转化工作,必要时,可以采取集体攻坚等方式。再如,2014年初中央政法委特别发布指导意见,强调了要规范职务犯罪、破坏金融管理秩序和金融诈骗犯罪、组织(领导、参加、包庇、纵容)黑社会性质组织犯罪三类罪犯的减刑、假释、暂予监外执行的精神,要特别注意加强对"三类罪犯"的教育改造工作,尤其要堵塞在减刑、假释、暂予监外执行上的漏洞。

四、循序渐进,以理服人的原则

循序渐进,以理服人就是在罪犯教育过程中,应当按照罪犯的思想转化规律,制订工作计划,分阶段、有步骤地实施;要坚持摆事实、讲道理,对罪犯开展耐心细致的说服教育工作。

在罪犯教育中之所以坚持循序渐进,主要是因为:首先,教育要按照一定顺序来进行,很早就被人们总结出来了。我国古代教育名著《学记》就十分强调"学不躐等""不凌节而施"。尽管当时人们对客观世界的认识还十分贫乏,更谈不上分门别类的系统知识,但要让受教育者掌握一些知识,也是不能违反循序渐进的原则的。在科学技术发展日新月异的今天,要掌握系统的知识和技能,更不能违背这一原则,这一点对于罪犯教育来说同样是适用的。其次,循序渐进也非常适合罪犯教育过程。在监狱,罪犯在接受思想、文化和技术教育的过程中,所涉及的每门学科都具有严格的逻辑系统,各门学科都是以相应的科学的体系为基础,并考虑到教学法上的要求,对受教育者来说,没有对前一部分的掌握,就很难对后一部分有好的理解和把握。因此,本末倒置或跳跃式的教育,不仅无法使罪犯获得系统的知识和技能,也不利于培养罪犯系统周密的思维能力。循序渐进的原则,也是教育对象认识规律的反映。由于罪犯的认识通常总是从已知到未知,从简单到复杂的逐步深化的渐进过程,因而不论是思想教育,还是文化、技术教育,都必须依照循序渐进的原则实施教育。如果违背了这一原则,就会给罪犯接受教育造成困难,影响教育质量的提高。

在罪犯教育中坚持循序渐进,要注意把握以下几点要求:第一,要制订科学的教育计划。教育计划要根据罪犯教育的任务和内容,结合罪犯的实际情况进行编排。要有明确的目的和要求,要注意教育内容前后的衔接,尽量使新的教育内容与已有的知识联系起来,逐步扩大和加深罪犯的知识,使新知识成为旧有知识合乎逻辑的发展,以保证罪犯循序渐进地获得知识。第二,要由浅入深、由易到难、由近及远、由简到繁,引导罪犯扎扎实实、循序渐进地掌握知识技能。如果企图赶进度、搞突击,背离这一原则,跳跃前进,那么罪犯学得的知识就会显得零碎,不系统,也不牢靠,他们的认识能力也不可能得到好的发展。这样反而欲速则不达了。第三,循序渐进原则不仅仅适用于思想、文化、技术等课堂教育,对个别教育等非课堂教育同样具有指导意义。每一个罪犯实现由"旧我"到"新我"的转变,都有一个循序渐进的过程,每一个罪犯的改造起点也不尽相同,因此要根据每一个罪犯的自身特点,按照循序渐进的原则,制订一个教育实施计划,有步骤、分阶段进行,由易到难。做好事从小事做起,从点点滴滴做起,日积月累,积善成德。实现从量变到质变的飞跃。

在罪犯教育中之所以坚持以理服人,主要是因为:首先,罪犯教育的主要任务是转化罪犯思想,而凡属思想性质的问题只能用"说服教育的方法去解决,而不能用强制的、压服的方法去解决""企图用行政命令的方法,用强制的方法解决思想问题,是非问题,不但没有效力,而且是有害的。"[①]解决罪犯思想问题是一项复杂细致的工作,来不得简单强制。监狱及其干警可以依法剥夺罪犯的人身自由,强制其服从管理,参加劳动,强迫他们上大课、听报告,对其进行个别耳提面命,但要解决内心世界的问题,却不能靠强迫的方法。因为内心世界活动的自由,实际上是任何人也无法加以剥夺的。第二,以理服人说到底就是用真理征服人,征服罪犯思想。真理的力量是无比强大的。我们有马列主义、毛泽东思想特别是中国特色社会主义理论体系这一无比强大的真理,因此我们有力量,也能

---

① 《毛泽东选集》(第5卷),人民出版社1977年版,第368页。

够做到以理服人。只要我们坚持在以理服人的原则指导下,用说服教育的方法把科学的真理交给罪犯,罪犯也是会被征服、转化的。

在罪犯教育中要体现以理服人,要求做到以下几点:第一,坚持摆事实,讲道理。摆事实是讲道理的基础,讲道理是摆事实的深化,二者必须有机结合。要多用有说服力的,有典型性的,形象生动的,与罪犯思想、学习、劳动、生活等实际密切相关的事实,多讲正面的道理,把事情的来龙去脉、本质分析清楚,讲明是非曲直,才能使罪犯信服。第二,坚持疏通引导。在疏通引导过程中,要注意情感交流,用情感这把钥匙,打开罪犯紧闭的心扉。在让罪犯敞开心扉,暴露真实思想的基础上,对积极的因素予以肯定、鼓励、扶植,对消极的东西进行循循善诱的批评教育,因势利导,将之引导到正确的方向上来。第三,罪犯教育的特殊性,决定了以理服人的过程也是两种思想针锋相对的过程,不可能都是和风细雨,因此也不排除对罪犯错误言行的严肃教育,甚至批判斗争。但是,这种批判斗争仍然要坚持说理教育和正确疏导,而不是辱骂和恐吓。若是触及罪犯皮肉,更是为法纪所不允许。第四,要坚持不懈,做耐心细致的思想转化工作。罪犯犯罪思想和恶习的形成不是一朝一夕的,教育转化他们的犯罪思想和恶习当然也不是谈几次话、做几次报告、上几堂课就能奏效的,而是要花费很长的时间,花费很大的功夫,做艰苦细致的说服教育工作,甚至抓反复、反复抓,才能奏效。那种浅尝辄止、时断时续的教育,显然是不能收到好的成效的。第五,言教与身教要相结合。监狱民警所讲之理能为罪犯真正心服口服,不仅要有言教的功夫,还要注意与身教的有机结合。这就要求监狱民警言教在理,身教得力,时时处处,行端立正,从而取得理想的教育效果。

第五章　罪犯教育的价值

罪犯教育的价值问题是罪犯教育学的基本理论问题之一,对罪犯教育价值的分析和理解,有助于把握罪犯教育的目的和意义,提高罪犯教育的针对性和有效性。

本章主要是从价值的一般意义出发,确定罪犯教育价值的含义,阐述罪犯教育的价值形态,以及分析罪犯教育价值实现的本质和途径。

第一节　价值与罪犯教育价值

价值具有丰富的内涵,不同学者、不同领域对价值的解读亦不相同。罪犯教育价值的概念以价值的基本含义为基础,有其特定的范畴。

一、价值

何谓价值?价值起初是经济学的术语,有价值和使用价值之分。前者是指体现在商品中的社会必要劳动时间,后者是指商品的有用性或有效性。当然,随着人们不断的研究,价值的含义也更加丰富,不同学者对其有不同的诠释。如有的认为价值"是指客体的存在、作用以及它们的变化对于一定主体的需要及其发展的某种适合、接近或一致"[1]。也有人主张价值"是指一切能满足人和社会需要的东西。换言之,'价值'是指满足人和社会需要的那种属性,即物对人和社会的有用性,是指对人的生存、发展和享受具有积极意义的一切东西。"[2]还有学者认为,"所谓价值,既不是有形的、具体的存在所构成的实体,也不是客观对象与主体需要之间的满足与被满足的关系,而是人类所特有的绝对的超越指向。"[3]马克思不仅揭示了价值在经济学中的含义,而且还指出了一般意义上的价值概念。他说:"'价值'这个普遍的概念是从人们对待满足他们需要的外界

---

[1] 李德顺:《价值论》,中国人民大学出版社1987年版,第13页。
[2] 杜齐才:《价值与价值观念》,广东人民出版社1987年版,第9页。
[3] 何中华:《论作为哲学概念的价值》,载《哲学研究》1993年第9期。

物的关系中产生的"①,"是人们所利用的并表现了对人的需要的关系的物的属性。"②

简言之,价值即客观事物在人们眼里所具有的效用和意义。③ 价值是一个关系的范畴,它表明主客体之间一个特定关系方面的质、方向和作用,因而价值是主客体之间的一种统一状态。④ 可以说价值既体现了对象的某种属性而具有客观性,又满足了人们的需要而具有主观性。

二、罪犯教育价值

以上对一般的价值概念进行了分析,简言之,价值就是客体对主体的效用和意义。何谓罪犯教育价值,也不能脱离这一基本定义。可以说,罪犯教育价值也就是罪犯教育对于主体的效用和意义,或者说罪犯教育对于主体需要的满足。很显然,罪犯教育价值的客体是罪犯教育,这是一种特殊的教育活动,是监狱对罪犯的一种改造手段。而罪犯教育价值的主体也有其特殊性,具有两类主体。其一是社会,社会并不是物,而是人的集合体。"社会本身,即处于社会关系中的人本身"⑤。罪犯的犯罪行为破坏了社会制度和社会秩序,侵犯了其他社会成员的利益,对罪犯处以刑罚,剥夺其人身自由,不仅是对罪犯的惩罚,恢复社会秩序,维护他人的合法利益,而且要通过各种手段来矫正罪犯的恶性,使之复归社会,融入社会,成为守法公民。对罪犯的教育就是一种重要的手段,这种手段所产生的效果是对社会需求的满足,因而具有价值,比如通过对罪犯的教育能够使社会更公平,更民主,更有秩序,更有效率,更加和谐,公平、民主、秩序、效率、和谐正是社会所需要的,这些也正是罪犯教育对于社会的价值。

罪犯教育价值的另一类主体就是罪犯自身。如果说社会是抽象的人,那么罪犯就是一个个活生生的具体的人。罪犯为什么实施犯罪行为?这是因为罪犯不同于常人,他们具有主观恶性,具有反社会性,如果仅仅是对他们判处一定的徒刑,关押于一定的场所,与社会隔绝,也能在一段时间内剥夺其再犯可能,他们因失去自由而无法实施犯罪。但其主观恶性并没有改变,在刑满出狱重返社会后,也依然对社会造成威胁。因此在罪犯服刑期间,对其进行教育改造,采取各

---

① 《马克思恩格斯全集》(第19卷),人民出版社1963年版,第406页。
② 《马克思恩格斯全集》(第26卷第3册),人民出版社1974年版,第139页。
③ 参见吴宗宪主编:《法律心理学大词典》,警官教育出版社1994年版,第354页。
④ 参见李德顺:《价值论》,中国人民大学出版社1987年版,第124—125页。
⑤ 《马克思恩格斯全集》(第46卷下册),人民出版社1980年版,第226页。

种教育手段,可以矫正其主观恶性,塑造健全人格,锻炼其心智,促进其身心健康,增强劳动能力,这就是教育对于罪犯自身需要的满足,也正是其价值之所在。

第二节 罪犯教育价值的形态

罪犯教育的价值作为体现主客体相互关系的范畴,具有客观性,是社会的客观存在。研究罪犯教育价值的形态,就是通过从不同角度分析罪犯教育价值的类型,揭示罪犯教育价值的具体形态,说明罪犯教育价值的客观基础。

一、罪犯教育价值的类型结构

（一）内在价值与外在价值

所谓"内在价值",是表明人们珍视某事物的态度,觉得这件事物本身有价值。内在价值即事物本身的价值,它是事物具有的对自身生存和发展的作用和意义,是事物自我保存、自我更新能力的具体体现。罪犯教育的内在价值体现了罪犯教育的相对独立性和特殊性。它不同于生产劳动,它有着自身的特点和运行规律。罪犯教育本身要不断发展完善,汲取人类文明成果,传播先进文化,吸收普通教育的最新理论和方法,借鉴国外罪犯矫正的成功经验,不断探索自身的发展规律。外在价值即事物对主体所具有的作用和意义,又被称为"工具价值"。罪犯教育的外在价值就是罪犯教育对罪犯和社会所具有的作用和意义。在这里,罪犯教育是满足人们需要的一种手段,具有工具意义,也是我们通常所说的价值。在对罪犯的改造中,我们要充分重视和利用教育的手段,围绕改造的目的组织各种教育活动,采取更多教育措施,创新教育方法,充分发挥教育的改造作用,实现罪犯教育价值的最大化。只有不断发展罪犯教育的内在价值,才能更好地利用教育的手段来改造罪犯,充分实现其外在价值;反过来,外在价值的实现又体现着内在价值的重要性,有利于内在价值的进一步发展。

（二）理想价值与现实价值

理想价值是一种追求和目标,处于应然状态,具有指导性和前瞻性。罪犯教育的理想价值与教育改造的目的是一致的,就是要使罪犯成为守法公民,维护社会的公平正义和秩序。现实价值是已经实现了的价值,如通过法制教育,罪犯明白了什么事可为,什么事不可为;通过文化知识教育,罪犯掌握了一定的文化知识;通过职业技能培训,罪犯掌握了相关的技能。这些都是现实价值。罪犯教育的理想价值和现实价值是辩证统一的,二者相互联系,相互促进。现实价值是理想价值的基础,理想价值是现实价值的积累。

(三) 直接价值与间接价值

罪犯教育直接作用于罪犯,引起其思想行为的变化,是直接价值。比如,对罪犯进行认罪服法教育,使他们认识到自己的犯罪行为的危害性以及应受的惩罚;对罪犯进行职业技术教育,使他们掌握某种技术,获得某种能力。这些教育直接作用于罪犯,满足他们的需要,是罪犯教育的直接价值。罪犯教育通过改造罪犯,使他们成为正常人,融入社会,并作为遵纪守法的公民、社会生产的劳动力,投身到各项建设事业中,创造社会财富,减少社会管理成本,促进经济发展,推动社会的进步。这些是罪犯教育通过若干中介间接实现的价值。直接价值与间接价值关系紧密,直接价值是间接价值的基础,没有直接价值,就没有间接价值;间接价值是直接价值的延伸和深化。罪犯教育要立足于直接价值,在直接价值的基础上实现间接价值;同时,也要放眼间接价值,直接价值要体现间接价值,向着间接价值发展。

(四) 相对价值与绝对价值

关于罪犯教育的相对价值,一是指满足主体需要的有限性,二是指各种具体的教育以及各种主体对于实现价值的差异性。教育只是改造罪犯的一种手段,而不是唯一的手段,而且教育本身也有局限性,它的作用也是有限的,很难完全满足主体的需要,并且同样的教育对于不同的主体,所体现的价值也会有所不同。这说明罪犯教育的价值具有相对性。罪犯教育的绝对价值是指罪犯教育作用是不可替代的,对于促进罪犯自身发展和社会进步的积极意义是始终存在的。这表明罪犯教育的价值具有绝对性。罪犯教育的相对价值与绝对价值是对立统一的。承认相对性,就不会对罪犯教育盲目乐观,而是要注意与其他改造手段的有机结合,重视因人施教,做艰苦细致的工作;承认绝对性,就不会否定罪犯教育的作用,充分树立罪犯教育的信心。

(五) 正价值与负价值

罪犯教育的正价值是指对主体正当需要的满足和效用,与罪犯教育的目的和任务是一致的。一般来说,对罪犯的各种教育都具有正价值,如法制教育使罪犯知法懂法守法,文化教育使罪犯掌握文化知识,技术教育使罪犯掌握技术、增强能力,体育使罪犯强身健体,美育使罪犯提高审美能力、陶冶情操等等。这些能从不同方面满足罪犯的正当需要。负价值也称"无价值"和"否定价值"。所谓"无价值"是指罪犯教育对于其目的和任务没有起到作用,白白浪费时间和精力。在对罪犯的教育改造中也存在着这种情况,如不顾实际照本宣科,走过场,搞形式主义等,虽然花费了很大精力,但价值往往是零。所谓"否定价值"是指罪犯教育不仅没有产生价值,而且起到了反作用。如有的干警对罪犯态度粗暴,动不动就扣分甚至打骂体罚,导致罪犯产生抵触甚至抗拒情绪,故意违规违纪,破坏监狱财物;如不注意教育内容的选择,使庸俗低级,甚至充斥暴力、色情的东西在监狱传播等,这不仅不能起到改造罪犯的作用,反而扰乱了监管秩序,增加了教育改造的难度。在罪犯教育的实践中,监狱民警要注意端正教育态度,重视教育内容的选择,采取正确的方法,多从正面引导,努力实现正价值,避免无价值,杜绝否定价值。

(六)个体价值与社会价值

个体价值是指罪犯教育对罪犯本身所具有的价值。罪犯教育的主要目的就是要改造罪犯,使罪犯个体再社会化和社会再个性化,重新做人。围绕这一目对罪犯的各种教育都直接落实到罪犯身上,促其内省,转变思想观念,掌握一技之长,增强适应社会的能力。社会价值是指罪犯教育对社会所具有的价值。罪犯也是人,是社会的一分子,他们最终也要回归社会。因此,对罪犯的教育使他们成为守法公民和劳动者,也是发展生产力,促进政治、法治、经济、文化建设的发展的保障,同时对罪犯的教育也是为了维护社会秩序,保障公平正义,从根本上说是为了社会的进步和发展。罪犯教育的个体价值与社会价值是相辅相成,相互促进的,个体价值是基础与前提,社会价值是延续与深化。只有个体价值得到了充分实现,社会价值才能落到实处;社会价值的丰富与实现又会促进个体价值更好的实现。鉴于罪犯教育的个体价值和社会价值十分重要,我们在下面展开专门讨论。

二、罪犯教育的社会价值

罪犯教育不仅仅是监狱工作的一部分,而且也是社会活动一部分,与整个社会具有互动关系,对社会产生一定的影响。从整个社会的角度来看,罪犯教育对巩固国家政权,维护社会秩序和公平正义,以及促进法治建设、经济建设和文化建设具有积极的效用。

(一)政治价值

1. 巩固政权,维护秩序

打击犯罪,预防犯罪,就是要巩固社会主义国家政权,确保党的执政地位不动摇。罪犯教育作为其中的一环,正是通过对具有反社会性的这一类特殊群体进行教育改造,使之不再犯罪,从而巩固社会主义国家政权,巩固党的执政地位。

罪犯教育有助于维护社会治安秩序。罪犯教育的好坏,直接关系到改造的质量,从而影响到社会治安秩序。罪犯在监狱接受教育改造,限制了他们从事犯罪的条件,促使他们改过自新;罪犯通过教育,出狱后能自食其力,融入社会,不至于重新犯罪,这样就有助于维护社会治安秩序,确保社会稳定。

罪犯教育有助于维护监狱秩序。监狱需要采取强制措施强迫罪犯服从监管,接受改造,制止违反监规的行为,但一味使用强制手段,也可能会激化矛盾,产生对抗,不利于监狱秩序的稳定。教育作为一种柔性手段,能以柔克刚,解决罪犯的思想问题,使罪犯不仅表面服从而且内心认同,自省悔罪,从被迫接受管教到自觉接受管教,甚至积极主动改造自我,这样就能达到监狱秩序的井然有序,一切活动能够正常进行。

2. 体现公平,保障自由

公平和自由是具有根本意义的价值,从宏观来说,监狱的一切活动都是为了体现公平,保障自由。罪犯因其犯罪行为受到惩罚,失去了自由,很多权利和机会不能享有,但这并不意味着他们丧失了全部的权利和自由,他们作为人的基本权利和自由依然存在。罪犯也是人,应免受非人的待遇,他的人格尊严应受尊重,人生存的基本条件应得到满足,除此之外,罪犯还有参加文化知识学习和职业技能培训的权利、接受心理辅导的权利、锻炼身体的权利、追求美的权利等等。罪犯教育能够尽量实现罪犯所应享有的权利自由,不额外剥夺和限制罪犯的权利自由,这也是公平的体现,也有利于罪犯重返社会后参与公平竞争,以平等的社会成员身份实现自身的权利自由。

(二) 法治价值

2014年10月,党的十八届四中全会将依法治国,建设社会主义法治国家推向了一个新的阶段。全会通过的《中共中央关于全面推进依法治国若干重大问题的决定》,提出了建设社会主义法治国家的总体目标、实现路径和具体要求。当前,要在党的十八届四中全会精神指导下,深入推进监狱法治,坚持依法治监。在对罪犯的教育中,监狱干警要树立法治观念,坚持运用法治思维和法治方式,依法施教,更加重视法制教育,把罪犯改造成为守法公民。

1. 坚持法治思维和法治方式

在罪犯教育改造中,监狱干警要坚持法治思维和法治方式,善于运用法治的概念、原理处理种种问题,即运用法治原则、法律规范对问题进行分析判断,并找出解决办法,作出符合法治要求的决策,做到以法服人。"办事依法、遇事找法、解决问题用法",凡作决策、处理问题,都要先找法律依据。有法律依据的,按照法律的规定执行;没有法律的具体依据的,要看上位法有没有规定,有规定的,按照规定处理,没有规定的,要按照法律原则进行办理。在工作中要杜绝人治思维、特权思维、关系思维和选择性执法,消除在旧的思维模式下所形成的一些与法治要求不符的办事方式。如果各项监狱法律规范是否适用、对谁适用、如何适用,皆取决于监狱干警自身的好恶,必然会损害法律的确定性、权威性和公信力,对罪犯的教育不仅不能发挥作用,而且会产生负面效应。因此,监狱干警作为执法者、教育者,必须依法办事,依法施教,创造良好的监狱法治环境,对罪犯给予正面的示范和引导,并发挥积极的作用。

2. 突出法制教育

在深入推进依法治国的大背景下,突出对罪犯的法制教育尤为重要。将罪犯改造成为守法公民是罪犯教育的目的。要守法就先要信法、知法、懂法。首先,要培养罪犯对法律的信仰。要结合党的十八届四中全会以来关于依法治国,建设社会主义法治国家的目标、意义、要求和有关政策等,进行重点教育,确立宪法法律在罪犯心中的权威。只有确立了罪犯的法律信仰,才能使之真正做到遵守法律。其次,要培养罪犯的法律知识,使罪犯熟悉宪法及一些常用法律的基本内容,同时及时讲授最新修改的法律条款,避免法律知识滞后。最后,要培养罪犯对法律的理解。有必要通过法治观念、法律原则和法律逻辑等的讲授,加深罪犯对法律条款的理解,不仅要使罪犯知法,还要使罪犯懂法,明白法律条款的含义和相互之间的关系,做个法律面前的明白人,进而才能成为守法者。

(三) 经济价值

1. 促进监狱经济发展

监狱经济是监狱工作中不可缺少的组成部分。监狱经济既能实现对罪犯的劳动改造,又能改善罪犯的生活条件。因此发展监狱经济是很有必要的。而要发展监狱经济,离不开罪犯教育,罪犯教育能提高劳动生产率,促进监狱生产,发展监狱经济。毛泽东同志指出:"提高劳动生产率,一靠物质技术,二靠文化教育,三靠政治思想工作。"[1]这里的"三靠"实质都离不开"教育"。通过思想教育,使罪犯认识自己的罪行,痛改前非,增强劳动改造的积极性;通过对罪犯的职业技能培训和文化教育,使罪犯成为有技能、有知识的熟练工,从而大大提高劳动生产率,直接促进监狱经济的发展。

---

[1] 《毛泽东文集》(第8卷),人民出版社1999年版,第124、125页。

2. 提高社会劳动生产率

社会劳动生产率的提高,依赖于劳动者素质和能力的提高。罪犯与社会的隔离是暂时的,他们最终要回归社会,作为社会的成员,他们也是国家建设的劳动力大军中的一员,也要参与生产劳动和国家经济建设。罪犯提高了劳动能力,具有了一技之长,刑满释放后作为合格劳动者投身到社会各行各业,融入整个社会劳动力中对生产力发挥作用,使社会有了更多的合格劳动者,就能提高社会劳动生产率,促进生产力的发展,创造更多的社会财富。

(四) 文化价值

1. 弘扬主流文化

主流文化是在一个社会占主要地位的,具有高度的融合力、较强的传播力和广泛认同的文化形式。当前的主流文化的要旨就是社会主义核心价值观,即"富强、民主、文明、和谐;自由、平等、公正、法治;爱国、敬业、诚信、友善"。教育具有文化选择、文化传播、文化渗透等功能,作为罪犯教育,就是要选择主流文化,传播主流文化,并向罪犯的思想渗透主流文化。监狱民警通过对罪犯进行法制教育、道德教育、时事政策等教育,通过正规教育和辅助教育等渠道,在监狱弘扬主流文化,促使罪犯抛弃与主流文化相悖的错误、消极、落后的文化,接受正确、积极、先进的主流文化。

2. 遏止监狱亚文化

所谓"监狱亚文化",是指罪犯亚群体在监禁生涯中逐渐形成并一体信奉和遵循、与社会主文化偏离或对立的价值标准、行为方式及其现象的综合体。[①] 这种监狱亚文化使犯罪人反社会意识增强,相互交叉感染,产生监禁反应症状,如拘禁性木僵、监狱痴呆、有意识的言语和行为障碍、同性恋等,形成监狱人格和打上监狱烙印,导致"再社会化"难度增大,适应社会能力差,犯罪意识得到强化,再犯罪可能性增大。因此,罪犯教育在弘扬主流文化的同时,必须在遏制监狱亚文化上下功夫。要大力抵制罪犯中的亚文化,对形形色色的亚文化要予以充分的揭露和批判,对于那些有意传播亚文化,造成消极后果的,要视其情节轻重,分别予以处罚,以儆效尤。同时要对宏观的社会文化信息进行分析、筛选、过滤,对那些反动、污秽的社会文化坚决予以禁堵,尽量缩小其消极影响。另外,对一些已流入监内的不健康的书报杂志、照片绘画等坚决予以清除,并做到常抓不懈。

---

① 参见许章润:《监狱亚文化》,载肖剑鸣、皮艺军主编:《罪之鉴:世纪之交中国犯罪学基础理论研究》(下),群众出版社2000年版,第698页。

通过以上举措,有效地遏制监狱亚文化。

三、罪犯教育的个体价值

罪犯是教育改造的对象,监狱组织的各种教育活动都是为了改造罪犯,使之不再犯罪,成为守法公民。罪犯教育除了具有社会价值外,其直接是对罪犯本身的价值,即罪犯教育的个体价值。概括地说,罪犯教育的个体价值主要表现在三个方面:一是思想价值;二是能力价值;三是健康价值。

(一) 思想价值

1. 引导方向

罪犯之所以走上犯罪道路,与其思想观念的偏离是分不开的。他们往往价值观念扭曲,法律观念淡漠,道德观念败坏,无视他人权益,奉行拜金主义,追求享乐主义。行为的不法都是因为思想的邪念,要矫正罪犯的行为,首先就要转变他们的思想观念。罪犯收监后,监狱就要组织开展思想教育,从罪犯的思想改造入手,启发他们改过自新,改恶从善,明辨是非,分清美丑,树立正确思想观念,坚持社会主义核心价值观,走上正确的人生轨道。

2. 规范行为

规范行为就是要求罪犯的行为举止符合社会规范,遵纪守法。如法制教育使罪犯知法懂法,明白法律的严肃性和权威性,知道什么可为、什么不可为,认识到自己犯罪行为的危害性,从而认罪悔罪,服法崇法,自觉遵守法律。道德教育使罪犯尊重社会公德,言行举止符合社会道德的一般要求。提倡有礼貌、讲文明、守纪律,尊重他人、关心集体、爱护公物、保护环境,养成良好的行为习惯。

3. 增强动力

所谓"增强动力",就是要运用多种教育手段,充分调动罪犯的改造积极性,从而实现重新做人的个体价值。调动罪犯改造的积极性,既要靠正确的考核和奖罚手段,又要靠有效的精神激励,要靠教育特别是思想教育。比如,通过形势教育,使罪犯了解监外社会的状况,特别是改革开放以来的巨大成就、社会的发展进步、城乡就业门路的不断拓宽、人民生活水平的改善,将会激发他们奋发改造,争取早日回归社会融入社会生活。再如,通过政策教育,使罪犯了解监狱工作政策的具体内容,明白政策所体现的好有好的出路、坏有坏的下场的精神实质,从而促使罪犯趋善避恶,增强改造动力,争取以实际行动早日成为新人。

(二) 能力价值

1. 提高学习能力

有很多罪犯是法盲加文盲,他们既不懂法,又没有什么文化知识,在社会上难以立足,成为时代的落伍者,被社会所淘汰。对罪犯的文化教育是教育改造的重要内容,罪犯通过学习文化知识,既具有一定的文化知识,又提高了学习能力,既有助于摆脱愚昧无知的状态,又可以增强自我学习的本领,从而为明辨是非、增强接受改造的主动性、掌握生产技术等打下良好的基础。

2. 掌握技术技能

很多罪犯在入狱前整天浑浑噩噩,四处流窜,没有一技之长,入狱后悲观失望,混刑度日,以至于抵触不满,破罐破摔。通过对罪犯生产技术教育和培训,可以提高他们的技术知识水平,掌握生产技能。以便在刑满出狱后谋生就业,安身立命,不至于重蹈覆辙,重新犯罪。

3. 提高综合能力

一个人所具有的能力不是单一的,应该是综合性的,各种能力相辅相成、相互依赖、相互促进。罪犯教育不仅仅是使罪犯具有一定的学习能力,掌握某一方面的技能,罪犯教育本身就是综合教育,有思想的、心理的、有文化知识的、有技术技能的,还有体育、美育的等等,这些教育有助于提高罪犯的学习能力、思维能力、辨别能力、反省能力、交往能力、动手能力、审美能力等,罪犯教育体现在罪犯身上的是综合能力的提高,是罪犯综合能力的全面发展。

(三) 健康价值

1. 促进身体健康

修订后的《监狱法》第67条规定,监狱应当组织罪犯开展适当的体育活动和文化娱乐活动。对罪犯执行刑罚,绝不是单纯的惩罚,而是要着重于改造和转化,这一要求在具体实施过程中,必须以罪犯的身体健康为前提,而开展适当的罪犯体育活动,对于促进罪犯身体健康,为罪犯接受改造奠定基础具有重要的作用。

2. 促进心理健康

在现代社会,心理问题已成为危及人的生命的隐形杀手。在监狱里,罪犯关押其中,与社会隔离,更易产生心理问题。焦躁不安,抑郁寡欢,抵触对抗,暴力、同性恋等现象滋生流行,有的甚至自残自伤、绝望自杀。而通过罪犯教育的开展,有利于促进罪犯的心理健康。如体育能移情于乐,保持心情良好,锻炼意志,增强克服困难的勇气;美育能净化心灵,陶冶审美情操,培养良好的审美情趣,保持乐观向上的心态,对前途充满希望;心理健康教育更是能有针对性地解决罪犯的心理问题,及时发现罪犯的心理问题,对症下药,消除不良心理,恢复健康心理。

第三节 罪犯教育价值的实现

罪犯教育的价值具有各种各样的形态,这些价值形态如何显现和实现,就要分析罪犯教育价值实现的实质和途径。罪犯教育价值实现的实质是客体主体化,即主客体相互作用的过程,这一过程是通过灌输和接受的途径来体现和反映的。

一、罪犯教育价值实现的实质

罪犯教育价值实现的实质是客体主体化。罪犯教育价值的实现,从罪犯教育本身来看,就是自身主体化的过程,在哲学上称为客体的主体化过程。从哲学的视角来看,价值的实现,从表层上看,是客体对主体需要的满足;而从深层追究,则是客体对主体产生的实际效应,也即对主体产生的影响。主体满足需要是被动的、消极的;而对主体产生影响是则主动的、积极的。因此,客体对主体的效应比客体对主体需要的满足更能体现价值实现的实质。具体到罪犯教育,罪犯教育(客体)作用于罪犯(主体),对罪犯(主体)产生实际的效应,这个过程就是主客体相互作用中的客体主体化过程。这也正是价值实现的实质。很显然,我们说罪犯教育主体化,从客体来说,就是由现实的价值客体作用于主体,转化为价值即对主体的效应的过程,这是内在价值到价值的转化;从主体来说,则是客体作用于主体,使主体受到客体一定的作用和影响。正是这种作用和影响才促进了教育价值的实现。如对罪犯进行思想教育,思想教育作为客体作用于主体罪犯,思想教育的属性、功能就内化为罪犯的意志和动机,再由罪犯将其转化为良好的品德和行为,从而得到进步,实现了客体的主体化。

当然,罪犯教育价值的实现过程不是简单的客体作用于主体的过程,而是主客体相互作用的过程。客体的属性、功能作用于主体时,主体不是简单地、被动地接受,而是以其自身的素质、能力、意志、情感等对客体的属性、功能加以筛选、加工、吸收,使之成为对主体有用的东西。对罪犯进行教育,罪犯会根据自身的素质、能力、意志、情感等情况加以筛选、加工、吸收,这也是一个再创造的过程。所以,实现价值的过程也是价值再创造的过程,居于主导地位的是价值的实现,价值的再创造居于从属地位。例如监狱民警对罪犯实施思想教育,干警把符合社会要求的政治观点、思想观念、道德规范等灌输给罪犯,罪犯在内外因素的综合作用下,有选择地接受这些教育,并转化为自身的意志、动机,实现教育价值的内化;罪犯再把自身的意志和动机转化为良好的行为和习惯,从而实现教育价值的外化。最后,监狱及干警对罪犯的个体行为所产生的效果进行评价,同时罪犯也根据外界的反馈对自身的行为进行评价,监狱及干警和罪犯的评价都不是孤立的,而是相互联系的。通过这种评价使罪犯形成良好的品德,并且有助于狱内良好改造风气的形成,进而促进罪犯群体的共同进步。这就是罪犯教育价值的再创造。因此,罪犯教育价值的实现过程既是客体主体化的过程,也是主体客体化的过程,即一个价值创造—价值实现—价值再创造的过程。

二、罪犯教育价值实现的途径

罪犯教育价值要实现客体主体化,通过主客体相互作用的互动关系,将其属性和功能转化为罪犯的行为和习惯,这一结果是通过灌输和接受两个途径来实现的。

(一) 灌输途径

在现代汉语中,灌输被解释为"输送(思想、知识)等",同时把它形象地定义为"把流水引导到需要水的地方"。关于灌输,马克思主义经典作家有过精辟的论述。列宁指出,"工人本来也不可能有社会民主主义的意识。这种意识只能从外面灌输进去"①。毛泽东在《论持久战》中说,"没有进步的政治思想贯注于军队之中,没有进步的政治工作去执行这种贯注,就不能达到真正的官长和士兵的一致,就不能激发官兵最大限度的抗战热忱"②。上述论断强调了灌输对工人和士兵接受先进思想的意义。先进的思想,是不会在工人和士兵头脑中自动产生的,它需要由掌握了共产主义思想的先进分子从外部进行灌输,从而来武装广大工人、士兵的头脑。如果说普通的工人和士兵不可能自发产生先进的思想,需要从外面灌输,那么对于罪犯而言,由于他们头脑充满谬误,是非颠倒,善恶不分,更不可能自觉地、主动地接受、吸收正确的思想理论,对他们的教育更要通过外部灌输,灌输是实现罪犯教育目的的基本途径。这种灌输甚至需要采取一定的强制手段,这也是罪犯教育区别于其他教育的显著特征,当然这绝不是硬把正

---

① 《列宁全集》(第6卷),人民出版社1986年版,第29页。
② 《毛泽东选集》(第2卷),人民出版社1991年版,第511页。

确的、先进的思想塞进罪犯的头脑。恩格斯曾经指出:"我们的理论是发展着的理论,而不是必须背得烂熟并机械地加以重复的教条。越少从外面把这种理论硬灌输给美国人,而越多由他们通过自己亲身的经验(在德国人的帮助下)去检验它,它就越会深入他们的心坎。"①这就是说,灌输并不是"填鸭式"的、教条式的硬灌,而是提供合适的教育条件和环境,采取多种方式启发人们的思想觉悟。这同样启示我们,对罪犯在教育中对其进行灌输,既要有一定的强制手段,这主要指教育的内容、时间、地点等具有一定的强制性,又要注意避免简单、粗暴的方式方法,应注意改善教育的条件和环境,采取更多灵活的教育方式,注重理论联系实际,解决实际问题,建立起监狱民警与罪犯在教育过程中的双向互动关系,以增强灌输的有效性,更好地推动罪犯教育价值的实现。

(二) 接受途径

灌输主要是从教育者即监狱民警的角度出发,来看教育价值实现的途径,作为受教育者一方的罪犯处于被动地位。接受则是从作为受教育者一方的罪犯的角度出发,来看教育价值实现的途径。在罪犯教育中,在监狱民警的施教过程中,监狱民警是主体,而在罪犯的接受过程中,罪犯则处于主动地位,学习、改造的内容则成了客体。"灌输"与"接受"就像一枚硬币的两面,共同作用于主客体的相互关系。接受是主体出于自身需要,在环境作用影响下,通过一定的中介对客体进行反映、选择、整合、内化、外化等构成的完整的活动过程。罪犯通过有效的接受,就可以将"外部(监狱民警)要我这样做"转化为"我要这样做";同时将"我要这样做"为转化为"我正在(已经)这样做",从而产生良好的行为和习惯。罪犯教育重视并运用接受途径,应注意监狱民警思想与罪犯思想的相互作用。双方既相互联系又相互斗争。就相互联系而言,罪犯思想是监狱民警的作用对象和教育效果的直接体现者,监狱民警思想是罪犯思想觉悟提高的激发者和罪犯教育效果的促成者。在一定条件下,双方可以互相转化,即客体思想主体化,主体思想客体化。再来看两者的斗争性。就罪犯教育而言,监狱民警的思想一般是符合社会主义的、符合社会规范要求的、积极先进的思想,而罪犯的思想往往是不符合社会主义的、违背社会规范要求的、消极落后的思想,这两种思想往往是矛盾和相互斗争的。监狱民警对罪犯进行教育,必定会将自己的思想融入教育中,也就是说罪犯教育会体现监狱民警的思想,并且去影响罪犯的思想;反过来,罪犯的消极落后思想也会对监狱民警产生影响,这种影响既可能使监狱民

---

① 《马克思恩格斯选集》(第4卷),人民出版社2012年版,第588页。

警思想的先进性降低,也可能促进他们提高自身的思想素质。因此,监狱民警应该始终保持坚定的政治立场,用积极先进的思想去影响、涤除罪犯消极落后的思想。

作为接受主体,罪犯是具有现实需求的人,接受活动是在其自身需要的驱动下进行的,简言之,有需要才会有接受,这反映了接受主体的能动性。需要越强烈,罪犯的接受活动就越具有内在的驱动力,这种驱动力具有强烈的指向性和冲动性,它能够改变或重新确定接受的对象,选择接受的客体,设定接受的目标。需要不仅有物质的需要,而且有精神的需要;需要驱动既有物质性驱动,又有精神性驱动。在对罪犯进行教育时,为了更好地使用好"接受"这一途径,实现教育的价值,应当充分重视并正确对待罪犯的需要,对于罪犯的无理需要不能迁就,并加以正确引导,而对于罪犯的合理需要,要根据监狱的条件妥善解决。既要重视罪犯的饮食起居、劳动条件、生活出路等物质性需要,更要重视罪犯的学习、渴望亲情、希望得到理解和人格尊重等精神性需要,从解决罪犯的需要入手,增强罪犯接受教育的内驱力,使罪犯教育由"灌输"到"接受",由被动到主动,实现教育价值的内化与外化。

第六章　监狱民警与罪犯

　　监狱民警与罪犯是罪犯教育活动的基本要素。罪犯教育活动之所以出现，是因为有特定的教育对象——罪犯的存在；有了罪犯以及实施教育的要求，就有了专门的罪犯教育工作者——监狱民警。作为罪犯教育活动及其过程，必然包含监狱民警与罪犯及其关系。研究监狱民警与罪犯及其关系，对于罪犯教育实践的发展和基本理论的建构都具有重要意义。

第一节　监狱民警

　　监狱民警是代表国家在监狱对罪犯执行刑罚、实施罪犯教育活动的专职人员，在罪犯教育活动中处于主导地位。罪犯教育改造质量能否真正得到提高，关键就在于监狱民警。

一、监狱民警的地位

（一）执法者的地位

　　监狱是国家的刑罚执行机关，监狱民警的基本工作职能就是对罪犯执行刑罚。罪犯教育过程也是执行刑罚的过程。罪犯是违反了国家法律而被判处刑罚的人。他们进入监狱后，监狱民警作为执法者，必然要依照国家的法律，代表监狱机关对其进行教育改造，因此监狱民警作为国家刑事法律的执行者具有相应的权威性。在罪犯教育过程中，罪犯作为服刑人员，具有相应的服从性。监狱民警这种执法者的地位，是任何非监狱民警所不能代替的，其执法权力不可作任何形式的转让。

（二）管理者的地位

　　监狱民警与罪犯，共同处于监狱这一特定的环境内，监狱民警始终处于管理者的地位。罪犯是一个思想繁杂、行为消极的群体，要对他们有效地实施教育，必须对他们实行依法、严格、科学、文明、直接的管理。对罪犯要求他们必须服从管理，听从指挥。如果违反特定的改造规范，不服从甚至抗拒监狱民警的管理，监狱民警有权依法处置，实施行政性的惩戒措施；情节严重，构成犯罪的，还必须依法追究其刑事法律责任。只有这样,才能保证罪犯教育的顺利实施。

(三) 教育者的地位

按照监狱法的要求,将罪犯改造成守法的公民,这是监狱民警所要实现的根本工作目的,这一工作目的决定了监狱民警的教育者地位。如果说监狱是一所特殊学校,那么监狱民警在这所学校就是在履行"特殊园丁"的职责和义务,在罪犯执行刑罚的整个过程中,监狱民警要对他们进行思想教育、心理矫治,还包括文化教育、技术教育等等,使罪犯通过监狱这所特殊学校的再教育,重获新生,成为守法公民。

(四) 罪犯合法权益维护者的地位

我国监狱工作的方针是"惩罚和教育相结合,以改造人为宗旨"。可见,监狱不能没有惩罚,但不能一味惩罚,更重要的是改造。随着社会法治进程的加快,依法治监已经在路上。罪犯"权利主体""弱势群体"的观念必将得到社会进一步的认同,也正在成为更多监狱民警的工作理念。罪犯在服刑期间享有的合法权益不仅将会越来越得到监狱民警的尊重,而且会得到监狱民警更多的保障。监狱民警作为罪犯合法权益维护者的地位愈显重要。

二、监狱民警在罪犯教育中的作用

在罪犯教育过程中,监狱民警发挥着重要的主导作用。其主导作用主要体现在以下四个方面:

(一) 对罪犯灵魂的再塑作用

人们常把教育工作者比作"人类灵魂工程师",把监狱民警比作"改造罪犯灵魂的工程师",这也是社会对监狱民警的一种职业期待。这种期待突出了监狱民警在罪犯改造中的作用,强调了监狱民警在罪犯教育过程中对罪犯灵魂再塑的意义,肯定了监狱民警在罪犯教育工作中的独立性和创造性,也含有对监狱民警实际教育能力的估计和评价。监狱民警要发挥对罪犯灵魂的再塑作用,重要的是履行以下两种职能:一是校正人生方向。监狱民警对于服刑罪犯,主要是教育他们如何重新做人。这一职能的履行情况决定了一个监狱民警教育力量的大小和教育工作行为水平的高低。这一职能还强调了要通过教育使罪犯成为适应社会发展需要的守法公民,监狱民警作为改造罪犯灵魂的工程师,对于罪犯的教育改造目标、发展方向、质量有着重要影响。二是对罪犯的思想灌输和改造。在罪犯头脑中,消极腐朽的成分占主导地位,要消除这些成分,只有通过向其灌输积极的新质,来祛除或代替原来消极的腐质,逐步使其改邪归正。罪犯教育的实践证明,绝大多数罪犯经过监狱民警对其思想的灌输和改造,思想得到转变,灵魂得到再塑,走向新的人生。

(二) 对罪犯心理的矫治作用

罪犯之所以走上犯罪道路,与原有的犯罪心理不无关系。罪犯在监狱服刑期间,在剥夺自由的条件下,往往容易出现这样或那样的心理问题,这就需要监狱民警特别是具有心理咨询师资质的民警担当起心理医疗者的职责,发挥对罪犯心理矫治的作用。通过开展心理健康教育、心理评估、心理咨询、心理治疗和心理危机干预等措施,来改善、调试罪犯的心理,帮助他们养成良好的心态。在矫治犯罪心理的同时,要尽可能为给罪犯提供一个宽松的气氛,帮助罪犯减轻焦虑或紧张、获得正当心理的需要,给罪犯以心理上的支持。

(三) 对罪犯知识的播种作用

监狱民警是对罪犯心田播种科学文化知识,培养劳动技能的辛勤园丁。我国新时期的罪犯教育,十分重视文化知识和劳动技能教育,监狱民警的职责更增加了这方面的作用。要有效地教育改造罪犯,必须向其传播科学文化知识,以解愚化顽,开启心窍。为了不断提高罪犯的文化水平,了解科学技术发展的状况,同时使罪犯回归社会后能够自食其力,减少重新犯罪,必须向其进行科学知识和职业技术教育。监狱民警担负着"传道、授业、解惑"的责任,不仅在罪犯心田中播种科学文化知识,而且加强罪犯的劳动观教育,使其树立正确的劳动观念,掌握一定的劳动技能,从中发挥着主导作用。

(四) 对罪犯行为的导航作用

监狱民警不仅是罪犯教育的主体,又是罪犯认识的客体。监狱民警作为一个整体,作为对罪犯实施教育的执法者,决定了必须用自身的良好行为引领罪犯矫正旧有行为。监狱民警的榜样作用,也构成了一种不可缺少的"教育力"。其言行举止、态度、个性等,无不对罪犯发生潜移默化的影响。监狱民警的榜样作用具有双重性,既有正面的又有负面的。好的监狱民警的榜样,给罪犯留下公正、亲和、理智、端庄、果敢等印象,并情不自禁地加以仿效;而差的监狱民警的"榜样",会给罪犯留下心理上的阴影,甚至导致行为上的偏差出现越轨。监狱民警作为罪犯行为的"导航人"和人生道路的"领路人",要使罪犯达到守法公民的标准,自身就应有强烈的公民意识,包括国家观念、法治观念、公民的权利和义务观念,严格按照社会期待的标准去调节和控制自己的言行举止,成为社会行为规范的代表,以真正发挥对罪犯行为的导航作用。

三、监狱民警的素质

罪犯教育工作是监狱工作的一个重要组成部分,监狱民警又在罪犯教育中发挥着主导作用。要真正发挥主导作用,在很大程度上取决于监狱民警的素质。监狱民警的素质,直接关系到监狱民警主导作用的发挥,关系到教育改造质量的高低。尽管目前的监狱民警队伍文化水平较以往有较大的进步,但当前监狱工作面临着新形势、新要求、新挑战,因此,选择和任用监狱民警必须要严格遵循一定的标准,要有适应罪犯教育工作需要的基本素质,其素质主要包括:

（一）政治素质

它是指人们经过教育和影响作用而形成的支配行为的世界观、信仰、觉悟等品质。监狱作为国家执行刑罚的专门机关,其工作人员应当具备较高的政治素质,牢记自身的警察身份。它主要体现在五个方面：正确的政治方向、坚定的政治立场、明确的政治使命感、高度的政治纪律性和敏锐的政治洞察力。对监狱民警的政治素质建设要始终坚持政治建警,教育引导监狱民警认真学习邓小平理论、"三个代表"重要思想、科学发展观和习近平同志系列重要讲话精神特别是"四个全面"的重大战略布局思想,坚持用马克思主义中国化的最新理论成果武装队伍。监狱民警要加强学习,强化政治意识、大局意识、责任意识,坚定自觉地在思想上、政治上、行动上同党中央保持高度一致,牢固树立并自觉践行社会主义法治理念,永葆忠于党、忠于祖国、忠于人民、忠于法律的政治本色。

（二）文化素质

根据2012年修订的《人民警察法》,人民警察应当具备高中毕业以上文化程度。担任人民警察领导职务的人员应当具有大学专科以上学历,并且经人民警察院校培训,考试合格。目前,监狱系统具有大专以上学历的人民警察占总数的81.6%,其中本科学历占到25.7%。同时,监狱人民警察队伍的专业素质也在不断提升,具有法律、监所管理、心理教育专业大专以上学历的达到近45%。但我国监狱民警队伍总体文化程度还是偏低,比起公、检、法的工作人员,还有一段差距。在联合国《囚犯待遇最低限度标准规则》以及《欧洲监狱规则》中都对监狱所需专家人才分别进行了论述,要求监狱配备如精神病学家、心理学家、社会工作者、教师、手艺教员、体育和运动教师等足够数量的专家。由于我国监狱民警专业结构和岗位设置不尽合理、科学,监狱在录用民警时又缺乏规划,招录后人员大多与监管改造业务工作联系不紧密,在一定程度上增加了人才培养成本,同时又造成了大量人才的闲置和浪费。今后应从监狱民警专业结构和岗位的科学设置入手,加强外引与内培的力度,争取使我国监狱民警的文化素质有进一步提升。

(三) 能力素质

能力是以人本身的内在素质为基础所表现出来的一种实际本领,监狱民警的能力素质就是指其胜任惩罚、改造罪犯包括教育改造罪犯任务的本领、水平。在很大程度上说,监狱民警能力素质主要就是监狱民警的改造特别是教育改造能力。监狱民警改造能力既包括处理一般社会事务所需要具备的组织、协调和应变能力,也包括从事监管改造工作所需要具备的教育、管理和改造罪犯的专业能力。一般说来,监狱民警改造能力可以概括为八个方面,即:"对罪犯服刑全过程的掌握和控制的能力、教育罪犯的能力、组织管理罪犯的能力、狱内侦查的能力、对罪犯进行心理咨询与矫治的能力、处置突发事件的能力、应用写作的能力与人际交往的能力"[①]。要提高监狱民警的改造能力特别是教育改造能力,必须要加大人才的培养与培训力度;要搞好传帮带,注重在增强年轻民警的教育改造能力上下功夫。

(四) 心理素质

监狱民警心理素质,是指监狱民警的认知、情感、意志或性格特征对社会和监狱环境的适应、调控过程及其承受力的综合反映。心理素质在监狱民警素质中具有重要地位。监狱民警职业的高风险、高负荷、抗腐蚀的工作环境和工作状态,无疑给其带来强烈的精神冲击和巨大的心理压力。因此,监狱民警应具有能够承受诸多压力的良好健康的心理素质。具体地说,就是具有良好的观察、记忆、注意、思维能力;具有稳定的情感、宽广的胸怀、合作的气度;具有顽强的意志,能够排除错误干扰和抵御来自罪犯及其家庭的各种不良诱惑;面对艰苦环境、繁重任务、紧张工作具有较强的心理承受能力。从近几年有关方面对监狱民警的心理素质调查来看,监狱民警的心理素质有所提高,但与发达国家的经验相比,我国在监狱民警心理素质培养方面,还应注意完善工作机制,开设必要的心理健康辅导课程,加强必要的专业心理训练。

(五) 身体素质

监狱民警的身体素质是指民警的体质,包括体力、运动速度、耐力、灵活性和

[①] 刘忠兆、隋战友:《监狱人民警察"八种改造能力"的理论依据及标准探析》,参见北京市监狱管理局网站,2008年8月27日访问。值得说明的是,司法部部长吴爱英在2014年全国监狱劳教队伍建设工作会议上强调,监狱民警要具备六种能力,即:执法能力、教育改造能力、维护监所安全稳定能力、安全防范与应急处置能力、信息化实战应用能力和创新能力。

敏捷性等。身体素质的好坏,直接影响着事业的成功与否。由于教育改造罪犯是一项艰苦的事业,一年四季连轴转,逢年过节要值班,超负荷、紧张、辛苦伴随监狱民警工作生涯的全过程,如果没有良好的身体条件,是根本无法承担其职业责任的。这就要求监狱民警必须具有强健的体魄。良好的身体素质是监狱民警各种才能得以正常发挥乃至超常发挥的基础,是完成各项任务、保存自己、克敌制胜的基本保证。作为监狱民警,平时一定要注意坚持投身各种体育锻炼,作为监狱有关部门,要定期组织监狱民警体检、实行带薪休假制度、开设健康知识讲座等,关心监狱民警的身体健康,使得监狱民警队伍体质始终保持健康状态,充满战斗力。

第二节 罪犯教育的专职化

罪犯教育具有很强的专业性。教育已非易事,罪犯教育更为困难。从本质上看,罪犯教育旨在从思想意识层面实现根本扭转,而罪犯灵魂重塑的复杂性,决定了监狱教育离不开必要的人才支持。罪犯矫正工作并非人人都能胜任,而是需要足够专业的知识与技能作支撑。从罪犯矫正的哲学、社会学、教育学原理看,罪犯教育改造创新应寻求行刑专业化的路径。国外监狱矫正职位的分类设置及近代中国监狱对矫正官素质的倚重,也为我国监狱教育的专业化改革及人才培养提供了借鉴。

一、罪犯教育的专业化

从本质上看,罪犯教育矫正旨在改变其世界观、人生观,即在思想意识层面实现根本性扭转。依据矫正学原理,罪犯教育必须采取专业化的模式,专业化的矫正思路符合监狱监管改造工作的内在需求。

(一)哲学基础

辩证唯物论认为,"人们的观念、观点和概念,一句话,人们的意识,随着人们的生活条件、人们的社会关系、人们的社会存在的改变而改变"[1]。这表明,罪犯教育矫正具有可行性。然而,世界观的转变是一个根本的转变。对罪犯人生观、价值观的改造,是触及其灵魂深处的深刻洗礼,而实现罪犯的灵魂重塑需要复杂的专业规劝与训诫技巧。"为了从根本上消灭犯罪,首先必须消除罪犯头

---

[1]《马克思恩格斯选集》(第1卷),人民出版社2012年版,第419—420页。

脑里的各种不良思想意识,使他们逐步树立起正确的人生观、价值观、道德观、法律观和劳动观。这是改造罪犯成为新人的关键所在。"①

所谓"改造主观世界",即指对人的智力、能力、思想观念等意识形态的改造,通过不断地进行意识领域的新陈代谢,使之朝着正确的思想目标进取。在更新主观思维时,必须根据"实践—认识—再实践—再认识"的规律,不断分化与颠覆其思想意识,将丰富的感性材料加以"去粗取精、去伪存真、由此及彼、由表及里"的改造制作,促其从混沌的事物表面现象中舍弃偶然的、非本质的东西,抽象出本质的、规律的东西。然而,这需要一个反复教育的过程来实现,不能指望罪犯消极、错误的思想意识一下子得以"逆转"。

进一步说,罪犯主观世界的改造与完善绝非是一蹴而就的简单过程,而是一个在"螺旋式"上升的过程中逐步展开的。所以,改造罪犯实际上是一项艰巨复杂的系统工程,需要综合运用多样化、多层次的改造手段。其中,教育是改造罪犯意识体系的关键手段。"改造罪犯的思想和恶习,是解决罪犯精神世界的问题,主要应当依靠艰苦细致的政治思想教育。教育改造与其他改造手段相比,其优势就在于,能够有目的、有计划地运用科学的理论和崇高的精神去启迪罪犯的心灵,清除他们犯罪的思想根源,为他们指明重新做人的道路,重新塑造罪犯的灵魂和人格。这是其他改造手段无法替代的。"②

从犯罪发生的机理看,犯罪主要是在个人意识支配下的行为。根据唯物主义理论,社会意识主体表现为处于复杂社会关系中的个人和以不同社会关系联系起来的大小不等的社会集合体,因而有个人意识与群体意识之分,两者相互依赖、相互作用。③ 每个人在实践中形成个人意识时,总会受到周围人们的个人意识的影响,并同时受到有关的各种群体意识的渗透。而个体犯罪意识的产生除了特定的社会经历及自我的实践决定外,往往是由某些落后的、消极的群体意识(如极端个人主义、江湖义气等)向个人意识转化的结果。可见,罪犯改造需要矫正人员在意识领域与罪犯原有的犯罪意识作针锋相对的斗争,运用群体意识可以影响个人意识和向个人意识转化的原理,以社会主流的文化价值观去征服并取代罪犯头脑中的犯罪意识,从而促其产生新的个人意识。

---

① 杨殿升:《论对罪犯的教育改造》,载《中外法学》1994 年第 4 期。
② 同上。
③ 唯物主义认为,意识是主体的意识,社会意识的主体是社会的人。个人意识是个人独特的社会经历与社会地位的反映,是在他所处的环境和所受的教育影响下产生的;群体意识是人群集合体本身特定的构成、活动及其与整个社会生活的关系的反映,它包括家庭意识、团体意识、阶级意识、民族意识等。

上述意识转化的机理表明,罪犯不良思想及犯罪意识的消除并非易事。"罪犯的犯罪从本源上说是由罪犯的犯罪意识决定的,改造罪犯的过程也就是犯罪意识和正确意识的博弈和斗争过程,罪犯只有从根本上放弃错误的世界观、人生观和价值观,罪犯只有放弃其原有的导致其犯罪的犯罪意识和犯罪心理,接受使罪犯能够与社会和其他公民和谐相处和相互尊重的价值取向和人生观点,罪犯才能从根本上得到矫治和改造。"① 明确了这一点,就不难理解罪犯矫正工作并非人人可以胜任,而是需要足够专业的知识与技能作支撑。"罪犯教育改造实践也同样证明了这一点,罪犯思想转化的艰巨性、复杂性,其艰难和痛苦都远远超过了让罪犯参加劳动,甚至超过了监禁罪犯的痛苦程度。"②

(二) 社会学根据

由于人的天智、出身、气质、信仰等不同,个体后天社会化的差异也会比较明显。这种差异既是社会化的结果,同时也是个体社会化差异不断扩大的起点。当社会的犯罪致因固化为个体的犯罪心理,在特定的时空条件犯罪即会发生。"教育的目的,便是在发达个人而使之'社会化'"③,即重启罪犯社会化的进程。然而,社会角色的认知、内化、转型并非朝夕即能实现。"从入狱前的'社会人'到高墙内的'监狱人',再到刑释后的再度社会化,不仅是由高墙内到高墙外的地理环境的转变,更是一个艰巨而又焕然一新的过程,对罪犯自身而言,是充满困难和考验的造就新人的历程。"④监狱的教育矫正就是为罪犯提供一个再社会化的契机,罪犯借此获得符合社会规范的思想观念与行为方式,为其重新适应社会作准备。也即,通过施以矫正策略弥补社会化不足,在社会认知、伦理品格、心理康复等多方面训练和提高罪犯适应社会规范的自觉性。而达成这种认知训练与内心自觉离不开矫正人员的专业素养。缺乏专业分工的矫正模式,很难适应罪犯多层级、多方位的再社会化需求。

(三) 教育学原理

苏联教育家加里宁指出:"教育是对于受教育者心理上施加的一种确定的、有目的和有相同的感化作用,以便受教育者的身心上养成教育所希望的品质。"⑤ 从教育学基本原理来看,教育是在一定的教育目标指导下,将教育内容内

---

① 周雨臣:《新时期罪犯教育的本质与地位探析》,载《河南司法警官职业学院学报》2009 年第 2 期。
② 同上。
③ 徐公美:《社会教育是什么》,载《上海教育》1929 年第 3 期。
④ 侯威:《多学科视角下的罪犯教育理论研究》,载《辽宁经济管理干部学院学报》2011 年第 3 期。
⑤ 转引自王祖清、赵卫宽主编:《罪犯教育学》,金城出版社 2003 年版,第 22 页。

化为个体的文化知识素质、品德素质结构,并使之发生所期望的整体性变化的过程。这一过程从教育者的维度来说,它是教育事实与教育目标契合实现的过程;从受教育者的维度来说,它是促使个体的文化素质、品德素质结构不断形成和改善的过程。以此论之,罪犯教育的过程即是作为教育者的监狱人民警察和作为受教育者的罪犯在文化知识、价值取向、品德涵养等契合目标上的博弈过程。"当这种教育力充分显露的时候,一方面使罪犯受到感染和触动,进而在思想和灵魂深处产生斗争和选择,并对原有的价值体系和思想观念构成威胁和瓦解的态势,且这种态势将不断持续和蔓延,随着监狱人民警察教育改造的深入和强化,罪犯才能接受监狱人民警察积极的教育内容并内化为自己的价值体系。"①

从性质上看,监狱教育属于一种特殊的民众教育。民众教育是社会教化的必由之路,其足可转变人的气质秉性与行为习惯,改善社会风气与整体环境。"民众教育的对象是青年和成人,他们的生活如何改善,知识技能如何增进,以及他们的行为的规正,团体的组织等,都是民众教育的问题,所以民众教育,几乎包括民众生活的全部的活动。民众教育的对象既是青年和成人,其范围又这样的广大,所以罪犯感化教育,也是民众教育的一部分;罪犯感化教育既然是民众教育的一部分,当然有其重大的价值。"②但监狱毕竟是行刑场所,监狱教育因带有强制性而有别于普通的民众教育。并且,监狱教育也不同于学校教育,其更强调在监禁模式下矫治受教育者的不良习性。尽管从教育目标、内容和方法来看,监狱教育与学校教育相似,但监狱教育是一种补充性的再教育,相当于学校教育的延伸。不过,"教育是知识的补充。补充知识,是要用学校的方法。"③所以,监狱教育断然离不开教育学基本原理与实践经验的支持。

况且,罪犯大多因智识不足而锒铛入狱,更因其固有的人格缺陷与不易消除的犯罪恶性而进一步加大了教育难度。"盖教育本非易事,监狱教育尤为困难。"④质言之,罪犯作为一类特殊的受教育群体,对监狱矫正人员的综合素质提出了较高要求:不仅要符合基本的教育学规律,还要兼顾罪犯教育的特殊性。从理论上说,矫正人员的专业素养要优于普通学校教师,才能胜任在目标性质、管理模式、难易程度等方面迥异于学校教育的特殊教育。鉴于目前普通教师已被

---

① 周雨臣:《新时期罪犯教育的本质与地位探析》,载《河南司法警官职业学院学报》2009年第2期。
② 黄志明:《感化教育与民众教育》,载《民众教育》1930年第2期。
③ 谢月峰等:《会员演讲》,载《湖北地方政务研究半月刊》1934年第6期。
④ 严景耀:《北平监狱教诲与教育》,载《社会学界》1930年第4期。

广泛推行教师资格证制度,那么,作为非传统意义上的教育者的监狱人民警察是否也应具有严格的资格准入限制？现实情况却是,许多监狱管教干警没有经过系统的教育学训练,在教育理念、方法上随意性强,殊不知"他们的思想道德素养、文化知识、人格魅力、执法水平、沟通与交往能力等综合素质对罪犯教育活动产生重要的影响,同时他们教育理念、教育原则、教育方法的缺失与不足会直接影响罪犯教育质量。"①

不难理解,监狱人民警察是罪犯教育矫正活动的主导者。作为教育的能动力量,矫正人员若对罪犯产生教育力,就必须注入与释放教育者的感召力。"真正成功的教育活动必定是监狱人民警察饱含真情的教育活动,是监狱人民警察对教育内容相知相信并努力倡导的教育活动。"②所以,罪犯教育作为一种特殊教育,要求矫正人员精通教育学基本原理,熟知并运用行之有效的教育方法。尤其是监狱作为教育活动的组织者,更需重视专职教育岗位的设置以及专业化矫正人才的养成。

二、教育矫正的人才支持

(一) 矫正职位的国外考察

当前,监狱行刑哲学的核心不再是"看守",而在于"教育"。根据美国矫正协会关于"矫正官员"的决议,其被要求"具有广泛的人际关系技能、特别训练和教育",并被视为"熟练的专业人员"。也即,监狱中的教育矫正职位均被纳入专业化编制。美国学者诺曼·卡尔森(Norman A. Carlson)等人将监狱矫正人员分为矫正管理人员、监管与安全人员、治疗人员、辅助人员和矫正志愿人员；治疗人员又包括医务人员、心理学家、个案工作者和咨询员、矫正教育者、监狱牧师和其他宗教人员、娱乐专家、自助咨询员以及其他的矫正计划协调员,而其中具体负责教育事务的矫正教育者属于专业人员。在英国,专职的狱政人员包括看守人员、行政人员和专门人员；其中,专门人员主要有心理学家、教师、护士、医生和牧师,这些都是由监狱雇用的专职人员。另据1997年统计,法国监狱系统中有1239名矫正教育者,占监狱工作人员总数(24786名)的5%。③可见,西方国家的监狱有着一定数量的专业群体从事教育矫正之职。

"从美国和其他一些西方国家监狱领域中专业人员的学历看,普遍要求具

---

① 侯威:《多学科视角下的罪犯教育理论研究》,载《辽宁经济管理干部学院学报》2011年第3期。
② 周雨臣:《新时期罪犯教育的本质与地位探析》,载《河南司法警官职业学院学报》2009年第2期。
③ 转引自吴宗宪:《当代西方监狱学》,法律出版社2004年版,第612—613页。

有学士以上学历。在绝大多数情况下,没有受过高等教育的专业人员是不存在的。从实地考察来看,专业人员中拥有博士学位的人屡见不鲜,拥有硕士学位或同等学历的人员更多。"①专业人员不仅被要求接受过专门的高等教育,还要求在相关领域具有培训经历与实践经验。尽管在有些国家,矫正教育者并非监狱职员,而是隶属于当地的公共教育机构或从事矫正培训业务的私营机构,但不论是监狱的专职人员,还是教育机构职员,都必须符合高等教育、实践经验、行业协会颁发的从业执照等多方面的要求,否则就不能从事矫正教育工作。可见,国外监狱矫正职位的设置是专门性、专职化的。

(二) 矫正官的历史考察

在力推感化主义的近代监狱,狱吏选用十分谨慎,负责罪犯感化的狱吏配置同样体现出专职化的特点,不仅在生产作业领域有专门工师负责传授罪犯技艺,而且专设有教诲师与教师之职,分别负责罪犯的德育和知育教育。基于罪犯教育的成效在很大程度上取决于矫正人员的素质与努力,民国监狱当局非常重视教诲师等专职矫正官的遴选与督导。"监狱之作用在乎明刑,而其精神尤重弼教,监犯之能否改过迁善,全视教诲师之训导如何,是教诲师对于监犯负涤除旧染、培养道德之责,职务极为重大。"②囚犯教诲作为监狱特定事务洵非易事,非有学识专长与经验富足者所能担当,因而教诲师的任职须达到相当要求始可充任,否则"对于教诲事业,不独不能改良,并且各事反行废弛。教诲师徒有空名,而无实际腐败的原因,都是教诲师不得其人的缘故;所以要监狱教诲事业的发达,对于教诲师的选择就应加注意。"③同时,监狱教师应当有同情与热忱,且须有自制之能力、坚忍之信心,勿太严正,而乐与犯人为友。学识方面,对心理学、论理学、社会学与教授法,及其所教的课程,须有充足的训练;处事经验当尤其丰富,不然,不足以了解犯人。教师当视监狱教育工作为终身事业,而非进身之阶,在监内终日与犯人同处而导引之。④

基于此,民初监狱选任教诲师和教师均注重考察学问智识、任职经历及资格等方面,在选用专职人才时学识与经验并重,凡学识未宏或经验素缺者实难

---

① 吴宗宪:《当代西方监狱学》,法律出版社2004年版,第603页。
② 《北京司法部通令慎选监狱医士教诲师》,载《法律评论》1927年第6期。
③ 蔡兆祥:《河北第一监狱教育情形的调查及其建议》,载《社会问题》1930年第1期。
④ 参见严景耀:《北平监狱教诲与教育》,载《社会学界》1930年第4期。

胜任。① 这是因为，"教育刑主义对于行刑官的最低限度之要求，主张在实际上须有监狱事务及行刑的基本知识，在理论上须有认定受刑者及决定必要的处遇之教育学的及精神病学的知识，并须明了刑法及刑事诉讼法的大要。故行刑官之养成为实施教育刑的重要条件。"②

由此可见，监狱从事教育矫正的人员不仅应接受系统的专业培训，并设置一定的任职资格与条件限制，而且应力求矫正职位分类及人才配备的专业化。

(三) 我国监狱矫正的现实考察

改造罪犯是一门复杂的人学，因而矫正人员必须是"专家型"人才。然而，很长一段时期内，我国的监狱人民警察可谓是"万金油型"，既要管理和改造罪犯，还要追求监狱生产效益；既是警察身份，从事刑务管理，还是专家身份，负责罪犯的教育转化。"可以说，在世界上，没有哪个国家的监狱警察像我国监狱人民警察那样要求得那么高，那样全能。"③这种"全能型"的监狱人才体制已成为制约罪犯教育质量的重要原因。

目前，我国大部分监狱人民警察分类粗疏，大致分为管教类、生产类、政工类、后勤类等，在工作中任用、调整比较随意，缺少专职化、固定化的职位设置。就矫正职位而言，普遍实行管教干警"轮岗制"。许多监狱虽设有教育改造科主管教育事务，但负责这一事务的监狱干警多为"半路出家"，真正熟悉专业知识的干警比例不高；况且，教育改造科干警或因人事调整，或因轮岗交流，或因临时调派，时常致使教育矫正这一岗位上的干警并不固定，因而罪犯矫正的专职化、专人化无从体现。殊不知，罪犯矫正需要体现专业性与衔接性，"一职多能型"的监狱干警不一定精通罪犯矫正技术，在岗位不定期轮换的情况下，更难保证教育矫正的质量。正如有学者指出，"要把犯人改造成为具有现代素质的守法公民，如果没有监狱人民警察的专业化，那是不可能的。"④

---

① 根据南京国民政府1940年《监所职员任用审查暂行办法》，教诲师应就具有下列资格之一者任用：在师范学校、高级中学或旧制中学以上学校毕业得有证书者；曾任中学教员3年以上或高级小学教员5年以上，经审查合格者；曾任教诲师或教师1年以上，经审查合格者。而教师则要在师范学校、高级中学或旧制中学以上学校毕业得有证书者，或者曾任中学教员3年以上或高级小学教员5年以上，以及曾任教诲师或教师1年以上者中选用。

② 蔡枢衡：《教育刑主义概观》，载何勤华、李秀清主编：《民国法学论文精萃》(刑事法律篇)，法律出版社2004年版，第117页。

③ 马岩：《监狱人民警察队伍专业化建设的历史演进》，载爱荣主编：《监狱评论》，法律出版社2010年第4卷。

④ 张晶：《中国监狱制度从传统走向现代》，海潮出版社2001版，第36页。

三、矫正专业化的实现路径

就罪犯教育而言，徒有制度不足以自行，必有人力推行之。"譬如人之有病，固然要求良方，已得良方而无人照方服之以药，其人之病自然如故。其病如故之弊，当然不在药方，而在无人照方服之以药。如是说来，办理监狱若不得人，虽教诲方法定得完善，当亦难生若何效力。"①由此，现代监狱的罪犯教育改造创新应寻求行刑专业化的路径。罪犯教育矫正是一项专业性很强的事务，需要专门性人才提供专业化的矫正服务。监狱教育矫正离不开必要的人才支持，只有配备专业化的矫正人员，才能真正实现教育人、改造人的宗旨。目前，罪犯教育专业化本位的缺失，不能适应监狱改造工作创新发展的要求。这就需要在行刑专业化视域下创新罪犯教育矫正的人才模式。

（一）科学化的职位设置

罪犯教育矫正需要具备多学科的综合知识，涉及犯罪学、社会学、教育学、心理学等相关学科。若监狱干警不进行专业分工，没有长期的专业训练，缺少学养精深的专业知识，委实难以胜任矫正之职。西方国家监狱大多对监狱职位进行科学分类，突出专业人士的技能特长。矫正人员从各自的专业入手，分工解决各自领域不同性质的问题，从而将罪犯教育问题转化为不同专长的精细化分工与合作。对此，我国监狱也可尝试将监狱矫正人员分为管教师、矫正师、教师、心理师等，辅以技工师、医师等专业职位，并设置单独的矫正官职级序列，在"专家治狱"的理念下逐步实现矫正职位设置的科学化。

（二）精细化的人才培养

罪犯矫正的人才支持由"全能型"向"专家型"转变，不仅是监狱教育工作精细化发展的趋势，更是建设现代化文明监狱的必然要求。由于"罪犯管理教育领域所呈现的问题十分复杂，涉及多种学科和专业，管教人员在其有限的时间精力条件下，如果不能从一定的学科和专业下手，则势必无法完成知识的有效积累。"②换言之，罪犯矫正人才的专业化培养要有针对性。有学者认为，"传统的管教业务一锅煮的教育培训方法，适应了每个管教人员都从事一个管教大专业的现状。监狱一旦推行专业化管理模式，意味着对人才的实际需求结构将发生

---

① 潘康国：《会员演讲》，载《湖北地方政务研究半月刊》1934年第6期。
② 郭明：《学术转型与话语重构——走向监狱学研究的新视域》，中国方正出版社2003年版，第249页。

相应的变化。"① 由此，监狱学的专业人才培养方式在专业设置与学科规划上面临改革的迫切需要。一方面，在政法高等院校和司法警官职业学校中，可增设面向监狱的矫治学、心理学、教育学等专业；另一方面，普通高校中的心理学、教育学、医学等专业也可增设面向监狱的人才培养方向，从而为监狱输送"订单式"的高级专门人才。

（三）合理化的激励机制

除上述以外，监狱还应重视矫正人才的自身发展，尤其是对专业性较强的矫正技术人员应提供施展才能的足够空间以及提高薪金待遇的平等机会。质言之，监狱应不断优化警力配置，在选拔、任用、奖惩等方面给予教育干警有效的激励措施。② 此外，我国还应逐渐建立不同序列监狱人民警察的资格准入制度，通过矫正技术岗位的评聘与督查，试行教育岗位单独考核制度，推动监狱矫正人才保障与管理机制的变革。

在民国监狱学者孙雄看来，先有治法之人，才有治法进步。这种"有治人而后有治法"的理念对于我国罪犯教育改造的创新而言，犹不失启示意义。

第三节 罪 犯

罪犯即实施了危害社会的行为而触犯刑律，被人民法院依法判处刑罚的犯罪人。根据执行刑罚机关的不同，罪犯这一概念有广义和狭义之分，从广义上看，罪犯是指一切触犯刑律并被人民法院依法判处刑罚的犯罪分子。根据我国刑法规定，刑罚有五种主刑、三种附加刑，既有收入监狱关押和其他场所关押的犯罪人，又有监外执行刑罚的犯罪人。从狭义上看，罪犯是特指触犯刑律，被人民法院判处死刑缓期二年执行、无期徒刑、有期徒刑在监狱内执行刑罚的犯罪人。我们这里所指的罪犯，是特指狭义上的罪犯。

---

① 郭明：《学术转型与话语重构——走向监狱学研究的新视域》，中国方正出版社2003年版，第247页。

② 司法部《2011—2015年监狱劳教人民警察队伍建设规划纲要》强调素质强警，从优待警，这为加强监狱干警队伍的专业化建设提供了法律支撑。2011年6月，人力资源和社会保障部、司法部、国家公务员局联合印发了《关于规范监狱劳动教养机关人民警察职务序列的意见》，标志着原来统一的警察职务序列开始步入分类管理、专门管理的轨道，有效解决了警察职级待遇问题，这对于具有专业特长的干警在技术性序列中谋求自我发展具有重要意义。

一、罪犯构成①

罪犯构成,或称"罪犯的结构",是指罪犯这一特殊的社会群体是由哪些或哪类不同特点、不同犯罪性质的人所组成,是反映一定时期或一定阶段内各类罪的犯罪类型、性别、年龄、数量等的静态或动态比例关系。随着改革开放的不断深入,社会环境的深刻变化以及国家刑事法律、政策的调整,犯罪情况及罪犯构成也有了很大的变化,出现了"第三代囚犯"的全新格局。②

(一)罪犯构成变化

罪犯构成是随着罪犯主体的变化而不断发生变化的。改革开放以来,我国罪犯构成的结构性变化主要表现在:

一是犯罪性质的变化。新中国成立至党的十一届三中全会以前,在当时的社会条件下,危害国家安全的反革命犯在我国罪犯构成中曾占到39.6%,甚至到42.9%。十一届三中全会后,危害国家安全的反革命犯所占比重逐渐降低,普通刑事犯所占比重逐步上升,到1983年危害国家安全的反革命犯仅占押犯总数的1.8%,而到1992年底,则下降到0.29%,这些年比重也一直不高。进入21世纪后,罪犯犯罪的性质发生了很多的变化。目前在押的165万名罪犯中,侵财类、外省籍类、流窜类、黑恶类、涉毒类、职务类、智能型的罪犯日渐增多。值得指出的是,犯罪时参与重特大案件的罪犯不断增多,这也说明了罪犯的犯罪情节严重,主观恶性大。

二是身份结构的变化。改革开放前罪犯中有相当一部分出身于地主、富农、资本家等剥削阶级家庭,而20世纪80年代后,罪犯中工人、农民、知识分子等劳动人民家庭出身的比重越来越大,尤其是当前农民工犯罪的比例上升较快,这在沿海地区表现尤为明显。特别是进入21世纪后,押犯构成出现了一个新的格局,即:社会底层人群(弱势群体)占押犯的绝大多数,其中新生代农民工③犯罪现象不断发生。

三是年龄结构的变化。新中国成立初期,罪犯以危害国家安全的中、老年反

---

① 转型期的"罪犯构成"是以中国改革开放前后为分水岭。具体可参见郭翔:《我国社会转型时期的犯罪控制》,载《犯罪与改造研究》1996年第12期。
② 参见张晶:《第三代囚犯》,载《刑事法评论》2014年第34卷。
③ 所谓"新生代农民工",主要是指"80后""90后",他们出生以后就上学,上完学以后就进城打工,对农业、农村、土地、农民等不是那么熟悉。另一方面,他们渴望进入、融入城市社会,而城市在很多方面还没有完全做好接纳他们的准备。新生代农民工年龄为18岁到25岁,以"三高一低"为特征,即受教育程度高、职业期望值高、物质和精神享受要求高、工作耐受力低。

革命犯为主,青少年罪犯的比重不大,到20世纪60年代,青少年罪犯占40%左右,80年代后,青少年罪犯数量剧升,有的地方青少年罪犯竟占押犯总数的70%—80%。这些青少年罪犯在押犯总数中仍居高不下,其中不少来自农村。而当前罪犯年龄结构情况,据调查,①年龄在18—35岁的罪犯,占到全部被调查人的66.51%。可见,青壮年犯罪人成为社会犯罪的主体。同时,老年犯的数量也在不断增加。

四是类型结构的变化。新中国成立初期的十几年里,盗窃犯罪一直占很大的比重,而杀人、强奸等犯罪的比例则紧随其后。改革开放后,一方面,以盗窃为主的财产型罪犯、以抢劫为主的暴力型罪犯逐渐上升;另一方面,以流氓、强奸为主的性罪犯在经过一个时期上升以后,迅速下降。此外,一些案由的犯罪开始出现,甚至一些解放以后一度消失的社会丑恶现象,如涉毒犯罪等又死灰复燃。当前,经济犯罪、暴力犯罪、涉毒犯罪等已经逐步占据前三位。此外,公职人员犯罪也已经被社会强烈关注,但据调查情况看,该群体犯罪比例不高,其中女性公职人员比男性高。

五是刑期结构的变化。随着犯罪恶性化程度的逐步提高,"从重从快"方针的贯彻执行,与20世纪70年代末、80年代初的短刑犯多明显不同的是,现在10年以上的重刑犯比重越来越大。近年来,随着刑事政策的调整,尤其是《刑法修正案(八)》和最高人民法院《关于死刑缓期执行限制减刑案件审理程序若干问题的规定》的出台,监狱将关押越来越多的长刑犯。同时,短刑犯也不断增加。

(二)当前押犯构成状况

当前我国监狱押犯的人员总量逐年上升。据统计,1982年全国监狱服刑人员约62万人。2004年10月,国际矫正与监狱协会第六届年会在北京召开,时任司法部副部长的范方平介绍说,我国共有监狱670所,在押罪犯150多万名,监禁率为1.2‰,监狱警察为28万名。2005年押犯数量增加至156万人。2012年4月,司法部部长吴爱英在《国务院关于监狱法实施和监狱工作情况的报告》中指出,全国共有监狱约681所,在职监狱人民警察30万名,押犯164万人。以2012年全国总人口13.54亿推算,监禁率为1.21‰。2013年12月,司法部监狱管理局局长邵雷在中英监狱管理研讨会上透露,全国共有监狱680多所,其中未成年犯管教所31所,女犯监狱35所。全国监狱现有监狱警察30万人,在押罪

---

① 此调查报告为江苏省监狱工作协会与中国管理科学研究院战略研究所课题组共同完成的"从监狱押犯构成透视社会管理创新"课题,具体可参见《中国社会发展战略》2013年第2期。

犯 170 余万人，其中女犯 9 万余人，未成年犯 1 万余人，监禁率约为 1.25‰。目前，我国监狱的押犯总量已达到历史上的最高点。在全部押犯中，绝大多数是普通刑事罪犯。在普通刑事罪犯中，近年来出现了值得注意的新变化：从犯罪类型上看，在监狱押犯比例中所占比例较高的，首先是盗窃犯，其次是抢劫等犯罪的罪犯，另外带有黑社会性质的有组织犯罪、党政干部腐败犯罪的罪犯有所增多；从犯罪方式来看，暴力型犯罪、流窜犯罪、职务犯罪、高科技犯罪的罪犯增加得较多；从在监狱服刑的次数来看，二次以上犯罪的罪犯比重增加；从罪犯所判处的刑期来看，被判处死刑缓期二年执行、无期徒刑、15 年以上有期徒刑的增多；从罪犯的原职业结构来看，捕前为农民和无业人员的犯罪增多，原担任一定职务的干部、管理人员的犯罪增多；从罪犯的年龄结构上看，年龄在 18—35 岁这一年龄段的罪犯增多，未成年犯的数量增多；从罪犯的文化程度来看，文化程度较高的罪犯增多；从罪犯的恶习程度上看，累犯、惯犯增多；从罪犯的原所在地看，设置在发达的沿海城市、大城市的监狱，外省籍的罪犯增多；从罪犯的生理心理情况看，老病残罪犯将不断增加，罪犯心理状况也令人担忧。此外，设置在某些地区的监狱，还存在毒品犯、跨国、跨地区犯罪罪犯、分裂国家犯罪的罪犯、利用邪教组织犯罪的罪犯增多的态势。

二、罪犯的思想和行为特点[①]

（一）思想特点

1. 需求趋向畸形。随着改革的深入，人们主体意识觉醒，罪犯处遇不断改善，罪犯的需求已明显不同。一方面，罪犯的需求日趋多元，服刑期间主动要求学技术、学文化以及公开争权利、要待遇的逐渐增多，而在饭后、劳动之余，要求丰富业余文化、精神生活的呼声也越来越高。另一方面，由于受其原有不良心理影响和社会、狱内不良环境因素的刺激，一些罪犯的需求趋向畸形。如为寻求感官的刺激和肉欲的满足，他们将黄色淫秽、低级庸俗的图片、画册等视若珍宝；在监狱内搞同性恋，等等。尤其是老病残罪犯在狱内改造的过分需求越来越明显，尤其是要求监狱治疗好他们的病情。他们不仅怂恿家属闹，而且自己也"闹

[①] 此部分论述主要参考各个省市监狱押犯变化情况调查报告汇总而成。部分参考资料如下：山东省监狱管理局课题组：《山东省监狱押犯变化情况调查报告》，载《中国监狱学刊》2002 年第 1 期；山东省监狱管理局：《在押犯出现的新情况新特点》，载《犯罪与改造研究》1995 年第 4 期；张坚、熊祖善：《市场经济条件下罪犯思想热点及工作中值得注意的问题》，载《犯罪与改造研究》1994 年第 12 期；江伟人：《刑释人员的嬗变与监管改造工作》，载《犯罪与改造研究》1999 年第 1 期；张晶：《第三代囚犯》，载《刑事法评论》2014 年第 34 卷。

事",千方百计想达到目的。

2. 改造动机趋向功利。罪犯改造动机来源于罪犯的需要,它所推动的改造行为,正是为了达到一定的改造目的,从而使罪犯的需要得到满足。因此,罪犯的需要不同,产生的改造动机就会有所不同。在社会转型初期,逐步形成的利益驱动机制,对罪犯改造的影响具有两面性。一方面,它有利于调动罪犯改造积极性,促进罪犯恶习矫正和良好行为习惯的养成;另一方面,如果偏离改造目标,忽视本质改造,一味在利益动机驱动下,追求自身利益最大化,就可能出现见利忘义、损人利己、虚伪欺诈、投机改造的行为。

3. 服刑意识趋向淡化。罪犯的教育改造尽管具有法律的强制性,但要使他们成为守法公民,不仅要有外在的强制力,还必须有其内在的原动力。受到不同的价值取向和价值评判标准的影响,在转型期,社会对罪犯日趋宽容,有时同情多于谴责;另一方面,罪犯对社会的偏见加重,常将逐渐犯罪的原因推向客观、推向社会,以致罪犯的服刑改造意识趋于淡化。主要表现为:一是认罪形式化。一些罪犯为了不影响减刑、假释,自己不认罪却不写申诉信,而是千方百计让亲戚、朋友,为其"找门子""通路子",找关系、闹翻案,导致与以往公开闹申诉不同,现在狱内罪犯申诉案件越来越少,而因申诉改判的却时有所见。二是悔罪表面化。有相当一部分罪犯,虽承认自己有罪有错误,但却明显缺乏负罪感。究其原因,有的罪犯认为自己偷偷摸摸,就那么点事儿,比起那些挪用公款挥霍的赃官、搞权钱交易的贪官,算不了什么;有的罪犯认为"杀人偿命,欠债还钱";还有的认为,不偷不抢,为集体、为职工谋些福利,发点奖金福利,至多是错不为罪。三是"角色"模糊化。角色是社会对一个人的期待和要求,一些罪犯虽受到了法律的惩罚,但由于缺乏负罪感和悔罪意识,却进入不了罪犯角色。罪犯身份模糊,还导致了行为主体不清,一些罪犯仍将自己看成是普通公民,因而对监狱的严格管理抱有抵触情绪。

4. 价值观念趋向扭曲。罪犯作为一个特殊的群体,在转型期各种文化交融、碰撞过程中,他们更多地受到了各种封建主义、资本主义的腐朽思想、道德观念的影响,在思想上形成的"不信一切唯信钱"的反社会观、"唯我独尊"的人生观、"吃喝玩乐"的价值观、"哥们义气"的友谊观、"亡命称霸"的英雄观等,是他们过去犯罪的原因,同样也是他们如今抗拒改造的根源。特别是把"哥们义气"视为自己的精神支柱,在监内找靠山、拉同乡;崇尚"有钱就有一切""有钱能使鬼推磨"的信条,只图钱,不要前途;讲"利"想,不讲理想;摆阔气,图舒服。

5. 反社会意识趋向强化。转型期罪犯反社会意识日趋强烈,原因有:一是分配不公。改革开放打破了分配上的平均主义,却形成了贫富之间的悬殊差别,一些人产生"相对剥夺"的心理。一些罪犯认为勤劳难以致富,投机发横财。然而,当严厉的惩罚打破他们的梦想后,他们无奈之中,又感到愤愤不平。二是心理不平衡。一些罪犯好攀比,比刑期、比奖励,总觉得自己比别人吃亏。遇到不幸找原因,片面地认为是社会造成的。错误的归因使一部分犯人心理越来越不平衡,对社会越来越不满。三是狱内谣言的传播。少数关系犯、职务犯为显示自己有后台,在监内散布减刑、假释要靠关系,透露所谓的官场内幕,以致一些罪犯在现实利益得不到满足时,埋怨世道不公,风气不正。

(二) 行为特点

1. 交往关系趋向庸俗。罪犯在服刑改造期间,与监狱民警和其他罪犯结成特定的服刑关系。但他们却扭曲商品观念、市场法则,将其引入改造领域,致使在狱内的交往关系的功利性日浓,并逐步向庸俗化方向发展。有些罪犯找关系、跑路子、行贿赂,企图把对监狱民警的服从关系变为人情关系或利用关系,以获得工种安排,或者减刑、假释处理、申报之照顾。有些罪犯在功利性动机的驱动下,同监狱民警讲条件,有利可图就积极干,无利可图就消极对待。在同其他罪犯的关系中也渗入商品观念,以致相互监督变成了相互包庇,相互帮助成了相互利用。由于"和平改造"气氛渐浓,靠拢政府,主动检举、揭发监狱违规违法和犯罪行为渐少。随着罪犯之间的分化日渐明显,狱内人际关系日趋复杂,关系网在罪犯中编织起来。

2. 改造行为趋向狡诈。罪犯的行为是我们判断其改恶从善程度、衡量其表现好坏的主要依据。随着押犯构成变化、价值取向的改变,罪犯改造行为日趋狡诈。主要表现为:一是隐蔽性。在现阶段,广大监狱民警普遍感到罪犯公开犯事的少了,听话的多了,但同时觉得工作的难度大了。这种相互矛盾的感受说明:一方面,随着犯罪恶性化程度的提高,押犯的人身危险性以及改造难度越来越大;另一方面,随着押犯之间的人际交往趋向复杂,各种反改造行为趋于隐蔽,犯情、狱情越来越难见底,各种潜在危险性因素越来越多。二是欺骗性。受社会上存在的弄虚作假、假冒伪劣、坑蒙拐骗等的影响,一些罪犯在诡秘狡诈的犯罪实践中,逐渐形成双重人格。在被强制的环境中,这种双重人格又常常表现为改造上的两面性,他们阳奉阴违,口是心非,表里不一,当面一套,背后一套。

3. 狱内消费趋向超前。市场经济的发展唤醒且增强了人们的消费意识。监狱里,一些罪犯原有的以自我为中心的极端个人主义思想以及不劳而获、贪图享受的思想,未得到彻底改造,以致在新的环境条件下,又有了新的表现形式,即狱内消费超现实。一是摆阔气。为了"面子"和所谓的"自尊",他们攀比摆阔,一比谁的来头大,二比谁的派头大,三比谁接见带来的东西多。二是贪图享受。一些罪犯,尤其是财产型罪犯在犯罪过程中,养成的好吃懒做、贪图享受的恶习依旧存在。他们动足脑筋,想尽办法追求享受。有的向家人索钱要物,搞狱内高消费;有的利用账面存款(少则几千元,多则上万元),以小恩小惠的形式笼络、控制其他罪犯,差使其为自己做事。

4. 罪犯非正式群体的活动趋向活跃。罪犯非正式群体是罪犯在狱内自发或自觉结成的松散或紧密的消极性群落。该群体是罪犯基于共同的信念、情感需要和自己的安全考虑而在监禁生涯中逐渐形成的。该群体的活动内容及指向与监狱正常的行刑活动经常矛盾,非正式群体活动常常处于隐蔽状态。当前,随着罪犯需要多元化、兴趣多样化以及罪犯中权力犯、富裕犯、外省籍犯等分化日益明显,他们形成非正式群体的欲望非常强烈,其群体活动较为活跃。

需要指出的是,以上对罪犯的思想和行为特点,多是从消极方面来谈的,罪犯的思想和行为中,事实上还蕴含一定的积极因素。鉴于在本书第一章第二节已有表述,这里就不再赘述。

三、正确的罪犯观

罪犯观是对罪犯总的看法,罪犯观的不同,直接影响到监狱民警对罪犯的工作态度和采取的方法,会直接影响教育改造效果,因此,监狱民警树立正确的罪犯观十分重要。

监狱民警应具有的正确的罪犯观,应包括以下几个方面:

其一,罪犯不仅是狱中服刑的接受法律惩罚的对象,也是受国家法律保护的公民。尽管他们被剥夺了部分权利,但他们也受到法律的保护,也可以行使未被法律剥夺的权利。

其二,我们不能简单把罪犯视作罪恶的化身,他们只是善恶兼具的正常人。他们犯罪有多种原因,其中社会因素也是一个不可回避的因子。有人因一时冲动犯罪,有人因无法生活而去犯罪,这样的例子举不胜举。没有人天生就会犯罪,罪犯也有善良之心,尽管善良之心还较微弱。

其三,罪犯不单是外在思想信息的被动接受者,也是自身改造的主体,是有待深入开发的人力资源。外因只有通过内因才起作用,虽然罪犯是被管理、被教育的对象,但他们又是改造的主体。我们要重新审视罪犯,要承认罪犯不仅是改造的主体,而且是有待开发的人力资源,这样才能更好地教育改造罪犯。

其四,罪犯主体意识的强与弱、健康与消极直接关系着改造效果的优劣。从罪犯作为改造的主体的角度看,"监狱改造的是罪犯犯罪的根源和动机,而不是犯人的肉体。改造工作一定要激发犯罪的趋善要求,鼓励罪犯与监狱民警一起改造存在于其内心导致犯罪的邪恶欲念。"①英国监狱工作者马可诺奇也曾说过,"假如让犯人自己拿着监狱的钥匙,他将努力来开启监狱之门"。② 因此,改造罪犯就必须调动罪犯内在的改造积极性,使罪犯变"要我改造"为"我要改造"。

其五,罪犯不是社会整体之外多余的、累赘的部分,而是社会的有机组成分子,是提高整个中华民族的素质不可忽略而必须引起重视的特殊人群。罪犯经过监狱的再社会化,最终还是要融入社会中。社会不能因为他们曾是罪犯而歧视他们,甚至抛弃他们,他们的顺利回归有利于社会稳定和发展。监狱民警以及全社会要积极、正确引导他们,容纳他们,让他们有信心重新开始生活。

第四节　监狱民警与罪犯的互动关系

在社会中,任何一个个体都不是单一、孤立地存在的,而是在与周围人及环境的相互作用中存在和发展的,社会是人们交互作用的产物,"一个人的发展取决于和他直接或间接进行交往的其他一切人的发展"③。互动的定义有广义和狭义之分,广义的互动是指一切物质存在物的相互作用与影响;而狭义的互动,指在一定社会背景与具体情境下,人与人之间发生的各种形式、各种性质、各种程度的相互作用和影响。它既可以是人与人之间交互作用和相互影响的方式和过程,也可以指在一定情景中人们通过信息交换和行为交换所导致的相互之间心理上和行为上的改变,从而表现为一个包含互动主体、互动情境、互动过程和互动结果等要素的、动态和静态相结合的系统。

作为一种人际间的相互作用和影响,互动必须在两个或两个以上的个体之间发生,一个个体谈不上相互作用。但仅仅有两个以上的个体客观存在,个体之间只是简单的施加与接受、刺激与反应或被动的单方面作用,不能认为彼此之间存在互动。只有当这些共存的个体之间行为发生相互联系和彼此能动反应时,才谈得上互动的存在和发生。

---

① 麦林华:《犯人也是改造的主体》,载《新民周刊》2003年第12期。
② 转引自马克昌主编:《刑罚通论》,武汉大学出版社1995年版,第541页。
③ 《马克思恩格斯全集》(第3卷),人民出版社1956年版,第515页。

监狱作为社会的有机体,尽管因其封闭性而与社会相对隔离,但其内部的人际关系也是非常复杂的。其中作为监狱教育改造工作中的两大方面,①监狱民警和罪犯之间的人际互动,因各自扮演的角色不同,自然成为监狱人际交往或互动中最为特殊的一种。

一、监狱民警与罪犯的互动关系的意义

罪犯在与周围人,特别是与民警、他犯、家属亲友等的相互作用中不断发展。诚然罪犯与罪犯之间、罪犯与家属之间的互动非常重要,但监狱民警与罪犯之间的互动地位比前两者更显著,因为它对罪犯的道德、社会性人格发展和心理健康具有更重要的影响。

监狱民警与罪犯的互动关系影响到教育改造质量的提高。监狱民警与罪犯的互动关系的主体是民警和罪犯,如果他们两者能互相尊重和理解,能建立良好的互动关系,那么双方就能朝着同一目标前进,就为提高教育改造质量奠定良好基础;相反,如果其中一方采取消极、怠慢、逃避等态度,就会引起监狱民警与罪犯的互动关系的紧张,甚至导致监狱民警与罪犯的冲突,进而带来一系列负面效应。比如,罪犯有意制造事端来破坏监管秩序,成立罪犯消极非正式群体,散布不利于改造的言语,阻碍罪犯主体积极性的发挥,甚至蔑视法律的权威等。因此,建立积极、适宜、和谐的监狱民警与罪犯的互动关系是提高教育改造质量的重要手段。

二、监狱民警与罪犯的互动关系的内涵和特点

(一) 监狱民警与罪犯的互动关系的内涵

作为一种特殊的人际互动,监狱民警与罪犯的互动关系是指罪犯教育活动中监狱民警与罪犯之间发生的各种形式、性质和程度不断相互作用和影响的一种状态。它是民警、罪犯各自人际互动系统中的一种特殊而主要的形式,是监狱民警与罪犯的互动关系动态的反映。其实质是监狱民警与罪犯双方矛盾斗争、协调、统一,最终达到共同合作的过程。在此过程中,通过监狱民警的启发引导,激发罪犯思想内部的矛盾斗争,罪犯经过思考、判断、选择,接纳监狱民警的影响,逐渐与改造目标相一致,最后达到矛盾的统一。其间监狱民警不断调整改造

---

① 当前关于监狱改造工作的主体的观点有两种:一种认为只有一个,即监狱民警;另一种认为有两大主体,即监狱民警和罪犯。我们赞同后一观点。

策略,有针对性地加以引导,形成一个周而复始的螺旋式上升的互动过程。

(二) 监狱民警与罪犯的互动关系的特点

监狱的本质表明,监狱民警与罪犯之间是一种惩罚与被惩罚、改造与被改造、教育与被教育、管理与被管理的关系,因此具有下列特点:

1. 关系的非对称性。从参与角色和法律地位看,监狱民警代表社会和政府,是执行刑罚的实施者,罪犯是刑罚的对象,两者是执行刑罚者与受刑罚者的关系;从狱政管理看,两者是管理者与被管理者的关系。显而易见,尽管两者在人格上是平等的,但改造者与被改造者的身份却是无法改变的,是不以主观意志为转移的。因此监狱民警与罪犯的互动关系显然是非对称的、不平衡的。

2. 单向的权威性。监狱是惩罚和改造罪犯的场所,监狱的性质决定了罪犯必须接受、服从监狱民警的要求。只要罪犯在监狱受惩罚,监狱环境、民警素质、监狱各项规章制度等都对他们的互动起着显性或隐性的作用。其中,监狱民警凭借法律所赋予的权力,总是在互动中占主导地位,牢牢掌握互动的主动权。

3. 情境的封闭性。尽管监狱正逐步向社会开放,但它与外界接触还是很少,仍是一个相对滞后、封闭的小社会。对罪犯来说,即使有定时接见、电视观看、新闻收听、社会帮教等,其信息来源的局限性仍阻碍着监狱民警与罪犯的互动关系的适宜开展;同样民警也存在着这样的问题,致使他们形成传统的思维定式、陈旧的观念和理念,以及不科学、不合理的工作方式。因此,监狱特殊的环境导致了这一互动的封闭性。

4. 目标的艰巨性。监狱是使罪犯实现再社会化的地方,而再社会化的主体是罪犯,因此监狱民警与罪犯的互动关系的过程其实就是罪犯再社会化的过程。互动的直接目的是建立良性的监狱民警与罪犯的互动关系,进而提高教育改造质量,帮助罪犯成为守法公民。在这一过程中,监狱民警是外因,罪犯是内因,监狱民警最重要的任务是激发罪犯的内在驱动力,启动内因,而内因又是特殊的群体,所以说,这一互动的目标是十分艰巨的,不是短时间内可实现的。

三、监狱民警与罪犯的互动关系的类型

监狱民警与罪犯的互动关系有多种状态,根据不同标准,可划分多种类型。在此,本教材只剖析一类,即从互动状态看,它可分为良性、恶性和中性。

(一) 良性监狱民警与罪犯的互动关系

它亦称"合作性监狱民警与罪犯的互动关系",是指监狱民警与罪犯之间彼此配合、互相协作时所产生的互动。在罪犯教育中,若监狱民警具有正确的罪犯

观,既明确自身的工作职责和扮演的社会角色,又把罪犯看作具有平等人格的人,主要以自己的人格魅力来教育改造罪犯,同时罪犯知罪、认罪、悔罪、赎罪的意识强,改造态度端正,依法服刑,在此种情况下则易形成良性互动。具体地说,在这一互动中,监狱民警不会以救世主自居,而是积极引导罪犯思考,帮助罪犯作出正确判断,把他们的目的转化为罪犯的需要,把施加的影响植根于监狱民警与罪犯的情感、行为交流之中,来激活罪犯的积极因素,矫正其恶劣的行为习惯,化解罪犯的负面效应;罪犯在改造中形成自我改造意识,自觉服从管教,遵守监规纪律,配合监狱民警与违反监规纪律的罪犯作斗争。

良性互动一般都是积极的、主动的,且是充分有效的。监狱民警用较多时间与罪犯沟通,建立起良好的互动模式,注重激发罪犯改造的积极性,让罪犯认识到只有通过个人努力,才能早日回归社会。在这一互动中,罪犯个性情感发展良好,监狱民警与罪犯之间是相互磋商型。据调查,目前有60%左右的监狱民警与罪犯的互动关系呈现良性或往良性方向发展。

(二) 中性监狱民警与罪犯的互动关系

它也称"冷漠的监狱民警与罪犯的互动关系"或"静态的监狱民警与罪犯的互动关系",即在罪犯教育中,监狱民警与罪犯各自为政,双方都采取互不干涉的方式(当然监狱常规的管理除外)进行的互动。在这一互动中,监狱民警一般以传统权威型为主,其工作方式和方法也比较陈旧、僵化,只要求罪犯老实,"太平"改造;而罪犯人身危险性一般较低,或为人较乖巧,维权意识强,但服刑意识淡薄,采用一种"顺从"的态度,或胆小怕事,以"冷漠"的途径只求平安度过刑期,抱着"惹不起,躲得起"的服刑思想,不与监狱民警、他犯进行正面冲突。这些罪犯思想认识模糊,在改造道路上犹豫不决,徘徊不前;或得过且过,混刑度日。现实中这类互动也很常见,特别是罪犯刚入监或刚换监区,一般就以这种互动显现。不过,随着时间推移,大多数中性的互动往往朝良性方向转化。

(三) 恶性监狱民警与罪犯的互动关系

它又称"冲突性互动",其中的民警具有权威观或放任观。权威观的民警往往把自己看作权力的代表,强调个人尊严,罪犯犹如被看管的羔羊,既无视罪犯的独立人格,更看不到他们内在的需要。而放任观的民警,弱化管理、教育,有章不循,循章不严,教育方法简单。这两种类型的民警不仅挫伤愿意接受改造的罪犯的积极性,而且被抗拒改造教育的罪犯利用,还容易造成部分罪犯思想混乱,怀疑监狱改造人的宗旨,使教育改造的效应遭到削弱和损害。在恶性互动中的罪犯,其人身危险性往往较高,主要表现为:不认罪服法,服刑意识较差,存在明显的混刑度日的思想;自控能力差,违规违纪现象反复发生,严重时对抗管教,抗拒改造;改造信心不足,自暴自弃;仇视社会,具有反社会人格等等。

恶性互动的双方一般都是被动的、刻板的,监狱民警与罪犯之间的关系是消极的、抗拒对方的。其中,由于监狱民警以垄断权威自居,对罪犯实行关、卡、压,罪犯就会不惜"牺牲自己"而竭力对抗监狱民警。本来就有个性问题的罪犯,在监狱民警的讥笑、讽刺、惩罚、放任下,不良行为频增,甚者萌发逆反心理,引起恶性行为的出现。

值得一提的是,监狱民警与罪犯的互动关系是一种动态的过程,这就意味着上述三种互动不是一成不变的,在一定条件下是可以相互转化的,一个罪犯服刑期间很有可能都经历过这些互动。因此,监狱可以利用这一点,积极创造条件使监狱民警与罪犯的互动关系朝良性方向发展。

四、良性监狱民警与罪犯的互动关系的准则

罪犯教育活动是一种双边活动,从这个角度讲,监狱民警与罪犯的互动关系准则是一种双向要求,但监狱民警是矛盾的主导方面。

(一)相互尊重

它是指双方都应尊重对方人格,并愿意倾听对方话语。这是建立和谐的监狱民警与罪犯的互动关系的前提条件。监狱民警尊重罪犯人格所凸显的是一种社会认知、社会常识,是真正在平等地位上对待罪犯,不仅帮助罪犯改正不良言行,也能接受罪犯的意见和批评,并不断对自己进行反思。罪犯尊重民警,不仅把监狱民警看作人生的领航者、引路人,而且把监狱民警看作是具有个性的、可交流思想的人。

监狱民警尊重罪犯并要赢得罪犯的尊重,必须执法公正、公平,对罪犯一视同仁。要善于激发罪犯的自尊心。奥地利心理学家阿德勒曾提出,"人类的根本动力是为自尊而奋斗或补偿自卑"①。因此,监狱民警要充分运用各种手段,帮助罪犯鼓起勇气,唤起其自尊心,发挥罪犯补偿自卑的积极作用,使其从自尊心和竞争的价值上来补偿其自卑;还要懂得发现罪犯身上的闪光点,鼓励罪犯进步,用发展的眼光看待罪犯,保护罪犯的自尊心,增强罪犯的自信心。

(二)情感交融

它是建立监狱民警与罪犯的互动关系的强有力纽带,对罪犯的自主发展起

---

① 转引自邵伏先:《人际交往心理学》,重庆出版社1988年版,第167页。

着推动作用。监狱民警与罪犯情感交融,需要监狱民警对罪犯的"宽容"与"理解",需要罪犯的"敞开"与"接纳",这些都在于他们之间有心灵的对话、情感的沟通。这需要监狱民警对罪犯有真诚的关爱、信任和鼓励,对罪犯有一颗真心,所谓"以诚感人者,人亦诚而应"。

监狱民警与罪犯的这种情感交流,能够对罪犯教育改造产生一种积极的动力刺激,使罪犯由"要我改造"转为"我要改造"。前者是对罪犯的鞭策,让罪犯意识到自己的社会责任,后者则是内在的需要和积极的愿望。互动产生思想情感的共同体,而有了情感的共同性才发生互动。情感交融反映了监狱民警与罪犯之间既悦纳自己,又接纳对方,并在相互认同的基础上,进一步相互了解、知觉和更深切地理解,促使监狱民警与罪犯之间更自觉合作。

(三) 主体意识

每个人都有自己的理想、信念和做人的准则。在社会共同的基本价值观的前提下,应该为每个人留有余地,给予对方自由选择的权利。同时,人的行动总是按照自己主观上的"情景"定义作反应的。监狱民警尊重罪犯自由(这种自由是有限的)选择的权利,就包含着对罪犯的信任和热切的期待,罪犯就会向着这种期待去努力。监狱民警有自己的性格特点、教育特长,在互动中,对其行为方式上也应有自由选择的余地,不应按一个模式去要求或套用,这是因为监狱民警对罪犯实施教育本来就是具有创造性的。

互动不能一味强制,能否接受对方的影响出自内心的需要,有需要才有感受,并在诸多影响中作出选择,由罪犯决定应该怎样做。但这并不是监狱民警放弃教育改造的责任,而是给予罪犯引导,提供思考材料,帮助他们寻求作出决定的方式。罪犯在选择过程中,也引发监狱民警更多思考,怎样更充分发挥罪犯的主体作用,培养罪犯独立人格。

(四) 参与(式)体验

参与体验主要是监狱民警与罪犯共同参与教育改造,在教育改造活动中交往,形成共同目标,增强自我意识,加强相互理解。监狱民警主动参与,移情换位,体验罪犯的所思、所想,缩短与罪犯的心理距离。罪犯积极参与,理解和体谅监狱民警的工作,就会增强主体意识,发挥积极性,并且为使教育改造工作顺利,必然从整体出发,把个人与他人的态度联系在一起,遵守共同的行为规则。监狱民警与罪犯在同一方向上发挥各自的主动性,就会产生和谐共存的体验,并更加自律,使互动更充分有效。

参与体验,可以使双方的内心有一种深刻的感受和被净化的自我超越感,感受到自己是回到自我生成,回到具有鲜明个性的生活之中。2003年的非典使监狱民警同罪犯一同被"监禁",其间监狱民警产生的感受使他们明白罪犯何以在教育改造中存在众多问题,罪犯也深深体会到监狱民警施教的艰辛。

五、评价良性监狱民警与罪犯的互动关系的标准

建立良性监狱民警与罪犯的互动关系是监狱所需要的,结合实际情况,评价良性监狱民警与罪犯的互动关系的标准有:

(一) 良好的互动情境

良好的互动情境是监狱民警与罪犯间不停交互作用、彼此沟通的动态过程。具体说,它是监狱民警或罪犯将所欲传送的种种信息,借由各种媒介,传达至对方,并产生预期的反应结果,反应结果再反馈给对方,而形成良性的回馈循环系统。这是一种精神的、文化的、心理的和谐氛围,是影响人、净化人心灵的一种现实力量。良好的互动情境要求监狱要营造积极、健康向上的监区文化,监狱民警与罪犯之间要有畅通的渠道,有公正执法的条件等等。这种情境意味着互动的双方处于矛盾统一状态。监狱民警与罪犯双方关系融洽就会产生信任感,愿意倾听对方的意见,互动就易于与对方产生共振现象。

(二) 相融的目标

目标相融是形成良性监狱民警与罪犯的互动关系的前提。监狱民警的最终目标是把罪犯改造成为守法公民;而罪犯自身的目标是接受刑事法律惩罚后重新做人,成为合格的守法公民。因此从理论的角度看两者的目标是相融的。倘若目标不相融,则监狱民警的教育对罪犯会产生抵触乃至抗拒,矛盾双方处于对立状态,并容易发生冲突;而目标相融时,为完成共同目标就会形成合力,相互产生依赖性,彼此主动协调,采取相应步骤努力实现目标,从而发生双向影响作用。因此,双方共同目标越明确,对目标理解得越深刻,合作性越强,对双方的影响力就越大,互动就越充分。

(三) 明确的自我意识

它是形成良性监狱民警与罪犯的互动关系的必要条件。自我意识是对自己的全面了解和认识。自我意识越清晰,就越能积极主动地接受对方的影响,并在诸多影响中作出抉择。监狱民警有明确的自我意识,把自己定位在既是改造者又是被改造者的位置上,改造者应先"受改造"[1],犹如教育者先受教育,就会常

---

[1] 目前,监狱民警最重要、最关键要被改造的是观念,如从"人治"转变为"法治"。

常反省自己,对自己的工作进行全面审视,并向周围的人包括向他的改造对象——罪犯学习。罪犯有明确的自我意识,一方面就能认识到自己是在服刑,需要监狱民警的帮助和指导,把自己放在正确的位置;另一方面还要意识到自己是具有独立人格的人,应主动接受改造,不断自我改造。

(四)彼此的理解

它关系到一个人接受对方影响和影响对方的程度。有人做过调查表明,接近70%的罪犯希望被理解、被认同,希望在监狱民警心目中有地位。监狱民警要最大限度地影响罪犯,就要理解罪犯。要理解罪犯,就"意味着与他们保持这样一种交往关系:不是事先决定好怎样让他们成为我希望的样子,而是以这种方式接受他们——接受他们对彼此的局限性,而不只是想象中的可能性"①。同时,罪犯要主动接受改造,也必须理解监狱民警对他的关心和期望,并对监狱民警传递的主流社会价值观念、法律规范、道德规范、行为方式以及监狱民警的为人处世、个人品格给予认同。若罪犯对监狱民警不理解、不认可,哪怕监狱民警的出发点再好,教育水平再高,也不可能为罪犯尊重和信赖。

(五)恰当的期待

期待是一种刺激。期待影响人们如何行动,而行动的结果又改变着对方的期待。在罪犯教育中,监狱民警总会对罪犯寄予一定的期待,并给予一定的鼓励和肯定。如果期待是恰当、适切的,是可经过努力达到的,罪犯为实现监狱民警对他的期待,必会更加努力,以达到期待的目标。不过,监狱民警对罪犯的期待必须因人而异、因时而异。同样,罪犯的进步又会进一步影响监狱民警,使监狱民警看到自身工作价值,体会到工作的幸福感和满意感,进而给予罪犯更多的关心与更高的期待。可见监狱民警与罪犯双方的期待影响着对方的行动和接受对方影响的程度,从而有力地促进罪犯教育工作顺利开展。

六、建立良性监狱民警与罪犯的互动关系对监狱及民警的要求

罪犯教育中的良性监狱民警与罪犯的互动关系的建立,监狱及民警是发挥主导作用的一方,这就对监狱及民警提出若干要求。

(一)监狱方面

1. 要积极推行教育改造能手基层化。在罪犯教育中,要建立良性的监狱民

---

① 〔加〕大卫·杰弗里·史密斯:《全球化与后现代教育学》,郭洋生译,教育科学出版社2000年版,第29—30页。

警与罪犯的互动关系,必须积极推行教育改造能手基层化。监狱要着眼基层,以提高一线民警的能力为核心,构建基层民警优化和激励机制,培养更多的教育改造能手等高素质人员。特别是对恶性监狱民警与罪犯的互动关系中的问题犯、顽危犯,更要由教育改造能手负责教育。

2. 要大力加强对罪犯的在刑教育。针对互动中罪犯认罪、悔罪意识淡化,个人权利扩大化,甚至有些罪犯利用"合法"手段与监狱民警斗争的问题,监狱要强化他们的身份意识和服刑意识,如可通过社会受害者做报告的形式,帮助他们树立正确的服刑观,提高他们的服刑意识和责任意识。

3. 要着力推进民警的职业社会化。① 职业社会化可分成预期职业社会化和继续职业社会化。由于监狱民警来自不同专业,而对口监狱专业的相对较少,因此对监狱民警的继续职业社会化显得更加重要。监狱要按照"能力本位"的原则,通过职业社会化把监狱民警由"知识型""素质型"转向"能力型"。实践中要创新职业社会化的内容,改进专业培训,加强专业化队伍建设,特别要针对罪犯教育工作对监狱民警的要求,因需施教,提高监狱民警实施罪犯教育的能力和水平。

4. 要继续推进"心理减负"工程。为监狱民警"心理减负",应建立监狱民警心理辅导、咨询平台,并结合监狱民警心理健康读本,培训监狱民警心理健康咨询员,为监狱民警开展心理健康辅导和个别咨询;同时也要为罪犯"心理减负",主动借助社会资源,积极开展罪犯心理健康教育,形成罪犯心理健康教育工作网络,实现心理危机干预,化解矛盾,消解罪犯心理疾病,促使其积极改造。

(二) 监狱民警方面

1. 要提高思想道德素质,致力于建立人格感召的权威。良性的监狱民警与罪犯的互动关系来自于监狱民警与罪犯之间的互相信赖和接纳,因此监狱民警要具有崇高的使命感、高度的责任感和高尚的道德情操,必要时民警应撇开传统的权威,放下架子,适度且多致力于建立人格的权威,以自身的人格力量影响罪犯、感染罪犯,着力营造一个和谐的改造氛围。

2. 善于运用教育艺术。监狱民警与罪犯互动过程中的教育艺术主要取决于监狱民警的机智、技巧和对教育机会的准确把握。要运用好教育艺术,监狱民警应以尊重、包容的态度去深入了解罪犯的个别差异,针对不同的特性和需求,

---

① 这主要是指通过内化干警职业价值、获取干警职业手段、认同干警职业规范以及形成干警职业性格而不断"成为"干警的过程。

灵活予以不同的要求与期许。同时,把握对罪犯的期望与改造态度,适当使用赏识教育。平日对罪犯的期望要多用激励、引申及接纳的积极语言,以积极性的鼓励替代消极性的责骂、处罚,鼓励罪犯参与、说出自己的感受。监狱民警要善于使用这些正向教育态度。

3. 积极主动参与罪犯的教育改造活动。监狱民警在开展教育改造活动时,不是旁观者的角色,而是参与者。在参与罪犯的教育改造活动中,可多接近他们,积极运用"民警在我身边""有事找民警""一警一箱""双百工程""个别教育承诺""个别约谈制"等载体,进一步深入了解罪犯,借机进行良好沟通,建立良性监狱民警与罪犯的互动关系。

第二编

罪犯教育内容论

第二章

特殊育成林

第七章 罪犯思想教育

思想,是人们思维活动的结果,属于理性认识,一般也称"观念"。人们的社会存在,决定人们的思想。思想有正确和错误之分。一切根据并符合客观事实的思想是正确的思想,它对客观事物的发展起促进作用;反之,则是错误的思想,它对客观事物的发展起阻碍作用。思想对人的行为起到了指引的作用,有什么样的思想意识,就有什么样的行为方式。人的思想观念不是凭空产生的,而是客观外部世界长期作用于人的主观意识的结果。同时,人的主观思想观念一旦养成,会对客观事物产生反作用。

罪犯之所以会走上犯罪的道理,最关键的因素就在于缺乏正确的思想观念引导。当正确的思想观念没有占据人的头脑时,大量错误的思想观念就会乘虚而入。罪犯走上犯罪道路在很大程度上取决于其错误的思想意识。因此,要改造他们,预防他们再次犯罪,就必须从思想这一根源入手,加强对罪犯的思想教育,从根本上完成罪犯教育的任务。

第一节 罪犯思想教育的地位和作用

罪犯思想教育是指监狱在刑罚执行的过程中,对狱内在押的罪犯依法开展的,以一定的思想观念、政治观点、法律规范、道德规范等为内容,将其转化为罪犯个体的思想、政治法律意识和道德品质的一种有组织、有计划的教育影响活动。

罪犯思想教育,是罪犯教育的基础,在罪犯教育体系中居于核心地位,发挥着至关重要的作用。罪犯思想教育的成功与否、有效与否,直接关系到了罪犯教育的成败,关系到了罪犯教育目的的实现。因此,必须将罪犯思想教育作为罪犯教育的首要内容抓紧、落实。

一、罪犯思想教育的地位

无论是在罪犯改造的整个过程中,还是在罪犯教育改造体系中,罪犯的思想教育都始终居于核心地位,发挥着主导性的作用。

（一）罪犯思想教育是实现刑罚目的的最基本手段

刑罚的目的，在于预防犯罪。这种预防表现在一般预防与特殊预防两个方面，即防止社会公众中那些有犯罪倾向的人实施犯罪行为和防止已经犯罪的人再次犯罪。而执行刑罚，对执行对象——罪犯而言，就是为了通过刑罚中具有的惩罚和教育的职能，实现预防其再次犯罪的特殊预防的目的。

导致罪犯实施犯罪行为的原因很多，我们可以将其分为外部环境因素和内在主观因素这两大基本原因。其中，外部环境的影响是外因，是诱导因素，而导致人犯罪的主导因素还是在于人的主观思想。正是由于主观上没有形成正确的、积极的、健康的思想意识，而形成了错误的、消极的、腐朽的思想意识，才会在外界不良因素的引导下实施犯罪行为。因此，要使罪犯不再实施犯罪行为危害社会，就必须改造其思想。而要改造思想，最根本、最直接的教育内容当然是思想意识方面的教育。

监狱要实现刑罚的目的，将狱内在押罪犯改造成为守法公民，实现刑罚的目的，就必须坚持将改造思想放在核心地位。而改造思想，也是罪犯思想教育的目标。因此，罪犯的思想教育的目标和刑罚的目的相一致，这种一致性也决定了罪犯思想教育是实现刑罚目的的最基本的手段。

（二）罪犯思想教育贯穿于罪犯改造过程的始终

将罪犯改造成为守法公民，实现刑罚的目的，需要坚持不懈的教育。对于罪犯业已形成的不良思想意识的改造，只有通过长期的、不间断的思想教育，才有可能取得效果。因此，罪犯思想教育必须贯穿于刑罚执行、罪犯改造的始终。无论是在罪犯入监之初，还是在刑罚即将执行完毕之时，在整个罪犯执行刑罚，接受改造的过程中，都要始终坚持对其进行思想教育，只有这样，才有可能将正确的思想意识内化为罪犯个体的思想意识，使罪犯的思想意识符合社会的要求。而这也决定了罪犯思想教育的核心地位。

（三）罪犯思想教育贯穿于罪犯教育的其他内容乃至改造罪犯的其他工作过程之中

在罪犯教育的正规教育中，主要是由思想、文化、技术教育构成罪犯教育的内容。在这一教育内容体系中，思想教育无疑居于核心地位。无论是文化教育还是技术教育，其最终都是为改造罪犯的思想服务的，都要把思想教育作为其统帅和主导，贯穿在文化和技术教育过程之中进行，以突出思想教育的核心地位。监狱在对罪犯开展教育改造工作的同时，还要开展狱政管理、生产劳动等其他工作，而这些工作的开展，也必须将思想教育贯穿于其过程之中，为罪犯的思想教育服务。如狱政管理工作中要坚持寓教于管,管中有教;生产劳动工作中要坚持寓教于劳,劳中有教。这都说明了罪犯思想教育在改造罪犯的其他工作中的主导作用,反映了罪犯思想教育的核心地位。

二、罪犯思想教育的作用

监狱对罪犯开展的思想教育活动,可以在以下几个方面为罪犯改造目标的实现发挥重要的作用:

(一)罪犯思想教育可以从根本上改变罪犯的消极思想意识

罪犯的犯罪,是由于其头脑中形成了消极的思想意识,并在此影响下支配自己行为的结果。监狱对罪犯开展思想教育,就是要从根本上改变其消极的思想意识,通过思想教育,可以将健康的思想政治观念、法律道德规范等灌输到罪犯的头脑中去,使其改变对社会、对人生、对周围事物的看法,重新选择符合社会要求的人生道路,并以此来引导自身的行为。

(二)罪犯思想教育有助于端正罪犯的改造态度

罪犯的改造态度是否端正,直接影响到教育改造工作的效果。通过思想教育,使罪犯能够认清自身行为的危害,正确认识刑罚的目的,了解相关的法律规定,培养正确的道德观念和道德评判标准,从而能够端正改造态度,树立正确的改造观念。只有端正了改造态度,罪犯才能自觉接受改造,主动参加各项教育改造活动,遵守监规纪律,服从监督管理。而改造态度的端正,是建立在思想教育的基础之上的。

(三)罪犯思想教育有助于巩固教育改造的成果

罪犯思想教育是一项长期、持久的教育,要贯穿于罪犯改造过程的始终。之所以要坚持不懈地进行思想教育,是由于人的思想是复杂的,很容易出现各种反复。导致罪犯实施犯罪的犯罪意识,是在长期的社会生活实践中逐步产生的,其思想意识和行为习惯已经较为稳定,因此,不可能在投入监管改造之后的短期之内得到彻底的改造。同时,即使罪犯已经端正了改造态度,产生了积极主动改造的良好愿望,但由于各种因素的影响,也一定会出现各种反复,从而影响到教育改造的成果。那种一蹴而就,毕其功于一役的想法是不现实的。罪犯教育的实践已经证明,只有坚持不断地进行思想教育,才能随时纠正罪犯的思想反复,巩固教育改造的成果。

(四)罪犯思想教育能够保证罪犯教育工作的顺利开展

罪犯思想教育是罪犯教育工作的核心,是主导各项教育改造工作的根本性教育活动。罪犯的思想教育为罪犯的文化教育、技术教育提供理论和原则的指导,使各项教育改造活动能够始终围绕罪犯的思想改造这一核心而进行。思想教育始终贯穿于各项具体的教育活动过程中,要求在组织罪犯文化教育和职业技术教育的同时,要注重将思想教育结合到上述教育内容之中,以思想教育引领罪犯教育改造的各项内容,保证思想教育在教育改造工作中的主导作用。正是罪犯思想教育的这种主导作用,保证了罪犯的文化教育、职业技术教育得以顺利开展。

(五) 罪犯思想教育为罪犯改造的其他工作的顺利开展提供了保障

不仅是在罪犯的教育改造工作中,思想教育发挥着重要的作用,在罪犯改造的其他工作中,思想教育也起到了促进和保障的作用。在狱政管理工作中,思想教育可以促使罪犯遵守监规纪律,服从管理,自觉维护维护监管改造秩序,以思想教育的内容去引导罪犯服从管理,约束自己的行为。在罪犯生产劳动的过程中,罪犯的思想教育有助于罪犯端正劳动态度,保证生产劳动的顺利进行。

正是因为罪犯的思想教育在罪犯教育中居于核心地位,发挥着至关重要的作用,因此,我国各项监狱法律、法规都对罪犯的思想教育进行了规定,使得其成为监管改造机关的一项重要的执法活动。《监狱法》第62条规定:监狱应当对罪犯进行法制、道德、形势、政策、前途等内容的思想教育。《监狱教育改造工作规定》第25条规定:罪犯必须接受监狱组织的思想教育。思想教育包括以下内容:认罪悔罪教育;法律常识教育;公民道德教育;劳动常识教育;时事政治教育。而在《教育改造罪犯纲要》中,也对罪犯思想教育的内容、要求、考核方法等作出了比较详细的规定。这一切,均为监狱对罪犯开展的思想教育提供了法律依据,指明了工作方向与目标。

第二节 法 制 教 育

法制,是一国法律制度的总和,它包括立法、执法、司法、守法、法律监督的合法性原则、制度、程序和过程。社会主义法制是社会主义国家的法律和制度或法律制度的简称,内容包括立法、执法、司法、守法和法律监督诸方面的法律制度。其基本要求是有法可依、有法必依、执法必严、违法必究。法制反映一定社会中掌握政权阶级的意志和利益,规定和维护对掌握政权阶级有利的社会关系和社会秩序。法制属于上层建筑范畴,建立在一定的经济基础之上,又反过来对经济基础起重要作用。当这一基础与生产力发展相适应时,可以有力地促进生产力的发展和社会进步；当这一基础本身与生产力发展不相适应时，就会阻碍以致破坏生产力的发展，阻碍社会进步。同时，法制又是由一定的政权制定，并以政权作为后盾保证其实现的，具有政权的强制性和效力的普遍性。

一、法制教育的概念

法制教育，是指监狱在执行刑罚的过程中，为了达到将罪犯改造成为守法公民的教育改造的目标，而对在押的罪犯所开展的，以认罪悔罪教育、法律常识教育为基本内容的思想教育活动。

通过对罪犯开展的法制教育，使罪犯了解相应的法律规定，对比自身的行为，挖掘自己的犯罪根源，认清犯罪的危害，从而逐步树立和加强法制观念、并能够以此自觉控制和约束自己的行为，矫正恶习，为回归社会，成为守法公民奠定基础。

我国监狱针对罪犯很多是因为不懂法而犯罪的特点，把法制教育作为一项重要的教育内容。不仅规定罪犯入监教育时间不少于两个月，而且开展宪法、基本法律知识教育和学法守法用法教育，开展监规纪律和行为养成教育，让罪犯知法懂法，深刻认罪悔罪，自觉遵纪守法。目前，各省已经把对罪犯的法制教育纳入地方普法规划。

二、法制教育的作用

在对罪犯开展的思想教育活动中，法制教育具有极为重要的作用，具体而言，其作用体现在以下几个方面：

（一）法制教育是促进罪犯认罪悔罪，接受改造的必要保证

要保证罪犯能够真正地接受改造，就必须使其认识到自身犯罪行为的危害，对自己所实施的犯罪行为有所悔悟，服从法律的判决。而要达到这些要求，法制教育是必要保障。通过法制教育，罪犯可以掌握有关犯罪与刑罚的相关内容，了解与自身犯罪行为相对应的法律规定，了解法院判决的认定依据，认清犯罪行为的危害，从内心产生悔罪、赎罪的思想意识。只有这样，才能使其端正改造态度，提高思想认识，从内心真正接受改造。

（二）法制教育是维护监管改造秩序的积极措施

监狱开展的教育改造工作，只有在稳定的监管改造秩序中才能得以展开，这就需要有严明的监管法规和监规纪律的制度保障。而罪犯这一群体原本就缺乏规则意识，纪律观念淡薄，因此，要维护监管改造的秩序，必须对其进行法制教

育。通过法制教育,使罪犯能够了解监管法规、监规纪律的内容,了解到遵守监管法规和监规纪律、积极改造、真心悔悟与破坏监管秩序、消极改造甚至对抗改造的不同法律后果。使罪犯能够自觉接受监管法规和监规纪律的约束,维护监管改造秩序。

(三) 法制教育是将罪犯改造成为守法公民的必要途径

监狱教育的目的,是通过各种有效的途径和方法,教育罪犯认罪悔罪,自觉接受改造,增强法律意识和道德素养,掌握一定的文化知识和劳动技能,使其成为守法公民。要实现将罪犯教育改造成为守法公民的目的,就必须对罪犯进行法制教育。

法律对人的行为有规范作用,守法即意味着按照法律的要求规范自己的行为,遵守法律的规定。守法的前提是懂法,只有了解相应的法律规范,掌握一定的法律知识,法律才能对人的思想和行为产生规范作用。罪犯之所以犯罪,绝大多数是由于法制意识淡薄,法制观念缺乏,没有守法意识。因此,必须对其加强法制教育,使其能够知法懂法,用法律来引导自己的思想,规范自己的行为,进而成为守法公民,从而实现罪犯教育的目的。

三、法制教育的基本内容

法律制度几乎涵盖了人类社会生活的一切领域,其内容涉及方方面面。在对罪犯开展法制教育时,应当根据罪犯的实际情况,有针对性地选择一些最基本的内容开展相关的教育活动。当前,罪犯的法制教育主要围绕以下一些基本内容展开:

(一) 法律常识教育

针对罪犯不懂法、不守法、法律意识淡薄等情况,开展法律常识教育,使罪犯了解基本的法律知识,树立尊重和遵守法律的意识和观念。其主要内容包括以下几个方面:

1. 法的基本特征教育

(1) 法的阶级性教育

马克思主义法学认为,法律是阶级斗争的产物,是掌握国家政权的统治阶级为了维护其统治秩序,将本阶级的意志上升为国家意志,并通过国家强制力保证实施的行为规范。在我国,工人阶级和广大人民群众是统治阶级,因此,法律体现了工人阶级和广大人民群众的意志,维护的是工人阶级和广大人民群众的根本利益。通过法的阶级性教育,罪犯能够认清法的阶级本质。

（2）法的强制性教育

法律是具有强制性的,法的实施是由国家强制力予以保障的。法律秩序是由国家机器来维护的,法律一经制定,任何人都必须遵守,任何触犯法律的行为都将受到国家专政工具的制裁,这就体现了法的强制性。通过法的强制性教育,罪犯能够了解法的强制性的具体表现形式以及犯罪行为的法律后果。

（3）法的权威性教育

犯罪行为是破坏法律秩序、挑战法律权威的行为,因此,必须要对罪犯进行法的权威性教育。通过法的权威性教育,罪犯能够了解法律是神圣不可侵犯的,产生对法律的敬畏,从而自觉地约束其行为。

2. 犯罪基本属性的教育

社会危害性、刑事违法性和应受惩罚性是犯罪的基本属性。通过对罪犯开展的犯罪基本属性教育,罪犯能够从本质上了解犯罪行为的性质,并且结合自己所实施的犯罪行为,进一步认清犯罪的危害,认识到追究其刑事责任的必要性。

3. 刑罚执行目的的教育

通过刑罚执行目的的教育,使罪犯了解到之所以要对其执行刑罚,并不是要惩罚他们,而是要通过教育改造手段,预防其重新犯罪,使其走上新生之路。只有对刑罚执行目的有了正确的认识,罪犯才不会对教育改造产生抵触情绪,才会真正端正改造态度,自觉、主动地接受改造。

（二）宪法及常用法律、法规的知识教育

1. 宪法及与监管改造工作相关的法律、法规知识教育

《教育改造罪犯纲要》规定:"要组织罪犯学习宪法、刑法、刑事诉讼法、监狱法等法律知识,使罪犯掌握基本法律常识,了解公民所享有的权利和应当履行的义务,理解违法犯罪的含义及其法律责任,认识自己的犯罪行为给社会带来的危害,增强他们的法律意识,引导他们自觉守法。"这部分法律知识教育包括:

（1）宪法教育

宪法是国家的根本大法,是纲领性规范,规定了我国的国家性质、政权组织形式、公民的权利与义务、国家机关等国家政治生活、民主生活最基本的内容。通过对罪犯进行的宪法教育,使罪犯对我国的社会主义制度、人民民主专政以及人民代表大会制度、公民权利与义务等有一定的了解。

（2）刑法教育

犯罪行为是触犯刑法规范的行为。因此,刑法教育是法制教育的重点内容

之一,也是罪犯最为关心的内容。通过刑法教育,使罪犯掌握犯罪构成与认定以及刑罚的适用等相关内容,并且根据罪犯的具体犯罪事实,了解对其行为追究刑事责任的刑事法律依据。同时,还要就《刑法》总则中关于减刑、假释等刑罚执行和自首、立功等刑罚裁量制度以及分则中与罪犯刑罚执行有关的诸如脱逃罪、破坏监管秩序罪、组织越狱罪等的具体罪名的认定以及刑事责任进行重点讲解。帮助罪犯划清罪与罪之间、违法与犯罪之间、既遂与未遂之间的界限,从而为其认罪服法创造条件。

(3) 刑事诉讼法教育

通过刑事诉讼法的教育,使罪犯了解对其犯罪行为追究刑事责任的法律程序,了解案件审理的过程。要让罪犯明白每一个判决,都是在一套严密、系统的法律程序下运行的结果。使其相信法律的权威与公正,从而安心接受改造。

(4) 有关监管改造法律、法规的教育

有关监管改造的法律、法规,也是法制教育的重要内容之一。在这方面,主要的法律法规包括:《监狱法》《监狱教育改造工作规定》《教育改造罪犯纲要》《监狱服刑人员行为规范》等法律、法规。通过有关监管改造法律、法规的学习,使罪犯得以了解《监狱法》以及《监狱教育改造工作规定》所涉及的主要内容,对监狱行刑和教育改造工作能够有一个较为全面、深入的理解,使罪犯掌握在服刑期间应当遵守的行为规范并促使其自觉按照规范的要求严格执行。从而促使罪犯矫正不良行为习惯,维护监管改造秩序的稳定。

2. 其他常用法律、法规知识教育

根据《教育改造罪犯纲要》的规定,对于狱内在押的罪犯,除了要进行宪法、刑法、刑诉法以及与监管改造有密切关系的法律、法规的教育,还要组织罪犯学习民法通则、物权法、继承法、婚姻法、合同法、劳动法等法律知识,使罪犯了解依法解决民事纠纷的途径,懂得利用法律维护国家、集体利益和个人的合法权益。

3. 罪犯的权利、义务教育

根据我国的相关法律,罪犯在关押期间主要享有下列权利:

罪犯对人民法院的判决有申诉的权利;罪犯有在任何情况下人格不受侮辱、人身安全不受侵犯的权利;对监管工作人员刑讯逼供、体罚虐待等违法行为,罪犯有向人民检察院、人民法院、人民政府或其他机构揭发和控告的权利;没有被剥夺政治权利的罪犯,有依法行使选举的权利;罪犯有对监狱的管理、教育、劳动生产、文化娱乐、生活卫生等工作提出合理化建议的权利;罪犯有维持正常生活的权利,他们的吃、穿、住、用等物质生活条件由国家予以保障;罪犯有维持身体健康的权利,罪犯享受免费医疗,每年定期接受健康检查,生病得到及时诊治;罪犯有与亲友通信,定期会见亲属的权利;罪犯有受教育的权利;罪犯有信仰宗教的权利;罪犯享有财产、继承等方面的民事权利;罪犯在服刑期间表现好的有获得依法减刑、假释的权利等。

与此同时,罪犯必须履行法律所规定的义务,这些义务是:遵守国家的法律法规和监狱统一制定的监规纪律;服从监管工作人员的管理教育;积极参加生产劳动;接受思想、文化、技术教育;爱护国家财产,保护公共设施;讲究文明礼貌,遵守社会公德;检举违法犯罪活动;增强组织纪律性,参加集体活动;联系犯罪实际,接受改造等。

通过罪犯的权利、义务教育,使罪犯了解自己在服刑期间,有哪些合法的权益,应该如何维护自己的合法权益,同时,又能使其知道自己应该履行哪些义务,并且正确处理好依法行使权利和认真履行义务的关系。

根据《教育改造罪犯纲要》的规定,罪犯刑满释放时,法律常识教育合格率应当在95%以上。

(三) 认罪悔罪教育

认罪悔罪教育是法制教育的基础,也是一切教育改造活动的出发点。罪犯只有在认罪悔罪的基础上,才能够服从管理、接受教育,才能够完成罪犯教育的任务,实现刑罚的目的。认罪是悔罪的前提和基础,悔罪是认罪的进一步深化。《教育改造罪犯纲要》指出,要在法律常识教育的基础上,深入开展对罪犯的认罪悔罪教育。要教育罪犯运用所学法律知识,联系自己犯罪实际,明白什么是犯罪,认清罪与非罪的界限,承认犯罪事实;要指导罪犯正确对待法院判决,正确处理申诉与服刑改造的关系,使罪犯认罪服判。根据《教育改造罪犯纲要》精神,罪犯的认罪悔罪教育,应当从以下几个方面入手:

1. 承认犯罪事实,接受法律的判决

认罪教育,是罪犯教育活动的起点,罪犯的教育活动,正是从认罪教育开始的。罪犯是否承认犯罪事实,是否服从法律的判决,关系到罪犯是否能够端正改造态度,自觉接受改造。如果罪犯不承认犯罪事实,不服从法律的判决,对其教育改造自然也就无从谈起。在实践中,要结合对罪犯开展的法律常识教育,结合罪犯自身的行为,使罪犯了解自己行为的法律性质,从法律的层面对自己所实施的犯罪行为进行重新评价和审视,使罪犯了解和掌握对自己的行为定罪量刑的法律依据,引导其承认所认定的犯罪事实,接受法律的判决。

承认犯罪事实,接受法律的裁判,只是认罪教育的一部分。在罪犯认罪的基础上,还要帮助其认识导致其犯罪的原因,分析其犯罪的思想根源。在实践中,不少在押罪犯都能承认犯罪事实,接受法院判决。然而在分析导致犯罪的原因时,相当多的罪犯会将自己的犯罪原因归结为各种外界因素,认为自己之所以犯罪,并非主观原因,而是受到外部环境的影响才导致其犯罪,不能从自己主观因素方面正确地分析犯罪的原因。罪犯没有认识到自己犯罪的思想根源,是对自己的主观恶性、不良思想缺乏正确的认识,单纯强调客观因素,忽视自身思想这一犯罪的主导因素。如果罪犯不能正确认识犯罪的原因,无疑是不可能预防其再次犯罪的。因此,要使罪犯不再重新犯罪,就必须帮助其正确分析犯罪的原因,使其认识到主观方面的因素才是造成犯罪的决定性因素。只有这样,才可能破除其头脑中的种种错误观念,帮助罪犯认清犯罪的真正原因。

2. 认识犯罪危害

只有认识到了犯罪的危害,罪犯才有可能产生悔罪心理,才有可能洗心革面,重新做人。监狱可以通过被害人控诉、家人规劝等各种方式,使罪犯充分认识到自己所实施的犯罪行为对被害人、对自己的家人、对社会所造成的危害,对其行为产生悔恨,从而促使其产生赎罪心理,激发其改造的动力。

3. 正确对待法律裁判,处理好申诉与服刑改造的关系

认罪服法教育,不仅仅是要求做到"口服",更重要的是要保证"心服",要让罪犯从定罪和量刑两个方面都有正确认识,真正接受法律裁决。同时,通过法律教育,使罪犯了解到其依法享有的申诉权利,并且切实保障罪犯申诉权利的行使。同时,也应当通过认罪悔罪教育,使罪犯认识到,申诉权的行使与服刑改造之间并不是矛盾对立关系,罪犯依法提起申诉,并不能停止刑罚的执行,也不是罪犯逃避教育与劳动的借口。

在开展认罪悔罪教育时,监狱要本着实事求是的原则,不能将不认罪、不服从判决简单地视为抗拒改造。要正确对待罪犯的申诉,不能将罪犯行使申诉的权利当成是不认罪的表现。对于那些与事实确有出入,可能存在适用法律错误的案件,监狱应当主动与相关部门联系,依法帮助罪犯行使合法权利。这样,不仅能够维护法律的尊严和公正,还能够维护刑罚的权威性与严肃性。

第三节 道德教育

道德是人类社会生活中所特有的,由经济关系决定的,依靠社会舆论、传统习惯和人们的内心信念来维系的,并以善恶进行评价的调整人们之间以及个人

与社会之间的行为规范的总和。道德作为社会意识形态之一,是人们共同生活及其行为的规范,它渗透于经济、政治、文化等一切社会关系之中,贯穿于社会的一切社会范畴和实践活动之中,来调整人们的相互关系和个人行为以及调节社会关系,并与法一起对社会生活的正常秩序起保障作用。

道德教育是监狱对罪犯进行思想教育的重要内容,是罪犯思想教育的重要一课。

一、道德教育的概念和作用

道德教育,是监狱对狱内在押的罪犯开展的道德影响活动。是以预防罪犯再次实施犯罪,成为守法公民为目标,以树立符合社会要求的道德观念和道德评判标准为基本内容的教育活动。通过道德教育,使罪犯能够树立正确的道德意识和道德观念,能够运用正确的道德标准对照、调整自己的行为,以适应社会的要求。因此,《教育改造罪犯纲要》明确指出:开展公民道德教育,使罪犯明确社会主义道德的基本原则和要求,认识正确处理个人、集体、他人的关系在社会生活中的重要意义,提高道德认识水平,培养遵守社会主义道德的自觉性。

道德教育对于促进罪犯转化思想、矫正行为具有重要作用。道德对人的思想具有支配作用,对人的行为具有导向作用。人的内心的道德观念,深深地影响着人的思想和行为。因此,道德教育对于罪犯转化思想,矫正行为具有重要的作用。

道德教育对预防罪犯重新犯罪具有特殊意义。从罪犯犯罪的因果关系来看,罪犯之所以走上犯罪道路,往往是从道德败坏开始的。鉴于法与道德的社会本质和服务方向的一致性,从实质上看,凡是违反法的行为,也是或可能是违反道德的行为;凡是违反道德的行为,也是或可能是违反法的要求的行为。就服刑罪犯而言,他们以往违反法律规范的行为,同时也是违反社会道德规范的行为。要使罪犯经过改造不再犯罪,既要使其知法守法,又要提高他们的道德素质,提高改恶从善的自觉性,这样才能更好地解决不再犯罪的问题。而要达此目的,必须开展卓有成效的道德教育活动。

二、道德教育的内容

道德从本质上来讲,和法律一样,都是用来规范人与人之间的关系的。人类社会生活的一切领域,都在道德规范的调整范围之内,道德所涉及的内容是极为广泛的。根据监管改造机关对罪犯开展道德教育的经验,结合《教育改造罪犯

纲要》的有关精神,对罪犯所开展的道德教育,主要应当从以下几个方面入手:

(一) 关于道德基本知识的教育

道德基本知识教育,是指对道德的基本原理所进行的系统教育。主要涉及道德的本质、特点与作用、道德与法律的关系以及道德评判的标准等内容。

通过道德基本知识的教育,使罪犯明确什么是道德、道德是怎样产生的、道德对人的思想意识以及行为习惯的养成起到了怎样的作用、道德与法律之间的关系如何、如何从道德层面来认识犯罪行为、用什么样的标准来衡量思想与行为是否符合道德规范等。罪犯掌握了这些相关的知识,就能对道德这一抽象的意识形态有一个较为全面、系统的认识,有助于其养成正确的道德观念和是非标准,从而改造其思想意识,引导其行为向符合道德要求的方向发展。

(二) 爱国主义教育

爱国主义教育是培养受教育者爱国精神的思想教育,是道德教育的重要内容。在我国,爱国主义历来是一面具有最大号召力的旗帜,是中华民族的优良传统。几千年来,我国人民的爱国主义精神从来就是推动历史前进的一股巨大力量。它是在中华民族悠久历史文化的基础上产生和发展起来的,反过来又给予中华民族的历史发展以重大的影响。热爱祖国,为祖国的繁荣富强而奋斗,是作为一国国民应尽的义务和应有的情怀。罪犯作为中华人民共和国的公民,自然也应当接受这一基本的道德教育。

通过爱国主义教育,使罪犯了解我国的悠久历史文化,了解中华民族对世界所作出过的不朽贡献,了解社会主义建设的光辉历程和伟大成就,培养其民族自尊心、自豪感,激发其积极改造的热情,强化其改造的自觉性。

(三) 劳动常识教育

劳动实践是进行劳动常识教育的基础,要结合生产劳动实践,对罪犯系统地进行劳动目的和意义、劳动态度、劳动纪律、爱护劳动产品以及清除好逸恶劳思想等的劳动常识教育,使他们树立正确的劳动观点,端正劳动态度,具有劳动人民的感情,遵守劳动纪律,爱护劳动成果,养成劳动习惯。

(四) 中华民族传统美德的教育

中华民族有着悠久的历史积淀,素有"礼仪之邦"的美称。千百年来,代代相传,形成了以"仁、义、礼、智、信"为核心内容的传统道德规范。这些民族传统美德,至今仍然具有强大的生命力,发挥着重要的作用。通过传统美德教育,使罪犯了解中华民族优秀的民族品质、优良的民族精神、崇高的民族气节、高尚的民族情感和良好的民族礼仪。

中华传统美德内容丰富,博大精深,对罪犯所开展的教育,可以从以下几个方面入手:

1. 感恩教育

在中国传统文化中,感恩思想一直占着主流的地位。儒家讲求的"忠、孝、节、义"等思想引发出来感恩意识,并以此作为"人性"的根本、秩序的来源和社会的基础。古人有云:"投之以桃,报之以李""滴水之恩,当涌泉相报",很好地阐述了感恩教育的内涵。感恩是中华民族的传统美德,能够感恩的人,首先是一个能够正确认识自己与他人以及与社会之间关系的人,同时,也必定是一个具有责任意识的人。而罪犯恰恰就是不能正确地认识自己与他人以及社会之间的关系的人,是缺乏社会责任感的人。因此,感恩教育具有很强的针对性。培养罪犯的感恩意识,要从对父母感恩做起,做到对父母的养育感恩、对家人的关爱感恩、对师长的培养感恩、对别人的帮助感恩,并以此为基础,唤起罪犯内心的良知,逐步培养其社会责任感,以促进其思想的改造。

2. 诚信教育

诚信实际上是一个人对自己言行负责任的伦理规范,基本内涵包括"诚"和"信"两个方面。"诚"主要讲忠诚老实,诚恳待人;"信"主要讲取信于人,信任他人。为人讲诚信,是人的基本道德要求,也是中国传统的美德。"童叟无欺""民无信不立"为中华民族世代口碑相传,诚信是中国传统伦理道德思想的基石,诚信是天地之道,为人之本。而犯罪行为,则在很大程度上破坏了人与人之间的相互信任,毁坏了社会诚信体系。因此,必须对罪犯开展诚信教育。

3. 礼仪教育

礼仪能够充分反映一个人的思想修养和文明水准,在社会生活和社会交往中发挥着重要的作用。礼仪教育不是一般的礼貌教育,而是一种道德修养,健全人格的教育。早在几千年前,孔子就说过:"不学礼,无以立。"礼仪教育对人的行为的影响是巨大的,是社会主义道德建设的重要组成部分和基础。

礼仪教育的内容涵盖着社会生活的各个方面。从内容上看有仪容、举止、表情、服饰、谈吐、待人接物等;从场合上看有个人生活礼仪、公共场所礼仪等。通过礼仪教育,可以培养罪犯尊重他人、自律的健康思想素质,养成良好的行为习惯。

(五)社会主义荣辱观教育

所谓荣辱观,就是对荣誉与耻辱的评判标准。简而言之,就是对于什么是光荣,什么是羞耻的判断。罪犯之所以走上犯罪道路,在很大程度上就是荣辱观产生了偏差。颠倒黑白,混淆是非,美丑不分,荣辱模糊。将危害社会,损害他人看成荣耀,将打架斗殴,胡作非为视为英雄行为。因此,当前要特别重视荣辱观教育,将其作为罪犯道德教育的一项重要内容。监狱要结合全国范围内正广泛开展的"八荣八耻"①教育,来激发罪犯内心健康的荣辱感和上进心,让他们通过当下脚踏实地的认真改造和将来回归社会后的辛勤劳动来洗刷昔日的耻辱,获取监狱和社会给予自己的真正荣誉。以正确的荣辱观规范自己的行为,养成良好的行为习惯。

(六) 社会公德教育

社会公德是指社会全体公民为维护社会正常生活秩序和人际关系而必须共同遵守的最简单、最起码的社会公共生活准则。它是调节人们在社会公共生活中的相互关系,维护公共生活秩序和社会共同利益,为社会公认的最基本的行为准则。如尊老爱幼、爱护公物、遵守公共秩序等等。

社会公德是全体公民共同遵守的道德,属于社会主义道德教育和建设中的基础层次,是最基本的道德规范。社会公德作为调节社会公共生活中所发生的人与人、人与社会、人与企业、人与自然之间的关系的最基本的行为准则总和,其出发点和归宿是维护社会公共利益。维护社会公共利益是全社会成员的需要,社会公德正是为了维护人类社会的共同生存和发展,维护人类社会的公共利益,调整社会和企业成员之间的关系,调整人们共同生活的内容而逐渐形成的。

犯罪行为是反社会的行为,犯罪行为的实施者大多社会公德意识淡漠,为人自私狭隘,缺乏对他人的尊重,行事多从一己私利出发,很少顾及他人。社会公德观念的缺失,在很大程度上会使人的自我约束、自我控制能力下降,漠视社会公德,无视社会秩序,久而久之,会形成不良的行为习惯,从而引发犯罪。因此,必须大力加强对罪犯的社会公德教育,使罪犯形成公德意识,学会尊重他人,遵守社会生活所必须遵守的秩序,自觉维护社会共同生活的规范。应当教育罪犯掌握一些具体的行为规范,督促其按照社会公德的要求规范自己的行为。

通过深入细致的道德教育,罪犯刑满释放时,道德常识教育合格率应当达到95%以上。

---

① "八荣八耻"是指以热爱祖国为荣、以危害祖国为耻;以服务人民为荣、以背离人民为耻;以崇尚科学为荣、以愚昧无知为耻;以辛勤劳动为荣、以好逸恶劳为耻;以团结互助为荣、以损人利己为耻;以诚实守信为荣、以见利忘义为耻;以遵纪守法为荣、以违法乱纪为耻;以艰苦奋斗为荣、以骄奢淫逸为耻。

第四节 世界观、人生观和价值观教育

世界观、人生观和价值观教育是罪犯思想教育的核心,对罪犯思想教育的其他内容起统领作用。对罪犯进行世界观、人生观、价值观的教育,使罪犯科学认识世界,明确人生目的,反思人生教训,端正人生态度,引导罪犯树立正确的世界观、人生观、价值观,正确对待人生道路上的失败与挫折。要对罪犯进行道德修养教育,教育罪犯掌握道德修养的正确方法,从小事做起,敢于自我剖析,严格要求自己,养成良好的道德品质。

一、世界观教育

世界观是人们对世界总体的看法与认识,是人对客观外部的主观反映。世界观是在社会实践的基础上产生和逐渐形成的。人们在实践活动中,首先形成的是对于现实世界各种具体事物的看法和观点。久而久之,人们逐渐形成了关于世界的本质、人和客观世界的关系等总的看法和根本观点,这就是世界观。一般说来,人人都有自己的世界观,并以此来观察问题和处理问题。因此,世界观对人的思想和行为的影响是非常深远的。世界观有正确和错误之分,辩证唯物主义和历史唯物主义是无产阶级的世界观和方法论,是无产阶级对世界一切事物的最根本的看法和态度,是人们认识世界和改造世界的强大武器。而与此相反,唯心主义和形而上学的世界观则会对外部世界作出错误判断,甚至导致错误的行为。罪犯正是由于对外部世界的看法和认识存在偏差,产生了错误的思想观念,导致违法犯罪的行为,因此对罪犯开展世界观教育十分必要。要通过世界观教育,使罪犯掌握辩证唯物主义和历史唯物主义的基本观点,使之能够转变错误的世界观,加速思想改造,争取重新做人。

二、人生观教育

人生观是对人生的目的、意义和道路的根本看法和态度。具体表现在幸福观、苦乐观、生死观、荣辱观、恋爱观等方面。它是世界观在人生问题上的表现,受到世界观的制约,它影响并在一定程度上决定人们的道德、法律行为。人生观的核心问题是如何认识和处理个人发展同社会进步的关系,即公与私的关系问题。马克思主义认为,各种人生观都是一定的社会生产力和生产关系的产物。由于各个时代的各个阶级所处的社会地位不同,生活经历和境遇不同,对人生的

意义和目的认识不同,人生观也就必然不同。评价一种人生观是进步的、革命的,还是落后的、反动的,根本标准就是在于看它是否符合社会发展的要求。

对罪犯进行人生观教育是十分必要的。罪犯之所以犯罪,正是因为在人生的目的、理想、幸福等问题的判断上出现了困惑和偏颇,因而产生了错误认识,导致其犯罪行为的发生。对罪犯开展人生观教育,就是要使他们对人生有正确的看法。使他们明确什么才是人生的目的;人应当树立什么样的人生理想,应当通过什么样的途径来实现人生理想;幸福生活应当如何争取。

三、价值观教育

价值观是指一个人对周围的客观事物(包括人、事、物)的意义、重要性的总评价和总看法。是世界观的重要组成部分,更是人生观的重要体现。价值观是决定人的行为的心理基础,是驱使人的行为的内部动力。价值观有正确和错误之分,而罪犯正是在错误的价值观的引导下,以拜金主义、享乐主义和极端个人主义为价值取向,实施其犯罪行为的。要防止其重新犯罪,就要注意对他们加强价值观教育。

对罪犯进行价值观教育的重点是集体主义教育。要让罪犯明确在市场经济条件下仍需要提倡集体主义。教育罪犯正确处理个人与集体、与社会、与国家的关系,要下功夫转变他们头脑中存在的各种与集体主义相悖的价值取向。罪犯之所以走上犯罪道路,在价值观上,往往是只顾自己不顾别人,甚至把自己的幸福建立在别人的痛苦之上;只愿享受而不愿为社会尽职尽责,甚至为贪图享受而采用犯罪手段攫取不正当利益。因此,要用集体主义价值观清除罪犯种种的错误价值观。在此基础上,帮助罪犯树立正确的价值观,树立集体主义思想,把个人价值和社会价值结合起来,采取实现价值的正确手段,在为他人、为集体、为社会、为国家的奉献中实现和体现自身的价值。

第五节 时事政治教育

时事政治教育是以国内外的时事、党的路线、方针、政策为主要内容的教育。通过时事政治教育,使罪犯了解、关心国内外形势和党的路线、方针、政策,以促使罪犯认清形势,相信政策,看到光明前途,进而安心改造。时事政治教育是罪犯思想教育的重要内容之一。《教育改造罪犯纲要》指出:要对罪犯进行时事政治教育,深入开展以科学发展观、构建社会主义和谐社会等重大战略思想为重点的思想政治教育,深入开展以国家改革开放和现代化建设取得的巨大成就为重点的形势教育,深入开展以近期国际、国内发生的重大事件,特别是与罪犯关系密切的事件为主要内容的时事教育,教育引导罪犯充分认识国家经济社会发展、社会和谐稳定的大好形势,消除思想疑虑,增强改造的信心。

一、时事政治教育的意义

对罪犯开展时事政治教育具有重要意义,主要体现在以下几个方面:

(一)时事政治教育有助于罪犯改造态度的端正

罪犯投入改造之初,大多对人生、对社会丧失希望,意志消沉,改造态度也较为消极。通过时事政治教育,可以使罪犯了解社会的发展状况。尤其是通过改革成就、建设成果的教育,可以极大地振奋罪犯的改造精神,使其对社会生活充满希望和信心,其改造态度也能随之发生变化,向积极健康的方向发展。

(二)时事政治教育有助于罪犯思想的引导

社会大事中蕴含有丰富、深刻的思想内容,党的路线、方针、政策,是具有导向性的,是广大人民思想和行为的指南。对罪犯进行时事政治教育,不仅要让他们了解社会时政新闻,更重要的是结合党的路线、方针、政策的宣传,对其思想进行引导,使罪犯能够正确、全面地分析事实,明白道理,从中领会正确的思想观念和理论内容,从而为思想改造服务。

(三)时事政治教育有助于罪犯思想改造成果的巩固

任何脱离了社会实际的教育都是空洞的说教,很难取得实效。在对罪犯进行思想教育时,如果不能结合社会的发展,不能结合具体的事例,就无法使罪犯产生共鸣,也就无法使其认同。因此,思想教育必须要和社会实践联系起来,而时事政治教育恰好为罪犯的思想教育提供了众多的素材。同时,时事政治教育能促使罪犯改变对社会漠不关心的态度,关心社会,关心国家发展,培养其社会责任感,巩固思想改造的成果。

(四)时事政治教育有助于罪犯社会适应能力的培养

传统的罪犯教育模式,将罪犯置于与社会隔离的环境之中,虽然有助于狱内秩序的稳定,能够保证教育工作的进行,但也阻碍了罪犯与社会之间的联系,不利于罪犯适应能力的养成。当前,社会的发展日新月异,罪犯刑满释放之后,能否适应社会,成为其是否会再次犯罪的关键因素。因此,要努力实现罪犯在监狱与社会之间的"软着陆"。而要实现这种"软着陆",可以采用多种举措,其中,开展时事政治教育,是十分必要的。通过时事政治教育,可以使罪犯经常、及时地了解社会发展形势,掌握社会发展动态,这样,在其回归社会时,就能尽早地适应社会,融入社会生活。

二、时事政治教育的主要内容

《教育改造罪犯纲要》把时事政治教育分成了思想政治教育、形势教育与时事教育三大部分,其主要内容如下:

(一) 罪犯思想政治教育

罪犯时事政治教育中的思想政治教育,现阶段应着重从以下内容入手展开:

1. 科学发展观教育

科学发展观是我们党加快推进改革开放和社会主义现代化建设步伐,解决前进中存在的问题,顺利实现全面建设小康社会的行动指南。所谓"科学发展观",其要点就是"以人为本,全面、协调、可持续"的发展观。所谓"以人为本",就是要以实现人的全面发展为目标,从人民群众的根本利益出发谋发展、促发展,不断满足人民群众日益增长的物质文化需要,切实保障人民群众的经济、政治和文化权益,让发展的成果惠及全体人民。所谓"全面发展",就是以经济建设为中心,全面推进经济、政治、文化建设,实现经济发展和社会全面进步。所谓"协调发展",就是要统筹城乡发展、统筹区域发展、统筹经济社会发展、统筹人与自然和谐发展、统筹国内发展和对外开放,推进生产力和生产关系、经济基础和上层建筑相协调,推进经济、政治、文化建设的各个环节、各个方面相协调。所谓"可持续发展",就是要促进人与自然的和谐,实现经济发展和人口、资源、环境相协调;坚持走生产发展、生活富裕、生态良好的文明发展道路,保证社会的持续稳定的发展。监狱要通过科学发展观的教育,使罪犯了解科学发展观是基本内涵,坚持科学发展观的理论和实践意义以及基本途径,使其摆正个人发展与经济、政治、文化和人本身全面发展的关系。将来回归社会后,能够适应科学发展的需要。

2. 和谐社会建设教育

党的十八大后,以习近平为总书记的党中央在深入认识社会主义发展规律、深刻总结我国发展经验和准确分析我国经济社会发展的阶段性特征的基础上,进一步深化了对社会和谐与"中国梦"的认识,把社会更加和谐列为全面建设小康社会的一个重要目标,进一步明确了社会建设在中国特色社会主义事业总体布局中与经济建设、政治建设和文化建设一同构成"四位一体"的战略地位。明确和谐社会建设的目标,是指我们所要建设的社会主义和谐社会,应该是民主法治、公平正义、诚信友爱、充满活力、安定有序、人与自然和谐相处的社会。监狱要通过和谐社会建设教育，使罪犯认识到犯罪行为对社会和谐的不良影响与危害，认清法律在和谐社会建设中的重要作用，帮助其树立正确的与和谐社会发展相适应的思想意识。

（二）形势教育

对罪犯开展的形势教育是以国家改革开放和现代化建设取得的巨大成就为重点内容的。其主要内容是改革开放与国家现代化建设的巨大成就教育。

党的十一届三中全会以来，我国的改革开放和社会主义现代化建设取得了巨大的成就。国民经济保持持续快速健康的发展，国家的综合国力和国际竞争力显著增强，人民群众的生活水平得到了极大的改善与提高，实现了从温饱到小康的跨越，部分地区的人民生活质量已经超过中等收入国家的平均水平，处于发展中国家的前列。工业、农业、国防与科学技术各领域的现代化建设均取得了令世人瞩目的伟大成就，在一些诸如载人航天、探月工程等"高、精、尖"等领域，我国已跨入世界先进行列。通过形势教育，可以使罪犯了解国家发展日新月异的大好形势，培养民族自豪感，认清犯罪行为对国家发展建设的破坏与危害，激发其回归社会的信心。

（三）国内外时事教育

时事是近期发生的国内外大事，对罪犯开展的国内外时事教育应以国内时事教育为主，主要结合国内近期发生的重大事件结合监内改造形势进行。在改革开放日益扩大、信息化程度加速提高的今天，每一件大事的发生，都会很快对社会生活产生多方面的不同程度的影响。狱内在押的罪犯虽然处在一个相对隔离的环境之中，但他们对生活的追求与对时事的关心紧密联系在一起。那种对外部形势漠不关心、封闭改造的模式对当前罪犯的改造显然是不适宜的。相反，一旦他们有了关心和了解时事的主观愿望，一旦他们获得了针对性和时效性较强的时事教育，他们的改造态度和对生活的追求也往往表现出极大的主动性和积极性。监狱可以通过报纸、广播、电视以及网络等各种形式，让罪犯了解时事，掌握外面世界的发展动态，为罪犯的思想改造创造积极条件，为释放后顺利融入社会打下坚实的基础。

在深入开展思想政治教育、形势教育与时事教育的同时，监管改造机关的时事政治教育还要把党的基本路线与政策教育作为一项重要的时事政治教育内容在罪犯中广泛开展。

党的基本路线是党和国家的生命线，是实现科学发展的政治保证。党的十七大通过的党章修正案对基本路线的表述及内容的阐述作了必要的充实和调整,我们对党的基本路线的理解将更加全面完整。党的基本路线的核心内容是"一个中心、两个基本点",即以经济建设为中心,坚持四项基本原则、坚持改革开放。十七大报告对于这一核心内容作了进一步的全面阐述。以经济建设为中心是兴国之要,是我们党、我们国家兴旺发达和长治久安的根本要求;四项基本原则是立国之本,是我们党、我们国家生存发展的政治基石;改革开放是强国之路,是我们党、我们国家发展进步的活力源泉。监狱要通过党的基本路线教育,使罪犯掌握党的基本路线对于国家发展和建设的重要意义,了解发展经济与坚持四项基本原则、坚持改革开放之间的关系,以促进他们自身的思想改造,把自身改造与国家发展紧密结合起来。

党的政策教育重点是马克思主义政策观教育、党的监狱工作政策以及罪犯刑满释放后的有关政策的教育。比如,党的十八届四中全会提出"全面推进依法治国,总目标是建设中国特色社会主义法治体系,建设社会主义法治国家",因而应让罪犯及时了解"依法治国"的大政方针,并引导他们坚持党的领导、人民当家做主、依法治国有机统一,坚定不移地走中国特色社会主义法治道路,坚决维护宪法法律权威。通过这样的政策教育,使罪犯明确党的政策的实质及作用,学会运用正确的立场、观点分析、认识党的政策,加深对党的政策的理解,相信党的政策的正确性,消除思想顾虑,增强改造信心,加速改造步伐。

第八章 罪犯文化教育

文化,是人类社会进步的基石与动力,也是人类社会赖以存在的精神基础。千百年来,对于究竟什么是文化,始终是众说纷纭。1952年,美国人类学家兼社会学家克罗伯和克拉克洪在他们合著的《文化:概念定义和批评考察》一书中,列举了160多种定义。法国人利特雷在其1863—1873年所编的《法语词典》中,把文化解释为"文学、科学和美术的修养。"法兰西学院在其《学院辞典》中对文化作了较详尽的解释,其中特别提到,"对人来说,文化亦指通过学习文科、理科、艺术以及通过观察和思考,有步骤地致力于发展自己的天赋。"在汉语中,文化有"人文教化"之意,强调文化对人的思想有引导、教育的作用。文化能够改变人的精神境界,提高人的思想修养。从对罪犯文化教育的角度来看,我们比较同意以上对文化的解释,即把文化定位为文化知识的教化、学习或修养。

罪犯文化教育,是我国罪犯教育的重要内容之一,我国《监狱法》有明确而具体的法律规定,从而使其成为罪犯教育的一项经常性工作。

第一节 罪犯文化教育的概念、特点和意义

一、罪犯文化教育的概念

罪犯文化教育,是指监狱在刑罚执行的过程中,依法对狱内在押的罪犯开展的,以提高罪犯的文化水平和文明程度,促进罪犯改造为目的,有计划、有步骤的专门教育活动。

文化是人类社会进步与文明的产物。人的精神境界以及思维能力、认知水平无不与自身所具备的文化水准紧密联系。罪犯之所以会走上犯罪的道路,有相当一部分原因是由于文化知识的匮乏,导致不能很好地认识周围的事物,不能很好地控制自己的思想以及行为。我国狱内在押罪犯中,绝大多数的文化水平偏低,这就充分说明了文化水平与其主观恶性之间存在着内在的联系。与此同时,相对较低的文化水平也大大制约了罪犯的文明程度和改造质量的提高。正是愚昧无知,造成野蛮,导致了许多人走上了犯罪的道路,也正是愚昧无知,阻碍

了这部分人走向新生的进程。因此,加强对罪犯的文化教育,提高狱内在押罪犯的文化水平,对于提升罪犯文明程度,促进改造,具有至关重要的作用。

时任司法部监狱管理局局长的邵雷在 2014 年中英监狱管理研讨会上指出,从 20 世纪 80 年代起,我国就一直强调对罪犯开展正规化的文化教育,监狱文化教育以小学教育为主,努力开展初中教育,鼓励罪犯参加电大、函大、高等教育自学考试的学习。司法部与教育部还联合制定了罪犯文化教育的教学大纲,进一步规范了罪犯的文化教育工作。目前,各省已将未成年犯义务教育纳入了当地政府的教育规划,并建立了同当地教育部门联合组织罪犯自学教育考试的机制。

二、罪犯文化教育的特点

对罪犯所开展文化教育活动,既具备了普通学校文化教育的特点,同时,又要充分体现监狱这一挽救人、改造人、造就人的特殊学校的性质。相对于普通学校教育而言,罪犯文化教育具有以下特点:

(一) 罪犯文化教育是依法开展的,是刑罚执行的内容之一

《监狱法》第 63 条以及司法部《监狱教育改造工作规定》第 26 条和《教育改造罪犯纲要》第 11 条均对狱内在押罪犯参加文化教育进行了明确的规定,为对罪犯开展文化教育提供了法律依据。教育是对罪犯进行改造的必要手段,是使罪犯成为新人的必要途径。因此,每一名狱内在押的罪犯,都必须强制接受教育改造。对于没有达到国家规定相应文化要求的罪犯,必须强制参加文化课程的学习。而对于那些已经具有一定文化基础的罪犯,则鼓励他们通过各种途径提高自身的文化水平。

作为刑罚执行的内容,罪犯的文化教育具有法定性。对其教育时间、教育内容、教育方式等,相关的法律法规均作出了较为详细的规定。根据《监狱法》的规定,罪犯的文化教育,应当列入所在地区的教育规划。各地区有关部门和监狱系统的各级领导必须高度重视对罪犯的文化教育工作。监狱所在地的教育部门应当把罪犯的文化教育,作为一个组成部分列入本地区的教育和培训规划,在有关安排计划、参加有关会议、阅读文件、沟通信息、交流经验、开展教研活动、培训师资及投资教育设施建设等方面,为监狱教育与培训工作提供便利,解决困难。监狱的学校应当建设教学场所、设立教学机构、建立教师队伍,为教育与培训工作提供必要的条件。

(二) 罪犯文化教育是转化罪犯思想的一种潜移默化式的教育

文化教育主要是传授科学文化知识,因此,从表面上来看,似乎对人的思想

影响并不直接。但事实上,文化教育对人思想的影响是在潜移默化之中进行的,而且这种影响在一定程度上比直接的思想教育效果更为持久与深远。人们在从事文化活动,接受科学文化知识的过程中,由于受到这些健康向上的科学文化知识的熏陶,会不自觉地形成科学理性的思维方式,并以此来对周围的事物进行判断和分析。这种思维方式的养成,并非刻意的,而是在长期的学习过程中,受文化知识中所蕴含的内在的价值取向以及科学精神熏陶而成的。它是一个逐步养成与积累的过程。

通过文化知识潜移默化而形成的思想观念对人的影响,无论表现在交往方式、思维方式,还是表现在生活方式的其他各个方面,都是深远持久的。作为人们思想核心和标志的世界观、人生观、价值观,是在长期的生活和学习过程中形成的,是各种文化因素交互影响的结果。而世界观、人生观、价值观一旦养成,对人的综合素质和终身发展产生深远持久的影响。因此,对世界、对人生、对价值的看法正确与否,在很大程度上取决于人受文化教育的程度。

狱内在押的罪犯,绝大多数文化水平低下。据统计,目前狱内在押罪犯中,超过一半没有达到初中文化水平。缺乏长时间的、系统的文化知识的熏陶,是导致他们思想发生扭曲,走上犯罪道路的一个很重要的原因。因此,通过文化学习,逐步转化其思想,是罪犯教育的重要内容。文化教育虽然从表面上不直接灌输思想教育的内容,但文化始终是思想的载体,大量的思想观念、道德标准、个人修养等内容都是蕴含在文化教育的内容之内的。因此,通过这些蕴含着人文哲理和科学精神的文化知识的学习,罪犯的思想自然会在不知不觉之中得到转化。

(三) 罪犯文化教育是多层次、多目标的教育

监狱这一特殊的学校所开展的罪犯文化教育不同于普通学校的文化教育。在普通的学校中,在校学生的年龄相仿,社会经历大致相同,文化程度也基本相当。而狱内在押的罪犯,则情况较为复杂。不仅年龄相差悬殊,而且社会经历迥异,文化基础也存在较大差异。这些特点就决定了罪犯的文化教育具有多层次性。既有最为基础的扫盲教育,又有普及型的小学、初中文化教育,有条件的还可以开展高中文化教育。同时,监狱还可以借助社会的力量,进行提高式的学历教育,使一部分罪犯有可能在狱内完成大学的文化学习。因此,罪犯文化教育的层次较为丰富,监狱这一特殊学校承担了全方位、多层次的文化教育任务。

同时,罪犯的文化教育的目标和普通学校的文化教育目标有所不同。作为罪犯教育改造的一项重要内容,罪犯的文化教育不仅仅要使得罪犯掌握一定的文化知识和科学原理,同时还要达到改造思想,预防重新犯罪的目的。学习文化

和造就新人,是罪犯文化教育的目标。

三、罪犯文化教育的作用

文化对人的影响是表现在多方面的,人的精神境界以及思维能力、判断能力等诸多能力的养成,是有赖于文化知识的积累的。文化足以改变人的思维方式和行为习惯,足以丰富人的精神世界,促进人的全面发展。而对狱内在押的罪犯开展的文化教育,其作用具体体现在以下几个方面:

(一)罪犯文化教育有助于促进罪犯的再社会化

人只有生活在一定的社会组织形态之中,才能在自然界中生存下来。生活在社会群体中的每一个个体,必然要与周围的人发生这样或者那样的关系,形成一个错综复杂的社会关系网络。为了保障社会的稳定和发展,生活在这一体系中的人们必须遵守一定的规则,以适应社会的要求。因此,法律、道德等在某种程度上就是人们在社会生活中所应当共同遵守的准则。当一个人能够自觉地遵守法律,遵守道德规范,不危害他人,不危害社会,努力按照社会对每一个社会成员的要求约束自己的行为时,就符合社会的要求,不会实施违法犯罪行为,具备了社会化的特征。

社会化的人,在各方面都应该具备社会对人的基本素质要求。其中,具备一定的文化知识,具有一定的文化素养也是社会的要求之一。因此,社会化的人自然应当具备能够适应社会要求的文化水准。伴随着人类社会的不断发展,社会对其成员所应当具备的文化知识的要求也不断提高。当今社会,是一个知识更新不断加快的社会,而不具备相应知识的人,必然无法完成这一社会化的过程,成为一个符合社会需要的人,从而会被社会所淘汰。而这部分人之中,由于缺少文化素养,知识贫乏,以致是非不辨,善恶不分,极易接受不良影响而走上犯罪的道路。

面对罪犯出现的危害其他社会成员和违反社会法律、道德规范的行为的这种病态现象,就要对他们实施严厉的刑罚制裁,要在监狱的强力管制条件下对他们进行再社会化。而在这一过程中,对罪犯开展文化教育,正是试图通过文化传播,使狱内在押的绝大多数的文化水平较低的罪犯能够掌握现代社会所必需的文化知识,知书达理,提高是非分辨能力和抵御不良诱惑影响的能力,成为一个重新社会化的人,从而不再危害社会,实现刑罚预防犯罪的目的。

(二)罪犯文化教育有助于实现罪犯受教育的权利和履行受教育的义务

教育关系到国家的繁荣强盛,关系到国家的未来。因此,《宪法》第46条规定：中华人民共和国公民有受教育的权利和义务。这是宪法赋予每一个中国公民的神圣不可侵犯的权利和作为中国公民应当履行的义务。狱内在押的罪犯，虽然失去了人身自由，被依法执行刑罚，但仍然是中国公民，其作为中国公民依法应当享有的受教育的权利和应当履行的受教育的义务并没有被剥夺。因此，监狱作为刑罚执行机关，自然应当保障落实罪犯的这部分权利，使其充分享受宪法所赋予的权利，并为其履行义务创造条件。我国监狱为罪犯受教育创造了必要的条件，罪犯可以根据自己的文化程度接受正规的小学、初中教育，有条件的还可接受高中及高等教育。同时，罪犯还必须履行接受文化教育的义务。通过文化教育，使宪法所赋予的公民受教育的权利和义务得以具体落实。

文化教育，是教育的基础。一个没有文化的人，是很难接受其他内容的教育的，从而也就无法保障其享有教育的权利，履行受教育的义务。因此，要使受教育这一宪法权利和宪法义务得以真正落实，就必须从文化教育这一基础教育开始抓起。只有进行了卓有成效的文化教育，才能顺利地开展其他诸如思想教育、技术教育、心理健康教育、美育等各种教育。

（三）罪犯文化教育有助于改造罪犯的思想

对罪犯的改造，关键是思想的改造，即改造其头脑中业已形成的主观恶性。而罪犯的主观恶性的形成，在很大程度上，与其缺乏文化知识有紧密联系。

作为人类社会长期发展所积累的文化知识，不但能够推动社会的进步，而且对社会中的每一个个体产生积极的作用。文化知识能够影响人的思想，改变其对周围事物的看法，进而影响其行为。

人的思维能力在很大程度上依赖于人所掌握的知识水平。人所掌握的知识越多，其观察世界的角度也就越宽广，对周围事物的认识也就越深入，对各种事实、行为的分析也就越透彻。因此，文化水平的高度，决定了认知能力的差异。而这种认知能力，又对人的行为起到了相当大的引导作用。人总是做自己认为对的、有价值、有意义的事。而行为是否正确，是否有价值，有意义，则依赖于行为人自己的判断。大部分犯罪分子，正是由于自身文化知识的匮乏，使其不能对所遇到的事物作出正确、理性的分析判断，从而造成错误认识，容易导致极端的危害社会的犯罪行为的发生。同时，文化知识的差异在很大程度上还能左右人的约束和控制自身行为的能力。一个受过良好教育的人，由于具备前述的认知能力，对事物往往能够作出正确的判断，而这种判断的结果决定了其是否实施某种行为。但对于文化程度相对较低的罪犯而言，由于认知的偏差，他们无法认识到其行为的真实性质，因此，自然不能将其行为引导至正确的方向。同时，即使他们认识到了行为的危害性,但由于缺乏自我约束、自我控制的能力,也不能很好地把握自身的行为。

针对罪犯所开展的文化教育,正是要通过科学文化知识的学习,提高其认知水平,使其学会用全面的、科学的、正确的方式来思考问题,通过文化学习,提高其明辨是非的能力和自我约束、自我控制的能力,促进其思想的改造。

(四)罪犯文化教育有助于罪犯教育的其他内容的顺利开展

根据司法部颁布的《监狱教育改造工作规定》第24条规定,监狱应当办好文化技术学校,对罪犯进行思想、文化、技术教育。而思想和技术教育能否获得成效,文化教育起到了至关重要的作用。

首先,罪犯文化教育的成效直接影响罪犯思想教育成效。对罪犯所进行的思想教育,无论是认罪悔罪教育、法律常识教育、道德教育,还是劳动教育、时事政治教育,都需要受教育者具有一定的文化知识,文化知识是一把钥匙,罪犯具有一定的文化知识,是对其进行思想教育的前提条件。通过在罪犯中开展文化教育,使绝大多数罪犯的文化程度有较大的提高,知识面有较大的拓展,这样就能增强他们的接受能力和认识能力。在这一基础上,组织他们学习法律、道德、时事政治等思想教育的内容,就能够充分理解其内容,领会其精神,收到应有的成效。

其次,罪犯文化教育的成效直接影响罪犯技术教育成效。要使罪犯掌握技术,能够自食其力,必须对其开展技术教育。而要使罪犯的技术教育能够取得成效,罪犯的文化教育是必不可少的基础。一个人的技术、技能的培养和形成,是以一定的文化知识的积累为前提和基础的。没有一定的文化知识,是难以掌握科学技术和生产技能的。只有具有一定的文化知识,才能看懂图纸,计算数据,知道材料性能,明白机器构造等等。为此,必须对罪犯进行文化教育,提高其文化水平,使之具有掌握一定技术的能力,为罪犯技术教育顺利开展打下良好基础,使罪犯技术教育收到应有的成效。

第二节 罪犯文化教育的原则

罪犯文化教育的原则,是监狱在对罪犯开展文化教育的过程中所必须遵循的基本准则。只有切实遵循罪犯文化教育原则,罪犯的文化教育才能真正发挥其应有的作用。

在罪犯的文化教育开展过程中,应当遵循以下几个原则:

一、科学性与思想性相结合原则

科学性与思想性相结合原则,是指在开展罪犯文化教育时,既要注重文化知识本身的科学性,同时又要将思想教育的内容融入文化教育之中,使二者做到有机的结合。

(一)罪犯文化教育要注重教育的科学性

文化是人们长久以来在征服自然、改造社会的过程中积累下来的精神财富,是对人类行为的系统的、科学的总结。因此,文化知识本身就是对自然科学和社会人文科学不断探索的结果。科学性也正是文化知识的生命力所在。作为传播文化知识的文化教育,自然应当坚持教育的科学性。

1. 罪犯文化教育的内容应当具有科学性

文化教育传授的,是真理性知识。只有科学的、经得起验证的知识,才能改变人的思想,推动社会的发展,没有科学性,其思想性自然也就无从谈起。因此,在对罪犯开展文化教育时,在选择教育内容方面,一定要选择那些科学的理论,传播科学,传播真理。使罪犯通过文化学习,掌握一些当今社会必须掌握的科学知识,具有最基本的科学常识,养成科学的思维方式和尊重科学、尊重事实的思维习惯。

罪犯文化教育内容的科学性还表现在应当针对服刑罪犯的特点和实际的认知水平,科学地选择教育内容。文化知识包罗万象,所涉及的领域极为广泛,理论深度和难点也各有不同。这就要求在设计教育内容时,要充分考虑到罪犯的实际知识水平和认知能力,科学地、有针对性地选择教育内容。

同时,罪犯文化教育的科学性还要求要根据文化知识本身的客观规律,科学、合理地安排教学内容,注重知识之间的衔接。由浅入深,由易到难,循序渐进地开展教育。

2. 罪犯文化教育的方式应当具有科学性

文化教育的方法多种多样,在对罪犯开展文化教育时,应当针对罪犯的实际情况,选择科学的教育方法和教育手段,充分调动罪犯的学习热情,端正其学习态度。应当根据不同的教育内容与教育对象,科学合理地制订教学方案,有计划、有步骤地展开教学活动。注重采用先进的科学的教育方法,并将各种教育方法综合运用,同时注意创造条件引进先进的教学设备,节约教学成本,提高教学效率。

(二) 罪犯文化教育要充分考虑教育的思想性

改造罪犯思想，转化其主观恶性，是罪犯教育的根本任务，也是刑罚的目的。这一任务和目的决定了罪犯的文化教育必须充分考虑教育的思想性。事实上，文化从来就是蕴含着丰富的思想性的，脱离了思想意识的文化是不存在的。任何文化教育都必然在传授科学文化知识的同时，对受教育者的思想产生深远的影响，进而引导与规范其行为。

正是基于文化所具有的思想性的特点，监狱在对罪犯进行文化教育时，在充分保证教育内容的科学性的基础上，要将罪犯思想教育的内容结合到罪犯的文化教育之中，使文化教育为改造罪犯的思想服务。

文化所涉及的领域极为广泛，因而文化教育的内容也涉及多个方面。但是，并非所有的文化教育内容均适合罪犯文化教育的实际。监狱监管改造的特殊性以及刑罚执行的严肃性，决定了在选择文化教育的内容时，首先要考虑该内容是否有助于罪犯的思想改造，是否有助于罪犯正确的世界观、人生观、价值观等的形成。

罪犯文化教育的科学性与思想性之间并不是相互排斥的关系，文化教育从来就是传递科学思想、培养实事求是精神的主要途径。因此，科学性与思想性本来就是文化教育自身所具备的本质属性。在对罪犯进行文化教育的过程中，要自觉将二者紧密地结合起来，既注重文化教育的科学性，又突出文化教育的思想意义。

二、强制性与自觉性相结合的原则

强制性与自觉性相结合的原则，是指在开展罪犯文化教育的过程中，监狱既要依法确保每一个符合教育条件的罪犯都必须强制接受教育，同时又要充分调动罪犯的学习自觉性。

对罪犯进行文化教育，是我国《监狱法》等法律法规赋予监狱的重要职能，是通过作为国家刑罚执行机关的监狱以强制力量来实现的，是刑罚执行过程中的一项重要教育内容，文化教育是在严格监管的条件下进行的。每一个符合教育条件的狱内服刑罪犯，必须无条件参加。监狱将罪犯参与文化学习作为罪犯是否能够遵守改造纪律，服从管理，接受改造的重要考核依据之一。同时，罪犯参加文化学习的表现以及成绩也作为罪犯教育改造成果的主要考核内容之一。监狱通过依法赋予的执行刑罚的强制力，强制罪犯参加文化学习，建立健全各项学习制度和考核制度，约束罪犯的学习行为，以确保良好的教学秩序，为罪犯接受科学文化知识,改造主观恶性营造良好的教育环境与教育氛围。

但是,文化知识的学习和积累有其自身的规律,单纯依靠外界的强制是无法将文化知识转化为罪犯内在的知识的。文化知识的吸收、消化主要还是建立在罪犯自觉地、主动地学习的基础之上的。因此,在确保文化学习的强制性,创造适合于文化学习的外部环境的同时,还要努力激发罪犯学习文化知识的热情和积极性,使罪犯对学习能够产生浓厚的兴趣,使其能够自觉地、主动地参与到文化学习中来。

罪犯文化教育的强制性与自觉性,二者缺一不可。没有了强制性,罪犯文化教育就没有了制度保障。求知的过程是艰苦的,而对于这些原本就文化基础较差,又没有法律观念和规则意识的罪犯,如果没有了制度的约束,就很难保证他们能够主动学习文化知识,自觉提高文化水平。但是,如果不注重培养罪犯的学习自觉性,就无法使文化知识被罪犯所真正接受,也很难保证文化教育收到好的成效。因此,需要将二者有机地结合起来,不但在客观上通过制订严格的学习制度、严格的考核制度等保证罪犯能够参加文化学习,同时在主观上提高其学习的自觉性,启发罪犯学习的积极性,调动罪犯学习的主动性,使他们由强制学习逐渐过渡到自觉学习阶段。

三、知识性与趣味性相结合的原则

罪犯文化教育的知识性与趣味性相结合的原则,是指在罪犯文化教育开展过程中,在选择文化教育的内容时,既要考虑教育内容的知识性,同时,又要针对罪犯的实际,考虑到教育内容的趣味性。

文化教育就是传播知识的过程,因此,文化教育的内容亦蕴含了丰富的知识。对罪犯所开展的文化教育,就是要通过这些知识的讲解与传授,增长其知识,提高其文化素养,进而影响其思维方式与行为模式,改造思想,矫正恶性。因此,罪犯文化教育是围绕文化知识的传授而开展的,在确定教育内容时,就要选择那些适应经济社会发展和罪犯本人发展需要的文化知识,如语文、数学、历史、自然等知识置于罪犯文化教育的内容体系之中。

在注重文化教育的知识性的同时,还要充分考虑到罪犯的实际情况。由于狱内服刑罪犯大多数文化水平偏低,对知识的理解与领悟能力也相对较弱,对一些比较抽象的概念、原理不太容易掌握。这就需要教育者在传授文化知识时,注意教育内容的趣味性,灵活运用各种教育方法,将抽象的知识转化为具体生动的形象。这样,就有助于激发罪犯的学习兴趣,调动其学习的积极性,收到良好的学习效果。

四、立足普及,兼顾提高的原则

立足普及,兼顾提高的原则,是指在进行罪犯文化教育时,要将立足点放在文化知识的普及方面,同时在此基础上,鼓励有条件的罪犯继续提高其文化水平。

据统计,狱内在押的绝大多数罪犯尚未达到国家规定的九年义务制教育所要求的文化水平,还有相当部分的罪犯,虽然具有相应的学历,但其实际文化水平也远远没有达到义务教育法的相应要求。因此,为了适应狱内大多数罪犯的实际情况,对罪犯所开展的文化教育应以普及初中、小学教育为主,其中扫盲教育和小学教育为重点内容。使罪犯在服刑改造期间,通过文化课的学习,能够具备国家规定的九年制义务教育所要求的初中毕业的文化水平。罪犯文化教育的立足点,是普及九年制义务教育,重点也是放在扫盲教育、小学教育和初中教育这三个阶段。国家所规定的义务制教育的要求,是作为社会公民在社会中得以生存所应具有的最起码、最基本的文化程度,是社会对人的文化知识的最低要求。尽管为数很多的罪犯已超过义务教育的适龄期,但其实际文化程度并没有达到义务教育的相应规定,因此,根据有关法规的规定,他们中特别是年龄不满45周岁,能够坚持正常学习的罪犯,都有继续接受教育的义务。监狱同样有对其继续进行普及九年义务制教育的义务。这既是罪犯文化教育的立足点,也是罪犯文化教育的重点。

在立足普及教育的同时,也要重视提高。狱内在押的罪犯中,也有的已经完成了义务教育,具有一定的文化程度,其中,有一些罪犯的文化层次相对较高。对于这部分罪犯而言,要鼓励他们提高。监狱应当为他们的提高创造便利条件,鼓励他们自学,参加电大、函授、高等教育自学考试等,并为他们参加学习和考试提供必要的条件。当前,全国监狱相当部分的罪犯通过各种途径进行各层次的学习,形成了一个以基础教育为主,各层次学历教育为补充的较为完整的罪犯文化教育体系,并且有的罪犯在狱内完成了硕士、博士研究生的学业。

总之,对罪犯的文化教育,既要立足普及,又要兼顾提高,使每一个罪犯都学到文化知识,在不同的起点上都有所发展。

第三节 罪犯文化教育的实施要求

罪犯文化教育在具体的实施过程中,必须重视教育内容的选择要求和组织实施的要求,以确保文化教育能够获得实效。

一、罪犯文化教育内容选择的要求

对罪犯的文化教育,主要是特殊条件下实施的义务教育,它的教育内容主要是通过教材反映出来的,其中包括教科书、讲义、辅导材料等。教材是教与学双边活动的载体,内容的好坏对教育效果产生重要影响。因此,所谓对罪犯文化教育内容选择的要求,实际上主要是针对教材内容的要求。它要求在教材的编写和选用中,应做到以下几点:

(一) 文化教育内容要适合罪犯的实际情况

文化知识的内容广泛,但罪犯受教育的时间相对有限,与一般学校教学不同的是,罪犯的文化教育是利用罪犯的业余时间来开展的,相对而言,学习时间有限。同时,由于受到刑期、年龄、原有文化程度等诸多因素的制约,使得罪犯这一受教育群体的情况非常复杂。所以,在选择教育内容时,必须考虑到罪犯的特殊性,内容的选择既要注意学科知识的系统性,又要有针对性,突出重点开展教育,针对不同层次的罪犯,选择那些对于罪犯改造最为适合、罪犯最为急需、最为有用的知识内容,体现少而精。

(二) 文化教育内容要能够体现该学科的基本逻辑体系

任何一门学科,都有其内在基本逻辑体系。如果不遵循学科的基本逻辑体系,破坏知识之间的逻辑关系与系统性,就会使得该学科体系混乱,导致受教育者无法很好地从中掌握应有的知识,从而影响学习效果。因此,在选择罪犯文化教育的内容时,既要考虑到罪犯的实际情况,同时又不得随意违背该学科的内在基本逻辑体系,按照该学科的基本逻辑体系科学、合理地安排教育内容,使罪犯在较短的时间内学到较多的知识。

(三) 文化教育内容要把促进思想改造与增长知识统一起来

由于文化教育的对象是接受刑罚的罪犯,教育内容更应该注意渗透思想改造方面的内容,教育内容要能够体现辩证唯物主义和历史唯物主义的世界观和方法论,使罪犯在文化知识的学习过程中掌握正确的思想观点,促进思想改造。与此同时,教育内容要体现本学科的基本概念、基本原理、基本知识和基本方法,还要能反映科学文化知识的新发展。只有这样,罪犯才能真正增长适应时代发展要求的文化知识,为造就有用之材打下必备的文化基础。

二、罪犯文化教育组织实施的要求

罪犯文化教育是否能够正确地组织实施,关系到罪犯文化教育的顺利实施和最终成果的取得。需要做到以下几点:

(一) 科学制订罪犯文化教育计划

1. 罪犯文化教育计划的含义。罪犯文化教育计划,是预先拟定的罪犯文化教育工作的内容、步骤和方法,是对罪犯文化教育工作的总体谋划,统率着一个时间段的罪犯文化教育、教学事务,有很强的计划性。只有科学制订罪犯文化教育计划,罪犯文化教育工作才能有章可循,有效避免工作的盲目性、随意性,使罪犯文化教育发挥其应有的作用。

2. 罪犯文化教育计划的制订要求。罪犯文化教育计划的制订必须把握以下几点要求:一是教材分析。要求对教材内容进行全面、整体的分析,掌握教材的内容,了解教材的特点。二是对象情况分析。要了解和掌握罪犯的基本状况,了解其文化基础。三是教学目标的确定。主要有:其一,知识目标。即基础知识、基本技能的细化要求(如语文学科包括识字量、写字量、阅读、写作、综合实践的目标等)。其二,方法目标。即在学习过程中可以提示、培养、建立哪些学习方法(如识字朗读背诵、阅读理解的方法等)。其三,情意目标。在文化教育中,如何端正罪犯的学习态度,调动罪犯的学习积极性。四是行动措施。包括文化教育实施步骤、教学场地、时间安排等具体内容。

科学的罪犯文化教育计划,可以使文化教育得到合理的安排,最大限度地发挥其功效,实现教育的目的。

(二) 建设合格的师资队伍

为了提高罪犯文化教育质量,监狱要重视建设一支合格的师资队伍。当前,从事罪犯文化教育工作的教员既有专职的,又有兼职的;既有监狱民警,又有经过严格挑选的罪犯。为提高教员的教学能力和教学水平,监狱要组织专门的培训。专职监狱民警教员应当定期或不定期地被选送到有关院校进行正规培训,包括系统学习教育学等学科;兼职教员也要采取短期培训形式进行培训,特别是要邀请一些院校专家学者讲授教学法,以尽快掌握教学技巧;罪犯教员由监狱有关部门统一组织培训。对罪犯教员要严格挑选,定期考核,表扬和激励先进,对改造表现差、教学能力差,不能胜任工作的要及时更换,以激励罪犯教员自觉端正改造态度,增强教学能力。同时还可以利用附近社会上学校的师资优势,协助做好罪犯文化教育工作。

(三) 合理组织罪犯文化教育活动

《监狱教育改造工作规定》第26条和《教育改造罪犯纲要》第11条规定:监狱组织的文化教育,应当根据罪犯不同的文化程度,分别开展扫盲、小学、初中文化教育,有条件的可以开展高中教育。鼓励罪犯自学,参加电大、函大、高等教育自学考试,并为他们参加学习和考试提供必要的条件。这一规定为罪犯文化教育活动的组织开展提供了法律依据。下面分别从两个方面谈谈如何合理组织罪犯文化教育活动。

1. 普及型文化教育活动的开展

所谓普及型文化教育活动的开展,就是要根据罪犯的原有文化程度等情况,进行分班教学。一般可分为扫盲班、小学班、初中班这三个基本教育层次开展教育活动。其中,扫盲班和小学班是罪犯文化教育的重点。凡是尚未完成国家规定的九年义务制教育、年龄不满45周岁、能够坚持正常学习的罪犯,都应当接受义务教育。对年龄在45周岁以上的罪犯,鼓励其参加其他文化学习。

(1) 扫盲班教育

扫盲班主要进行识字教育,应当要求在两年之内脱盲,脱盲比例达到应脱盲人数的95%以上,并要求参加扫盲班的罪犯通过学习,掌握2000个常用的汉字,且能够看懂浅显通俗的报刊、文章,能够记简单的账目,能够书写简单的应用文。

(2) 小学班教育

小学班可开设语文、算术等基本课程。要求罪犯通过小学班的学习,达到小学毕业所要求的文化水平。

通过语文课的学习,要求罪犯能说普通话,认识3000个左右常用汉字,其中2500个会写;能正确工整地书写汉字,具有独立阅读的能力,学会运用多种阅读方法;能初步理解、鉴赏文学作品,并具有一定的写作能力。

通过算术课的学习,要求罪犯能够合理熟练地进行整数、小数、分数的四则混合运算;掌握并能够熟练运用简单的几何公式计算周长、面积和体积;掌握百分比、比例的概念和比例运算的基本知识。

罪犯刑满释放时,小学文化程度以上的应当逐步达到应入学人数的90%以上。

(3) 初中班教育

初中班可开设语文、数学、历史、自然常识、物理化学基本原理等多种课程。要求通过学习,使罪犯达到初中毕业的文化水平。

通过语文课的学习,要求罪犯能够掌握 3500 个左右的常用汉字,其中 3000 字左右会写,能够准确、鲜明、生动、正确地运用语言文字,具有现代文的阅读、理解能力,能够简单阅读文言文;能够通顺、流畅地写作。

通过数学课的学习,要求罪犯对数据的收集、整理、描述和分析过程有所体验,掌握一些简单的数据处理技能;熟悉探索物体与图形的形状、大小、运动和位置关系的过程;了解简单几何体和平面图形的基本特征,能对简单图形进行变换,能初步确定物体的位置,发展测量(包括估测)、识图、作图等技能;掌握三角形、四边形、圆形的基本性质以及平移;掌握基本的推理技能。

2. 提高型文化教育活动的开展

对于已经完成义务教育的罪犯,鼓励他们参加各种形式的文化教育,以提高自身的文化素养。有条件的监狱,可以编班开展高中学历的教育,同时借助各种社会教育力量,参与罪犯的文化教育工作。罪犯可以根据自身的实际情况,参加高中、大专、本科等各种学历层次的教育。

当前,我国罪犯文化教育的开展呈现出了规模化、制度化、系统化的特点。每个学期每个年段都有教学计划和教学大纲,罪犯学习有相应的时间和场所保证。罪犯参加文化学习,经考试合格的,可获得有关部门发给的相应的学历文凭。

第四节 罪犯文化教育的方法

罪犯文化教育方法是教育者和罪犯为了实现共同的文化教育目标,完成共同的文化教育任务,在文化教育过程中运用的方式与手段的总称。罪犯文化教育方法是否得当,直接决定着教育成果的取得。因此,要重视罪犯文化教育方法的选择和运用。

一、罪犯文化教育方法的选择依据

文化教育方法是多种多样的。每种方法都有独特的作用,有一定的适用范围。所以,对于罪犯文化教育方法应作认真的选用。选用罪犯文化教育方法的依据主要有以下五个方面:

(一) 教学的目标、任务

每门课程、每项教育内容都有一定的教学目标和任务,要选择与之相应的能够实现教学目标、完成教学任务的方法。如为使罪犯掌握新知识,常用讲授法、谈话法;为使罪犯获得感性知识,常用演示法、参观法等等。

(二) 教材内容

教材的学科性质与教学方法的关系十分密切。比如,语文课常常采用讲授法,物理、化学、自然学科常用讲解与演示相结合的方法,数学课则多用练习法等等。

(三) 罪犯的年龄特点和知识水平

罪犯的注意力易分散,理解力不高,文化教育方法宜多样化且宜具有新颖性,可适当采用谈话法或讨论法。如果罪犯缺乏对所学内容的感性认识,可采用演示法。

(四) 教育者的素养条件

使用某种文化教育方法需要教育者具有相应的素养,要求教育者具备驾驭这一教育方法的能力,否则就不能产生预期的良好效果。因此,教师在选择文化教育方法时应注意扬长避短,充分发挥自身的优点,采用与自身的优势条件相对应的教育方法。

(五) 文化教育的设备条件和教学时间

不少文化教育方法的运用需要一定的设备条件。比如,演示法需要一定的直观教具,实验法需要一定的仪器、材料,程序教学法需要有程序教材和教学机器等等。同时,还要充分考虑到教学时间。因此,应当根据实际情况,提供必要的设备,合理安排教学时间。

罪犯文化教育方法具有科学性与艺术性的双重特性,"教学有法,教无定法"。教育者既要根据罪犯文化教育本身所具有的规律选择和运用文化教育方法,又要善于对文化教育方法进行艺术性的再创造,灵活地加以运用。

二、罪犯文化教育的方法

文化教育的方法多种多样,结合罪犯改造的实际,根据罪犯文化教育的特点,监狱常用的文化教育方法有以下几种:

(一) 讲授法

讲授法是教育者通过语言系统向受教育者传递教育内容的方法。在文化教育中,讲授法是最基本、最普遍的文化教育方法。在文化教育过程中,教育者可以将抽象的知识变得形象具体、浅显易懂,借助于语言媒介将知识信息直接传递给受教育者,可以使教育对象在学习过程中迅速地获取大量的知识。

作为罪犯文化教育的最基本的方法,讲授法具有以下突出的优势:一是易于传授基础知识。罪犯只有以一定的基础知识作铺垫才能进行更深的学习,所以在罪犯文化教育不同阶段特别是普及教育阶段,讲授法是一种非常重要的教育方法。二是在班级教学中教育者可以组织编排严格的教学计划,使教学有序有效地进行下去,同时作为受教育者的罪犯可以直接有效地获取知识。三是讲授法可以充分发挥教育者的主导作用,有利于教育者与受教育者之间的互动。

运用讲授法,要做到条理清楚,重点突出。语言清晰、简练、准确、生动。要根据需要恰当地使用板书和辅之以多媒体课件,吸引罪犯的注意力和引起他们的学习兴趣。

(二)演示法

演示法是指教育者为了配合讲授,把实物、教具展示给受教育者,或者给受教育者作示范性的实验,来说明或印证所传授知识的方法。

随着自然科学和现代技术的发展,演示手段和种类日益繁多。根据演示材料的不同,可分为实物、标本、模型的演示,图片、照片、图画、图表、地图的演示,录像、录音、教学电影的演示等。以演示的内容和要求的不同,又分为事物现象的演示和以形象化手段呈现事物内部情况及变化过程的演示。

演示法对发展罪犯的观察能力和形象思维能力,减少学习中的困难有重要作用。尤其对抽象思维能力较差的罪犯,演示法更容易为罪犯所接受。运用演示法的基本要求是:要根据教材内容,确定演示目的,选好演示教具,做好演示准备;要引导罪犯注意观察演示的主要特征和重要方面,并配合讲解,与罪犯共同分析、比较,作出结论。

(三)作业练习法

作业练习法是指在教育者的指导下,让受教育者运用所学知识完成一定的作业任务,以此巩固知识、加深知识的理解形成一定能力的教育方法。

作业练习法被广泛地运用于各种文化教学科目中。作业练习法的通常步骤是:首先,由教育者提出作业练习的任务,说明练习的要求和方法,并作必要的示范;其次,由罪犯独立练习,教育者进行个别指导;最后,教育者在检查罪犯作业练习的基础上,进行分析和小结,指出优缺点,提出改进要求。

运用作业练习法的基本要求一是要使罪犯明确作业练习的目的,掌握有关练习的基本知识。二是要使罪犯掌握正确的练习方法和要领。三是要使罪犯知道每次作业练习的效果,同时,要注意培养罪犯自我检查的能力和习惯。四是作业练习必须有计划、有序进行。教育者在选择练习内容,布置各种作业时,要有适当的计划,难易适度,注意循序渐进。

(四) 测验与考试法

测验与考试法是教育者通过对受教育者接受文化教育内容的结果测验和考试,来评估其对所学课程知识的掌握程度的方法。测验和考试虽然都是对罪犯所学课程知识掌握程度的评估方法,但二者还是有所区别的。测验一般内容简短、集中,程序也比较简便,主要是检验罪犯短期内的文化学习的情况和效果。测验一般可分为口头测验和书面测验、定期测验和不定期测验。考试一般内容比较丰富、全面,程序要求比较严格,主要是检验罪犯一个阶段(学期、学年)学习的情况和效果,毕业考试和学历考试则内容要求更高,组织更加严密。

对罪犯而言,经过测验和考试,能够清楚了解自己的学习情况和效果。可以激励成绩好的或较好的发扬成绩求得新的进步,而对相对较差的,则促使他们迎头赶上或在原起点上有所进步,这两种情况皆可激发继续学习的动机。测验与考试法还是检验罪犯文化教育效果的最好手段,可以使监狱有关组织实施部门和教育者了解教育效果,总结成绩,发扬光大,找出差距,进一步改进文化教育工作。

对罪犯文化学习的测验或考试,要严肃认真对待,测验特别是考试的成绩要进行评比,并计入登记表装入档案,并作为改造表现的重要依据之一。对于文化学习修业期满经考试合格者,应按照有关规定发给相应的学业证书。

第九章 罪犯技术教育

邓小平同志曾深刻地指出,科学技术是"第一生产力"。当代科学技术作为生产力的内在要素直接影响生产力的其他要素,已成为生产力发展的突破口或生长点,同时决定着生产力的发展方向、质量、速度和规模,对社会进步起着巨大的推动作用。人类社会的每一次进步都是建立在科学技术进步的基础之上的。无论是以蒸汽机为代表的第一次工业革命,还是以电气技术为代表的第二次工业革命,以及以现代信息技术发展为主要内容的第三次工业革命,无一不是以科学技术的新发展为先导的。科学技术不仅深深影响着人们的生活方式,改变着人们的思维习惯与行为模式,同时影响着人类社会的发展进程。当今世界各国的竞争归根到底是科学技术的竞争,任何一个在科学技术方面取得优势的国家、民族,必然位于世界发展的前列。

科学技术,是人类改造自然的实践经验的概括和总结。而技术教育的职能就是通过教育者把人类积累的先进生产技术系统地传授给受教育者,使先进生产技术转化为直接的生产力,促进经济发展。作为罪犯教育,也要把技术教育当作一项重要内容和任务抓紧抓好。

第一节 罪犯技术教育的概念、特点和作用

作为监狱对罪犯系统开展的"三课"教育内容之一,罪犯技术教育有其特定的含义、鲜明的特点和特有的作用。

一、罪犯技术教育的概念

所谓罪犯技术教育,是指监狱在执行刑罚的过程中,对服刑罪犯开展的,旨在使罪犯掌握适应监狱劳动生产需要和刑满释放后就业需要的劳动技能的培养活动。

在我国,罪犯技术教育的开展由来已久。早在1902年,山西就设立了罪犯习艺所,使罪犯接受农业、手工业的劳动技能训练。民国时期,北洋政府和南京国民政府相继建立了所谓"新式监狱",其中的一项重要内容就是进行职业技能

教育。而中国共产党所领导的革命政权,无论是在革命根据地时期还是在抗日战争时期、解放战争时期,都极为重视对罪犯的劳动感化工作,强调对罪犯生产技术的培养。新中国成立后特别是改革开放以来,罪犯的教育工作更是取得了举世瞩目的伟大成就,罪犯的技术教育蓬勃开展,取得了丰硕的成果。大批的犯罪分子在狱内不但改造了思想,而且学到了文化知识,掌握了生产技能。据报载,仅上海监狱系统,在2004年到2007年的短短三年间,共有17772人获得国家劳动部门颁发的职业技术证书,54项罪犯发明创造获得"上海市优秀发明选拔赛"奖项。罪犯技术教育的开展,极大地推动了罪犯教育的发展,提高了教育改造质量。

实际上,我国监狱一直十分重视对罪犯的职业技能教育工作,以使罪犯掌握一技之长,为他们重新回归社会打下良好基础。各地监狱根据罪犯在监狱内劳动的岗位技能要求和刑满释放后的就业需要,积极组织开展岗位技术培训和职业技能培训,让罪犯掌握劳动技能,提高他们回归社会后的就业能力。截至2014年,各省已将罪犯职业技能培训纳入全国劳动职业技能培训总体规划,罪犯考试通过后可以直接获得劳动保障部门颁发的证书。

二、罪犯技术教育的特点

作为罪犯教育重要内容之一的技术教育,具有以下几个显著的特点:

(一)罪犯技术教育具有强制性

我国《监狱法》第4条规定,监狱对罪犯应当依法监管,根据改造罪犯的需要,组织罪犯从事生产劳动,对罪犯进行思想教育、文化教育、技术教育。第64条规定,监狱应当根据监狱生产和罪犯释放后就业的需要,对罪犯进行职业技术教育,经考核合格的,由劳动部门发给相应的技术等级证书。《监狱教育改造工作规定》第27条规定,监狱应当根据罪犯在狱内劳动的岗位技能要求和刑满释放后就业的需要,组织罪犯开展岗位技术培训和职业技能教育。年龄不满50周岁,没有一技之长,能够坚持正常学习的罪犯,应当参加技术教育;有一技之长的,可以按照监狱的安排,选择学习其他技能。《教育改造罪犯纲要》第12条也对罪犯劳动和技术教育的工作要求、教育内容和考核标准等作了明确的规定。因此可见,罪犯技术教育是监狱依法开展的罪犯教育改造工作的重要方面,也是改造罪犯的重要途径。每一个狱内在押的罪犯,都必须强制接受技术教育,提高自己的生产和职业技能。

(二) 罪犯技术教育具有实用性

生产技术原本就是来自于劳动生产实践,并运用于劳动生产实践的。因此,技术教育本身具有高度的实用性,技术教育课程的内容注重知识的实际运用,注重劳动技能的学习和掌握,并且教育内容的广度与深度以实际工作的需要为依据。

作为罪犯的技术教育,由于受教育者普遍文化水平低下,接受和理解能力较差,因此,更加应当强调实用性。罪犯只有感到所学到的知识能够对其改造生活以及刑满释放后的生活产生积极的影响,才会产生学习的热情和积极性。因此,罪犯技术教育要紧密联系罪犯实际,适应罪犯自身需求,能够对罪犯的当下改造和将来回归社会以后的生活产生实际作用。

(三) 罪犯技术教育具有灵活性

罪犯技术教育的灵活性主要体现在教育内容与教育方法两个方面。在教育内容上,要求灵活选择教育内容。社会的发展进步,使得社会和监狱对技术的要求也在不断调整与发展。技术教育的内容从来就不是一成不变的,要不断地根据社会的职业需求以及监狱生产劳动发展的需要,确定教育内容。社会需要什么样的职业技能,监狱生产劳动需要什么样的教育内容,监狱就应当选择什么样的内容来开展教育。在教育方法上,技术教育的手段也是灵活多样的。相对于罪犯文化教育而言,罪犯技术教育除了课堂教学外,更为注重罪犯的实践操作能力的培养,更为注重经验和技能的一对一的直接传授,教育手段更为灵活。

(四) 罪犯技术教育的目标具有多层次性

罪犯技术教育的目标是多层次的。对罪犯开展技术教育,既是为了改造罪犯思想,以及使罪犯适应监狱的劳动生产的需要,又是为了使其适应刑满释放后的社会生活的需要,具有狱内目标和社会目标这两个层次。

对罪犯开展技术教育,一方面是改造罪犯思想和适应监狱劳动生产的需要。监狱的主要任务是改造罪犯思想,而其重要手段之一是组织罪犯进行劳动生产,在劳动生产过程中也要提高经济效益。罪犯从事各种劳动生产实践活动,必须以一定的技术为基础。这就需要开展技术教育。通过技术教育,使罪犯具备在监狱参加各种劳动生产活动所需要的技能,这样才能促进罪犯的思想改造,适应监狱劳动生产需要,提高监狱经济效益。另一方面,罪犯技术教育也是罪犯回归社会后谋生的需要。罪犯回归社会以后,必须要掌握一定的谋生技术,只有这样,才有可能预防其重新犯罪。因此,罪犯技术教育的另一项目标,就是培养罪犯掌握社会生活所需要的职业技术,从而能够自食其力。

三、罪犯技术教育的作用

罪犯技术教育对促进罪犯思想改造,促进监狱劳动生产活动的顺利开展,培养适应社会的职业技能,具有重要的作用。监狱通过合理组织劳动,矫正罪犯恶习,端正他们对劳动价值意义的认识,引导他们树立劳动光荣、勤劳致富的观念。通过劳动教育引导罪犯养成劳动习惯,增强遵章守纪、安全生产、协作配合等意识,培育与现代生产方式相适应的素养。通过劳动,提高罪犯的劳动技能,促进其回归社会后就业谋生。

(一) 罪犯技术教育有助于促进罪犯的思想改造

罪犯技术教育能够转变罪犯的消极意识,激发积极向上的改造动力。狱内服刑罪犯中的相当一部分,特别是在入狱之初充满了消极情绪,认为自己被社会所抛弃,被监狱强制关押,甚至对社会和监狱产生怨恨以及仇视心理。这种心理如果得不到及时矫正,会对其改造生活造成极其不利的影响。而对罪犯开展技术教育可以很好地化解这一消极情绪。通过技术教育,可以使罪犯感受到监狱对罪犯既不是单纯的惩罚,更不是抛弃,而是要把他们改造成为守法公民和对社会主义现代化建设的有用之材,从而使罪犯端正改造态度,激发起改造的积极性。与此同时,由于技术教育是以科学技术知识和技能的传播为重要内容的,其内容的科学性、正确性会使罪犯逐步学会运用科学的、辩证的思维方式去理性地认识事物、分析事物,进而促进思想的改造。另外通过技术教育,罪犯在掌握一定的职业技能之后,会对回归社会充满信心和期待,有助于思想改造成果的巩固。

(二) 罪犯技术教育有助于提高监狱经济效益

监狱劳动生产活动,作为罪犯改造的基本手段之一,既要发挥改造罪犯思想的作用,又要发挥提高监狱经济效益的作用。要提高监狱经济效益,必然要求罪犯具有一定的劳动技能。然而,罪犯这类群体普遍存在劳动技能缺乏的情况,这就必须对罪犯开展技术教育,用适应监狱劳动生产活动需要的先进的劳动生产技术武装罪犯头脑,增强其才智,使其成为具有一定劳动生产技能的劳动力,形成新的劳动生产能力,从而推动监狱劳动生产活动的顺利开展,提高监狱经济效益。

(三) 罪犯技术教育有助于培养罪犯适应社会的职业技能

改造罪犯的过程从某种意义上讲就是罪犯的再社会化的过程。而再社会化的核心,就是社会适应能力的培养。在社会上,当一个行为人无法适应社会对人提出的法律、道德、文化知识、职业技能等各方面的要求,发现其无法适应社会时，不外乎试图通过以下途径解决。其一，通过自身努力，培养自己的社会适应能力，以便在社会中得以生存和发展。这是一种正面的、积极的取向。其二，消极逃避，用例如自杀、酗酒、吸毒等方式，以获得解脱或者暂时的麻醉。第三，用犯罪行为对抗社会，行为人不愿意用社会规则约束和规范自己，反而将自己的行为置于社会规范之上，并以犯罪行为践踏社会规范。罪犯就是属于上述的第三种情况。因此，改造罪犯，就是要对他们实施再社会化，培养罪犯的社会适应能力，使其成为一个符合社会要求的人。而社会适应能力中，一个重要的内容就是要求社会成员具有一定的职业技能。只有这样，才能在社会中得以生存和发展。而这需要发挥技术教育特别是职业技术教育的作用。我国职业技术教育的先驱黄炎培先生这样阐释职业技术教育的作用：一为个人谋生之准备，使无业者有业，有业者乐业；二为个人服务社会之准备；三为国家及世界增进生产力之准备。职业技术教育有利于个人，有利于社会，有利于人类的发展。对罪犯开展的技术教育特别是职业技术教育，可以使罪犯通过教育培养，形成适应社会的相关的职业技能，从而使其回归社会后既能够自食其力，又可以成为将来社会所需要的合格劳动者，同时不致再重新犯罪，有利于社会和谐发展。

第二节 罪犯技术教育的内容

教育内容是实现教育目的的保证，为了达到罪犯技术教育的目的，必须对其内容作相应的规定。根据司法部颁布的《监狱教育改造工作规定》第 27 条规定：监狱应当根据罪犯在狱内劳动的岗位技能要求和刑满释放后就业的需要，组织罪犯开展岗位技术培训和职业技能教育。当前，罪犯技术教育一般开展三个方面的教育。

一、技术基础知识教育

实施技术教育，一个重要方面就是要让罪犯打好基础。无论是监狱劳动生产所必需的岗位技术培训，还是适应刑满释放后就业需要的职业技能教育，都是建立在罪犯学习和掌握技术基础知识的基础之上的。罪犯只有掌握了技术基础知识，才能进一步领会和理解在监狱所从事的生产岗位技术和面向社会的职业技术。

罪犯技术教育，必须适应罪犯的实际情况，符合罪犯的实际需要。由于罪犯大多文化水平较低，缺乏劳动生产技能，技术基础知识更是贫乏。因此，为了保证技术教育的顺利开展,应当首先抓好技术基础知识教育。技能的形成与基础知识的掌握有密切关系。形成任何一种劳动生产技能,都必须以对有关知识的理解为基础。比如,一个初学木工的人,只有首先了解木材的种类和性能、工具的构造原理和使用方法、木工识图等基本知识,然后按照这些原理和方法的指导进行练习,才能全面掌握这门技术。由此可见,只有打好了基础,才能为掌握某一专业技术做好充分准备。

在对罪犯开展技术教育的过程中,还应让他们了解和掌握与技术有关的综合性常识和基础理论,使罪犯不仅能够熟悉本行业务,而且具有广泛的基础知识,了解本行业的科学原理以及先进水平和发展态势,这样才能培养出具有创造性劳动能力的有用之材。

二、监狱劳动生产的岗位技术教育

监狱开展的罪犯技术教育与社会上技工学校和中等职业学校的教育有所不同,一般学校技术教育主要是使受教育者掌握一门社会所需要的专门知识和技术,为社会培养合格的专门人才。而职业教育,则首先要根据罪犯改造的需要和监狱劳动生产的需要安排教育内容。所以,实施罪犯技术教育,一个重要方面,就是应注意教育的内容与罪犯在服刑期间所在劳动生产岗位技能要求紧密结合。

(一) 岗位技术的"应知""应会"培训

所谓岗位技术的"应知""应会",就是狱内在押罪犯在参加生产劳动时,根据自己所从事的生产岗位的不同特点所应该了解和掌握的职业技术与生产技能。

鉴于我国监狱工种复杂繁多以及工业单位与农业单位的不同特点,应从实际出发,确定适应监狱劳动生产的岗位技术教育的重点。

就工业技术教育而言,根据监狱劳动生产所涉及的工业技术种类较多、内容较为复杂的特点,各监狱必须结合本单位的劳动生产实际,根据不同的劳动生产任务和岗位开展不同的工业技术教育活动。使罪犯通过技术教育,基本掌握本岗位劳动生产所必须具备的劳动生产技能,提高劳动生产率。当前,我国的监狱工业生产已经从大而全的工厂生产的模式逐步向加工型生产模式转变,罪犯工业技术教育的重点也应当适应这种变革的要求,加强现代加工业知识与技能的培训,使罪犯能够基本做到看懂产品加工图纸,熟悉产品规格、技术标准,掌握加工工艺,了解产品质量检验的方法和检验规则等等。

再就农业技术教育而言,长期以来,农业生产在我国监狱占了相当大的比重。但随着形势的发展,工业生产特别是加工型生产已经成为最主要的罪犯劳动生产的内容,但在部分监狱,仍有罪犯从事农业生产劳动。因此,有必要对这部分罪犯开展农业技术教育。农业技术教育的内容主要包括农作物的相关耕种、特性、病虫害防治等方面的知识以及与之相关的土壤、肥料、水利灌溉、植被保护、品种选育、耕作管理、家禽、家畜的饲养、水产养殖、农副产品加工、农机具的操作等方面的知识方法和技能。

(二)安全教育培训

安全生产,是监狱劳动生产的重中之重,不仅影响正常的狱内劳动生产,更关系到监管改造秩序的稳定。因此,对每一名参加生产劳动的罪犯,都应当进行安全教育培训,掌握相关安全知识,了解安全操作流程。确保安全生产,不违章作业,预防安全事故的发生,保障包括罪犯在内的劳动者和管理者的生命、财产安全。这在一定程度上,也能反映出国家对罪犯基本权利的尊重与保障。

三、罪犯回归社会后的职业技能教育

罪犯技术教育不仅要使罪犯具有能够适应监狱劳动生产的技能,还要求培养罪犯在刑满释放,回归社会以后在社会上做到自食其力所要求的相关职业技能。监狱要根据罪犯的自身特点,按照罪犯出监后的不同去向等实际情况,选择那些实用性强、适应性广的职业技术教育项目,有针对性地开展职业技能教育。这里特别强调要重视两个方面的教育内容。

(一)服务技术教育

当前社会,服务行业已经成为社会的支柱产业,以现代服务业为主的第三产业所创造的产值,已经超越了传统的工农业生产。对罪犯而言,在刑满释放回归社会以后,从事相关的服务行业,是最为实际,也是最为普遍的。因此,在对罪犯开展职业技能教育时,要加大服务技术教育的力度。监狱要根据罪犯实际情况,结合社会就业形势选择适当的教育内容。如汽车修理、摩托车修理、家用电器修理、城市建筑装修、住宅装修、美容美发、打字速记、餐饮烹饪等一系列社会实用技术的教育内容,通过掌握这些服务技术,为出狱后能够自食其力打下良好的基础。

(二)现代信息技术教育

当今的社会是信息的社会,信息技术已经成为了当代人所必须掌握的基本技术、技能。因此,监狱很有必要根据实际情况,开展现代信息技术教育,使罪犯能够掌握现代信息的基本技术、技能,适应信息社会发展的需要。

对罪犯信息技术的教育应当以电脑知识的普及教育为主。从硬件与软件两方面开展教育。在硬件方面,使罪犯掌握电脑的构造、工作原理,使其掌握一定的装配、调试与维修技能。在软件方面,则应侧重于实际运用。将 WINDOWS 操作系统基础知识、系统的基本操作以及文字与数据处理(包括:汉字的处理、文本的编辑、修改、版式的设计、电子表格的基础知识、电子表格数据的输入、编辑和处理、数据图表的制作)以及一些常用软件的使用知识、技巧等作为重点内容。

与此同时,针对当前社会已经进入互联网时代,网络技术极大地改变了人们的生产和生活这一现实,还要对罪犯进行相关网络知识的教育,要使罪犯掌握网络的基本知识,学会通过上网、运用常用远程通讯工具进行学习,开展健康的社会交往。学会使用电子邮件与他人共享信息、获取支持、表达观点或开展合作。学会使用在线讨论工具或已有的学习网站,讨论课程相关问题或开展持续深入的主题研讨。能观察和讨论网络交往中产生的法律、法规和道德问题,在使用网络与人交往时,能遵守相关的法律、法规和网络礼仪;能结合实例,讨论网络应用对个人信息资料与身心安全的潜在威胁,形成网络交往中必要的自我保护意识,知道不恰当的网络应用和网络交往可能产生的后果。

第三节 罪犯技术教育的原则

罪犯技术教育原则,是对罪犯实施技术教育所必须遵循的客观准则。正确理解和掌握罪犯技术教育原则,对顺利实现教育目的,提到工作质量,具有重要意义。

罪犯技术教育的开展,应当遵循以下原则:

一、立足改造原则

这一原则是指在技术教育过程中,要重视和加强对罪犯的思想改造,把改造思想放在首位。改造罪犯是监狱最基本的工作,也是最根本的任务。这就决定了监狱的一切工作都必须围绕罪犯的改造来展开,为罪犯的改造服务。罪犯技术教育也不能例外,要立足改造。

监狱对罪犯开展技术教育,绝非单纯地让他们掌握一定的知识和技能,更重要的是要使他们思想上不良的品质得以矫正。因此,在教育过程中,要把思想教育的成分渗透到技术教育的各个环节。

要贯彻立足改造的原则,其一,在对罪犯进行技术教育时,要注意端正每个罪犯的学习动机,激发他们正确的学习愿望,把学习和掌握技术作为攀登思想改造高峰的一个重要阶梯来对待,把学习和掌握技术的过程作为矫正恶习的过程来实践。其二,在技术教育过程中,要将集体主义观念、法律、纪律观念、尊重科学、尊重知识的观念、珍惜劳动成果、尊重他人劳动的观念、刻苦钻研技术、勇于创新的观念等思想教育因素渗透到技术教育之中,使罪犯在获得知识和技能的同时,思想意识也得到转化。

二、面向生产与着眼就业相结合原则

这一原则是指对罪犯开展技术教育,既要为发展监狱生产着想,又要为罪犯刑满释放后的就业着想,既立足当前,又着眼未来,把面向生产,着眼就业紧密结合起来。

这一原则要求把适应监狱生产发展的技术教育和适应罪犯刑满释放后就业需要的职业技术教育有机结合,实施以提高监狱经济效益和向社会输送合格劳动者为目的的综合教育,把技术教育定位在培养监狱、社会两用人才。衡量罪犯技术教育效果,既要看监狱经济效益的提高,又要看为社会输送合格劳动者,能够顺利就业的数量和质量。

贯彻这一原则,必须在监狱统一领导下,统一制订教育计划,统一下达任务,统一组织实施,统一检查考核。各有关业务部门要通力合作,各尽其责,从而使"两用人才"的教育真正落到实处。此外,监狱要积极争取当地有关部门的大力支持,协调一致。这也是保证这一原则真正得以贯彻落实的重要条件。

三、统一要求和因材施教相结合原则

这一原则是指在罪犯技术教育过程中,既要面向全体罪犯,坚持社会和监狱对劳动者技能水平的统一要求,又要从罪犯的实际情况出发,承认个别差异,切实做到因材施教。这样既可以大面积地造就合格的技术人才,同时又能使每个罪犯在统一要求的前提下有各自不同的发展。

贯彻这一原则,要求做到:

第一,坚持统一要求。对所制订的教育计划和教学大纲、选编的教科书,每个教员都要严肃对待,认真贯彻执行。在教学过程中,教学的要求、难度、进度的确定,要从大多数罪犯的现有水平出发,面向大多数罪犯。

第二,注意照顾罪犯的不同特点,实行区别对待。在班级教学中,强调统一要求并不是要"一刀切",在统一要求的基础上,还应该考虑到不同层次罪犯的不同特点,因材施教。如对原有一定技术特长的罪犯,可对他们提出较高要求,或组织他们自学大专课程,或组织技术攻关小组,以促使他们尽快成为生产中的技术骨干;而对基础差、能力弱的罪犯,就不能要求过高,要多作辅导,给以具体帮助,使其加快前进步伐。同时,还应根据罪犯刑期长短的不同分别实施教学。只有这样,才能使罪犯在不同的起点上向前迈进,得到更好的发展。

第四节 罪犯技术教育的方法

罪犯技术教育的方法是指在罪犯技术教育过程中为完成一定的教育任务所采取的手段、方式和途径。在罪犯技术教育过程中,要使罪犯在有限的时间内掌握一定的专业技能并达到一定的技能水平,不仅仅取决于教育内容和条件,还要有科学合理的教育方法。

罪犯技术教育的方法多种多样,常用的罪犯技术教育的方法主要有以下几种:

一、课堂传授法

要使罪犯比较牢固地掌握监狱生产和职业技能,就要使罪犯较为系统地学习相关理论知识,而学习这些理论知识的最好方法就是运用课堂传授法。所谓课堂讲授法,就是将罪犯编级分班,以班为单位,实行集体授课,系统传授有关技术基础知识的一种方法。

课堂传授又可分为讲授法、谈话法、讨论法等具体方法。讲授法,是指教员运用口头语言向罪犯描绘情境、叙述事实、解释概念、论证原理的一种教学方法。谈话法,是通过教员与罪犯之间双向的交流来传播有关技术理论知识的一种方法。其特点是教员引导罪犯运用已有的经验和知识回答教员提出的问题,借以获得新知识或巩固、检查已学的知识。讨论法是在教员指导下,围绕某一重点问题通过发表各自意见和看法,共同研讨,相互启发,集思广益地进行学习的一种方法。

课堂传授是一个复杂细致的过程,要想顺利进行和取得成功,要求传授内容具有科学性、思想性和系统性。教员在传授知识的过程中,要做到条理清楚,重点突出,还要注意把语言描述与直观教具相结合。教员要注意启发和调动罪犯学习的积极性和主动性,要和罪犯保持良好的互动关系,及时掌握罪犯在学习过程中遇到的亟待解决的问题,以便有针对性地进行有效传授。

二、实地观察法

所谓实地观察法,就是让罪犯在生产现场亲自进行观察,印证课堂传授内容的一种方法。实地观察法可以加深罪犯对学习对象的印象和认识,把书本知识、抽象理论和活生生的实际事物联系起来,从而有助于他们形成正确的概念,掌握操作技能。

根据所学理论知识和实地观察的关系,通常可分为先行法和后行法。先行法即先学习有关理论知识,再进行实地观察,在观察过程中印证理论知识。后行法即先去实地进行观察,丰富感性认识,为学习有关理论知识打好基础,然后再学习有关理论知识。

组织实地观察是一项十分细致的工作。承担罪犯技术教育工作的教员要深入实际了解情况,预先制订计划,包括实地观察的目的、观察对象的细目表、应该解决的基本问题、时间安排、活动的组织形式等等。在实地观察前,教员要向罪犯宣布实地观察计划,讲清有关注意事项。实地观察过程中要恰当分组,由教员和相关技术人员负责讲解和示范,引导罪犯仔细观察,积极思考。实地观察后要通过教员提纲挈领式的总结、召开座谈会和布置书面作业等形式,加深对实地观察所学到的东西的理解。

三、练习法

罪犯的劳动技能,是通过监狱组织技术教育而形成的,练习是罪犯劳动技能形成的基本途径。所谓练习,是指有目的、有计划地采取必要的方法,并不断改进某种动作方式,逐步熟练和完善的重要活动过程。为了提高练习的效果,使练习有助于罪犯劳动技能的形成,教员在技术教育过程中,要认真加以指导,给罪犯提供必要的练习条件。

在实际运用练习法时,应注意以下几点:

一是明确练习的目的要求,掌握有关练习的基本知识。每一种练习都有它特定的目的要求,当罪犯明确了练习的目的和要求后,就能形成做好练习的内部动因,从而使罪犯产生积极性,自觉地进行练习。此外,掌握有关练习的基本知识,对于顺利进行练习也有重要作用。例如,一个罪犯操作刀架技能,直接决定于对旋床或铣床这一部分操作原理的理解。因此,只有用基本知识指导的练习,才是自觉的练习,才能收到好的效果。

二是练习要有计划、有步骤地进行。练习内容要循序渐进,先简单,后复杂。对于复杂的劳动技能,可以将它划分为若干比较简单的局部动作,在掌握了这些局部动作之后,再过渡到比较复杂的、完整的动作。要正确安排练习时间。罪犯劳动技能的形成和保持,需要有足够的练习次数和时间,不仅在劳动技能形成的阶段需要反复练习,而且在劳动技能形成之后仍然需要进行适当的练习,使技能得以巩固。这就需要有计划的合理安排。

三是练习方式要多样化。这样不仅可以提高罪犯学习和掌握技术的兴趣,而且可以培养罪犯在劳动实践中灵活运用所学技术知识的技能。因此,在罪犯技术教育中,可以根据技术教育的具体内容和罪犯的实际情况而适当采用口头的和书面的、问答的和实际操作的、个人的和集体的、独立的和半独立的、模仿性的和创造性的等等练习方式。但也须指出,练习的方式多样化并不意味着练习可以过频、过繁,这样也不利于罪犯劳动技能的形成和巩固。

四是要及时评价练习结果。在练习过程中,教员要对罪犯的练习结果及时予以评价,使罪犯及时获得评价的反馈信息,了解自己的练习状况,迅速地调节自己的练习活动,使正确的操作动作得以保持和强化,错误的操作动作及时得到纠正。

四、多层培训法

所谓多层培训法,就是在对罪犯进行技术教育的过程中,应当从实际出发,进行多层次的专业技术培训。由于监狱劳动生产和社会需要的多样性,对罪犯的技术教育必须采取多层培训的方法。

在多层培训过程中,监狱通常有以下组织形式:一是开办岗前培训班。例如对新入监的罪犯,经过入监教育在分配到劳动岗位之前对其进行短期培训,使他们能比较顺利地从事某项生产活动。培训时间一般在两个月左右。二是开办在岗培训班,其中包括初级技术班、中级技术班和综合技术班。通过学习,使罪犯达到初级或中级水平。参加这类技术的培训对象,一般应具有初中以上文化程度,刑期相对较长。对于这类罪犯的培训,要根据行业技术等级标准,严格执行本工种"应知""应会"的标准进行培训,使罪犯通过培训,达到要求标准,成为从事某项工种的技术骨干。三是开办就业培训班。这类培训班,既有时间较长的较为系统、专业的就业技能培训,又有根据罪犯刑释前的具体情况进行的有针对性的短期职业技能培训。四是利用社会上的刊授、函授、广播、电视等形式进行技术培训。如有选择地让罪犯参加刊授、函授和广播、电视大学的学习等,以作为监狱正规技术教育的一种补充。

对于经过技术培训,掌握了一技之长的罪犯,监狱应当积极与当地有关部门联系,组织各种考核。经考核合格的,应当颁发相应的技术等级证书。根据《教育改造罪犯纲要》的要求,对罪犯的职业技能教育应当按照劳动和社会保障部门的标准进行。罪犯刑满释放前,取得职业技能证书的应当逐步达到应参加培训人数的90%以上。

第十章 罪犯心理健康教育

随着监狱工作的不断发展,罪犯心理矫治已成为罪犯教育的重要内容。2009年司法部监狱管理局下发了《关于加强监狱心理矫治工作的指导意见》,提出了监狱心理矫治工作的主要目标、加强心理矫治工作的主要内容和要求等。近年来,司法部重视加强心理矫治工作的队伍建设,至2011年底,有近3万名警察取得了心理咨询师职业资格证书。针对残疾罪犯心理承受能力普遍较弱、容易产生心理问题的情况,监狱在罪犯中开展心理健康教育,引导他们树立关于心理健康的科学观念,懂得心理健康的表现与判断标准,对自身出现的心理问题学会自我调适。同时,监狱通过开展心理测验,建立罪犯心理健康档案,了解和掌握残疾罪犯的心理特征和行为倾向,对有心理疾病的罪犯,及时安排心理咨询或者心理危机干预,帮助罪犯疏导不良情绪,恢复健康心理。本章着重从罪犯心理健康教育的角度对罪犯心理矫治的一些问题进行阐述。

第一节 罪犯心理健康教育概述

罪犯是心理问题的高发群体,心理矫治显得尤其重要。我国监狱普遍开展心理健康教育,普及心理健康基本知识,增强罪犯心理承受和自我调控能力,提高罪犯的心理素质。司法部2003年颁布的《监狱教育改造工作规定》明确规定,监狱应当开展对罪犯的心理矫治工作,对罪犯进行心理健康教育,宣传心理健康知识,使罪犯对心理问题学会自我调节、自我矫治。为了贯彻落实司法部《监狱教育改造工作规定》和《教育改造罪犯纲要》的精神,切实增强心理矫治工作的针对性和实效性,充分发挥监狱心理矫治工作在提高罪犯心理健康水平、消除犯罪心理、养成健康人格中的作用,维护监狱持续安全稳定,提高罪犯改造质量,降低刑满释放人员重新犯罪率,2009年司法部监狱管理局发布了《关于进一步加强服刑人员心理健康指导中心规范化建设工作的通知》,要求各地高度重视服刑人员心理健康指导中心规范化建设工作,并参照《服刑人员心理健康指导中心建设规范(试行)》,制订具体的实施方案,争取用三到五年的时间,完成规范化建设工作。该通知还要求以规范化建设为契机,进一步规范监狱心理矫治工作,按照《关于加强监狱心理矫治工作的指导意见》完善心理矫治各项工作制度,配齐配强服刑人员心理健康指导中心的警力,不断完善各项硬件设施,建立健全心理矫治工作机制,不断提高心理矫治工作水平。

目前,各监狱普遍建立了服刑人员心理健康指导中心,健全心理矫治工作流程和标准,心理矫治能力进一步提高;罪犯个性分测验量表(COPA-PI)在各监狱得到普遍使用,对了解罪犯个性和心理特点发挥了重要作用,有效提高了心理矫治的针对性和有效性。截至2012年底,从事监狱心理矫治工作人员超过了3万人。2012年,监狱对17万余名罪犯进行了个体心理咨询,罪犯心理健康教育普及率达到100%,通过心理干预,预防罪犯自杀、自残和暴力行凶等7万余人次。心理矫治在维护监狱稳定和教育改造罪犯中发挥了重要作用。2013年,司法部决定在全国监狱劳教(戒毒)系统开展为期一年的教育质量年活动,司法部监狱管理局向全国监狱系统转发了教育质量年活动实施方案。该方案同样强调,要进一步规范开展心理矫治工作,对有需要的罪犯劳教戒毒人员进行心理咨询和危机干预。本节就罪犯心理健康教育的最一般问题作一概述。

一、什么是罪犯心理健康教育

(一) 罪犯心理健康的定义

关于什么是心理健康,心理学上有着不同的界定:[1]

1946年第三届国际心理卫生大会将心理健康定义为:"指在身体、智能以及情感上与他人的心理健康不相矛盾的范围内,将个人的心境发展成最佳状态。"

《简明不列颠百科全书》将心理健康诠释为:"指个体心理在本身及环境条件许可范围内所能达到的最佳功能状态,但不是十全十美的绝对状态。"

美国健康与人力服务部发表的心理健康报告将心理健康定义为:"心理健康是心理功能的成功性表现,它带来富有成果的活动,完善人际关系,有能力适应环境变化和应对逆境。心理健康对于个人幸福、家庭、人际关系、社区和社会是必不可少的。"

我国台湾学者将心理健康定义为:"没有精神疾病症状或心理不健康的预防与康复。"[2]

尽管对心理健康存在着不同的定义,但国内外学者均认为心理健康是一种

---

[1] 参见郑希付主编:《健康心理学》,华东师范大学出版社2003年版,第40页。
[2] 朱敬先:《健康心理学》,教育科学出版社2002年版,第5页。

持续的状态,一种对环境的适应状态。同时,心理健康也是一种合乎某一水准的社会行为,这种社会行为既能为社会所接受,又能给个体本身带来快乐。

此外,心理健康常常是与心理异常、心理疾病或心理不健康相对而言的。具有权威影响力的美国 DSM-IV(心理异常诊断与统计手册)将心理异常定义为:"产生于个体身上或与当前心理压力(如心理痛苦)或无能力(如损害一个或多个功能)联系的,或显著增加死亡、痛苦、无能力或自由的危险的,且有临床显著行为和心理症候群或行为方式的状态。"

对于什么是罪犯心理健康,目前国内监狱学界也无统一的定义,主要的阐述有三种:

第一种,"不仅指没有心理疾病或变态行为,还指个体身体上、心理上和社会适应上保持其最高的和最佳的心理状态。"[1]

第二种,"指对客观环境,尤其是对社会环境的一种良好的适应状态。"[2]

第三种,"指罪犯心理在自身与监狱环境许可的范围内所能达到的、为改造所能接受的较好功能状态,是不健康心理或人格缺陷的复建及预防。"[3]

本书采用第三种定义。依据第三种关于罪犯心理健康的定义,可以从以下三点进行理解:

一是这种心理状态是监狱和罪犯个体条件许可的情况下的良好心理状态,而非罪犯个体在正常社会情形下,所能达到的最佳心理状态。

二是这种心理状态是监狱改造所允许的,而非罪犯个体自身的最佳心理状态。

三是罪犯不健康心理或人格障碍的康复和预防主要是指两个方面:一方面是康复罪犯与其犯罪行为有着较高相关的不健康心理和人格障碍,如报复心理、反社会人格障碍等;另一方面是防止罪犯在监禁环境中,可能出现的新的不健康心理等。

(二)罪犯心理健康教育的内涵

罪犯心理健康教育有广义与狭义之分。广义的罪犯心理健康教育,是指根据罪犯的心理和人格特点,运用特定的心理学方法和手段,预防罪犯的不健康心理,培养和提高罪犯的心理素质,促进罪犯心理矫治和健康人格的发展,增强罪犯适应社会生活的能力,从而提高改造质量的各种教育活动的总称。它包括了

---

[1] 阮浩主编:《罪犯心理矫治》,金城出版社 2003 年版,第 56 页。
[2] 狄小华:《罪犯心理矫治导论》,群众出版社 2004 年版,第 280 页。
[3] 孙丽娟:《论罪犯心理健康的评估》,载《中国监狱学刊》2006 年第 2 期。

有利于心理健康教育的所有教育活动,心理测验、心理咨询与心理疾病治疗等均包含其中。它可以理解为罪犯心理矫治的同一语。而狭义的心理健康教育则指向罪犯传授和普及心理健康知识与方法,使罪犯对心理问题学会自我调节、自我矫治,以消除罪犯不健康心理、维护罪犯心理健康的一种教育活动。它是罪犯心理矫治的重要组成部分,但不重点涉及心理测验、心理咨询与心理疾病治疗。

我们这里使用的是狭义的罪犯心理健康教育概念。鉴于罪犯心理咨询、心理测验和心理疾病治疗等在罪犯改造心理学中需要大量涉及,本教材就不重点讲述这方面的内容。

我们可以从以下两个层面来看罪犯心理健康教育:

1. 从内容上看,罪犯心理健康教育既包括罪犯不健康心理的消除和健康心理的维护,又包括罪犯心理素质的培养。

罪犯不健康心理的消除和预防主要是使罪犯通过教育消除原有影响其犯罪心理形成的不良心理,以及其他不健康心理。健康心理的维护主要是指预防或防止罪犯在狱内监禁环境中,形成新的不良心理或使其原有不良心理增强,帮助罪犯学会自我调控,促使罪犯维持正常的心理状态,从而能够较好地适应狱内生活,提高心理矫治的效果。

罪犯心理素质的培养主要是指教育与培养罪犯形成各种良好的心理素质,以帮助其适应回归后的社会生活,成为真正守法的健康的公民,从而提高教育改造质量。

2. 从性质上看,罪犯心理健康教育包括矫正性教育与发展性教育。

矫正性教育主要是对心理处于不健康状态或患有心理疾病的罪犯进行教育与帮助,使之不良心理得以矫治,恢复到正常心理状态。这类教育主要是针对在心理方面存有各类问题或障碍的罪犯,属基础性或重点性教育。

发展性教育主要是指有目的、有计划地对罪犯的心理素质或心理健康进行培养或促进,使其心理品质不断地得以改善。这类教育主要是面对没有明显的心理问题的罪犯,属预防或提高性质的教育。

二、罪犯心理健康的判别标准

关于罪犯的心理健康判别标准,它既是罪犯心理健康教育的基础,也是罪犯心理健康教育的目标。如何判断罪犯的心理是否健康?至今,也没有一个整齐划一的标准。国内目前关于罪犯心理健康的判别标准,主要有以下三类:

第一类,认为罪犯心理健康的标准为:① 适当地认识和评价自己;② 能够保持正常的人际关系;③ 反应恰当并基本适应环境;④ 积极情绪多于消极情绪。①

第二类,认为罪犯心理健康的标准为:① 正视和接受服刑现实,建立并保持积极的服刑心态;② 保持稳定而乐观的情绪和心境;③ 营造宽松和谐的人际关系;④ 塑造健全人格;⑤ 掌握一定的心理健康知识与技能。②

第三类,认为罪犯心理健康的标准为:① 有安全感;② 有切合实际和自身特点的改造及生活目标,有一定的、恰当的自尊与自信;③ 能保持正常的人际关系,没有严重的敌对与冲突;④ 能适应监狱环境和改造生活;⑤ 情绪稳定,不消极,适度控制情绪,并能在监狱许可的条件下,适度宣泄情绪;⑥ 没有与犯罪高相关的严重心理疾病;⑦ 善于从刑罚处罚这一教训中学习、总结和提高;⑧ 在不违背法律的前提下,能适当地满足个人需求;⑨ 能适度地了解自己,能对自己的犯罪根源作出正确的评价;⑩ 面对挫折,能有不违法、有效的应对方式。③

三、罪犯心理健康教育与罪犯思想教育的关系

罪犯思想教育与罪犯心理健康教育均是罪犯教育的重要内容。二者之间既有联系,又有区别。

罪犯思想教育与罪犯心理健康教育的联系,主要表现在以下两个方面:

一方面,在罪犯心理健康教育中,针对罪犯的某些认知偏差所实施的教育,往往与思想教育有相似之处,因为罪犯的错误认知往往与其不正确的人生观与价值观有关,比如,罪犯若抱着"人为财死,鸟为食亡"的观念,那么,他一定会对自己的犯罪行为存在着错误认知,并会影响自我评价等。

另一方面,罪犯思想教育也有利于罪犯某些方面的心理健康教育。这主要是因为良好的思想品德修养能够很大程度地减少罪犯内心的心理冲突,而心理冲突往往是导致心理异常的原因之一。人的心理与行为,倘若与自己内心的道德不相一致,就会引起心理冲突,引起身心机能系统的紊乱,导致身心疾病。④因此,罪犯思想教育会在一定程度上促进罪犯的心理健康教育。

尽管罪犯心理健康教育与罪犯思想教育有着一定的联系,但却不可以等同,二者之间存在着明显的区别。我们可以从以下几方面加以理解:

首先,教育目标不同。罪犯思想教育的目标常常是要帮助罪犯形成正确的

---

① 参见狄小华:《罪犯心理矫治导论》,群众出版社2004年版,第282—284页。
② 参见司法部监狱管理局编:《心理健康教育》,法律出版社2005年版,第18、19页。
③ 参见孙丽娟:《论罪犯心理健康的评估》,载《中国监狱学刊》2006年第2期。
④ 参见郑希付主编:《健康心理学》,华东师范大学出版社2003年版,第53页。

思想意识,提高法律、道德素养和文明程度,学会自觉运用法律、道德规范指导行为,正确处理集体与个人、个人与他人之间的关系等。[①] 而心理健康教育则是要帮助罪犯形成能够较好地适应环境与不断发展的基本心理品质,旨在使罪犯消除与犯罪相关的不良心理,培养健全人格,力图使其自知、自信、自控、自律和自强,并能够稳定情绪,提高挫折耐挫力等等。

其次,教育的核心不同。罪犯思想教育的核心问题是世界观、人生观、价值观等问题。旨在帮助罪犯接受社会法律、道德规范,形成良好的品行。而罪犯心理健康教育的核心问题则是适应问题。它所关心的问题是怎样帮助罪犯积极适应狱内及回归社会后的生活,重在帮助其消除不健康心理和人格障碍,确立有益于自身发展的目标,正常健康地生活,并能不断地达到心灵的成长。

最后,教育的方式、方法不同。罪犯思想教育主要是一个教导过程。侧重于监狱民警对罪犯的说理。具体方式、方法很多,如谈话法、宣传法、授课法、批评表扬法等。而罪犯心理健康教育则主要是一个沟通的过程。教育者不扮演师者的角色,也不替罪犯出谋划策、指点迷津,与被教育者间是平等的。不强求罪犯接受教育者的观点、意见和看法,在传授基本的心理健康知识的同时,更强调通过讨论与沟通,使罪犯感悟、认同并能接纳。罪犯心理健康教育要求教育者要尊重、理解与接纳罪犯,并能拥有良好共感,真正设身处地地感受罪犯的内心体验,在良好的教育关系基础上,促使罪犯自我剖析、自我体验、自我反省,进而自我改变。罪犯心理健康教育需要的是关注、理解、尊重、接纳与共感,不需要说教与告诫。罪犯心理健康教育注重的是一个讨论与协商的过程,是一个教育者与罪犯间心灵沟通的过程。它以尊重罪犯为教育的基础,以与罪犯的共感为教育的前提,最终促使罪犯自我调节、自我教育、自我改变与自我完善。

综上可知,罪犯思想教育与罪犯心理健康教育有密切联系,但不能等同;可互为补充与相互促进,但不可相互混淆与互相代替。

四、罪犯心理健康教育与罪犯心理咨询、心理治疗的关系

罪犯心理健康教育着重对罪犯在狱内的心理发展历程、心理发展规律或心理发展的了解,强调心理健康知识的普及,以及罪犯心理疾病的预防。在罪犯心理健康教育中,心理知识的教育及心理辅导占主要地位。但辅导与教育是有区别的,辅导是自下而上的,是一种服务,它产生于罪犯对帮助的需求,而教育是自

---

① 参见金鉴主编:《监狱学总论》,法律出版社1997年版,第512页。

上而下的;辅导是由内向外的,注重罪犯内在需求的满足和内在潜能的开发,而教育是由外向内的传授;辅导关注的是罪犯的具体问题,重视个别差异,而教育关心罪犯中的普遍问题。

罪犯心理健康教育与心理咨询、心理疾病治疗有怎样的关系呢？对于这一问题有各种不同的说法,其中有代表性的看法是:它们是一个连续体的不同区段。① 这种关系可以用下图表示：

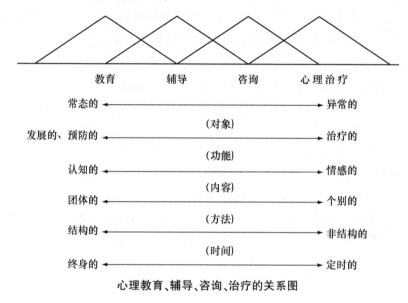

心理教育、辅导、咨询、治疗的关系图

可以对上图作如下解释：

第一,服务对象:心理健康教育以正常罪犯为主,心理咨询以有轻中度心理问题的正常罪犯为主,心理治疗以有重度心理疾病的罪犯为主。

第二,功能:心理健康教育的功能重在促进发展和预防心理疾病的发生,心理咨询与心理治疗的功能主要在于矫治心理疾病,重塑健全人格。

第三,服务内容:心理健康教育着重于提高罪犯认知,罪犯心理咨询着重于处理狱内发生的一般的心理问题,而心理治疗则往往深入到人格结构的深处。

第四,持续时间:心理健康教育是持续的,伴随罪犯的整个教育过程,而心理咨询与治疗却是在有限的时间段内,解决或治疗心理问题或心理疾病。

但上述区分也是相对的。事实上,心理健康教育与心理咨询与治疗在连续

---

① 参见王书荃主编:《学校心理健康教育概论》,华夏出版社 2005 年版,第 29 页。

体的分布上存在着部分的重叠,广义的心理健康教育涵盖了心理咨询与心理治疗,心理咨询与心理治疗的过程中又渗透着心理健康教育。

五、罪犯心理健康教育的意义

对罪犯开展心理健康教育,主要有以下重要意义:

(一) 罪犯心理健康教育,是对罪犯人权的一种保障

健康权作为罪犯的一项基本权利,需要刑罚执行机关给予基本保障。以往传统的观点认为,健康主要是指身体的健康,但事实上健康不仅指身体的健康,而且还指心理的健康。世界卫生组织早在1948年宪章中就将健康定义为:"健康乃是一种完全的生理、心理与社会适应的完满状态,而不仅仅是没有疾病与虚弱的缺乏。"[1]1989年,世界卫生组织又明确规定:"健康不仅是没有疾病,而且包括躯体健康、心理健康、社会适应良好和道德健康。"[2]要保障罪犯的健康权,就要保障罪犯的心理健康权。比如,在美国,心理健康治疗权被认为是罪犯享有的一项法律权利。这项权利的基本内容是,矫正机构有义务维护犯人的心理健康。[3] 因此,对罪犯开展心理健康教育,是对罪犯权利的一种保障。

(二) 罪犯心理健康教育,是对狱内监管安全与秩序的一种维护

罪犯由于受到刑罚处罚以及处于相对封闭的监禁环境中,往往比社会人群更易产生不健康心理或心理疾病。山东省某监狱的一项调查显示,约70%的罪犯存在着不同程度的不健康心理,其中45%的罪犯有较为严重的心理障碍;江苏省某监狱的研究表明,约50%的罪犯存在着病理心理问题;上海市某监狱在心理门诊中发现,约占门诊人数51%的罪犯存在心理障碍。[4] 罪犯的不健康心理,特别是严重的心理障碍会直接威胁狱内监管安全。比如,罪犯倘若患有严重的抑郁症,常常会增加自杀行为的发生概率。因此,开展罪犯心理健康教育,可以在一定程度上预防或者消除罪犯的不健康心理,进而维护监管安全的稳定和良好的改造秩序。

(三) 罪犯心理健康教育,是对教育改造质量的一种提升

犯罪或重新犯罪的原因是复杂的,但往往与犯罪人自身的心理缺陷或人格障碍间存在着一定的相关。因此,要提高罪犯教育改造质量,就不能单单进行思

---

[1] 参见黄才华等编著:《心理健康教育》,华东师范大学出版社2006年版,第4页。
[2] 参见郑希付主编:《健康心理学》,华东师范大学出版社2003年版,第293页。
[3] 参见吴宗宪编著:《国外罪犯心理矫治》,中国轻工业出版社2004年版,第32页。
[4] 参见章恩友主编:《罪犯心理矫治技术》,中国物价出版社2002年版,第11页。

想教育、文化教育或是技术教育等,还需要对罪犯进行心理健康教育。通过罪犯心理健康教育,可以帮助罪犯消除原有不良心理,改变认知偏差,调节和稳定情绪,协调人际关系,健全人格,并增进社会适应能力。正是基于此,罪犯心理健康教育,能够有效地促进罪犯教育改造质量的提高。

第二节 罪犯心理健康教育的原则

罪犯心理健康教育的基本原则是指在监狱开展心理健康教育的整个过程中,应该遵循的一些基本指导思想。罪犯心理健康教育的原则主要有七项。

一、发展性原则

心理健康本身是一个动态的过程。罪犯的一些不良心理在某一改造阶段可能表现得较为突出,但随着时间的变化,这类心理就可能消除或是减弱。比如,某些刚入监的罪犯容易患"拘禁性精神障碍",但随着罪犯适应能力的增强,或是离开监狱环境,这类心理障碍就会减弱或是消除。因此,监狱在进行罪犯心理健康教育时,即使在一定时期出现了某些典型的病理性症状,也不要过早地、盲目地下结论,或是贴上"严重心理障碍"的标签,而是要以发展的眼光看待和处理罪犯心理健康问题。另外,按照发展性原则,在实施罪犯心理健康教育过程中,不能仅仅侧重于入监初期经过心理测试,诊断为心理不健康的罪犯,同时也要对心理健康程度较好的罪犯实施心理健康教育,在预防的同时也要密切关注这类人员心理发展、变化的动态,因为心理健康状态并非一成不变,健康状态也可能因生活事件等因素变为不健康。

二、整体性原则

基于人的心理是一个非常复杂的系统,心理健康教育也应遵循整体性原则。在对罪犯实施心理健康教育时,应注重罪犯个体心理的完整性与统一性。罪犯的知、情、意、行紧密联系,心理过程与心理特征也相互影响,心身交互作用,并受到处界环境的制约,构成一个有机的整体,可谓是"牵一发而动全身"。因此,不能孤立、静止地看待罪犯的心理问题,更不能"头痛医头,脚痛医脚"。要全面而系统地分析心理问题,并实施整体性心理健康教育。正如苏联著名教育家马卡连柯所说:"一个人不是由部分因素的拼凑培养起来的,而是由他所受过的一切影响的总和造就成功的。"另外,从罪犯心理健康教育与其他教育的关系来看,应注重罪犯心理健康教育与思想教育、文化技术教育等相结合,并渗透到各种教育中。同时,也要注重社会环境、家庭环境、监狱环境对罪犯心理健康与罪犯身心健康的影响,应多角度、多层次地培养和促进罪犯的心理健康。

三、主体性原则

罪犯心理健康教育的目的是消除罪犯的不健康心理,培养和增进心理素质,健全人格,达到良好的适应。这一教育过程中,罪犯应是心理健康教育的主体。因此,在实施心理健康教育时,应当根据罪犯的需要,充分调动罪犯参与教育活动的积极性与主动性。离开罪犯的主动参与和自觉努力,罪犯心理健康教育就难以收到应有的实效,或者只是一种形式化或浅表化的教育,而无法真正达到教育的目标。罪犯心理健康教育应是"我要学",而不是"要我学"。罪犯尽管是犯了罪、受到刑罚处罚的人,但他们中的大多数人内心深处都有向善的意向,也都蕴含着巨大的心理潜能。罪犯心理健康教育正是要启发、激励和调动这种潜在力量,促使其健全人格,走向阳光心态。

四、平等性原则

在罪犯心理健康教育过程中,特别是在专门的心理健康教育活动中,不论罪犯的心理状况如何,干警都应以平等与尊重的态度对待每一个罪犯。大量的心理健康教育的实践表明,教育者与受教育者间的关系会直接影响心理健康教育的效果。只有在教育者与受教育者间建立一种相互信赖、平等的关系与和谐的心理氛围,才能使心理健康教育取得成功。平等性原则,就是要求教育者要努力做到耐心、热心、诚心与关心,要真诚地理解与接受罪犯,在良好的人际关系中,使罪犯的不健康心理逐渐消除。

五、艺术性原则

在罪犯心理健康教育过程中,教育者应当熟知心理工作的理论与技巧,善于运用言语表达、情感交流和心理教育的手段,走进罪犯的心灵深处,与其深入沟通,最终促进罪犯心理与行为的转变。罪犯心理健康教育的艺术主要包括:在语言表达上,要既通俗易懂得又深入浅出,既鲜明准确又委婉适宜;在情感交流上,要耳目传情,善于运用肢体语言表达内心的情感,把教育者的真诚、信任、关心与期待等情感传递给罪犯,使其领会教育者的意图与希望;在探索罪犯内心上,要启发罪犯打消顾虑,能够敞开心扉,暴露真实的自我。只有这样,才能使心理健康教育真正奏效。

六、坚持性原则

教育者要充分认识到解决心理健康问题的复杂性、长期性与艰巨性,要树立坚持不懈、持之以恒的观念。开展罪犯心理健康教育,需要时间,罪犯的心理变化也常有反复。比如,刚刚做完一次团体心理辅导,罪犯热情和评价都可能很好,实际测试结果也会发现一些重要心理指数起了变化,但过了一段时间后,再去检验效果,可能会出现又回到了原点的情况。这时,心理健康教育者绝不能心灰意冷,要意识到罪犯的不良心理或心理障碍的形成非"一日之寒",因此消除或者减弱也要有一个"病去如抽丝"的过程。不能急于求成。只要教育者能够坚持,通过耐心细致的长期性教育,顽石终会点头,罪犯的心魔也总会消除。

七、适应个别差异的原则

在实施罪犯心理健康教育时,教育者既要遵循心理健康教育的一般特点与规律,注意罪犯共性心理问题。同时,也要注意罪犯个别心理问题的解决。每个罪犯由于年龄、刑期、社会支持系统及个性等差异,其心理也是千人千面,因此罪犯心理健康教育不能千篇一律,一个模式,而要努力做到灵活运用多种教育方式、方法和策略,真正做到因人施教。

第三节 罪犯心理健康教育的内容、模式和方法

一、罪犯心理健康教育的主要内容

罪犯心理健康教育的目的主要是使罪犯掌握基本的心理健康知识和心理保健技能,增进心理素质,进而有效预防各种异常心理和心理障碍的发生,正确应对和消除所出现的不健康心理,提高社会适应能力,以顺利度过服刑生活并为刑满释放后的生活做好心理准备。[①] 基于此,罪犯心理健康教育的主要内容包括:

(一) 认知教育

认知教育是指促使罪犯掌握认知与心理健康的关系,通过认知调节与改变

---

① 参见司法部监狱管理局编:《心理健康教育》,法律出版社2005年版,第28页。

来增进心理健康。具体可包括如下内容：

（1）价值观教育，其中包括罪犯自我价值的正确定位、自我与社会价值相统一等；

（2）罪犯能常见的不良认知或认知偏差，其中主要包括错误与不合理认知的类型及其危害等；

（3）对罪犯正确、合理的认知方式的培养，其中主要包括能够运用心理学的方法和技术（如采用合理情绪疗法等），减少或消除认知偏差，培养和建立正确与合理的认知模式。

（二）情感教育

情感教育是指促使罪犯认识情绪、情感与心理健康间的关系，了解各种不良情绪与情感表现，培养积极情感的一种教育。它是罪犯心理健康教育的关键。具体教育内容可包括：

（1）罪犯对自己与他人情绪的正确觉察；

（2）罪犯常见的不良与消极情感的类型与危害；

（3）罪犯对情绪的自我管理与调适；

（4）罪犯对愤怒情绪的自我控制训练。

（三）意志力教育

意志力是个体克服困难忍受挫折的能力。罪犯意志力的教育是指促使罪犯了解意志品质的特点，增强抵抗不良诱惑的能力，提高挫折耐受力的一种教育。具体教育内容可包括：

（1）意志与心理健康；

（2）罪犯常见的不良意志品质；

（3）罪犯良好意志品质的培养；

（4）挫折的基本原理；

（5）罪犯增强耐挫力的方式与方法。

（四）人格健全教育

研究发现，罪犯的人格缺陷与罪犯的犯罪间存在着较高相关。著名的心理学家艾森克认为人格与犯罪行为有一定的关系。罪犯群体中的反社会人格障碍与攻击性人格障碍的人要明显高于正常人群。20世纪70年代美国学者约奇逊和萨米诺明确提出了犯罪人格的概念，并认为犯罪人和普通人不一样，存在着犯罪人格。

因此，罪犯人格健全教育是指让罪犯认识到人格缺陷或人格障碍与自己犯

罪行为间的联系,以及对自身心理健康的影响,掌握健全人格的途径与方法的一种教育。具体内容可包括:

(1) 什么是健康人格;
(2) 人格障碍的主要类型及其表现;
(3) 罪犯常见的人格缺陷与人格障碍;
(4) 罪犯健全人格的培育。

(五) 人际教育

人际教育主要是指帮助罪犯懂得人际沟通与人际关系对心理健康的影响,消除不良交往问题及障碍,增进人际沟通技巧与方法,促进罪犯形成良好的人际关系的一种教育。具体内容包括:

(1) 罪犯不良人际关系的特点分析;
(2) 罪犯人际沟通问题与人际障碍;
(3) 罪犯人际沟通技能的培养;
(4) 罪犯良好人际关系的构建。

(六) 自我意识教育

自我意识是指罪犯对自己及其周围关系的意识。它主要包括自我认知、自我体验与自我控制三种成分。罪犯自我意识对其心理健康有着重要的影响。罪犯自我意识教育是指促使罪犯认识自我意识方面的缺陷与不足,形成正确和积极的自我概念的一种教育。具体内容主要包括:

(1) 罪犯对生理我、心理我与社会我的认知;
(2) 罪犯对自己与他人之间关系的觉察;
(3) 罪犯不良自我意识——自卑与自负的表现;
(4) 掌握自我认知、自我评价与自我控制的正确方法;
(5) 罪犯如何超越自卑。

(七) 特殊罪犯的心理健康问题教育

特殊罪犯的心理健康教育是指针对特殊类型的罪犯所实施的心理健康教育,所涉及的特殊罪犯包括未成年犯、女犯、老残犯等。比如,未成年犯的心理健康教育内容可包括如下内容:

(1) 青春期的心理卫生;
(2) 婚恋心理;
(3) 未成年犯如何建立良好的人际关系;
(4) 未成年犯如何调控情绪;

(5) 感恩教育。

(八) 心理测验、心理咨询与心理疾病治疗知识教育

心理测验、心理咨询与心理疾病治疗作为罪犯心理矫治的重要内容,与罪犯心理健康教育间存在着密切的关系。做好罪犯心理健康教育工作,是提高罪犯心理测验、心理咨询与心理疾病治疗实效的重要前提与条件。另外,从广义的心理健康教育概念来看,其本身就是心理健康教育的重要内容。因此,对罪犯开展心理测验、心理咨询与心理疾病治疗知识方面的教育,有利于罪犯在了解这些常识的基础上,更好地接受、认可和参与这些工作,能够真实地填写心理测量表,正确对待心理评测验,主动地寻求心理咨询的帮助,积极配合心理疾病治疗。从而确保罪犯心理矫治工作的有效开展。这方面的具体教育内容可包括:

(1) 正确看待心理测验;

(2) 了解什么是心理咨询与心理疾病治疗;

(3) 了解心理咨询与心理疾病治疗的作用。

(九) 不同服刑阶段罪犯的心理健康教育

罪犯在不同的服刑阶段会表现出不同的心理特点,特别是在入监初期与出监前会表现得尤为明显。因此,针对不同服刑阶段的罪犯应积极开展专题性的心理健康教育。具体教育内容可包括:

1. 入监初期的教育

(1) 罪犯如何适应监狱环境;

(2) 罪犯如何适应监狱人际关系;

(3) 罪犯焦虑、抑郁等情绪的调控。

2. 出监前的教育

(1) 罪犯如何适应回归后的社会生活;

(2) 罪犯如何看待社会歧视现象;

(3) 罪犯刑满释放后怎样进行亲情重建。

二、罪犯心理健康教育的模式

所谓"模式",就是指某种事物的标准形式或使人可以照着做的标准样式。[①] 模式不是一般的具体存在形式,而是具有典型意义、有代表性的形式。它是介乎理念与经验间的中间环节。依据罪犯心理健康教育的内容,罪犯心理健康教育

---

① 参见王书荃主编:《学校心理健康教育概论》,华夏出版社2005年版,第33页。

的模式可以包括：

(一) 开设心理健康教育课程模式

开设心理健康教育课程模式,亦可称为"罪犯心理健康的课堂教学"。开设罪犯心理健康教育课程,是罪犯心理健康教育的主要途径,也是罪犯心理健康教育的核心模式。采用传授心理健康知识的课堂授课式的教学活动,是实施罪犯心理健康教育的主渠道。罪犯心理健康教育课程是根据罪犯心理健康教育的目的,向罪犯传授系统的心理健康知识,培养良好的心理素质与心理保健能力,完成课程计划的教学过程。这种课程属于应用性课程。

罪犯心理健康教育的课程目标主要有二：一是向罪犯传授心理健康知识,使他们掌握心理健康的基本知识,树立心理健康观念,学会心理保健或调适的常用方法与技巧,形成适应社会要求的健康态度与生活方式及行为习惯；二是要帮助罪犯提高自信、自控的能力,及时消除和缓解不良心理,增强心理健康的自律性,全方位地提高罪犯的身心健康和心理素质。

罪犯心理健康教育的课程,主要依据《罪犯心理健康教育大纲》实施,教育方法主要采用讲授法,即主要通过教育者的讲解,给罪犯传授心理学、心理健康知识的一种教学方法。这一教育模式,主要是面向全体罪犯。

(二) 设立心理健康辅导模式

心理健康辅导模式,主要是由心理学专业及具有其资格的专业人员,对于在改造活动中需要得到心理上的指导的个体或群体提供帮助或辅导的过程。它是为罪犯的改造过程中所遇到的困难和难题,提供全面的整体的服务。心理辅导主要包括团体心理辅导和个体心理辅导两种方式。其中主要以团体心理辅导为主,主要针对罪犯群体中存在的某一类心理问题进行教育。

团体心理辅导,是一种在团体情境下提供心理援助与指导的咨询形式,由心理教师或专业人员根据成员问题的相似性或成员自发组成课题小组,通过共同协商、训练、引导,解决成员共同的发展或共有的心理问题。[1] 团体心理辅导既是心理咨询的重要形式,同时也具有重要的教育功能。团体心理辅导的过程是一个借助于成员之间的互动而获得自我发展的学习过程。团体心理辅导非常重视成员的主动学习、自我评估、自我改善,有利于参加者的自我教育。团体心理辅导与个别心理辅导相比,具有感染力强、影响广泛、辅导效率高、省时省力、符合经济原则、效果易巩固与迁移等优点,而且特别适应于罪犯群体中人际关系适

---

[1] 参见刘勇：《团体心理辅导与训练》,中山大学出版社2007年版,第7页。

应不良的罪犯的教育。罪犯心理辅导的方法主要有集体讨论法、角色扮演法、心理训练法等。

集体讨论法是罪犯心理辅导中常用的方法,它是指在心理教师或专业人员的引导和组织下,让罪犯对某一专题发表自己的看法,表述自己的意见,进行研讨的一种辅导形式。集体讨论法的形式又可分为辩论法、小组讨论法和脑力激荡法和配对讨论法等。

角色扮演法是指通过罪犯扮演或模仿一些角色,重现某件事的经过或表达一种想法。在角色扮演中使罪犯以角色的身份,充分表露自己或角色的人格、情感、人际关系、内心冲突等心理问题,能让扮演角色和进入角色的罪犯忘却自我,尽兴表演。角色扮演法是罪犯心理健康教育活动中最常用来让罪犯体验感受、表达内心冲突,进而进行心理教育的方法。

心理训练法是一种特殊的自助式的心理教育方式,也是一种特殊的教育过程。[1] 心理训练的教育性主要表现在,它是以心理学的科学原理和方法为基础的,为希望提高心理素质、改善社会适应、实现个人潜能的人提供一套切实可行、正确有效的方法、手段与程序,通过理解、练习和调整,最终使以往的心理与行为发生积极的、持久的改变。接受心理训练的人,实际上是在进行一系列的学习,包括认识的突破、情绪和情感的调适、行为的改变和人格的改善,在这种学习过程中获得成长,使心理变得成熟,心理素质得到提高。心理训练不是以外在的影响力为主导,而是以投身于心理训练当中的个人的内在力量为主导。它的重点是在于帮助个人自己改变自己,是一种自我教育、自我训练的过程。它是一种要求个人充分发挥自主性的自我改变的历程,通过心理训练将使罪犯个人对自己有更真实的了解和更主动的控制。心理训练常用的方法有:心理放松训练法、自我肯定训练法、情境训练法等。

(三) 宣传教育模式

宣传教育模式,主要是指通过充分利用监狱或监区的罪犯小报、广播、板报等形式,广泛开展罪犯心理健康知识的普及教育。这种模式不仅具有普及广、传播快的优点,而且还可以调动罪犯主动参与心理健康教育的积极性。比如小报、板报的稿件来源,不仅可以是一般心理健康知识的摘录,也可是罪犯自身对心理健康知识的理解,以及在狱内生活中关于心理问题的诸多体验等。这种方法比传统的授课法更具灵活性,也更能体现罪犯作为改造主体积极参与教育改造活

---

[1] 参见何少颖主编:《大学生心理健康教育与训练》,厦门大学出版社2003年版,第34页。

动的能力性与积极性。罪犯心理健康教育的宣传教育模式,可以采用灵活多样的方式,使心理健康教育活动在营造声势、扩大影响中,不断提高罪犯的心理健康或心理保健意识,增长心理健康知识。

(四) 渗透模式

渗透模式是指在不同的罪犯改造手段中渗透罪犯心理健康教育。比如,在罪犯劳动改造过程中,可以通过劳动培养罪犯的人际合作、协调能力以及磨炼意志力等;在罪犯管理过程中,促进心理健康素质的养成。罪犯心理健康教育不是孤立的,只有在不同的改造手段中渐进性地渗透心理健康教育,才能使罪犯心理健康教育成为一个完整的体系,收到较好的教育效果。

(五) 创建监狱或监区文化环境模式

创建监狱或监区文化环境模式是指通过文明的、良好的监狱或监区文化建设,以促进罪犯心理健康的一种模式。监狱或监区文化环境对罪犯的心理健康起着一定的影响作用。健康的监狱或监区文化氛围、优美的生活环境、丰富的文体活动,能够促使罪犯心情舒畅,精神振奋,改造态度积极。创建良好的监狱或监区文化环境,可以为罪犯的身心健康成长提供积极的外部条件。

文明的、积极的监狱或监区文化环境的建设,主要包括健康的监狱或监区文化环境、良好的监狱或监区自然环境以及丰富多彩的监狱或监区文化活动三个方面。

健康的监狱或监区文化环境是监狱或监区文化环境的软件,集中体现在监狱或监区风气、监舍风气。它是一种无形的力量,可以为罪犯的身心健康成长提供重要的精神环境与心理氛围。凡是处在积极向上的、人际和谐的监狱或监区文化环境中,就会使罪犯感到气顺心畅,能够获得力量感;相反,倘若处在消极的、紧张冲突的文化环境中,就会使罪犯更多地体验到消极情绪,从而影响改造生活。

监狱或监区良好的自然环境是监狱或监区文化环境的硬件,包括罪犯劳动、学习、生活与活动的场所。整洁、美化的环境能给罪犯带来充满生机的感受,体验到愉悦与放松,积极的情绪容易占主导;相反,杂乱不洁的环境容易给罪犯带来沉闷的感受,体验到不快与压抑,消极的情绪容易占主导。

丰富多彩的监狱或监区文化活动可以为罪犯的心理健康的发展提供机会与条件。它有利于充实罪犯的精神世界,使正当需要得到满足,心理紧张与压力得到缓解,最大限度地减少心理应激与危机感;有利于罪犯更好地适应监狱服刑生活,培养人际沟通与协调的能力,从而促进心理健康发展。

三、罪犯心理健康教育的方法

罪犯心理健康教育,是现代心理学、教育学、精神医学、生理学与社会学等多学科理论与罪犯教育实践相结合的新产物。由于它是一项专业性很强的工作,要想收到应有的效果,必须采取恰当的方法。恰当的方法是做好罪犯心理健康教育工作的重要条件。

罪犯心理健康教育的方法多种多样,主要可概括为"五个结合"。

(一) 外聘专家和专业人员与监狱骨干队伍相结合

虽然罪犯心理健康教育日益受到重视,但相对而言,目前在监狱从事罪犯心理健康教育的师资仍显得数量不够、专业化程度较低,专职人员少、兼职人员多,从而为罪犯心理健康教育的开展带来一定的不利影响。因此,建立一支监狱专职的、专业化程度高的、高素质的罪犯心理健康教育的监狱民警队伍,是确保罪犯心理健康教育顺利、有效开展的必要保证。

同时,单纯依靠监狱民警作为罪犯心理健康教育的力量尚显薄弱,也不利于罪犯教育改造工作的社会化。因此,为了加强罪犯心理健康教育力量,可以外聘社会上专家和专业人员担任顾问和心理健康教育的兼职教师,以促使罪犯心理健康教育工作处于一个较高的起点,并增强监狱罪犯心理健康教育的效果。

只要社会与监狱自身的教育资源相互优化组合,外聘专家和专业工作者与监狱骨干队伍优势互补,各自发挥出自身的优势,就能在整体上提高罪犯心理健康教育的质量。

(二) 学习心理健康教育理论与罪犯改造实际相结合

为了提高从事罪犯心理健康教育人员的专业教育水平,监狱应组织他们参加心理健康教育理论诸如心理学、健康心理学、心理辅导等方面的培训与学习。与此同时,罪犯心理健康教育想要取得真正的实际效果,必须要与罪犯的改造实际相结合。不能单纯地依靠心理健康教育理论,从概念到概念、从知识到知识、从教材到教材,而是要真正了解罪犯的心理健康需求及相关的改造活动,使罪犯的心理健康教育具有自身的特色,从而切实帮助罪犯解决服刑生活或改造过程中遇到的各类实际心理问题与困惑,提高其自我改造的意识,增强其健全人格的培养。

(三) 发展性的集体心理健康教育与个别心理辅导相结合

所谓发展性的集体心理健康教育,是指以罪犯现有的心理素质实际为出发,挖掘其心理潜能,使罪犯的心理素质在原有的基础上得到提高,以形成健康的心理与健全的人格的教育活动。这是一种重在面向全体罪犯、立足于罪犯素质发展与提高的积极的、开放的教育活动。

个别心理辅导则是一种重在面向具有某种心理问题的少数罪犯,甚至是个别的特殊罪犯,立足于帮助问题罪犯逐步走出心理误区的防御型的、相对封闭式的教育活动。它弥补了集体心理健康教育的不足,更加侧重罪犯的个体差异性,使罪犯心理健康教育的实施全面化,而不存留"死角"。在罪犯心理健康教育过程中,两者的有机结合和相互促进,能更有利于罪犯心理健康教育质量的提高。

(四) 传统的有效方法与现代教育技术相结合

在罪犯心理健康教育过程中,需要把传统的有效方法与现代教育技术结合起来。例如,课堂教学是传统的有效方法,至今仍然在罪犯心理健康教育中发挥着重要的作用。但是要使其进一步发挥作用,增强教育效果,就需要与现代教育技术有机结合,科学地运用现代教育技术传递教学信息,以延伸和拓宽课堂教学的时空维度。现代教育技术在罪犯心理健康教育课堂教学中的最佳作用点,如突出、强化教学重点;突破、解决教学难点;创设情景,引发动机;提供事实,建立经验;显示过程,形成表象;举例验证,列举概念;提供示范,正确操作;解释原理,启发思维;设置问题,引起思辩等方面。这些都是对罪犯进行心理健康教育不可缺少的教学环节。这足以说明,传统的有效方法与现代教育技术相结合,能够增进心理健康教育的实际效果。

(五) 提高罪犯心理健康水平与提高监狱民警心理健康水平相结合

要使罪犯心理健康教育取得好的成效,就要注意把提高罪犯心理健康水平与提高监狱民警心理健康水平结合起来。要提高罪犯的心理健康水平,前提是注重监狱民警心理健康水平的提高。监狱民警作为罪犯的教育者,自身倘若存在着严重的心理问题或心理障碍,不仅对罪犯心理健康水平的提高起不到积极作用,而且会影响到罪犯消极心理的产生。

监狱民警也是普通人,也同样会遇到各种各样的心理问题与困惑。特别是在司法体制转型的过程中,特殊的职业与特殊的工作环境,会使监狱民警面临诸多心理压力,在难以调适时也会产生心理疾病。而监狱民警的心理问题会直接影响到罪犯心理健康的水平。因此,对罪犯实施心理健康教育,监狱民警的心理必须要健康。监狱民警如何保持心理健康,提高心理健康水平:作为监狱方面,要注重监狱民警心理健康知识的教育与心理素质的培训;作为监狱民警自身,也要运用心理健康知识来指导自己保持心理健康,提高心理健康水平。总之,只有把提高罪犯心理心理健康水平与提高监狱民警心理健康水平加以有机结合,才能有效提高罪犯心理健康水平,使罪犯心理健康教育工作发挥出应有的效用。

第十一章　罪犯体育和美育

一般来说,体育能强身健体,美育则带给人美的享受。对罪犯教育而言,罪犯体育和美育都是罪犯更乐于接受的重要教育内容,重视开展罪犯体育和美育,不仅有利于罪犯的体、美素质发展,而且有利于罪犯的教育改造,更好地促使他们重新做人,适应社会。

第一节　罪犯体育

修订后的我国《监狱法》第 67 条规定,监狱应当组织罪犯开展适当的体育活动和文化娱乐活动。这是开展罪犯体育活动的法律依据,也同时说明罪犯体育是罪犯教育的重要内容之一。

一、罪犯体育的意义和任务

(一) 罪犯体育的意义

体育是指以身体锻炼为基本手段,以增强体质,促进人的全面发展,丰富社会文化生活和促进精神文明为目的的一种有意识、有组织的社会活动。罪犯体育既具有一般体育属性,同时又有它特定的内涵。所谓罪犯体育,是指监狱利用狱内的体育场所和设施,组织罪犯在劳动和学习后的业余时间,以增强体质、锻炼意志、开发智力、提高思想道德层次为主要目的的教育活动。罪犯体育具有其自身的特点,如体育对象的特定性,其对象是正在服刑的罪犯;体育目的的改造性,是着眼于罪犯改造;体育环境的特定性,是在监狱这一特定环境中。

监狱组织罪犯开展适当的体育活动,其意义主要体现在以下几个方面:

第一,可以增强罪犯体质。体育的意义首先在于可以增强罪犯体质。人的健康与否,当然和遗传等先天因素有关,但是后天的培养也非常重要。一个人先天体质好,只是打下了好的基础,不等于后天就一定身强体壮;相反,先天体质差,只要通过很好的体育锻炼,也可以获得一个强健的体质。尽管罪犯在监狱参加一定的生产劳动在某种程度上也能起到锻炼身体、增强体质的作用,但应该看到,生产劳动往往是固定形式,对人体肌肉的局部活动具有一定的作用,而且不少体力劳动并不需要脑、心、肺都发挥很大能量,难以协调身体的各种机能。生产劳动也易使人产生疲劳,长期的固定劳动形式导致身体发展的不均衡,往往会患职业病,所以在生产劳动之余安排专门的时间进行体育活动是必不可少的。罪犯通过体育锻炼,可以使身体各部分的发展和谐匀称,肌肉发达有力,肤色光泽,具有健康的体魄。同时体育锻炼还能增强人体免疫力,有利于慢性疾病的康复,使身体素质得到全面均衡的发展。

第二,可以锻炼罪犯意志。意志是人的发展的一种内在动力。一个人光有某种信心,如果缺乏支撑信心的坚强意志,那只不过是一种空想。罪犯在监狱服刑过程中,要坚定改造信心,就需要坚强的意志作支撑。而坚强的意志是和一个人的体质和性格的磨炼分不开的。体育锻炼不仅使人具有强健的体魄,搭建意志的物质基础,而且能使人有克服困难的勇气和顽强拼搏的精神,不断挑战自我,战胜自我,最后超越自我。因此监狱要通过体育活动的开展练就罪犯的坚强意志,使之能够克服改造道路上遇到的种种困难,最终把自己改造成为守法公民。

第三,有助于罪犯智力开发。罪犯智力的开发对提高文化水平、熟练掌握和运用劳动技能,提高劳动生产率有至关重要的作用。而罪犯智力的开发,不光靠罪犯文化、技术教育,罪犯体育也发挥着重要作用。庄稼只有扎根在肥沃的土壤里才能茁壮成长,智力只有依靠健康的身体才能得到良好发展。重视体育活动,就能为学习、工作、生活提供持久的精力、脑力,并能很好地促进智力开发。这对于罪犯体育同样是适用的。经常的、适当的罪犯体育活动可以锻炼罪犯的观察能力、反应能力,使他们在学习中保持清醒的头脑,观察敏锐,注意力集中,思维灵活,记忆力增强。在劳动生产活动中精力充沛,思想高度集中,能快速、准确地判断和处理遇到的问题,提高劳动生产率。常言说得好,身体是革命的本钱。做工作干事业,没有一个健康的身体不行。

第四,有助于提高罪犯思想道德层次。体育活动本身具有丰富的思想道德教育内容,如体育活动包含了塑造公平竞争意识的精神,包含了集体主义和团结协作的精神。这些潜在的精神通过体育活动在罪犯的思想道德领域发挥着潜移默化的作用,能够起到"随风潜入夜,润物细无声"的特殊作用。如体育运动的原则是公平竞争,要尊重对手,服从裁判,遵守体育规则。这一原则引申到社会生活,就是要遵纪守法,罪犯在监狱组织的体育活动中,也可以从中受到这方面的教育,树立遵纪守法的观念。体育运动特别是团体体育运动,需要高度的互助和协作。监狱通过开展体育活动,有利于培养罪犯互助、协作的集体主义精神,使罪犯具有积极向上的精神风貌。

（二）罪犯体育的任务

罪犯体育的基本任务是：一是根据罪犯的特点，有计划地组织、指导罪犯锻炼身体，不断增强罪犯的体质和健康水平，提高对监狱改造生活环境的适应能力，为罪犯在监狱参加各种改造活动奠定良好的身体基础。二是在开展体育活动的过程中，使罪犯学习和掌握体育的基本知识、基本技术和基本技能，教会罪犯用科学的方法锻炼身体，并逐步养成自觉锻炼身体的习惯，培养战胜困难的意志和吃苦耐劳的性格，促进智力发展。三是结合体育特点，渗透思想教育。培养罪犯服从管教、遵守监规、爱护集体、团结互助、积极向上的精神风貌，营造充满活力的改造环境。

二、罪犯体育的内容和组织形式

监狱组织罪犯开展适当的体育活动，应当重视内容和组织形式的选择和确定。

（一）罪犯体育的内容

根据罪犯体育任务和监狱特殊环境及罪犯特点，罪犯体育的内容通常有以下几项：

1. 田径运动。田径运动包括走、跑、跳跃和投掷等活动。田径运动能促进人体的新陈代谢，改善和提高内脏器官的机能，并能发展速度、灵敏、力量和耐力等身体素质，因此它是各项运动的基础。

2. 体操。体操是体育运动的重要项目之一，它的动作有简有繁，适合不同年龄、不同健康状况的各种对象。对于罪犯来说，主要是进行队形、队列的操练，按国家广播体操的内容来做徒手操或身体素质操，辅之以一些竞技体操内容。通过体操运动，增强体质，同时培养遵守纪律、服从指挥的良好品质。

3. 球类。球类是罪犯特别是青少年犯较为喜欢的一种体育活动。长期坚持球类活动，如篮球、足球、排球、羽毛球、乒乓球等，对于提高罪犯身体素质，培养集体主义精神有很好的作用。

4. 游戏。游戏是罪犯喜爱的集体性活动，它具有竞赛因素，融思想性、知识性、趣味性于一体，形式生动活泼，内容丰富多彩，活动条件要求简单。因此可以利用业余时间组织一些游戏活动，调节改造生活气氛，振奋改造精神。

（二）罪犯体育的组织形式

罪犯体育的组织形式除了开设必要的体育讲座、进行有计划的队形、队列操练外,主要是利用劳动、学习后的业余时间进行。这里着重谈一下罪犯业余体育活动的组织形式。

1. 组织锻炼小组。这是开展业余体育活动的普遍组织形式。在监狱民警的指导下,罪犯可以根据自己的体质情况、兴趣爱好和技术水平,组成锻炼小组。小组人数不必强求一律,多可十几人,少可五六人,由监狱民警指定小组长带领活动。但要加强管理,防止一些罪犯以体育锻炼为名,拉帮结伙,搞不正当活动。

2. 组织运动队。在开展各种体育活动的基础上,选拔对某项运动爱好并有一定基础和能力的罪犯组成各种运动队,利用业余时间进行专项运动训练,可以培养体育活动的骨干,进一步推动各项体育活动的开展,并提高罪犯体育运动的技术水平。运动队监狱民警要加强管理,在吸收队员时,不应单从运动成绩出发,除体育成绩外,还要注意改造表现等情况。队员的人数不宜过多,要精干,便于训练和提高。为了提高训练工作质量,除聘请有某项体育特长的干警担任教练外,也可请当地普通学校或体校的体育教师到监狱担任指导。

3. 组织运动会。运动会是监狱广泛开展罪犯体育活动的有效形式,通过运动会,可以促进罪犯锻炼身体的积极性与提高运动技巧水平。同时,也可检验开展各种罪犯体育活动的效果,总结交流经验,进一步推动罪犯体育运动发展。监狱应定期举行运动会,并加强对运动会的组织和领导,确保运动会取得成功。

第二节 罪犯美育

美育,是社会上普通学校对受教育者实施全面发展教育的重要内容。由于罪犯中普遍存在审美观念颠倒,审美情趣低下等状况,因此,监狱这种特殊学校在对罪犯实施教育的过程中,也应把美育作为一个重要内容。

一、罪犯美育的概念、特点和作用

(一) 罪犯美育的概念

在了解罪犯美育之前,有必要先了解一下美和美育的一般概念。不论是在社会生活中、大自然中,还是在艺术作品中,美的现象总是千姿万态,多种多样,无处不在的。马克思主义唯物史观认为,美是包含着或者体现生活的本质规律,能够引起人们特定情感反应的具体形象。从形态来看,美通常被分为社会美、自然美和艺术美三大类。

"美育"一词是德国启蒙时期的剧作家、美学家席勒在其《审美书简》中首先提出和使用的。"美育"一词的出现虽是近代的事,但美育思想却早已存在。如古希腊哲学家柏拉图认为,艺术教育可以"拿美来浸润心灵,使它也就因而美化。"在我国古代,孔子在《论语》中曾提出"兴于诗,立于礼,成于乐"的教育思想,明确肯定了艺术具有修身、养性和陶冶情操的重要作用。荀子的"美善相乐"说,提出"诗""乐"等艺术作品,具有"美政""美人""美俗"等重大的社会意义。我国近代以来许多教育家也都提倡美育,特别是经过教育家蔡元培先生的大力提倡,美育在近代教育中形成了相对独立的体系。毛泽东同志说过:"真的、善的、美的东西总是在同假的、恶的、丑的东西相比较而存在,相斗争而发展的。"[1]在当今我们国家,在普通学校,美育就是培养受教育者具有正确的审美观念和鉴赏美、创造美的能力的教育。

美育按实施的对象不同,可分为对普通学校受教育者的美育,对工人的美育,对军人的美育、对罪犯的美育等。所谓罪犯美育,就是在依法监管的条件下,以改造人为目的,通过利用社会生活、艺术作品、改造环境中诸种美的因素,对罪犯进行熏陶和启迪,以达到使其养成正确的审美感受力、健康的审美观、高尚的审美情操及培养其审美创造力的一种潜移默化的系统影响活动。

(二) 罪犯美育的特点

1. 形象性

形象性是罪犯美育最显著的特点。美育是以具体、鲜明、生动、可感的美的形象引发罪犯的美感。在监狱中常不难看到,贴近罪犯改造生活的一首诗、一幅画、一部电视剧,往往能够使其感受到艺术作品中所展示的美的事物的魅力,从中受到启发和教育,促进其加速改造步伐。由于罪犯大都文化知识基础差,对抽象的说理理解能力弱,对形象化的东西易于感知,这就需要重视美育的功效。形象的罪犯美育比抽象的说教更容易使罪犯接受。

2. 情感性

要做好罪犯的转化工作,必须借助情感的力量。情感是人所特有的,是人对认识对象的一种体验和态度,是主体对客体的一种反映形式。情感是一个人的心理动力因素,没有内心的情感体验这个内在动力,单靠外部的硬性强制,很难有效地促进罪犯转化。这就需要在罪犯教育中以情动情。正如费尔巴哈所说:"感情只能向感情说话,因此感情只能为感情所了解,也就是为自己所了解——

---

[1] 《毛泽东选集》(第5卷),人民出版社1977年版,第390页。

因为感情的对象本身只能是感情。"①而罪犯美育则恰恰注重情感,它的显著特点就是通过美的事物激发罪犯的审美情感,激发罪犯的内在动力,对美的事物在情感上产生共鸣,引发对美的事物的热爱、向往、追求和对自己所犯丑行的鄙视、厌恶、摒弃的情感,以更好地促使其以实际行动向丑恶的昨天告别,走上美好的新生之路。

3. 愉悦性

"寓教于乐"是罪犯美育的又一个显著特点。康德认为,"从每个表象我可以说:它(作为认识)是和快乐结合着,这至少是可能的。关于我所称之为快适的表象,我说,它在我内心里产生着真实的快乐。至于美,我们却认为,它是对于愉快有着必然的联系。"②这也说明罪犯美育与快乐密不可分。罪犯美育是靠美的事物来吸引人,以无拘无束、轻松愉快的方式把美的对象显示给罪犯。作为罪犯,在欣赏美、体味美的过程中,在轻松愉快的状态中,在潜移默化中就受到了积极、健康的思想情感的熏陶和影响,并化为一种积极向上的力量,推动自己改过自新。

(三) 罪犯美育的作用

1. 罪犯美育有助于改变罪犯恶劣的道德观念

在现实生活中,善与恶、美与丑总是相对立的,而善与美往往是结合在一起的。一般说来,善是指客观事物符合社会需要的功利性,包括人们的行为是否符合社会规范的评价,是一个道德范畴。美则是表现社会生活内容的打动人心的感性形象。善和美既有区别,又有联系。就美而言,并不就是善,但它离不开善,美的事物从本质上讲应该是善的。古希腊教育学家亚里士多德就认为美是一种善。正因为美之中包含着善或道德,美育对于改变罪犯恶劣的道德观念也有重要作用。罪犯美育通过以美导善,可以使罪犯在脱离丑、接近美的过程中明辨善恶,去掉恶性,归心向善,树立符合社会评价标准的道德观念。

2. 罪犯美育有助于罪犯文化知识的掌握,促进智力发展

美育对罪犯加深文化知识的理解和掌握,也有着不可忽略的作用。生动具体的艺术作品和感性形象,能给人很多知识。利用各种美的形态对罪犯进行文化教育,可以使其在愉悦精神的同时,丰富文化知识。在很多情况下,美育是与文化知识的学习紧密相连的。一篇好的语文课文,必定处处闪现着艺术之美;一

---

① 北京大学哲学系外国哲学史教研室编译:《十八世纪末—十九世纪初德国哲学》,商务印书馆1975年版,第551页。

② 〔德〕康德:《判断力批判》(上卷),邓小芒译,商务印书馆1985年版,第74—75页。

幅好的几何图形,也表现着事物的对称之美。罪犯在对美的事物的欣赏和感叹之中,也学习和掌握了文化知识。与此同时,罪犯美育还能促进罪犯的智力开发,在罪犯美育过程中,罪犯不断受到美的熏陶、感染和从事美的创造的活动,因而他们的观察力、想象力、创造力和思维能力也会随着得到提高,这对于促进罪犯智力的全面发展是有积极作用的。

3. 罪犯美育有助于促进罪犯身心健康发展

美的事物从形式到内容,一般都体现了健康和蓬勃向上的活力,而不是显示衰败、病态和死亡。美育就是使罪犯在感受美、创造美的过程中,形成健康向上的心态,生气勃勃,精神振奋,从而促进身心健康发展。

二、罪犯美育的途径和方法

在监狱,罪犯美育承担着培养罪犯审美感受力、矫正审美观念、改变审美情趣、培养审美创造力的任务。为完成这些任务,就要借助于一定的途径和方法。罪犯美育的途径和方法有多种多样,这里仅就主要方面概述如下:

(一) 通过课堂教学,传授必要的美学知识

美育既然是以美育人,就需要罪犯学习和掌握必要的美学知识。因此,监狱民警要通过课堂教学,向罪犯传授必要的美学知识。让罪犯知道什么是美、美的根源、美的本质和特性、美的形成和发展、美的创造、美的种类;让罪犯了解美感的来源、美感的本质、美感的心理过程以及美感的种类;让罪犯懂得什么是审美欣赏、审美欣赏中的主体和客体、审美感受中的共同性和差异性、审美理想、审美判断及其标准。还要向罪犯介绍一些有关艺术的种类、特点、方法、流派、风格等。在向罪犯传授美学知识时,要注意理论联系实际,便于罪犯对所学美学知识的吸收和消化。

(二) 运用社会生活之美,唤起罪犯对美的追求

社会生活丰富多彩,美的人和事层出不穷。以当今中国为例,就有慈善之美、爱心之美、舍己救人之美、见义勇为之美、身残志坚之美、埋头苦干之美等等。歌唱家丛飞善行,爱心大姐林秀贞献真情,魏青刚舍己救人,汪洋义举,李丽身拖病残身躯关心罪犯改造,赤脚医生李春艳扎根乡村为乡亲。这些美的人物和美的事迹,闪耀着美的光芒。监狱及其干警要善于运用社会生活中美的人和事对罪犯进行教育。在教育过程中,要联系实际,加强针对性,引导罪犯用社会生活中美的人和事与自己的所作所为进行对照,使他们分清美丑,告别丑恶,追求真正的人格美、心灵美。

(三) 利用文化技术课，唤起罪犯美的情趣

在罪犯文化技术课的教学中进行美的教育，有助于唤起罪犯美的情趣，他们学习的主动性、刻苦性也容易培养起来。在对某个具体的学科进行讲授时，结合该学科或者课程的美学特点，将其蕴涵的美学价值阐述得具体生动，就能激发罪犯对该学科的审美情趣。此外，在文化技术课的教学中，讲授者生动形象的语言、整齐美观的板书、清晰鲜明的绘图，以及对罪犯作业整洁的要求，都具有美育的因素。只要重视把美育渗透于文化技术课的教学中，就能极大地唤起罪犯美的情趣，促使他们以审美的态度对待文化和技术课的学习，取得更好的学习效果。

(四) 通过生产劳动，加深罪犯美的体验

生产劳动是人类最基本的实践活动。生产劳动不仅满足人们物质生活的需要，而且也满足了人们精神生活的需要。生产劳动是美的源泉，蕴含着丰富的美育内容，因此，生产劳动也是对罪犯进行美育的重要途径和方法。在通过生产劳动对罪犯进行美育的过程中，首先，要使罪犯在生产劳动过程中受到美的教育。生产劳动的过程也是创造的过程，罪犯在生产劳动中可以体会到创造的艰辛，感受到成功的喜悦，从而培养出热爱劳动、尊重劳动果实的基本美德。作为监狱民警，应当按照美的规律精心组织罪犯生产劳动，使罪犯真正领悟到生产劳动过程的美，发挥自己的热情和智慧。其次，利用劳动产品本身的美，丰富罪犯美的情感。优质的物质产品不仅具有应用价值，同样具有审美价值。马克思就曾指出，人也是按照美的规律来造成东西。随着现代科学技术的不断进步，罪犯生产的产品也越来越体现出产品的实用和美观的统一。作为监狱民警，要善于运用劳动产品的美对罪犯进行教育，使罪犯面对自己的劳动果实，产生一种热爱、喜悦和欣慰之情，从而以更饱满的热情投入到生产劳动中去，制作出更多、更新、更美的产品。最后，通过改善生产条件，增进美的感受。改善生产条件，能丰富罪犯的审美情感，激发他们的劳动积极性，提高劳动效率。如在生产车间，通过合理照明、减少或者消除生产噪音、保持良好的通风，以及室内墙壁和设备色彩搭配合理、机器安置合理有序、生产秩序井然等，都可以潜移默化地影响罪犯的审美情趣，陶冶他们的心灵，同时也能为他们审美创造提供良好条件。

(五) 运用艺术手段，增强美的感染

艺术是运用色彩、韵律、节奏、线条、音响等来打动人心。优秀的艺术作品所反映的事物，不是客观现实的简单再现，而是经过艺术加工，是典型化的客观现实，它能更集中地反映事物的本质，是思想性与艺术性高度结合的产物。它对罪

犯具有特殊的影响力和感染力。

运用艺术手段进行美育的做法主要有以下几种：

1. 利用文学作品进行美育。文学是以语言文字为工具，形象化地反映社会生活的艺术。它包括诗歌、小说、散文、戏剧等。它运用形象生动的语言，从各个侧面反映自然、社会现实和人们的心理状态，创造典型的形象和性格。优秀的文学作品，描绘丰富多彩的自然美景，赞颂人类社会中的优美事物和崇高品质，揭露和批判落后、丑恶的东西。罪犯阅读这些作品，在获得丰富的知识的同时，情感上也受到感染，并有助于形成正确的审美观点，提高辨别美丑的能力。监狱民警在运用文学作品进行美育时，一是要善于发挥文学作品在改造罪犯中的艺术感染力。优秀文艺作品塑造的艺术形象往往具有极大的感染力，监狱民警如能在对罪犯说理过程中巧妙地加以运用，就能增强所说之理的魅力，更易于为罪犯所接受。二是要有选择地指导罪犯阅读文学作品。向罪犯推荐文学作品，要注意联系罪犯思想改造的实际，有利于罪犯改造，严格禁止罪犯阅读内容不健康的读物。同时要指导罪犯开展文学作品的评论活动。特别是对罪犯影响较大的作品，通过座谈或出专栏等形式，引导罪犯用正确的审美观念进行分析、评论，提高罪犯的欣赏水平和审美能力。三是要提倡罪犯利用业余时间开展阅读优秀文学作品活动，创造好的阅读条件，营造浓郁的阅读氛围，使罪犯之间相互影响，相互鼓励，有助于良好改造风气的形成。

2. 利用音乐进行美育。音乐是一种声音的艺术。音乐是监狱实施美育的重要手段，它能丰富罪犯的精神生活，陶冶他们的情操，激励他们改过自新。音乐的特点是直接诉诸人们去感受世界，潜移默化地影响人的灵魂。监狱的音乐教育，应当使罪犯充分感受健康积极向上的音乐美，通过教唱优秀歌曲、组织歌咏比赛、举行音乐晚会以及观看演出等，使罪犯受到健康的、形式多样的音乐教育。

3. 利用绘画进行美育。绘画是通过一定的色彩、线条和块面，以具体的、个性化的图像来反映生活，再现现实。有价值的绘画，都是更有组织、更集中、更形象地把自然美和人物美恰当地表现出来，可以帮助罪犯提高辨别美丑的能力。在服刑罪犯群体中，不少罪犯受低级趣味、庸俗淫秽的黄色图画影响颇深，这就要求监狱民警有目的、有针对性地选择有价值的绘画来对罪犯进行引导，清除他们头脑中的精神垃圾，使他们审美格调高雅，情趣健康，精神升华，走向新生。

4. 利用影视录像进行美育。影视录像是音、形、色、动的集合，是综合性的艺术。它们综合运用了表演、造型、音乐、舞蹈、美工、文学等多种艺术表现手段，形象化地表现主题,具有巨大的影响力。好的影视作品使人在享受美的同时,受到感染和教育。监狱应有计划地组织罪犯观看好的影视作品,排除那些描述暴力、色情和偷窃等内容不健康、格调低下的影视作品,要用那些内容健康的、格调高雅、富有教育意义的影视作品吸引罪犯,转移他们的情趣,充实他们的精神生活。

（六）在日常改造生活中进行美的渗透

在罪犯日常的改造生活中,蕴含有大量的审美因素,监狱民警要充分利用这些因素,进行美的渗透,使罪犯形成美的感受,提高审美能力。如组织罪犯绿化监区,布置监舍,使罪犯的生活环境朴素美观、整洁卫生、充满生气,这本身就是美的陶冶。对罪犯的着装应有统一的要求,做到衣着整洁朴素,杜绝奇装异服。言行举止要文明礼貌,禁止庸俗低下,从而使罪犯懂得衣着仪容和行为举止如何,体现着审美情趣的高下。在生活习惯上,要建立良好的生活规矩和生活秩序。饮食起居、生产学习、娱乐休息等各方面都要有科学合理的安排,符合美的要求。通过把美的因素渗透到罪犯日常的改造生活中,经过长期的熏染,以使美的因素在罪犯身上逐渐发扬光大,最终取代和战胜身上的丑,成为一个既善且美的新人。

第三编

罪犯教育方法论

第十二章 罪犯集体教育

第一节 罪犯集体教育概述

一、罪犯集体教育的概念

罪犯集体教育是指监狱对服刑罪犯群体开展的,以解决普遍性、共同性问题为目的的手段或方式。它的内涵包括以下几方面要素:其一,教育实施者,是特指我国的监狱及其民警以及社会相关人员(如邀请来监狱向罪犯群体做法制教育报告的法院工作人员);其二,教育对象,即指正在狱内服刑的罪犯群体;其三,教育内容,包括思想教育、文化教育、技术教育以及心理健康教育等对罪犯群体带有共同性的教育内容;其四,教育的物质要素,主要指教育场所、教学设施等。

罪犯集体教育、罪犯分类教育和罪犯个别教育是我国罪犯教育的三种主要方式,它们相互联系,共同作用于罪犯教育改造,促进罪犯转化,同时它们三者之间又相互区分。罪犯集体教育与罪犯分类教育的区别主要在于:罪犯集体教育对象是罪犯群体或相对独立的罪犯群体,在该群体中,罪犯个体在具体情况上则是多样复杂的,而罪犯分类教育的对象是某一类型的罪犯或犯同种罪,归入某一类型的罪犯,个体的情况具有某些相同特征;罪犯集体教育是解决罪犯中存在的一般性、共同性的问题,而罪犯分类教育是解决罪犯中具有类型化的问题。罪犯集体教育与罪犯个别教育的不同主要表现在:罪犯集体教育的对象是犯罪人群体即多个罪犯,并按一定的组织形式集中进行,而罪犯个别教育的对象是单个罪犯,以单人的形式进行;罪犯集体教育的内容着重于解决罪犯群体中带有普遍性、共同性的问题,而罪犯个别教育是以解决犯罪犯个体具体、个别的问题为主的教育。

二、罪犯集体教育的特点

罪犯集体教育具有以下几个特点:

(一) 规范性

罪犯集体教育是监狱针对罪犯群体开展的一种系统的、正规的、严肃的教育活动。它对教育的内容、形式、管理,以及教育对象的行为举止等都有严格的要求。对参加教育的时间、人数、场所等都有明确而具体的规定。例如,根据司法部颁布的《监狱教育改造工作规定》第 24 条的规定,成年罪犯的教学时间每年不少于 500 课时;未成年犯的教学时间,不少于 1000 课时。对教育者也有严格的要求。由于罪犯集体教育的对象面广人数多,教育活动正规,要求教育者对教育内容的安排要正确、充实,要密切联系罪犯实际,体现针对性;教育方法讲求多样;教育者的着装、言谈举止应端庄大方,可亲可敬。由上可见,罪犯集体教育是规范性很强的教育活动。

(二) 组织性

罪犯集体教育活动是针对多数罪犯的教育活动,涉及人、材、物、时间、场所等多种教育因素,是一个复杂的动态运动系统。为实现教育目的,必须要加强组织,即强化对教育者、教育对象、教育内容、教学时间、教育形式等要素的组织、管理以及教育过程的组织、安排,这样才能保证教育正常秩序、控制教育过程,使罪犯集体教育活动规范、有序地开展,达到预期的教育目的。否则,将会在罪犯集体教育活动中出现杂乱无章、混乱无序的状况,甚至会导致异常情况的发生。

(三) 高效性

罪犯集体教育的高效性,主要体现在两个方面:一是经济性。罪犯集体教育是在同一时间、同一场所面对多数罪犯的教育,它可以使教育者同时、同地针对几十、几百甚至上千个罪犯开展教育活动,具有传递信息快、影响面广的功效。集体教育可以节省大量的人力、物力和时间等,获得好的教育效果。在我国,罪犯的人数远远大于监狱民警的人数,监狱民警面对众多的罪犯,要控制局面,使他们按照监狱的规定行事,就要从解决罪犯群体中带有普遍性、共同性的问题入手,将罪犯集中起来进行统一集体教育,以统一思想,统一行动,从而收到事半功倍之效。从经济学的投入与产出比例的角度来看,罪犯集体教育就是以较小的教育投入,取得好的教育效果,所以集体教育具有较大经济性。二是实效性。由于集体教育的对象是多数罪犯组成的集体,因而可以产生一种群体效应。社会心理学的观点认为,个别受教育者在集体教育中可以受到群体情绪、氛围的影响、感染、暗示,从而产生一种"从众心理",以巩固、增强自己的学习、劳动心理及行为。罪犯集体教育也可以在短时间内动员起强大的舆论,扶正压邪,使置身其中的罪犯个体受到强烈影响,从而产生趋善避恶的心理和行为,以体现出实效性。在罪犯个体相互影响的不断作用下,有助于良好改造风气的形成,更好地促进罪犯改造,从而产生更好的实效性。

三、罪犯集体教育的意义

（一）罪犯集体教育有助于解决罪犯群体中的共性的思想问题

虽然不同的罪犯个体之间的犯罪情况有所差别，但同时，不同的罪犯之间又存在许多共同性的问题。比如对一定时期国内经济社会形势的看法，对国家颁布的相关法律、法规和制定的相关政策的反应，对监狱出台的某项改造举措的想法等等。这些问题涉及每一个罪犯，往往会出现相同或相似的思想动向。要解决罪犯群体中这些带有共性的思想问题，最适宜的方法就是把全体罪犯集中起来，开展共性教育。这样可以收到好的教育效果。

（二）罪犯集体教育有助于罪犯增长知识、获得技能

罪犯教育的目的是为了把罪犯教育改造成适应社会需要的守法公民。罪犯教育的过程是改造罪犯、塑造新人的过程。很多罪犯犯罪是因为文化知识水平低、愚昧落后、好逸恶劳、缺少必要的劳动技能。为实现教育目的，就必须向他们进行文化教育和技术培训。要完成这样的任务，仅靠零敲碎打、一对一的教育是远远不够的。为了解决这一问题，离不开正规的集体教育形式。只有通过集体教育这一形式，把罪犯相对集中起来，通过课堂讲授、辅导、练习等形式，遵循循序渐进的教育原则对他们进行正规、系统的教育，才能有助于罪犯增长知识、获得技能。

（三）罪犯集体教育有助于培养罪犯的良好行为习惯

大多罪犯有很多不良行为习惯，如放荡不羁、野蛮粗鲁、好逸恶劳、我行我素等等，这些不良行为习惯日积月累，不易改掉。因此，在罪犯教育过程中，要在抑制不良行为习惯，培养其良好行为习惯上下功夫。我国监狱历来注重日常管理教育，重视发挥管理对良好行为习惯的养成作用，坚持依法、严格、科学、文明管理，认真落实《服刑人员行为规范》，使罪犯转变不良习性和生活方式，养成良好行为习惯。同时，充分发挥管理对罪犯的激励作用，在日常考核管理、行政处理和刑事奖惩中，注意区别情况，体现政策，激励积极改造。在这方面，罪犯集体教育具有独特的作用。罪犯集体教育作为一项涉及面广、牵扯面大的教育活动，在罪犯参与的集体的多项活动中，为保证其顺利进行，监狱具有严密的组织、严格的制度、严肃的要求、严细的防范措施以及严明的奖惩措施。这样就强行限制了罪犯的不良行为，经过多次重复后，可以使罪犯不良行为习惯得到抑制，良好行为习惯得以养成。

(四) 罪犯集体教育有助于培养健康的罪犯群体

从我国监狱的实际情况看,罪犯群体是分层次的。就一所监狱而言,整个监狱所有的押犯就是一个大群体。而各监区、分监区以及班组又可以划分为不同层次的群体。大量事实说明,在一个健康的罪犯群体,容易消除罪犯的消极意识和恶习,形成积极意识和良好的行为习惯。群体成员相互的帮助和监督、正确舆论的制约、改造风气的熏染,对罪犯来说,是一个巨大的教育力量。有时甚至比监狱民警个人的教育力量要大得多。而一个不健康的罪犯群体,不仅不能消除罪犯个体的消极意识和恶习,而且会成为"黑染缸",成为抵制和抗拒改造的负面力量。因此,培养健康的罪犯群体至关重要。而要培养健康的罪犯群体,必须通过集体教育这一方式和途径。集体教育活动可以使每个罪犯的组织纪律观念增强,关心集体、爱护集体的意识增强,集体荣誉感增强,使罪犯群体逐步转变为健康的罪犯集体。这种教育力量的作用正如苏联教育学家马卡连柯所说,"不管用什么劝说也做不到一个真正组织起来的自豪的集体所能做到的一切"。通过健康的罪犯集体发挥出的教育力量,可以更好地促使罪犯集体中的每一个成员不断朝着正确的方向转化。

第二节 罪犯集体教育的方法

罪犯集体教育的方法,是在罪犯集体教育过程中教育者的工作方式。罪犯集体教育的常用方法主要有以下几种:

一、讲授法

讲授法是教育者通过语言的方式系统地向罪犯进行思想引导、传授知识、技能等所采用的方式方法。运用讲授法,能较好地发挥语言的概括作用,便于系统地进行思想教育和促使知识和技能等,使罪犯在较短时间内有较大收获。

讲授法一般又分为讲述、讲解、报告、举办讲座等形式:

讲解,主要用于对概念、定义、观点、原理、原则、公式等的解释或论证。就是用分析、说明、解释、论证来传授知识,根据实际需要,可灵活采用直叙式、倒叙式、提问式、对比式等。这种方式,多用于"三课"教育。

讲述,主要用于事实的叙述和描绘。用生动形象的语言,叙述事实材料,描绘所讲的对象。如讲述某一典型案例等,能够在罪犯头脑中留下深刻印象。这种方式常用于课堂教学特别是思想教育课教学。

讲演,是系统的理论阐述,对事实作深入细致的分析和论证,从而得出科学的结论,它对问题阐述的深度和广度,是讲解和讲述所不及的。这种方式,常用来做专题报告和举办专题讲座等。

对罪犯进行讲授,是一种面对面的教育形式,涉及人数多,影响面广,因此特别要严肃认真。一要讲求思想性和科学性。不论是对概念、原则的解释和论证,或是对事实的叙述和描绘,还是对理论的系统阐述,都应精心思索,反复推敲,有理有据,符合马克思主义特别是中国特色社会主义理论体系的基本观点,符合事物的客观规律,符合监狱法律法规的要求。二要有系统性和逻辑性。把要讲授的全部内容,按其内在逻辑贯穿起来,前后连贯,左右照应,部分和整体有机结合,灵活运用归纳、演绎,一层一层地阐述。讲完每个观点、每个问题,适时归纳小结,使罪犯有清晰的印象。三要注意语言表达艺术。讲述问题要富有启发性,语言通俗易懂,口齿清楚,语速适当,比喻恰如其分,举例形象生动。还应适当辅之以姿势、手势、表情等。此外,还需要适当运用板书板画和电化教学等辅助手段,以增强讲授的效果。

二、直观法

直观法主要是指教育者利用直观的事物或现象让罪犯予以接触,从中获得感性认识,加深印象和记忆,便于提高理性认识的一种方法。主要方法有以下几种:

(一)演示法

演示法是教育者陈示各种实物或教具,或进行演示实验,引导罪犯进行细致的观察,使罪犯获得对事物或现象的感性认识,以便在感性认识的基础上掌握科学概念和原理的一种方法。它是罪犯集体教育中广泛运用的方法。特别是在"三课"教育中经常地运用它。演示的特点是能形象直观地说明问题,印证讲解内容,展示事物发展过程及其联系。能发挥视、听、嗅、触多种感官的作用,激发学习兴趣,帮助记忆和理解。运用演示法,应注意演示效果。演示的材料要有明确的目的性,应为教育内容所需要;演示的动作要准确,要引导罪犯细心观察事物的主要特征;演示的过程要结合讲授等方法;要把握演示的适当时间;演示完毕要简要小结。

(二)示范法

示范法是教育者以他人良好行为做榜样启发教育罪犯的方法。这种方法是通过一定社会的行为规范和准则的具体化和人格化而起作用的。它不是采用单纯的说教,而是通过具体的人和事形象地去启发罪犯,易为罪犯特别是青少年犯所接受。在罪犯集体教育中,既要善于运用社会上公认的先进榜样教育罪犯,同时更要注意选择在罪犯中引起强烈反响的、贴近他们改造生活的人做榜样,促进他们转化。

(三) 参观法

参观法是根据教育目的,通过实际事物的观察和接触,以亲身体验为特点的一种罪犯集体教育方法。它可以使罪犯扩大眼界,激发兴趣,在接触实际特别是社会实际中,受到生动形象的教育。为达到参观目的,参观前,应选好参观点,拟定参观计划,提前与参观单位或有关部门协商参观内容、时间、方法,对参观人员要严格把关,提出要求;参观中,要认真组织,使参观者细心听、认真看;参观后,应组织座谈,交流心得体会,教育者要进行简要小结。

三、讨论法

讨论法,是教育者(监狱民警)组织罪犯,按照一定的要求,就有些问题发表见解,交流思想,互相启发,共同提高思想认识的一种方法。

在上课、报告、举办讲座或布置某项重要任务后,根据教育内容的要求,有计划地组织罪犯讨论,有助于消化教育内容,澄清模糊认识,划清是非界限,提高分析理解能力,调动接受教育的积极性。

开展讨论,一般以小组为单位进行。为达到不同的教育目的,可采取多种组织形式。如在贯彻某项制度或完成某项任务时,通过组织罪犯讨论使他们明确制度的内容,在改造中按制度办事,了解任务的安排以更好地完成任务。再如做某一项技术动作遇到困难,重温动作要领,分析原因的讨论。另外在某一课题中就某一问题展开讨论。此外,在罪犯中发生违规违纪行为以后,为了帮助犯错误者认识错误,并借此教育其他罪犯,也可以组织罪犯讨论。

负责组织讨论的教育者(监狱民警),要始终把握讨论的方向。在讨论法中要注意以下几个方面:一是要做好讨论的准备工作。如选择恰当的讨论题,讨论题要能体现讨论的具体目的;讨论的内容要有启发性,讨论的问题不能太难或太易,要适应罪犯的实际情况、知识水平和认识水平;要提前布置论题,要求罪犯做好讨论的准备工作。二是在讨论过程中,要做好组织和引导。要组织和引导好罪犯讨论的发言,要使罪犯进入角色,营造热烈的讨论气氛。在讨论中要围绕讨论的中心展开,对偏离论题内容的发言要及时进行调控,对故意散布错误言论的罪犯要及时加以制止和批评。冷场时,要提供启发性问题供罪犯思考。要引导罪犯围绕问题的焦点展开讨论，把讨论引向深入。在讨论中要对时间进行控制，在一些个别的问题上不能花费过多的时间，要求罪犯的发言要短小精练、观点鲜明。三是在讨论结束时，教育者要在罪犯讨论的基础上对论题进行归纳、补充、总结，指出成绩，纠正不足，推动讨论方法的改进。四是为了把讨论引向深入，使罪犯受到更多的教育，可以在分组讨论的基础上，召开联组讨论会，或监区、分监区学习、改造体会交流会，选择比较好的个人或小组代表在会上发言，借以互相启发，扩大教育效果。

四、训练法

训练就是组织罪犯进行合理的、有明确目的的多方面的活动，使其巩固知识和培养技能、技巧，促使罪犯行为向良好方面转化的教育方法。训练法主要有以下两种方法：

（一）练习法

练习法指罪犯在教育者的指导下为巩固知识和培养技能、技巧的一种教育方法。由于罪犯集体教育开设的课程不同，所以在教育中练习的种类也是多种多样的。如有解答问题的练习、绘图制图的练习、作文的练习、劳动技能技巧的练习等等。要发挥练习法的作用，应注意要让罪犯明确练习的目的。要教给罪犯正确的练习方法和思维方法。练习要坚持，要循序渐进。练习的时间和与数量分配要适当。练习的方式要多样化。如口头的和书面的、问答的和实际操作的、半独立性的和独立性的、模仿性的和创造性的、课内和课外的等等，根据实际情况，灵活掌握。

（二）列队法

列队法主要是指教育者通过列队训练或在列队训练实施教育的一种方法。包括对罪犯的队列训练、体操训练以及队前讲评等。通过列队训练，在行动和行为的多次训练中，使罪犯熟练掌握规定动作，更重要的是有助于矫正罪犯不良的行为习惯，养成严守监规纪律、令行禁止的好作风。运用这一方法，要对罪犯有目的、有计划、有组织地进行训练。要坚持经常、反复的训练。同时要注意与启发引导相结合，提高罪犯自觉投入的积极性。

五、激励法

激励法作为一种手段，对罪犯集体教育具有极为重要的作用。它就是通过一定的刺激，使罪犯情绪兴奋，激动振奋，调动积极性，充分发挥其潜能，达到教育目的的一种方法。司法部颁布的《监狱教育改造工作规定》在第八章专设"激励措施"一章,也可见这一方法的重要性。

在监狱里,激励者主要是监狱及监狱民警,被激励者主要是罪犯,激励因素分物质激励和精神激励两个方面,以精神激励为主。为此,司法部颁布的《监狱教育改造工作规定》第50条明确规定:"监狱应当采取措施,激励罪犯接受改造,在教育改造工作中注重发挥改造积极分子的典型示范作用。"

评选改造积极分子,是精神激励的主要措施。改造积极分子的条件是:认罪悔罪,积极改造;自觉遵守法律、法规、规章和监规纪律;讲究文明礼貌,乐于助人;认真学习文化知识和劳动技能,成绩突出;积极参加劳动,完成劳动任务;达到计分考核奖惩条件。评选改造积极分子,通常在完成年终评审的基础上,由分监区召集罪犯具体评议推荐,全体警察集体研究,报监区长办公会议,确定人选。直属分监区或未设分监区的监区,其人选由分监区或者监区召集罪犯评议推荐,全体警察集体研究确定。监区或直属分监区确定人选后,填写改造积极分子审批表,报监狱教育改造部门审核,在本监狱内履行公示手续后,提交监狱长办公会议审定。

在运用激励方法,开展评选改造积极分子时,应注意以下几点:一是要使罪犯明确评比目的,主要目的是表扬成绩显著的罪犯,鼓励罪犯积极改造,争取早日成为新人。二是评比要公平,要严格按照有关法规的规定办事,干警不能徇私情。三是评比过程是教育过程,因此,整个过程要体现教育的精神。

第三节 罪犯集体教育的实施要求

由于罪犯集体教育是正规化的教育,参与人员多,涉及面广,影响力强,因此必须引起高度重视,要求做到以下几点:

一、要重视计划性

要使罪犯集体教育取得好的成效,就要重视罪犯集体教育的的计划性。罪犯集体教育计划是罪犯集体教育活动的行动纲领。它能使罪犯集体教育有明确的方向,有章可循、有规可依,有重点、有配合,有机联系、统一协调地开展下去,从而实现预期目的。要重视罪犯集体教育计划,在制订中应注意以下几方面:

(一) 教育计划的思想性、系统性

教育计划必须以党的方针、政策及有关法律、法规为依据,坚持正确的方向,要以教育改造为中心,全面安排部署集体教育活动。教育计划要有系统性,要对罪犯集体教育实施的各种方法统筹兼顾,相互配合,相互促进,以保证全面提高罪犯集体教育的质量。

(二)教育计划的针对性

罪犯集体教育计划要适应罪犯群体接受教育的实际情况,结合本监狱的教育资源等具体情况。在开展教育活动时,力求使教育内容、教育方式具有解决罪犯实际问题的针对性。这要求在制订计划时要全面、认真、深入地研究掌握罪犯的思想状况、劳动、学习情况以及在日常改造生活中出现的问题,从他们的实际情况出发,提炼出带有共同性的问题,以此为依据制订教育计划,有的放矢地开展教育活动。

(三)教育计划的连续性

鉴于罪犯集体教育的时间长、跨度大,要保证教育活动的连续性,教育计划在时间上必须相互连贯,体现顺序性、逻辑性,使各项教育活动按一定的序列做到首尾相接,交错配合,有条不紊。

(四)教育计划的保障性

罪犯集体教育计划既要切实可行,又要具有保障性。教育计划的任务要明确,对近期任务、中期任务、长期任务的保障措施要明确具体,如组织领导措施、教育队伍建设措施、教育时间的保证措施、教育设施、设备配置措施等。对于各项保障措施的落实情况,要定期检查,对检查的情况及时通报,对于不足之处,及时予以改正。

二、要强化组织性

罪犯集体教育针对众多罪犯,涉及多种因素,为保证各项活动健康、顺利开展,就要在强化组织性上下功夫。

在罪犯集体教育活动中,要做到强化组织性,主要包括以下几方面:一是对教育者的组织。教育者在罪犯集体教育中起着重要作用,是完成教育任务的主导力量,罪犯教育的各项活动都是通过教育者的言传身教来完成的,因此,加强罪犯集体教育主导力量——教育者队伍建设,培养造就一支政治合格、作风过硬、业务精通、乐于奉献的教育者队伍,是罪犯集体教育的关键。教育者队伍的组织建设包括:教育者的管理制度、培训制度、考核奖罚制度等。二是对罪犯群体的组织。罪犯集体教育是一个教与学的双向互动的过程。作为学一方的罪犯群体的情况是教育活动的重要因素,因此加强罪犯群体的组织建设在罪犯集体教育中非常重要。对罪犯群体的组织建设主要是培养健康的罪犯集体。为建立适应集体教育的健康的罪犯集体,教育者应在罪犯群体中加强制度建设,严格贯彻执行《服刑人员改造行为规范》,在严管善教的条件下,逐渐培养其组织性和纪律性,形成正确的舆论,以正压邪。要注意发现和培养改造积极分子,发挥其示范作用带动其他罪犯改造。通过对健康罪犯集体的培养,形成稳定的改造秩序和良好的改造氛围,以适应集体教育的需要。三是对教育过程的组织。罪犯集体教育具有一定的过程性,这个过程由一系列教育环节构成,这些教育环节是教育活动不可缺少的组成部分。对教育过程进行有效的组织是发挥集体教育作用的重要条件。罪犯集体教育过程的组织包括应重视集体教育前的准备工作,集体教育开展时对参与者做好必要的组织和控制工作,集体教育结束后对反馈信息进行收集和总结。还包括教学计划的准备、教学方案的备案检查、教学内容的审核评价、教学质量的评比检查、课堂纪律的维护、教学秩序的控制、教学设施设备的利用维护等。

三、要讲求实效性

实效性是罪犯集体教育的直接目的和最终目的,也是罪犯集体教育的出发点和归宿。没有实效性,不管什么样的罪犯集体教育方法都没有什么意义。这里讲实效性,关键是指罪犯群体中普遍性、共同性的问题得以较好解决,罪犯整体精神面貌有明显改观,罪犯群体文化水平、劳动技能有所提升,罪犯群体心理健康水平有所提高等等。

罪犯集体教育的实效性,主要指方法的可操作性、在实践中的可行性、产生良好效果的可靠性。实效性要求承担罪犯集体教育的教育者具有高度的责任感,在实施教育的过程中不断根据实际效果,坚持运用已经被实践证明是正确的方法,纠正或修正在实践中被证明是错误或过时的方法,同时不断与时俱进,创新教育方法,以取得理想的教育效果。

罪犯集体教育要讲求实效性,还包括要注意提高罪犯集体教育的工作效率。即力求用较少的人力、物力,在较短的时间内,取得最大的成果。"时间就是金钱,效率就是生命",这是适应现代经济和科学技术迅速发展的客观要求而提出的口号,这种实效观对罪犯集体教育同样适用。教育者要卓有成效地开展罪犯集体教育工作,就要讲科学,珍惜时间,提高效率,如说话言简意赅、树立良好教风、节约教育成本等等。衡量罪犯集体教育工作成绩的大小,不能片面追求活动的次数,而要追求事半功倍的实效。

第十三章 罪犯分类教育

罪犯分类教育,既是我国《监狱法》规定的罪犯教育的基本原则,又是罪犯教育的重要方式。辩论唯物主义认为,任何事物都有着普遍性和特殊性,罪犯也是这样,他们有触犯刑事法律、被依法执行刑罚的共同性,但从犯罪性质、年龄性别、服刑期限、改造阶段、改造表现等来看,又是不相同的,具有一定的特殊性。因此,在针对罪犯普遍性特点开展共性教育的同时,为了切实提高罪犯教育改造质量,必须根据他们不同的性质和特点,根据监狱场所硬件设施和管理要求,把在押罪犯分成各种类型,分别进行教育,解决好教育改造针对性和有效性的问题。

第一节 罪犯分类教育的概念、特点和作用

一、罪犯分类教育的概念

罪犯分类教育是指监狱在对不同类型的罪犯实行分别关押、分类管理的基础上,根据不同类型罪犯的特点,提出不同的教育要求,并根据其类型特点,选择不同的教育内容和方法所进行的针对性的教育活动。罪犯分类教育是针对特殊群体——某种类型罪犯进行的,深挖犯罪根源、剖析犯罪危害、转变犯罪思想、矫正行为恶习的专门性教育。

罪犯分类教育既是罪犯特殊性教育的一种重要方式,也是介于罪犯集体教育与罪犯个别教育之间的一种中间层次的教育形式,发挥着其他教育方式所不能取代的特有的作用。与罪犯集体教育相比,范围虽然缩小了,但工作要求更细致,更要体现针对性。与罪犯个别教育相比,虽然着眼于罪犯类型,但它通过解决各类罪犯同一性质的问题,为罪犯个别教育奠定了坚实基础,创造了有利条件。实践证明,只有按照各类罪犯的不同特点实施教育,才能有效促进罪犯改造。

二、罪犯分类教育的特点

罪犯分类教育的特点主要体现在以下几个方面：

（一）隔断性

监狱服刑罪犯来自社会各个方面，在犯罪性质、犯罪经历、恶习程度、服刑表现等方面都迥然相异，在这样的情况下如不加区别，搞"一锅煮"，不仅严重影响罪犯教育效果，而且会出现罪犯之间的相互感染，导致一些罪犯犯罪意识加深，恶习程度变深，刑满后由"单面手"变成"多面手"。为了防止和减少这样的现象发生，就要在分押、分管的基础上实施分类教育。这样能比较好地隔断不同类型罪犯之间的相互联系，使他们有一个接受教育的良好环境，为他们进一步有效接受教育提供保障。

（二）重点性

罪犯分类教育是根据罪犯的不同类型分别进行的。罪犯除了具有因犯罪受到刑罚惩罚到监狱服刑改造等共性外，还具有某一类型结构的特点，这就使得这一类型罪犯与那一类型罪犯不同，有明显的区别，在进行分类教育时，就可根据其区别，抓住最本质的问题，突出重点进行针对性的教育。因此，罪犯分类教育通过区别，突出重点，做到有的放矢。

（三）速效性

罪犯分类教育是专门针对某一类型罪犯所实施的教育，它的范围比罪犯集体教育的范围小，又是单一类型，同一类型罪犯集中在一起，其共有的思想、心理、行为特征会集中凸现出来，一些专门性和倾向性的问题也会集中暴露出来，这将有利于监狱民警针对不同类型罪犯的特点和问题，及时予以分析，进行有力的矫正和解决，从而体现出见效快的特点。

三、罪犯分类教育的作用

罪犯分类教育的作用主要表现在以下几个方面：

（一）罪犯分类教育是科学认识罪犯的有效途径

任何事物都具有普遍性与特殊性、共性与个性、一般与个别的区别。在我国监狱罪犯教育改造工作中，一贯以改造人为宗旨，而要真正实现这一宗旨，首先要建立在对罪犯的科学认识的基础之上。否则，教育具体目标的设置、教育内容的确定和教育方法的选择就不可能科学，教育的效果也就不可能真正实现。而科学认识罪犯仅仅认识罪犯的矛盾普遍性是远远不够的，必须把更多注意力聚焦到他们的矛盾特殊性上来,而罪犯分类教育正是科学认识罪犯特别是不同类型罪犯的有效途径。分类教育的开展,就是要求对不同类型罪犯进行科学的认识,对其犯罪、本质、特点、症结,他们在改造场所的思想、心理、行为等特点,有一个明确的、具体的、全面的认识。这就为做好罪犯教育工作特别是罪犯分类教育工作打下了扎实基础和创造了良好的条件。

(二)罪犯分类教育是提高罪犯教育改造质量的必由之路

在没有开展罪犯分类教育的条件下,开展一些共性教育,虽然也能解决罪犯教育改造中的一些普遍性的问题,但却不能够解决某种类型罪犯的特殊性问题,使罪犯教育方法带有粗放和经验性的色彩,既不利于避免不同类型犯罪之间的交叉感染,又难以做到有的放矢、对症下药。这样显然不利于提高罪犯教育改造质量。而实施罪犯分类教育,使罪犯教育方法显得细致和科学。监狱民警可以从某一类罪犯的犯罪原因、实质和危害入手,或从现实改造入手,进行针对性的矫治教育,集中解决某一类型罪犯的共有问题,能收到好的效果;由于指向集中,也能更好地调动罪犯改造的积极性、主动性和自觉性,优化改造环境,从而有利于罪犯教育改造质量的提高。

(三)罪犯分类教育是提高监狱民警专业化水平的重要途径

罪犯教育是一项专业性很强的工作,在新形势下,要做好这项工作,要求提高监狱民警的专业化水平。而罪犯分类教育实践又更为集中地体现出了极高的专业化要求,这也在客观上对监狱民警提出了较高专业化水平的要求。这种实践的需要本身就是推动监狱民警提高专业化水平的一个巨大动力。开展罪犯分类教育,就必须掌握各种不同类型罪犯思想、心理和行为特点,制订针对性的教育工作方案,编写分类教育的教材和讲义,同时还要正确处理好罪犯分类教育与罪犯分押、分管等之间的关系以及与罪犯集体教育和个别教育等方法之间的关系,这都需要监狱民警在分类教育实践中加以解决。这对监狱民警是一个极大的锻炼,他们必将能迅速提高专业化水平,甚至会涌现出一批教育改造各类罪犯的专业人才和标兵,从而不断推动罪犯分类教育工作健康发展。

第二节 我国罪犯分类教育的历史发展

回顾罪犯分类教育的历史发展进程,对总结经验、吸取教训,理清今后发展思路,推动这项工作的进一步发展不无裨益。

在我国现代监狱制度下的分类教育,从严格意义上讲,应该总起源于清末监狱改良运动以及中华民国时代的新式模范监狱中,当时不少监狱引进西方资本主义国家"教育"的概念和工作模式,在监狱中有"教育师"专门对罪犯进行思想教育。"教育"的内容中,已经有了"类别教育"的概念和内容,出现了"入监教育"和"出监教育"的形式以及对不同类型罪犯实行不同内容教育的探索。尽管这种"类型教育"可能有名无实或收效甚微,但我们认为监狱学含义上的分类教育,当起源于此。新中国成立后,我国监狱系统的罪犯分类教育大致经历了三个发展阶段。

一、罪犯分类教育的萌芽阶段

新中国成立以后,在20世纪80年代以前,我国的监狱行政法规也曾对罪犯的分类教育作出规定。如1954年政务院公布施行的《中华人民共和国劳动改造条例》规定,"对已判决的犯人应当按照犯罪性质和罪刑轻重,分设监狱、劳动改造管理队给以不同的监管",包括给予不同的教育。1962年公安部制定试行的《劳动改造管教队工作细则》(试行草案)规定,监狱、劳改队应当对各类罪犯分别编队、分别关押、区别对待,并对不同性质的罪犯分别地、有步骤地进行改治、文化和技术教育。1982年公安部颁发的《监狱、劳改队管教工作细则》(试行)要求对罪犯实行"分管分教,区别对待"。在工作实践中,全国各地的监狱、劳改队按照监狱行政法规的有关规定,程度不同地对在押罪犯按犯罪性质、性别、刑期、年龄进行了初步的分押分管分教。除了专门建立战犯管理所,对国民党战犯、日本战犯、伪满战犯等单独关押、专人管教外,不少单位对反革命犯、累惯犯、少数民族犯、原系县(团)以上干部的罪犯、外籍犯等都在给予不同的监管和教育。特别是对国民党战犯、日本战犯、伪满战犯和反革命犯的改造取得了举世瞩目的成就。这都可以说明,罪犯分类教育在我国监狱工作的创建阶段就已经提出,并在一定的范围内付诸实践。当然由于历史的诸多原因,那一阶段的罪犯分类教育还停留在粗放、感性的阶段,还没有从全局着眼,将罪犯的犯罪类型按改造需要统筹地、细致地予以科学分类和施教。

二、罪犯分类教育的兴起发展阶段

随着改革开放的深入和监狱工作的开展,罪犯分类教育在实践中获得突破性发展的条件逐渐成熟。1986年上海市白茅岭农场(今上海市白茅岭监狱)率先进行了分类改造的试点,对性犯罪罪犯和盗窃犯进行了分类教育的探索,其他省市也有一些基层单位进行了类似的实验,在没有现成经验可资借鉴的情况下,试点单位的同志大胆实践,积极探索,积累了分类教育的初步经验。1989年全国监管改造工作会议肯定推广了上海市白茅岭农场和其他试点单位的经验,将分类教育与分押、分管并提,集中表述为分押、分管、分教工作,正式列为新形势下强化监管改造工作的重大措施。司法部劳改局在会后制定颁发了《关于对罪犯实施分押分管分教的试行意见》,对"三分"(分押、分管、分教)工作的总体设想、分押标准、处遇形式、分类施教、实施步骤等作了原则规定。总的精神是在原有实施初级层次的分押的基础上,进一步以犯罪性质为主分押,根据不同类型罪犯具有的特点,施以不同的监管、教育、劳动措施。这次会议,拉开了新形势下在全国推行"三分"包括罪犯分类教育工作的序幕。在此后的两年多时间里,全国监狱系统共有29个省、市、区制定含有分类教育内容的"三分"工作规则,有77个劳改单位(其中监狱9个、劳改支队63个、少管所5个)和68个大队、243个中队进行了分类教育的试点工作,涉及干警13000余名、罪犯190000余人。尽管各地在试点范围、形式、方法和步骤方面不尽相同,但都摸索了不少各具特色的经验,掌握了大量的有说服力的资料和数据,取得了初步的而又十分可喜的成就。

1991年9月,司法部在河北省第一劳改警队(现河北省冀东监狱)召开了全国分押、分管、分教工作的经验交流会。会议总结了1989年以来全国试行"三分"包括分类教育工作的经验教训,实地考察了河北省第一劳改总队的工作情况,讨论了深化"三分"工作的具体步骤和措施。会后,司法部劳改局修改并颁发了《对罪犯实施分押、分管、分教的试行意见》(修改稿)并在全国各地贯彻实施,对罪犯分类教育工作的进一步发展起到了推动作用。该修改稿提出搞好分类教育,首先要确定和掌握罪犯的基本情况,然后在分类关押的基础上,根据罪犯的恶习程度、文化程度和接受能力,实行类中分层编班;分别施教。在搞好课堂教育的同时,注意通过监区环境建设,对不同类型的罪犯有针对性地进行相应的环境布置,施以环境熏陶、气氛感染,在潜移默化中达到矫治犯罪思想的目的。这一段话对分类教育的运作模式和教育环境的运用表述是较深刻的,它反映出当时全国监狱系统对分类教育的理性认识已经达到了一定的深度。

河北会议进一步推动了全国分类教育的深化发展,1991年9月—1996年6月据对辽宁、河北、陕西、云南、浙江、上海、江苏、山东、山西、福建、湖北、河南共12个省、市的统计,已对244870名罪犯实施了形式多样的分类教育,有的省的分类教育的覆盖率已达90%以上。各地在分类教育的实施过程中形成了许多成功经验。如浙江省监狱系统按照"年改制""循环制"的模式开展分类教育,据统计全省盗窃犯编班300个、暴力犯编班159个、性罪犯编班91个,其他财产型罪犯编班41个,接受分类教育罪犯占押犯总数的83%左右。

20世纪80年代后期到90年代前期,是新中国成立以后我国监狱系统分类教育发展的黄金时期,各监狱分类教育的覆盖面乃至工作的深度都有了相当的发展。这一时期各地创造了许多分类教育的成功经验,至今看来仍有一定的借鉴和指导意义。司法部监狱局在总结各地成功经验的基础上,还先后组织各地的工作骨干编写了《性犯罪矫治》《盗窃犯矫治》《暴力犯罪矫治》《经济犯罪矫治》等教材,为监狱顺利实施分类教育提供了丰富的教育内容。随着分类教育的实践不断推进,各地监狱系统组织撰写了大量分类教育的经验总结和理论研究文章,其中《分管分教论》《分押分管分教论》《分押分管分教工作经验文集》等著作的出版,为罪犯分类教育乃至罪犯教育的理论研究贡献了新的成果。1994年12月,《中华人民共和国监狱法》以及2012年修订的《监狱法》将"分类教育"作为教育改造工作的原则以法律形式予以肯定。这标志着罪犯分类教育已完全纳入法制化轨道。

三、罪犯分类教育新的发展阶段

1994年《监狱法》颁发后,罪犯分类教育得到进一步发展。但是,随着刑罚结构的调整,监狱押犯构成开始出现了重大变化,未来监狱中罪行重、刑期长及暴力倾向突出的罪犯群体比例将有所上升。在这种情况下,全国一些监狱仍满足于用20世纪90年代初形成的教材开展教育,使分类教育的效果有所下降。针对上述情况,司法部领导提出,要深入研究不同类型罪犯的教育改造方法、措施,将现有的成功的改造措施和方法加以深化和提高,总结出针对不同类型罪犯的改造规范。要特别注意研究对"法轮功"等邪教类罪犯、团伙犯、涉毒犯及顽危犯的特点,制订针对性的教育改造措施。各地监狱按照部领导的要求做了大量工作,取得了可喜的成绩。

进入新世纪、新阶段,罪犯分类教育中的入监教育和出监教育成为一大关注点。在监狱布局调整的基础上,上海、北京、天津三大直辖市设立了专门的新收分流监狱,对新收罪犯实行专门的入监教育。2003年司法部颁行的《监狱教育改造工作规定》,在总结各地成功经验的基础上设专章对入监教育和出监教育作了明确、详细的规定。以此为契机,罪犯入监教育和出监教育又出现了新的工作局面。此外,随着各地监狱系统女监和未成年犯管教所建设的发展,女犯和未成年犯的分类教育得到了进一步的发展。还有一些省、市监狱针对外省、市籍罪犯在押犯中所占比例较高的实际情况,重点对外省、市籍罪犯进行了分类教育探索。随着外国籍罪犯和港澳台地区罪犯收押量的增加,一些省、市的监狱系统也开始了这方面分类教育的探索,而在依据犯罪性质分类教育上,涉毒犯和邪教类罪犯的分类教育也引起关注。在上述这些方面,有不少好的经验和做法,有助于推动罪犯分类教育的进一步发展。

第三节 不同类型罪犯的分类教育

由于监狱押犯的情况复杂,各地监狱实际情况也不尽相同,因此,对罪犯的分类标准也有多种角度的划分。但是,在分类标准的掌握上,都要坚持科学性、可操作性和讲求效益的原则。在监狱罪犯教育工作的实践中,主要依据罪犯的犯罪性质、年龄、性别、恶习程度、改造表现、服刑阶段、服刑期限等不同的多种标准进行分类,并采取针对性的内容和方法施教。下面分别对不同类型罪犯的分类教育进行简述。

一、根据罪犯犯罪性质的不同进行分类教育

在我国罪犯教育改造工作的实践中,根据犯罪性质的不同和押犯的结构分布,现阶段大致将罪犯分为暴力型、财产型、性欲型、涉毒型等几大类。对这些类型罪犯的分类教育自20世纪80年代开始探索以来,已积累了许多成功的经验。

(一) 对暴力型罪犯的教育

暴力型罪犯一般是指以强暴的手段,侵犯他人生命财产安全构成犯罪被捕入狱的一类罪犯。进入21世纪前后,我国在押暴力型罪犯一直处于上升趋势。从目前暴力型罪犯的犯罪特点看,逞霸性犯罪比例上升,这些人目空一切,野蛮成性,心狠手辣,严重扰乱社会治安秩序。同时,报复性犯罪、团伙犯罪也占了很大的比例。从暴力型罪犯在服刑期间的心理特点看,大都认识偏激,情感冷酷,自控性差,需求恶性膨胀,其行为表现为野蛮,好冒险,喜欢拉帮结伙,易冲动,不计后果。

在对暴力型罪犯加强针对性管理的基础上,分类教育的重要内容和形式是:

1. 加强法制教育,结合暴力型罪犯所犯罪行,深挖犯罪根源,从清算犯罪危害入手,加深他们对其犯罪严重性的认识。对暴力型罪犯应当经常开展"假如我是受害者的大讨论"等活动,增强法制意识,加深认罪悔罪。

2. 加强道德教育。针对暴力型罪犯没有社会公德,不懂文明礼貌,不尊重他人人格,语气粗俗,行为野蛮,任意侵害他人利益,任意破坏公共秩序,任意损害他人或公私财物的顽症,要加强社会公德教育。同时,在教育中,要引导暴力型罪犯从生活中的小事做起,严格遵守《监狱服刑人员行为规范》,经常自我检查、督促按行为规范要求行事。

3. 抓好文化技术教育,使他们具有一定的文化知识和一技之长。

4. 教育引导暴力型罪犯正确处理与他人、与社会生活不相适应的矛盾,要引导他们改善人际关系和交往,学会正确认识人和认识社会。

5. 对暴力型罪犯中的个别教育要在耐心细微上下功夫。注意"热加工、冷处理",当他们改造有了成绩或者发现他们的闪光点时应及时表扬鼓励,使其积极向上的因素得到强化,当他们违反规范纪律或出现问题时,一般应当在其冷静下来后,通过细致的思想教育来晓以利害,解决问题。特别是当出现僵持不下的情况时,干警要保持清醒头脑,要以柔克刚,避免矛盾激化。

(二) 对财产型罪犯的教育

财产型罪犯是我国在押罪犯群体中最为庞大的群体,一般可以分为两类:一是盗窃犯;二是除盗窃犯以外的其他财产型罪犯,主要包括贪污、行贿、受贿、诈骗、抢夺、拐卖人口、伪造货币、票证、敲诈勒索、赌博、制造、贩卖毒品、偷税、漏税等。这部分罪犯绝大多数受不劳而获、拜金主义思想影响,利欲熏心,自私、贪婪,为了弄到钱财可以不择手段,不计后果。在监狱服刑期间,普遍留恋犯罪生活,缺少罪责感,好逸恶劳,贪图享乐,行为易反复,改造难度大。

从当前财产型罪犯的实际出发,对财产型罪犯的教育又分为两个层次,即对盗窃犯的教育和对其他财产型罪犯的教育。

1. 对盗窃犯的教育。对这类罪犯的教育,以认罪服法教育、人生常识教育为主。认罪服法教育,针对盗窃犯在认罪上存在的错误认识,揭示盗窃犯罪的本质和犯罪受刑罚处罚的必然性,破除其犯罪的侥幸心理,使其从思想上接受法律判决。揭露盗窃犯罪多层次、多方面的危害,揭示盗窃犯罪的可耻性,以激发其对犯罪的悔恨感,增强积极改造的决心。同时揭示盗窃犯罪的原因,引导盗窃犯正确吸取人生教训,明确改造方向。人生常识教育,一是让他们懂得人的社会化要求,懂得人是社会的人,个人必须融入社会的道理,树立正确的集体观。二是通过人生意义的讲解,使其端正人生目标,树立正确的人生价值观。三是讲清劳动光荣的道理,使其端正劳动态度,培养劳动习惯,矫治好逸恶劳,树立勤奋劳动观。四是进行生活消费指导,转变他们挥霍奢侈的消费方式和畸形的消费结构,树立正确的消费观。另外对盗窃犯的行为要严加约束,加强强制性训练,以矫正恶习。

2. 对其他财产型罪犯的教育。如对贪污、行贿、受贿罪犯，一是要加强认罪悔罪教育，消除这类罪犯头脑中普遍存在的"被动犯罪论""好人犯罪论""犯罪无害论""受骗上当论""过失犯罪论"等谬误。通过开展"现身说法""参与警示教育"等活动，以促使其认罪悔罪。二是要结合他们走上犯罪道路的原因和改造实际，开展"建立社会主义市场经济体制的理论及实践""市场经济与法治""竞争与不正当竞争""错误人生观与犯罪"等专题教育，帮助他们理清思路，清除思想障碍。三是要根据这类罪犯文化程度普遍较高的特点，开展读书活动、自学活动、兴趣小组活动，以促进他们自我改造。再如对诈骗犯的教育，要针对他们犯罪的"欺骗性"特点，着重开展以诚信为主要内容的教育。在教育中要揭示"欺骗"的严重社会危害性和"诚信"的极端重要性，说明诚信是市场经济社会中每个社会成员的立身之本。同时在日常改造中，结合管理考核，严厉处置个别诈骗犯的欺骗行为，以此树立正气。

（三）对性欲型罪犯的教育

性欲型罪犯主要是违背妇女意志，强行与之发生性关系，或逼迫受害人与他人发生性关系以及进行其他淫乱性行为，触犯法律而被依法判刑的罪犯。这类罪犯犯罪的基本特征，表现为性道德的腐朽性、性欲望的兽性化、人格的虚伪性和性行为的残暴性。在服刑改造期间，缺乏罪责感，具有抵御罪责或缩小罪责的心态；留恋淫乱生活，自我控制能力差；自卑感强烈，情绪悲观。

对这部分罪犯应重点进行对法制教育和道德教育，着重解决他们法律观念淡漠、伦理道德观念混乱和颠倒等问题。要抓好养成教育，增强自我控制和调节能力。要组织健康有益的业余活动，潜移默化地改变这类罪犯低级的情趣爱好。要重视心理矫治工作，同时对有些罪犯还可辅以药物治疗。

（四）对涉毒型罪犯的教育

涉毒型罪犯根据我国法律规定，构成较为复杂，它是指是因走私、贩卖、运输、制造毒品，欺骗、引诱或强迫他人吸食、注射毒品，非法运输携带、制造麻醉药品或精神药品的物品进出境，向吸食、注射毒品的人提供国家管制的麻醉药品、精神药品，容留他人吸食、注射毒品等犯罪被依法判刑在监狱改造的罪犯。20世纪50年代，通过全国性的禁毒运动，我国涉毒犯罪一度降至很低的水平，在监狱很少有这类罪犯。但20世纪80年代以后，涉毒犯罪增长迅速，成为一种具有严重社会危害的犯罪行为，监狱在押的涉毒型罪犯也随之增加。涉毒型罪犯毒品成瘾性强，复吸率高，重犯罪率高，而且极易引发其他犯罪。因此对涉毒型罪犯的教育，已经成为教育改造工作中的难点和重点。

涉毒型罪犯教育的主要内容包括法制教育、毒品危害教育、端正改造态度教育、禁毒形势及个人前途教育等。法制教育主要包括毒品犯罪的构成、处罚等方面的内容，从法律认识的层面解决好涉毒型罪犯认罪服法的思想问题。毒品危害性教育，主要剖析毒品对个人、对家庭、对社会的严重危害性，使其加深对毒品危害性的认识。端正改造态度教育，就是尽力解决毒品型罪犯在服刑改造中的错误认识，从承认犯罪事实、服从法律判决、认识犯罪危害、深挖思想根源、积极接受改造等方面提出具体要求。禁毒形势教育重点是讲明当前社会上广泛动员全社会力量，打击、防治、宣传等多管齐下，坚持大打禁毒人民战争，使其认清形势，顺应形势发展，珍爱生命，走向新生。在开展以上教育的同时，对这类罪犯的教育要加大劳动改造力度，控制畸形消费需求；对无一技之长的涉毒型罪犯要加大职业技能培训的力度；对毒瘾严重的罪犯要给予一定的药物治疗；要注意建立监狱、社会禁毒机构、家庭三位一体的帮教网络。

二、根据罪犯年龄、性别的不同进行分类教育

根据罪犯性别的分类标准，在押罪犯可以分为男犯和女犯类型，根据罪犯年龄的分类标准，在押罪犯可以分为未成年犯、成年犯、老年犯等类型。这里主要介绍对女犯、未成年犯和老年犯的教育。女犯、未成年犯、老年犯在服刑改造中有着自身的特点，需要进行分类教育。

（一）对女犯的教育

与男犯相比，女犯数量虽始终处于相对少数，但近年来女犯的绝对数量和相对比例均有所上升。女犯的传统犯罪以杀人、伤害、侵财、聚众淫乱为主，而目前在传统犯罪的基础上又呈现出多元化演变的趋势，不仅涉毒、职务类犯罪比例增大，而且团伙、流窜、邪教等类犯罪均呈上升趋势。与男犯相比，女犯一般恶习较浅，能遵守监规纪律，狱内对抗性的恶性行为较少。但女犯也有不少不利于教育改造的特点，主要表现为：一是认识能力低；二是感情脆弱，敏感多疑；三是心理问题复杂，是心理疾病多发人群；四是独立意识薄弱，依附性强等等。对女犯中的财产型、暴力型、性欲型、涉毒型罪犯也可参照前述依据犯罪性质的分类教育内容开展分类教育。但就女犯整个群体而言，也应开展一些不同于男犯的分类教育。一要进行"自尊、自爱、自立、自强"的"四自"教育。女犯之所以走上犯罪道路，一个重要的原因就是缺乏"四自"精神，因此要把"四自"教育作为女犯思想教育的重要内容，使她们克服自卑、自贱、自轻、自弃的消极心理，以"四自"的

精神状态接受改造。二是突出情感教育。女犯服刑期内,普遍担心被社会抛弃,被家人遗弃,情感需求强烈。因此要抓住情感这条导线,充分利用罪犯的亲属、妇联等各种相关团体以及社会各界力量,开展帮教活动,使女犯在感受社会关爱的同时,激发改造积极性,增强改造信心。三是大力开展文化技术教育。文化教育以扫盲和小学教育为主,技术教育根据就业形势,考虑女犯自身特点,可开设美容、美发、裁剪、手工、电脑、家教服务等培训班使其掌握一技之长,将来回归社会后,有谋生的技能。四是注重个别教育。由于女犯性格内向,不愿暴露思想,在教育中要多采取个别接触的形式进行沟通,使其吐露真情,然后对症下药,疏通引导,求得解决。另外,对于女犯在生理上的特点,应当注意照顾。

(二) 对未成年犯的教育

未成年犯在我国是指被人民法院判处刑罚已满14周岁、不满18周岁的罪犯。我国《监狱法》对未成年犯的教育改造设有专章,规定未成年犯在未成年犯管教所执行刑罚。未成年犯之所以走上犯罪道路,主要是受到不良环境的影响,对物质和精神生活表现出贪婪、放纵,往往不考虑到行为的后果和应负的责任。由于未成年犯尚无固定的人生价值取向,有着较大的可塑性,尽管他们的意志、行为往往出现明显的反复,但是在服刑场所通过系统的教育改造影响,大多数人还是能够改邪归正的。

我国《监狱法》规定,对未成年犯坚持"以教育改造为主,轻微劳动为辅"的方针,实行半天学习、半天劳动的制度。在教育内容上,要按照德、智、体、美、技的全面发展要求进行教育改造,开展适合未成年人需要的各种辅助教育活动,促使他们的身心健康发展,并具备一定的知识和生产技能。《教育法》第39条亦规定,国家、社会、家庭、学校及其他教育机构应当为有违法犯罪行为的未成年人接受教育创造条件。

对未成年犯的教育主要包括以下几项内容:

1. 思想教育。主要包括认罪服法、法律常识、公民道德、爱国主义、青少年修养、时事政治和有关社会科学知识的教育。主要目的是培养未成年犯的上进心、求知欲和荣誉感,树立正确的是非观念、守法意识、集体主义意识。帮助他们懂得怎样做人。

2. 文化教育。以普及小学、初中为重点,按实际文化程度分年级编班,按普通中小学的规定课程开课,经考试合格的,由当地教育部门颁发毕业或结业证书,具有与普通学校的同等效力。对一些学习成绩优异,有培养前途的未成年犯创造条件,让他们进修或参加自学考试,促其成才。

3. 技艺教育。着重进行带有习艺性内容的初等技术教育。结合劳动生产，结合刑满释放后的就业去向，分别开设多种职业技术课程，如金工、钳工、烹饪、汽车维修、园艺、家电维修等等。课程设置和教学要求参照社会同类型学校，通过教育，经考核合格的，由当地劳动部门发给相应的技术等级证书。

4. 大力开展文体娱乐活动。如组织未成年犯看电影、看电视录像、听广播，组织文艺演出队、工艺美术习作展览会、一些体育项目的比赛等等，为未成年犯转变创造良好的文化氛围。

5. 加强亲情教育，发挥家庭的帮教、规劝作用。

6. 保证教学时间，做到劳逸结合。根据《教育改造罪犯纲要》的要求，对未成年犯进行思想、文化、技术教育的教学时间，每年不少于1000课时。未成年犯的劳动，以学习掌握技能为主；劳动时间每天不超过4小时，每周不超过20小时；16岁以下的未成年犯不参加生产劳动。这样更有助于保障未成年犯的身心健康。

(三) 对老年犯的教育

老年犯一般是指男性年龄60周岁以上、女性55岁以上在狱内服刑的罪犯。老年犯与成年犯、未成年犯相比，有一些不同的心理行为特点。比如由于老年犯生理功能的衰退、行动的不便，他们容易在心理上不思进取、安于现状。老年犯都有一定的社会生活经验，沦为囚犯的人生挫折，使不少人有看破红尘、万念俱灰之感，意志消沉。同时，老年犯的思维模式趋于定性，比较固执己见，很难在短时期内得到改变。

对老年犯的教育可以从以下几个方面入手：

1. 对老年犯进行监狱性质和改造政策的教育。通过教育使老年犯懂得，社会主义的监狱是充分体现人道主义精神的监狱，老年犯在遵守监狱纪律的前提下，监狱将会充分照顾其生理、心理特点。以此消除老年犯对监狱改造生活的疑惧感。

2. 对老年犯进行前途教育。通过教育使老年犯明白只要按照监狱的有关规定积极接受监管改造，同样有好的出路，有好的前途，能够获得各种奖励，在狱内同样能老有所养，老有所为，老有所乐。同时通过宣传社会尊老、敬老的有关政策，使老年犯懂得回归社会后，随着社会保障体制的不断完善，只要痛改前非、遵纪守法，基本生活需要同样可以得到保障，安度晚年绝不是可望而不可即的。

3. 引导老年犯反思人生道路，敢于否定自己，做到认罪服法。同样是走上犯罪道路，老年犯当中情况又各有不同。有的人曾经有辉煌的过去，但晚节不保,"59现象"令人痛惜;有的累惯犯则是一错再错,"改造漫漫无尽头"。在教育的过程中,要通过讲解有关法律条文,引导老年犯反思人生的教训,敢于否定自己罪恶的过去,促使老年犯在道德认知和法律认知上有所提高。

4. 针对老年犯的年龄特点,开展适当的文体活动,如读报、读书、养花、打太极拳等,以陶冶情操,恢复他们对生活的信心。

三、根据罪犯恶习程度的不同进行分类教育

根据罪犯恶性程度的不同,可分为对初、偶犯,累犯和有前科劣迹罪犯,以及过失犯等的教育。这里主要介绍对累犯和有前科劣迹罪犯、过失犯的教育。

(一)对累犯和有前科劣迹罪犯的分类教育

按照我国现行刑法的有关规定,被判处有期徒刑以上刑罚的犯罪分子,刑罚执行完毕或者赦免以后,在五年内再犯应当判处有期徒刑以上刑之罪的,是累犯,应当从重处罚。1979年刑法对一贯从事犯罪活动,把犯罪当常业或以犯罪为主要生活来源的罪犯定义为惯犯,并相应规定了"惯窃、惯骗"等罪名,但1997年刑法取消了此类罪名。从犯罪和罪犯改造的实际情况看,一些罪犯长期从事犯罪活动,屡次受到打击处理,曾被判刑(不在累犯规定的年限之内)、劳教、拘留等,这些罪犯与其他没有前科劣迹的初犯在思想、行为、心理方面有明显的不同,与累犯却有一定的相似性。对此,应相应地开展有针对性的分类教育。在这里我们把这类罪犯与累犯放在一起进行分类教育。

目前,这类罪犯人数呈现上升趋势。从案例上分析,以盗窃、诈骗、涉毒、性犯罪等案件居多,从思想心理特点上分析,这类罪犯一是具有强烈的反社会性,往往把犯罪原因推向客观,仇视政法机关,拒不认罪服法,反社会言论突出。二是反改造心理突出,凭借其对服刑改造场所的适应性,阳奉阴违,拉帮结伙,打击积极,消极"混泡",不思悔改。三是具有悲观沮丧心理,多次的犯罪经历和长期的监狱生活,使他们对一切都无所谓,缺乏上进心,"破罐破摔"现象严重。四是对再犯罪可能招致的法律的后果,心存侥幸。五是有一种年龄危机感,这类罪犯年龄结构偏高,有一种大势已去、改过晚矣的心理倾向。六是心态冷漠,罪责感少,对教育改造措施具有较强的"抗药性"。

对累犯和有前科劣迹罪犯的教育要注意以下几个问题:

1. 抓好入监教育,使其真正进入改造角色。对这类罪犯的入监教育除了监管纪律教育外,重点解决认罪服法问题,使他们认识到刑罚处罚的正义性和合理性,消除其对立情绪,为接受改造打下良好的基础。教育内容以刑法、刑事诉讼

法等法律为主。针对这类罪犯普遍存在的"吃风头官司""定罪不当""坦白交代吃亏""没关系被判"等错误观点,进行正面教育。在教育过程中要组织他们深挖犯罪根源,引导他们思考一再违法犯罪的重要原因,认识到故意在犯罪中的决定性作用,从而动摇与清除他们把犯罪推向客观的错误认识。在入监教育的过程中,教育形式应当多样化,可采取上大课、个别谈话、自学、小组讨论、交流体会等,以帮助他们提高认识,端正改造态度,服从管教,认真改造,与过去决裂。

2. 抓好中期教育,要做好深入细致的教育工作。要经常深入改造现场,关注和考察他们的改造表现,进行分析,要防止他们在罪犯中传播犯罪和进行教唆活动。对这类罪犯在服刑改造过程中"旧病复发"的情况要及时批评教育,而对他们认罪悔改的"闪光点"也要及时肯定,激发他们的改造积极性。为把工作进一步做深做细,要加强个别教育工作。

3. 抓好出监教育,减少重犯率。对这类罪犯的出监教育应以教育为重,启发这类罪犯过好就业关、恋爱婚姻关、交友关、社会不良风气影响和社会偏见关等。要重视对他们刑满释放回归社会后的帮教安置工作。

(二) 对过失犯的教育

根据我国刑法的规定,过失犯罪有两种:行为人应当预见自己的行为可能发生危害社会的结果,因为疏忽大意而没有预见,以致发生这种结果,这种过失称疏忽大意的过失;或行为人预见到行为可能发生危害社会的结果,但是轻信能够避免,以致发生危害的结果,这种过失称为过于自信的过失。这两种犯罪在认识上都有共同点,即以缺乏认识为本质,以没有犯罪目的为特征,以造成危害社会或他人的结果为罪行构成要件。过失犯罪在刑法中的危害公共安全罪、侵犯公民人身权利和民主权利罪以及渎职罪中都有规定。所谓过失犯,就是指因过失犯罪而触犯刑律,被判刑改造的罪犯。

过失犯入监服刑后其改造特点主要表现为:一是后悔莫及。因为主观上并没有实施犯罪的意图,因此绝大多数人对犯罪行为的发生存在懊悔心理。二是知罪认罪。除个别人对犯罪事实和某些枝节提出异议外,绝大多数人能认识到自己的过失对社会或他人造成的重大危害,对法院的判决是信服的,有将功赎罪的愿望。三是自尊心较强。过失犯一般原来在社会有正当的职业,在监狱里与其他罪犯为伍,对人格尊严显得敏感,自尊心也较强烈。他们看不起暴力型罪犯、性欲型罪犯、财产型罪犯等故意犯罪者,愿意与文化修养程度较高的罪犯交往。四是谨慎小心,得过且过。过失犯一般都能遵守监规,遇事都要权衡利弊,谨慎从事。但由于大多数过失犯刑期较短,往往改造积极性不高,得过且过,只求能够平安过渡到刑满释放。

对过失犯的教育应从以下几个方面入手：

1. 抓住过失犯罪的内因，在思想教育方面应以遵守规章制度教育为主。过失犯之所以犯罪，绝大多数人是因为对有关的规章制度执行不严，或者粗心大意，或者自以为是而产生危害社会的结果的。因此，在教育过程中，启发他们认识自己因不遵守规章制度导致犯罪行为发生给国家造成的损失、给社会造成的不利影响、给他人造成的危害，促使他们遵纪守法，改过自新。

2. 对过失犯要重视自我教育。由于他们主观恶性较少或没有，并且有一定的阅历和文化，理解能力较强，因此在进行教育活动中，可以多组织一些自学、讨论活动，让他们自我教育，自我提高。

3. 对过失犯在教育中要注意发挥他们的长处，让他们在干警监督下从事一些事务性工作，表现出色的可让其担任杂工组的组长或罪犯民主管理组织的负责人。这样既可以使他们成为改造中的骨干力量，又能发挥其所长，促使他们提高自我约束的能力。

四、根据罪犯服刑表现的不同进行分类教育

罪犯在狱内的服刑表现，反映出他们对改恶从善的认识程度。如何根据罪犯服刑的不同表现进行分类教育，是提高罪犯教育改造质量的重要环节。在罪犯服刑过程中，其表现一般可分为积极、中间、落后、顽危（顽固、危险）四类。这里主要讲对积极型罪犯和顽危型罪犯的教育。

（一）对积极型罪犯的教育

这类罪犯一般来说都是入监时间较长，余刑较短，认罪服法，积极投入改造，能自觉遵守监规的罪犯，或虽入监时间较短，但罪行较轻，认罪较好，决心积极改造的罪犯，或是在服刑罪犯中挑选出来从事服务性劳动或承担一定管理职责的罪犯，一般包括罪犯小组长、劳动犯、教员、医务员等。这类罪犯是监狱在教育改造罪犯过程中的利用力量。他们通常在狱内活动范围较大，较多接近干警，一些罪犯在狱内有一定的管理权。他们往往容易产生一种优越感，并容易放松自身的改造，甚至个别人会成为"牢头""狱霸"。因此，对积极性型罪犯开展针对性的教育显得十分必要。

对这类罪犯的教育的主要内容是：

1. 进行认罪服法和罪犯身份意识的教育。消除他们在罪犯群体中的优越感，明确作为一个罪犯特别是积极要求进步的罪犯，理应自觉认罪服法，带头遵守监规纪律，协助干警维护监管改造秩序。

2. 对这类罪犯要注意保护他们的积极性。如做出成绩，就要予以相应的奖励和兑现相应的待遇，使他们能够切实感受到积极改造的"甜头"，继续保持积极改造的旺盛劲头，对其他罪犯也是一个促进，甚至可以形成"滚雪球"似的良好改造效应。

3. 对这类罪犯要定期进行讲评教育。对他们的改造表现进行实事求是的讲评，肯定成绩，指出不足。如发现个别罪犯有对干警阳奉阴违的行为或在罪犯群体中有成为"牢头""狱霸"迹象的，要及时进行教育处理，防止蔓延。

（二）对顽危型罪犯的教育

司法部颁行的《监狱教育改造工作规定》第21条第1款明确规定："监狱应当建立对顽固型罪犯(简称'顽固犯')和危险型罪犯(简称'危险犯')的认定和教育转化制度。"所谓顽危型罪犯就是顽固型罪犯和危险型罪犯的合称。根据《监狱教育改造工作规定》第21条第2、3款规定，"有下列情形之一的，认定为顽固犯：（一）拒不认罪、无理缠诉的；（二）打击先进、拉拢落后、经常散布反改造言论的；（三）屡犯监规、经常打架斗殴、抗拒管教的；（四）无正当理由经常逃避学习和劳动的；（五）其他需要认定为顽固犯的。""有下列情形之一的，认定为危险犯：（一）有自伤、自残、自杀危险的；（二）有逃跑、行凶、破坏等犯罪倾向的；（三）有重大犯罪嫌疑的；（四）隐瞒真实姓名、身份的；（五）其他需要认定为危险犯的。"顽危型罪犯在罪犯群体中虽然是极少数，但其反改造的能量却很大，狱内各种恶性案件的发生，无不与他们的反改造行为有关，狱内改造秩序的稳定与否，罪犯的改造积极性能否真正调动起来，在很大程度上取决于对这类罪犯的控制程度和教育转化程度。因此，对这类罪犯的教育要引起高度的重视。

对这类罪犯的教育必须通过单独编队，在严格管理的前提下进行。一是要进行监规纪律、监狱政策的再教育，讲明纪律，讲清政策，晓以利害，从而促使其打消幻想，端正态度。二是要进行法制、认罪教育。在正面教育的基础上，重点深挖他们在狱内的反改造破坏活动。要采取坦白交代与检举揭发相结合的方法。三是针对他们存在的突出问题，要进行深挖犯罪和反改造根源的专题教育。教育引导他们对自己的成长史、犯罪史、改造史进行自我反省，寻找过去走上犯罪道路和在狱内对抗监管改造的思想根源，在此基础上提高对罪错的认识程度，对罪错的严重性、危害性有一个清醒认识。四是对这类罪犯教育要通情达理，有耐心，坚持"抓反复，反复抓"。五是对这类罪犯要指定专人负责教育转化工作，必要时，可以采取集体攻坚的方式。顽危型罪犯经过教育予以撤销，进入正常罪犯行列,须由监区或者直属分监区集体研究,提出意见,报监狱有关部门审核,由主管副监狱长审定。

五、根据罪犯服刑阶段的不同进行分类教育

我国监狱系统通常把罪犯服刑阶段分为入监初期、中期、临近出监三个阶段。处于不同阶段的罪犯的特点和教育要求不同,因此就要根据其不同的特点和要求,采取不同的教育方法。这里主要介绍对新入监罪犯的教育和对即将出监罪犯的教育。

(一)对新入监罪犯的教育

对新入监罪犯的教育,是指对新入监的罪犯进行的以解决共性思想问题、提出要求为中心的,使其加快熟悉、适应监狱环境的过渡性教育。它是罪犯教育的起始环节,也是罪犯教育的一项基础性工作。罪犯刚进入监狱,对监狱的情况一无所知,由于受各种因素影响,思想情况比较复杂。主要表现为,思想情绪不稳定,思想包袱沉重,对前途悲观失望;不了解监狱法律和有关政策、规定,对监狱生活疑虑、恐惧,不知如何渡过漫漫刑期;对所犯罪行缺乏正确的认识,有些罪犯甚至不认罪、不服判,隐瞒余罪等;少数罪犯继续留恋过去的犯罪生活,妄图寻找机会逃离监狱。正因为罪犯在刚入监时具有以上种种思想特点,所以,对他们进行专门的入监教育是极为必要的。

根据司法部颁行的《监狱教育改造工作规定》和《教育改造罪犯纲要》的精神,对新入监的罪犯,应当将其安排在新收分流罪犯的监狱或者监区,集中进行为期两个月的入监教育。

对新入监罪犯的入监教育,主要内容有:

1. 服刑罪犯的权利与义务教育。《监狱教育改造工作规定》第10条规定,"新收罪犯入监后,监狱(监区)应当向其宣布罪犯在服刑期间享有的权利和应当履行的义务。"通过教育,使其能够做到在今后的服刑过程中正确行使权利和认真履行义务。

2. 进行法制教育和监规纪律教育。《监狱教育改造工作规定》第11条规定,"对新收罪犯,应当进行法制教育和监规纪律教育。"通过教育,使罪犯了解有关法律规定,懂得监狱规矩,做到认罪悔罪,服从管教,明确改造目标,适应服刑生活。

3. 进行监狱政策教育。通过政策教育,使罪犯消除思想顾虑,看到光明前途,坚定改造信心。

4. 进行参加劳动、学习等改造活动的具体要求的教育。如劳动安全生产教育。

入监教育可采取集中教育、干警个别谈话教育、参观、指导罪犯书写入监教育材料(如:"我对定罪量刑的认识""我走上违法犯罪道路过程"和个人自传)等形式进行,也可组织罪犯阅读改造小报、收听收看录像、视听资料等等。加深罪犯对改造场所的感性认识,提高教育效果。

根据《监狱教育改造工作规定》的要求,监狱(监区)在入监教育阶段,应当了解和掌握新收罪犯的基本情况、认罪态度和思想动向,进行个体分析和心理测验,作出相应评估,提出下一步关押和改造的建议。入监教育结束后,监狱(监区)应当对新收罪犯进行考核验收,对考核合格的,移送相应类别的监狱(监区)服刑改造;对考核不合格的,应当延长入监教育时间,时限为一个月。

(二) 对即将出监罪犯的教育

对即将出监罪犯的教育,是指监狱对即将服刑期满的罪犯集中进行的一种专门教育。它是教育改造罪犯的最后一道工序,是集中解决这类罪犯面临的共性问题,巩固教育成果的重要环节。即将刑满出监的罪犯,一方面对外面的世界充满憧憬,有一种即将重返社会、重获自由的喜悦,同时也有较多思想问题。诸如害怕家庭、熟人歧视,害怕难以就业,害怕同伙引诱、重操旧业等。因此,出监教育要从罪犯实际情况出发,从巩固教育效果的原则出发,给他们上好最后一堂课。

时任司法部监狱管理局局长的邵雷在2014年中英监狱管理研讨会上指出,出监教育是罪犯为适应社会生活作准备的重要阶段;出监教育主要是对罪犯进行形势、前途教育和遵纪守法教育,宣传国家对刑满释放人员衔接、就业、就学、帮扶、社会保障等方面的政策措施,告知与地方安置帮教组织的联系方式,使罪犯做好重新回归社会的思想和心理准备;监狱十分重视罪犯出监教育和衔接对降低刑满释放人员重新犯罪率的作用,各省建立了专门的出监监狱(监区),对即将刑满释放的罪犯开展不少于三个月的出监教育,开展适应社会模拟练习,对罪犯刑满释放后适应社会生活,减少重新犯罪起到了良好的效果。根据《监狱教育改造工作规定》第55条,"监狱对即将服刑期满的罪犯应当集中进行出监教育,时限为三个月。"《教育改造罪犯纲要》也对即将出监罪犯的教育作了专门规定。

对即将出监罪犯的教育,主要内容有:

1. 教育指导罪犯做好改造的总结。教育指导罪犯对自己服刑改造以来的情况进行全面的总结,检查在改造思想、矫治恶习等方面所取得进步,进一步认罪悔罪,牢记犯罪教训,以守法公民的姿态走向社会。

2. 端正罪犯对待社会的态度。罪犯即将踏向社会,对社会的许多情况十分关心,但也难免会有许多模糊、片面,甚至是错误的想法。出监教育正是纠正罪犯这些错误想法,端正对待社会的态度的最佳时机和最好渠道。教育的主要内容为进行形势、政策、前途教育,以及遵纪守法教育。通过教育,使他们能够正确认识我国当前的改革状况以及社会发展的形势和趋势,正确处理社会关系和对待社会风气;看到党和国家对刑释人员制定了一系列安置帮教政策,只要用好这些政策,就有好的前途;促使他们进一步做好正确对待出狱后会遇到的困难和受一些人歧视的心理准备,任何时候,都要沉着、理智地对待会遇到的困难和挫折,坚持守法的底线,增强争取光明前途的信心和勇气。

3. 要加大对罪犯回归社会前的就业指导,开展多种类型、比较实用的职业技术培训等,增强罪犯回归社会后适应社会、就业谋生的能力。

4. 要对罪犯整个服刑期间的表现进行综合评估,并依照有关规定,向罪犯原户籍所造地的公安机关和司法行政机关提供评估意见和建议。

5. 出监教育工作需要从多方面为社会接茬帮教工作提供情况和创造条件。刑释人员回归社会后,监狱也要对其情况进行了解,评估罪犯教育改造工作质量,总结推广成功经验,改进不足之处,不断提高罪犯教育改造工作质量。

对即将出监罪犯的教育,教育形式一般有集中教育、分散教育和分段教育三种。集中教育,即将本监狱余刑期在三个月以下的罪犯,分批集中到出监队进行系统教育。分散教育,即根据出监教育的计划,以监狱下属各监区为单位,对残余刑期在三个月以下的罪犯,采取单独编队或组的形式进行教育。分段教育,即对残余刑期在三个月以下的罪犯,先由监区编队或编组进行前期教育,在释放前半个月,再集中到出监队进行后期教育。对于以上三种形式,应根据各监狱的具体情况,科学地加以选择。

第十四章 罪犯个别教育

第一节 罪犯个别教育的概念、特点和意义

一、罪犯个别教育的概念

罪犯个别教育是指监狱民警针对罪犯个体所存在的个别、具体问题,采取的一对一的思想影响、心理疏导和知识技能传授活动。马克思主义哲学认为,任何事物都是矛盾普遍性与矛盾特殊性的统一体。罪犯也不例外,在他们身上既有普遍性、共性的一面,又有特殊性、个性的一面。对于罪犯个体存在的个别、具体的问题,由于具有特殊性,需要运用个别教育的方法来解决。个别教育是我国传统的教育方法,我国古代的思想家、教育家孔子就十分强调对受教育者的个别教育,主张因材施教。罪犯个别教育也是我国监狱对罪犯进行教育改造的重要方法之一,回顾我国罪犯的教育改造工作的历史实践,罪犯个别教育发挥了重要作用,取得了显著的成效。例如清朝末代皇帝溥仪经过艰苦细致的个别教育,成为新社会自食其力的劳动者。在新的历史时期,罪犯个别教育在理论和实践中得到了进一步的丰富和发展,并以法律形式加以肯定。《监狱法》第61条规定,对罪犯的教育改造要"采取集体教育与个别教育相结合"的方法,司法部颁行的《监狱教育改造工作规定》在第三章专设了"个别教育"一章。在新形势下,罪犯个别教育在罪犯教育改造实际工作中发挥着新的重要作用。

二、罪犯个别教育的特点

(一)针对性

世界上没有完全相同的两片树叶,也没有完全相同的两个人。对服刑罪犯来说同样亦如此。罪犯存在形形色色的个别差异性,他们在思想、情感、性格、气质、犯罪的主客观因素、文化水平、改造表现、家庭等方面都是有所差异、各不相同的。要解决他们的问题,仅仅依靠罪犯集体和分类教育是不够的。罪犯集体、分类教育主要解决罪犯共性和同类型的问题,这对于解决罪犯中带有共性和同类型的问题是有效的,但每个罪犯个别的、特殊的问题,就不能完全用解决共性

和同类型问题的方法去解决,而必须靠罪犯个别教育。只有罪犯个别教育能够针对罪犯个体的不同情况、不同特点,用不同的教育内容、方式解决不同的问题,做到"一把钥匙开一把锁",从而具有很强的针对性。

(二)灵活性

罪犯个别教育是一种极为灵活的教育方法。它有许多具体的操作方法,总体上有谈话法、感化法、奖惩法、启发法、引导法、评价法等。教育方法的多样性,可针对罪犯个体具体情况灵活掌握,灵活运用。在教育时间上,既可以选择劳动时间也可以选择课余时间;既可以选择白天,也可以选择夜晚;既可以是罪犯参加正规活动时间,也可以是空余时间:罪犯有什么问题,随时进行教育。在教育场所上不受限制,既可以在车间、监房,也可以在谈话室、办公室、活动室,遇见问题,可以随地进行教育。罪犯个别教育还可以根据教育对象问题的轻重缓急,区别对待,灵活掌握,争取好的成效。

(三)沟通性

罪犯在教育改造过程中特别是在入狱初期,大都对监狱民警存有怀疑、戒备、畏惧甚至对立、抵触心理。他们大多不愿意与监狱民警进行交流,不愿意说出内心的真实想法,不愿意表达自己的思想感情。他们在思想、心理上具有很大的封闭性。罪犯思想、心理上的封闭性是教育改造中的一大障碍,它不利于罪犯的教育改造。而运用罪犯个别教育这一方法,通过监狱民警对罪犯进行面对面的情感接触,细致谈心,以及帮助罪犯解决实际的问题困难,可以缩短双方的心理距离,使罪犯逐渐消除戒备心理,敞开心扉与监狱民警交流情感,沟通思想,所以罪犯个别教育具有较强的沟通性。

(四)渗透性

罪犯个别教育是监狱民警对罪犯最直接的面对面的教育,针对不同的教育对象,既可以是细致入微的关心,又可以是循循善诱的开导,还可以是严肃的批评和严厉的当头棒喝。这些都能及时而有力地作用于罪犯思想,渗透在罪犯心灵,通过这种日积月累的渗透,能深深地影响罪犯的思想情感,向有利于改造的方向转化,产生良好的教育效果。

三、罪犯个别教育的意义

(一)罪犯个别教育能有力地促进罪犯的思想转变

转变罪犯思想,是罪犯教育中的最主要的任务。要完成这项任务,需要采用多种教育方法,其中罪犯个别教育是促进罪犯思想转变最重要、最经常、最细致、最有效的方法之一。只有通过罪犯个别教育,才能做到全面深入地了解罪犯个体的思想情况,准确地分析把握思想脉搏、抓住思想的症结所在,通过有的放矢的工作,切实解决罪犯的思想本质问题,有力地促进罪犯思想转变。

(二)罪犯个别教育是罪犯集体教育和分类教育的补充和深化

罪犯个别教育和集体教育、分类教育是我国罪犯教育的三种主要方式,在罪犯教育过程中,这三种方式是相互联系、相互补充、相辅相成的有机统一体,缺一不可。就罪犯个别教育而言,它是罪犯集体教育和分类教育在时间、空间上的补充,在内容和做法上的深化,它可以把罪犯教育做得更全面、更深入、更细致、更稳固、更富有成效。

(三)罪犯个别教育能够有效地促使顽危犯转化

罪犯个别教育是一对一,是短兵相接,是监狱民警对罪犯个体的精雕细刻,因此,它特别适合于做顽危犯的教育转化工作。做顽危犯的教育转化工作,固然离不开分类教育,从类型入手做工作,但是要打攻坚战,必须借助于个别教育方法。在罪犯教育实际工作中,常不难看到,监狱民警十几次,甚至几十次的单独较量才使"顽石点头"。这符合顽危犯恶习深、易反复、难改造的特点,也正好说明了罪犯个别教育在教育转化顽危犯中的特有作用,是促进顽危犯转化的有效手段。

第二节 罪犯个别教育的主要环节

一、吃透情况,制订方案

吃透情况,制订方案是有效地开展罪犯个别教育的前提条件。要做到吃透情况,一是要重视了解罪犯的基本情况,掌握其最为关键、要害的问题。二是个别教育的原因和目的要清楚。即明确为什么要对该犯进行个别教育,要解决什么问题,达到什么程度。三是个别教育的内容和方法要清楚。即明确为达到个别教育目的所要选择的有针对性的教育内容和方法。四是必备的教育资料要清楚。如针对某罪犯在认罪方面存在的问题进行教育所需要的有关法律方面的教育资料。

在吃透情况的基础上,监狱民警就要在制订方案上下功夫。这里主要包括:首先,确定教育目标。教育目标又分为整体性教育目标、阶段性教育目标和近期性教育目标。近期性教育目标应符合阶段性教育目标,阶段性教育目标又要符合整体性教育目标。根据不同的目标制订相应的个别教育方案。其次,要制订实现目标的措施,根据不同的目标制订不同的措施。如针对近期性教育目标,可制订近期的教育措施。最后,制订具体实施方案。根据以上不同的个别教育目标、措施制订出具体的实施方案。其中包括实现什么目标、采取什么措施特别是具体措施、由谁负责、什么时间达到什么样的效果,等等。

二、把握时机,因地制宜

把握时机,因地制宜是罪犯个别教育中不可缺少的一环。罪犯个别教育要善于把握时机。墨子有言"言多何益?唯其言之时也。"意思是指,多说话有何益处?关键是能够把握好说话的时机。时机在罪犯个别教育中有着重要的作用。把握好教育时机,往往会收到事半功倍之效。在罪犯个别教育中把握时机,通常有这些方面:罪犯刚刚进入监狱时,受到奖励和惩罚时,节假日或有喜庆事时,受到委屈、心绪不宁或遭遇困境时,由于受某人某事影响而被感动时,罪犯有转变迹象时,有反常情绪可能违规或又犯罪时。对于罪犯个别教育的时机,一方面要善于发现和捕捉,同时也不能只是消极地等待时机的到来,而应该积极创造条件,促使有利时机的出现,推动个别教育的有效开展。

人处在不同的环境会产生不同的情绪,选择最适宜的地点进行个别教育,可以收到好的效果。这就要做到因地制宜。例如在监狱,与罪犯个别谈话的地点主要有:狱内谈话室、干警办公室、监舍值班室、工地值班室、劳动场地以及其他活动场所。这些地点、场所的选择,对个别谈话的对象产生的心理影响是不同的。比如,在狱内谈话室或干警谈话室谈话,可以增强谈话的严肃性,引起对方思想上的重视,便于监狱民警直接掌握罪犯心理变化,如诫勉谈话、调查取证等需要到这类场所进行;在监舍值班室、工地值班室谈话,虽然都是室内谈话,但环境的严肃程度要低一个层次,可以使对方谈得轻松,便于双向交流,这类场所适合于布置任务、收集情况、辅导教育等等;在工地场所或其他活动场所,可以使对方思想上消除戒备,很自然地谈论问题,接受教育。在个别教育实际工作中具体选择什么样的地点为宜,要根据罪犯个体的特点、所解决的问题的性质及难易程度、教育时机、采取什么方法等而定。

三、以情动人,阐明道理

一般说来,罪犯在监狱这个特殊环境实施强制改造,对监狱民警普遍存有戒心甚至敌意,这是接受教育的心理障碍。要消除这一障碍,就需要监狱民警在个别教育中运用情感的力量,消除对方的种种心理障碍,并使他体会到,监狱民警、监狱乃至整个社会,对他不是嫌弃的,现在所做的一切都是为他好,使他感受到监狱人道主义感化的温暖,看到人生的希望和前途,从而唤起其积极的情感,较为自觉地配合接受教育。罪犯个别教育中的以情动人,关键要求监狱民警具有高度的责任感,热爱自己所从事的这项事业,以教育人、挽救人、改造人为己任。同时,要求监狱民警具有真诚感,用真情实意打动对方。另外,要体现出关注感。对对方存在的实际困难和正当合理的要求,在法律和政策允许的情况下,尽心尽力予以解决。

罪犯个别教育既要重视以情动人,又要阐明道理。阐明道理要由小到大,由近及远。比如联系罪犯个体目前的处境讲道理,以换位思考的方式进行。如其犯罪给社会和他人带来什么危害,给父母带来什么不幸,给妻子儿女带来什么痛苦。同时,以"假如你是一个受害者""假如你家人是一个受害者"等来启发引导对方思考,从而促使其认罪悔过。在已有认识的基础上,根据罪犯个体的思想实际,就要在深入说理上下功夫,以解决其思想上存在的根本问题,促使其思想上的根本转变。

四、因人而异,对症下药

因人而异,对症下药,就是要求在罪犯个别教育中从每个罪犯的实际情况出发,根据不同对象的具体情况"开方用药"。要抓好这一环,需要注意的是:

首先,要根据罪犯个体问题的不同情况施教。以有困难的罪犯个体需要解决的问题而言,有的是劳动不适应,有的是学习跟不上,有的是身体患了病,有的是家里出了不幸,有的是配偶提出离婚等等。这就要从每个罪犯的具体情况出发,采取针对性的施教措施。

其次,针对罪犯个体不同的思想症结施教。罪犯个体的思想症结即罪犯思想问题的关键点。每一个罪犯都有自身的思想症结,这就需要采取不同的对策。

再次,要针对罪犯个体不同的犯罪原因施教。每一个罪犯走上犯罪道路都有一定的原因,但具体原因则各有差异。即使在同一类型的罪犯中,各个罪犯的犯罪具体原因也不是完全一样的。同样是盗窃犯,在犯罪的具体原因上,有的是为了满足自己贪婪的物质欲望;有的是因结婚讲排场,想买高档物品;有的是为了哥们义气,为资助他人钱财;有的是因赌博输了钱,想还债。针对这些具体不同的犯罪原因,就要有不同的教育举措。

最后,要针对罪犯个体的不同性格特点施教。如对性格倔强,不易认错的罪犯,要有理有据,使他强不过去,只得知错改过;对性格粗暴,易于对抗的罪犯,要让他端正态度,对其耐心细致地进行教育,使其没有机会发火或对抗,只得听从教育;对寡言少语,不肯暴露真实思想的罪犯,要多加开导,使其吐露真情;对性格软弱,受人欺负不敢声张的罪犯,要阐明政策,多加鼓励,使他敢于检举揭发罪犯中的反改造行为。总之,针对罪犯个体性格特点进行个别教育,是一个不可忽视的问题。

五、常抓不懈,巩固提高

对罪犯的个别教育,是一个长期、复杂、曲折、反复的过程。这是因为罪犯个体原有的不良思想、心理、行为恶习等是在社会中长期形成的,大都已经定型,具有一定的稳定性。同时,在罪犯个别教育过程中,罪犯个体的思想、心理和行为常常处于一种不稳定的状况,容易出现一定的反复和曲折。因此,在罪犯个别教育中,只有对罪犯个体进行长期、细致、深入、反复的教育,才能使其逐渐转变原有的不良思想、心理、行为恶习。这就要求监狱民警在罪犯个别教育中做到持之以恒、常抓不懈、反复教育、巩固提高,切不可一劳永逸。在罪犯个别教育过程中,要始终保持一种"打持久战"的精神状态,对于罪犯个体出现的反复要认真分析原因,找到改正办法。同时,要有意识地不断培养其抵抗外界不良诱因的意志力和对自身不良行为的控制力。对于罪犯个体的点滴进步,要及时给予表扬鼓励,对于表现突出的,要有意识地利用奖励、减刑等手段及时予以强化,增强其改造的信心,使教育成果得以巩固,教育质量有所提高。

第三节 罪犯个别教育的方法

罪犯个别教育是一项复杂而又细致的工作,它要求在具体方法上要具有多样性。下面介绍几种常用的具体方法。

一、个别谈话法

个别谈话法是指监狱民警针对罪犯的个别、特殊的问题,同罪犯进行单独谈话的一种方法。对罪犯个别教育,主要采取个别谈话的形式,它是了解和教育罪犯的一种重要方法。常见的个别谈话主要有两种形式。

(一)约谈式谈话

这是指监狱民警根据个别教育方案和罪犯实际,有目的地找罪犯个别谈话,及时、全面了解罪犯思想、心理动向和行为表现,以采取针对性对策的一种方法。约谈式谈话根据个别教育的任务和目的不同,又可分为以下几种类型:

1. 收集情况型。即有意识地了解罪犯的面上情况和某一方面的情况,掌握罪犯的思想动向,为上级和本单位分析和研究罪犯思想动态,制订针对性的教育措施提供参考依据。

2. 启发引导型。这是个别谈话中最常见的一种类型。针对已经掌握的某些问题,在个别谈话中启发引导,提高认识,达到转化思想的目的。

3. 突击触动型。这主要用于较为顽劣的罪犯。要做到集中火力,态度严峻,语言尖锐,语调激烈,以触及灵魂,促其迷途知返。

4. 表扬警诫型。对罪犯个体的成绩、优点、进步,通过个别谈话,及时表扬、鼓励;对其不足、缺点、退步,通过个别谈话,及时善意地指出,给予提醒或批评。

5. 辅导教育型。此类型主要是配合正规的课堂教育,有针对性地由监狱民警个别辅导罪犯解决在"三课"教育中遇到的学习问题。

6. 安慰问候型。罪犯在服刑期间总会遇到一些困难,如生病或家庭遭遇灾祸等,需要通过个别谈话在精神上予以安慰、关心。

进行约谈式谈话,首先要认真做好准备,了解罪犯的有关情况;确定谈话的目的、内容和方法,不打无把握之仗。其次,在谈话中要有真诚感,对待罪犯的态度要和蔼,尊重罪犯的人格,这样才能营造一个融洽的谈话气氛,拉近双方的心理距离,取得罪犯的信任,使谈话对象能消除戒备抵触心理,敞开心扉,表达真实的思想情感和内心世界。再次,在谈话过程中一定要摆事实、讲道理,客观公正,不夸大事实,不主观臆断,要允许罪犯阐述自己的意见和看法,循循善诱,使罪犯积极思考问题,明白道理,自觉抛弃不正确的思想观点。在谈话中还要善于观察罪犯的情绪变化,根据情况随时调整谈话的内容和方式。最后,谈话结束时可以对谈话的内容进行总结,肯定共同点或一致观点,对谈话对象提出要求希望,指出努力的方向。在谈话结束后要观察了解罪犯的表现,及时检查谈话效果,总结经验与不足,为下一次谈话打好基础。

(二) 接谈式谈话

这是指罪犯主动要求找监狱民警谈话,监狱民警接谈的一种方法。在罪犯教育实际工作中,罪犯主动找上门来是常见的事情,他们希望得到监狱民警的关心、帮助、释疑、解惑,对此也要认真加以对待。

首先,监狱民警态度要热情。罪犯找上门,一般是思考了一段时间,需要一定勇气的。作为监狱民警,要随时热情接待,不可以用冷漠的态度对待罪犯,甚至持拒绝态度。其次,认真倾听,判断罪犯找上门来的意图。根据所谈内容,搞清楚其想解决什么问题。最后,根据不同情况,作出相应的处理。对于主动找监狱民警谈话的罪犯,一般应就地接谈。在进一步判明罪犯意图后,应区别轻重缓急的不同情况作出相应的处理。或继续把谈话延续下去,直至解决问题;或问题复杂的,再找时间约谈。总之要防止因工作忙而作简单化的处理。

二、个别感化法

个别感化法是指监狱民警在罪犯的个别教育中,以真情实意,满腔热情地影响、感染罪犯个体,以促使其思想、行为向好的方面转化的一种方法。个别感化法是个别教育中的一种重要方法,是一种很有效的"催化剂"。罪犯在服刑期间,远离家庭、亲人、社会,在思想上更需要与别人进行沟通,情感上更需要别人的关心和体贴,所以在个别教育中,监狱民警要像"父母对待孩子""医生对待病人""教师对待学生"一样去对待罪犯、帮助罪犯,使罪犯消除戒备、抵触等消极心理,心悦诚服地接受教育。在个别感化中监狱民警要注意以下几方面:

首先,要尊重罪犯的人格。罪犯也是人,他同样有人的自尊,特别是入监服刑后,变得敏感多疑,很在乎他人特别是监狱民警对自己的态度,希望他人特别是监狱民警能够尊重自己的人格。而监狱民警对其人格的尊重,会增强罪犯个体对监狱民警的认同感和向心力,激发改造积极性。

其次,要及时帮助罪犯解开心结。罪犯在服刑期间,往往有许多想不开的问题萦绕心中,使其苦恼,难以解脱,这样会影响到自身的改造。监狱民警就要把问题摸清,把原因弄清,多一些理解,做好细致入微的化解工作,化其心中积郁,解其心中之结。

最后,关心罪犯切身利益,帮助解决实际困难。如现在一些监狱开展的"三亲"工程、狱内爱心基金会、帮扶解困等活动,实实在在地为罪犯个体解决了诸如婚姻纠纷、子女入学等实际困难,取得了良好的效果,进一步调动了其接受改造的主动性和积极性。监狱民警还可在这一方面多做工作。

当然,监狱民警对罪犯的个别感化,是在惩罚管制、严格管理的前提下进行的,不是不讲原则的"为感化而感化",切不可因之而出现"妥协执法"现象。当罪犯为某一事物所"感动"时,要乘势而上,进一步提出要求,指明方向,促使其认真改造。

三、个别训练法

个别训练是监狱民警在罪犯个别教育中布置一定任务,要求罪犯个体按照一定之规,参与一些改造实际活动,以形成良好的思想和行为习惯以及掌握一定的技能的方法。个别训练的内容极为广泛,如队列训练中的单个训练;对某项劳动技能的单个训练;在对某些罪犯不良习性的矫正中,让某个暴力型罪犯练习书法或从事精加工劳动,以矫正其暴戾习性等。采用个别训练,有时比单纯说教更为有效。个别训练要坚持严格要求,一丝不苟;要因人施教,适应不同罪犯的具体情况;要加强检查和督促,把个别训练落到实处。

四、个别评价法

这一方法是指监狱民警通过对罪犯个体的改造表现给予一定的评价,对罪犯进行个别教育的方法。这是罪犯个别教育常用的、不可缺少的一种方法。对罪犯个体改造表现的评价或者是肯定,或者是否定,从两个方面促进罪犯个体在大脑皮层的联系中,不断地增强积极方面,抑制消极方面,促进罪犯个体不断向好的方面转化。这种方法有利于鼓励罪犯个体积极改造,矫正不良思想行为,争取新生。

在罪犯个别教育中,个别评价的主要方式是表扬鼓励和警告劝诫。所谓表扬鼓励,就是对罪犯确有悔改表现,或者取得某些成绩的,应及时鼓励,这种方式主要用于改造表现好的罪犯个体,或者原来落后,现在有所好转的罪犯个体。所谓警告劝诫,就是对改造表现不好的罪犯个体,要及时地给予警告和劝诫;要认罪服法,不要违规违法;要服从管教,不要对抗改造;要悔过自新,不要执迷不悟,促使他们老实改造。警告劝诫主要用于改造表现不好的罪犯个体,或者原来表现较好,后来变差的罪犯个体。

监狱民警在进行个别评价时要注意以下几个方面:

1. 要注意个别评价的目的性。监狱民警无论采取哪种方式评价罪犯个体,都是为了激励其积极改造,发扬成绩和优点,改正和克服罪错和不足。监狱民警要通过教育,使罪犯个体明了这一目的性,从而端正对评价的态度,正确对待监狱民警给予的评价,做到受表扬不忘乎所以,挨批评不灰心丧气。

2. 要注意个别评价的及时性。监狱民警对于罪犯的改造表现,要及时地进行评价,针对罪犯个体的进步、成绩要及时鼓励、表扬,对于罪犯的错误、缺点和不足要及时地批评、指正。使罪犯通过监狱民警的评价能及时清楚地了解自己改造表现的真实情况,反思自己的思想,及时地调整自己的行为,加快改造步伐。

3. 要注意个别评价的公正性。监狱民警平时要深入到罪犯劳动、学习、生活等场所对罪犯进行深入细致的观察分析,倾听多数罪犯的看法和意见,以了解掌握某一罪犯思想言行的实际情况。在此基础上实事求是、不带主观偏见地评价某一罪犯,这样才能被其所接受,才能使其心服口服,从而真正发挥个别评价的激励作用。

4. 要注意评价的深刻性。对罪犯的个别评价不是对罪犯个体改造表现的表面上的评述或简单的表扬和批评,而是要以说服为基础,把工作做深,使罪犯个体进一步明白为什么会受到某种评价。表扬鼓励时,应该向其说明为什么要表扬鼓励,改造表现好在哪里;警告劝诫时,也应向罪犯说清为什么要对其进行警告和劝诫,问题、危害性在哪里。那种为评价而评价,简单地肯定或否定的做法,是不会取得良好教育效果的。

五、循证矫正法

循证矫正,是指矫正工作者在矫正罪犯时,依据罪犯的具体情况,以获取的罪犯可以矫正的证据为基础,结合可能实施的方法和罪犯可能改变的情形,以获取最佳结果来实施矫正的矫正活动的总称。循证矫正,本意是"基于证据的矫正",其核心是遵循研究证据进行矫正实践,强调罪犯改造的科学性和有效性,从而把研究者的科研成果与矫正工作者的矫正实践结合起来,实现矫正实践的效益最大化。循证矫正是现代科学精神对矫正实践领域的渗透,为罪犯改造工作带来了一场方法论革命。目前,循证矫正已经成为西方发达国家普遍认可的罪犯改造新趋向。开展循证矫正首先要了解服刑人员的个性特征,民警对其成长经历、生活环境、重大负性事件、社会支持系统等进行全面掌握。其次是量化分析,明确矫正需求。通过评估表格进行科学的量化分析,并结合结构性面谈结果进行甄别,确定实验对象的犯因性需求。再次,由心理咨询专家对其犯因性需求作进一步的了解,并鼓励罪犯参与分析和判断,确定其矫正需求。最后,综合评估,确立矫正项目。根据需矫正服刑成员存在共性问题的多少、亟待解决的紧要程度,依次确立戒毒类、情绪控制类等矫正项目,采取认知行为疗法和团体咨询相结合,对矫正对象开展全方位的矫正工作。

(一)循证矫正的提出与发展

2012年9月17日,由司法部预防犯罪研究所主办,江苏省司法厅、江苏省监狱管理局协办的"循证矫正方法及实践与我国罪犯矫正工作"研讨班在江苏省宜兴市开班。司法部副部长张苏军在出席会议讲话时强调,把刑释解教人员重新违法犯罪率作为衡量监管工作的首要标准,是新形势下对教育改造工作提出的新的更高要求。在总结我国传统经验和吸收借鉴国外犯罪矫正成功经验基础上,司法部将在一些经济条件好、矫正经验丰富、研究基础好的监狱单位和社区矫正机构进行循证矫正试点工作,为最终形成一套符合中国实际的循证矫正体系奠定坚实基础。张苏军强调,循证矫正是指矫正工作者在矫正罪犯时,针对罪犯的具体问题,寻找并按照现有的最佳证据(方法、措施等),结合罪犯的特点和意愿来实施矫正活动的总称,是一项专业性和技术性强、要求高、难度大的尝试。要深入理解和全面把握循证矫正的概念内涵,学习借鉴循证矫正的有益做法,提升罪犯矫正工作的科学化、专业化水平,推动罪犯矫正工作方式方法创新。要在试点过程中,关键解决好"证"和"循"两大问题。解决"证"的问题,要大力开展高质量的矫正研究,为循证矫正提供可供遵循的高级别证据;要研究制订良好的实践指南、原则、标准或手册,为循证矫正提供可供遵循的最佳证据;要根据已有的矫正研究成果,利用计算机、网络等技术手段建立功能完善的证据数据库,为开展循证矫正提供方便高效的证据检索和查询服务。要将"循"贯穿于循证矫正实践的全过程,包括从发现和明确矫正问题,到检索收集解决矫正问题的证据,对证据进行评鉴,从中找出最佳证据,将最佳证据应用于实践及评估应用结果等环节。司法部预防犯罪研究所要深入挖掘研讨成果,加快部级课题研究,为在我国开展循证矫正提供系统理论框架,并对试点单位派专家跟踪指导,提供智力服务和支持。各级司法行政机关要大力推进教育改造方式方法创新,积极探索教育改造的新思路、新办法、新举措,努力为提高罪犯教育改造质量、预防重新违法犯罪作出应有的贡献。

2013年4月17日,循证矫正研究与实践科研项目领导小组召开第一次会议,启动了2013年项目实施工作。为加强信息交流沟通,司法部设立了循证矫正研究与实践科研项目专刊,及时刊登研究和试点工作进展情况、相关信息和阶段性成果,方便专家、学者交流研讨、共享成果。循证矫正研究与实践科研项目是司法部的重点科研项目。该项目立足中国国情,吸收借鉴国外循证矫正理论与实践的有益经验,探索在我国监狱、社区矫正和强制隔离戒毒工作中推行循证矫正的条件、路径,构建具有中国特色的循证矫正理论框架和操作体系。项目研究以三年为期,分三个阶段进行,包括引入知识,骨干培训;指导试点,探索符合我国国情的循证矫正规范;力争形成初步规范并适当扩大试点,检验和调整规范并开展推广工作评估。2012年项目组进行了有关循证矫正基本知识的介绍与宣传，组织召开了专题研讨班，进行了理论研讨和骨干培训。2013年的任务是研究制订初步的循证矫正工作指南并指导试点工作。参会专家一致认为，我国教育矫正工作经过几十年发展，已经积累了很好的经验，有了很好的基础，提出引进西方循证矫正理念和方法对监狱教育矫正工作进行梳理、归纳和提升，将监狱教育矫正工作进行系统整合，对于推动工作的专业化、科学化、法律化、制度化具有积极的意义。学者们从不同方面对科学实施项目提出了具体的意见和建议：一是要在研究过程中系统地介绍国外循证矫正的理论、方法、工具和成果；二是运用科学的分析方法对我国现有的教育矫正方法的效果进行评估，获得循证证据，建立本土化的证据库；三是要慎重对待国外的方法和工具，将国外的方法与中国的实践有机结合，改造为适合本土的循证方法并加以运用；四是要进一步明确循证矫正指南的内容，包括矫正项目、项目原则、项目评估等；五是要加强研究和培训，在彻底弄清循证矫正的概念、内涵的基础上对开展循证矫正工作的必要性以及如何开展进行充分论证，并对试点单位的人员进行必要的培训；六是要加强与国内相关权威研究机构合作，协同创新，拓宽视野，充分发挥有关高校研究机构及相关专家的作用，吸收心理学、统计学、社会学、教育学等学科专业人员参与课题实施，使研究更加科学、系统，同时要不断拓宽研究视野，吸收借鉴其他循证实践中的有益经验，普及和推广循证矫正理念和方法，吸引更多社会力量的关注和投入，为建立适应中国本土环境和教育矫正罪犯实际需要的循证矫正工作体系营造良好的氛围。司法部有关司局和地方监狱局的代表就试点工作提出了意见建议。

2013年9月，司法部根据"循证矫正：研究与实践"科研项目领导小组第一次会议精神和项目2013年实施方案的规定，发布了《关于项目试点单位（监狱）开展循证矫正工作的指导意见》，并选定司法部燕城监狱、江苏镇江监狱、连云港监狱、南京女子监狱、江苏省未成年管教所、浙江十里丰监狱、山东任城监狱、陕西汉中监狱、四川眉州监狱，作为开展循证矫正工作的试点单位。2014年3月21日，司法部循证矫正研究与实践科研项目领导小组第二次会议在京召开。司法部副部长、循证矫正研究与实践科研项目领导小组组长张苏军在讲话中强调指出，在司法行政工作特别是监狱、强制隔离戒毒工作中学习循证矫正理念，引进科学的矫治方法，对于提高管理的现代化能力有积极的现实意义。

（二）循证矫正的实践要求

目前，我国一些监狱积极部署开展循证矫正试点工作，作为罪犯教育改造领域的一场开放性科学实践，循证矫正的理念及实践推广尤其需要提升行刑人员的专业素质。循证矫正的专业性、技术性极强,需要以深厚的专业素养为支撑,综合运用数学、统计学、教育学、心理学等专业知识,并配备专业矫正力量。国外大量的研究与实验表明,循证矫正运用科学评估工具、方法对罪犯进行分类、筛选、测评,适用最佳证据对罪犯进行规范管理,将矫正资源最大限度地密集适用于具有较高再犯风险的罪犯,有利于拓宽改造罪犯的途径,提高罪犯矫正质量,降低重新犯罪率。我国现行的教育改造方法本身也体现出朴素的循证矫正的理念,如各地监狱推行的罪犯"5+1+1"教育改造模式,以及分类教育、个别教育、教育质量评估、心理矫治等制度亦体现出一定的分类、评估等循证理念。但是,传统的矫正模式还不能算是严格意义上的循证矫正,仍需运用循证方法和理念将现代教育改造方法进行总结、提炼和升华,并予以科学验证与规范化。因此,以多个学科的理论和技术为支撑的循证矫正,需要罪犯矫正队伍培养或引进复合型、专业型人才,更需要吸收相关学科和领域的专业人员组成专家团队。

　　循证矫正原则确定了成功减少犯罪率项目的关键特征。循证矫正原则回答了有效减少犯罪率的三个关键问题:第一,谁最适合参加这些矫正项目;第二,这些矫正项目应该针对罪犯哪些特征和需求;第三,这些矫正项目应该怎样去解决这些罪犯的需求。关于循证矫正的原则,根据已有的研究结果来看,主要有以下八个原则:第一,风险和需求评估原则。研究表明,有效减少犯罪率的项目必须是以中高风险罪犯作为目标人群的,这些罪犯很可能会再犯。在结构化、高强度的项目中,把低风险罪犯和高风险的罪犯放在一起时,低风险的罪犯的再犯的可能性增大。低风险的罪犯很少影响高风险罪犯的行为;相反,高风险的罪犯通过改变那些低风险罪犯的反社会想法、介绍到反社会同伙中、用其他的强制手段等去影响低风险罪犯。值得注意的是,特别高风险的罪犯往往对矫正措施没有反应。所以,有效的矫正必须是和一个能评估罪犯动态风险和犯因性需求的精准评估工具联系在一起的。第二,增强内在动机原则。持续的行为改变需要内在动机的参与,内在动机和信任在成功改变罪犯行为的过程中扮演了重要角色。第三,目标干预原则。罪犯通常有很多需求,但是只有一部分需求是与犯罪行为风险相联系的。如果合理地解决这些需求,将会减少罪犯的犯罪行为。解决非犯因性需求可能会给罪犯提供一些利益上的方便,但是这些需求和犯罪可能性没有联系,不会减少犯罪的可能性。下列犯因性因素比较有效地预测犯罪的可能性:低自我控制感、反社会人格、反社会价值观、犯罪的同龄人、功能不全的家庭等。矫正项目至少解决四种犯因性因素才可能会取得较好的结果。罪犯不能随意地去分配检测哪些矫正项目是可用的。我们得到的最根本的教训是:有效的项目必须是应用一定的方式去解决一定群体罪犯的特定需求的。第四,技能培训原则。尽管对帮助罪犯减少犯罪行为的最有效的方式还有很多不清楚的地方,但是研究已经证明罪犯矫正是科学胜于艺术的实践活动。所以,能胜任的矫正服务人员必须知道一些能够比较有效地改变犯罪人员行为的专业知识。通过实践发现,比较有效的干预方法是认知行为疗法,该疗法能够与罪犯的性别、文化、学习风格、改变阶段相配合,不断地监测和评估项目的运作和罪犯的反应。第五,积极反馈原则。当罪犯持续地暴露在一个有清晰规则、能持续而迅速地反馈强化的背景下,他们倾向于那些可以获得最大奖励而最少惩罚的行为方式。积极的反馈比处罚有效得多,它们产生的矫正效果比是4∶1。当罪犯获得的是"胡萝卜"而不是"大棒"、是奖励而不是惩罚时,他们会作出好的反应,能长时间地保持学习来的行为。第六,自然社区持续支持原则。大部分中高风险罪犯的犯罪行为表现是一个缓慢的过程,这就需要治疗工作必须提供一个连续的关注。这个持续干预关注的过程至少需要六至九个月的时间。为了拓展和保持那些已经获得的行为,罪犯必须获得积极的支持,特别是那些和他关系密切的人。第七,评估相关程序和实践原则。第八,提供信息反馈原则。这些原则,每一个都发挥不同的作用,对结果的影响也不是相同的。它们是相互作用的,共同对矫正目标产生效力。①

  循证矫正的优点主要有:第一,提高了矫正工作的科学性。循证矫正工作是以科学为导向,在研究与实践中建立起了一座桥梁,克服了传统矫正中个人经验缺乏的缺陷,有助于矫正工作的标准化、规模化的实施。第二,打破了矫正工作者主宰矫正过程的习惯。在循证矫正中,矫正对象通过提交犯因需求而积极参与到过程中去。循证矫正是一项包容开放的实践活动,矫正对象可以参与决策,矫正工作者也可以以"外行"身份去监督矫正过程。第三,减少了矫正工作的成本,让有限公共资源投入到其他地方中去。与此同时,循证矫正也有不少缺点:第一,可能会让矫正工作机械化,矫正的人文价值在技术化的实践中丧失。矫正工作当然性地包含心理辅导等具体工作,由于心理辅导等工作具有艺术性,只遵循科学证据进行矫正可能会压抑其艺术性。矫正是面对一个个具体的罪犯,这个影响人的过程应具有人文价值与关怀,而循证矫正有可能削弱矫正过程中的人文关怀。第二,对证据的定义过于狭隘,单纯性地以严格性来定证据级别可能存在不妥之处。高标准决定了很多有效信息将被排除在外,在证据级别和有用

---

① 参见陈大国:《循证矫正的原则、方法与流程》,载《湖北警官学院学报》2014年第3期。

信息之间存在着矛盾。第三,阻碍相关人员的探索研究意向。一旦某一问题被证实存在其他最佳证据,那么关于这一问题的相关研究可能就会被放弃,这也将影响探究新问题、新知识的进程等。循证矫正是科学的东西,更是新生之物,这一矫正方法的中国化需要实践检验,并需要不断加以制度性完善。①

---

① 参见陈大国:《循证矫正的原则、方法与流程》,载《湖北警官学院学报》2014年第3期。

第十五章　罪犯社会帮教与监区文化建设

罪犯社会帮教与监区文化建设,是教育改造罪犯,提高罪犯教育改造质量的不可缺少的重要方法。我国《监狱法》在第67条、第68条作了专门规定。2003年司法部颁行的《监狱教育改造工作规定》,对罪犯社会帮教和监区文化建设设置了专章,进一步作了专门、具体的规定。2007年司法部颁行的《教育改造罪犯纲要》第22条也专门强调要"利用社会资源,加大对罪犯的教育改造力度。"这些规定使罪犯社会帮教和监区文化建设有了明确的法律依据。随着形势的发展和教育改造罪犯实践工作经验的积累,罪犯社会帮教和监区文化建设的作用越来越受到人们重视。本章将对罪犯社会帮教和监区文化建设这两个问题分别进行探讨。

第一节　罪犯社会帮教

一、罪犯社会帮教的概念和特点

罪犯社会帮教在通常的表述中有时被称为"罪犯社会教育",也有的将其称为"运用社会力量教育改造罪犯"。2003年司法部颁发的《监狱教育改造工作规定》专设第六章,使用的是"社会帮教"这一概念。据此,我们也将凡是在监狱里开展的有关利用社会力量帮教罪犯的活动统称为"罪犯社会帮教"。所谓"罪犯社会帮教",就是监狱积极争取社会各个方面和社会各界人士的支持,配合监狱开展有益于罪犯改造的各种帮助教育活动。

罪犯社会帮教的特点主要体现在以下几个方面:

(一) 综合性

犯罪是一种复杂的社会现象,就其产生的原因来说,有多方面的条件因素在综合起作用,是多因素的"社会综合征";罪犯的转化,也是需要在社会多方面积极因素的影响下通过自身完成的。这就决定了罪犯社会帮教的主体不是单一的,而是多方面的。除了监狱主要承担组织、计划、协调等职责外,还有其他相关社会力量。如各种社会职能部门(公、检、法机关,人大、政协及工、青、妇、团等群众团体)、社会知名人士(著名劳模、英雄、教育工作者、专家学者、文艺工作者)、社会帮教志愿者、罪犯亲属等等。这样把多种社会力量的积极影响都发挥出来,形成一个强大的"共向合力",可以促使罪犯更好地加速改造,并使改造成果得以巩固,从而最大限度地预防和减少犯罪。

(二) 整体性

整体性的特点主要表现为罪犯社会帮教属于监狱教育改造罪犯工作系统的重要组成部分。按照司法部颁布的《监狱教育改造工作规定》第5条,"监狱教育改造工作主要包括:入监教育;个别教育;思想、文化、技术教育;监区文化建设;社会帮教;心理矫治;评选罪犯改造积极分子;出监教育等。"一方面,社会帮教这种教育形式的出现、发展、延伸,都离不开监狱教育改造工作这个完整的系统,它要按照教育改造罪犯的目的、任务的要求,部署自己的工作,而不能游离这个系统;另一方面,它是监狱教育改造工作不可或缺的重要组成部分,它和其他监狱教育改造工作诸如出入监教育、个别教育、监区文化建设等共同构成一个完整的监狱教育改造工作体系,并以其特有的整合社会资源,服务于教育改造罪犯的优势,发挥自身的特有作用,促进罪犯的改造。

(三) 开放性

传统的罪犯教育,带有较为浓厚的封闭式色彩。为了突出惩罚,尽量使监狱不与外界交流,罪犯也因此对外界缺乏了解。罪犯如果在监狱的长期封闭下,不与外界接触,一旦刑满释放回归社会,可能对外面的世界难以适应。而罪犯社会帮教则是把狱内教育与社会帮教有机连接起来,从社会大环境中积极寻求对罪犯进行教育的有利因素,以增强罪犯适应社会的能力。这是对传统的监狱封闭式教育的重大改革,同时也是罪犯教育工作适应新时期社会发展的必然要求。当今社会是信息社会,"闭门自教"显然跟不上形势发展的需要。

(四) 易受性

即罪犯社会帮教较容易被罪犯所接受。社会帮教形式多种多样,形象生动,可感性强。例如邀请公检法机关人员为罪犯答疑解惑,可以使罪犯受到启发,安心改造;邀请社会知名人士来监狱帮教,可以使罪犯感到社会温暖,鼓起新生勇气;组织"回头浪子"来监狱做报告,可以使罪犯看到前途,看到光明;利用罪犯亲属来监狱进行规劝教育,容易拉近距离。总之,罪犯社会帮教相对于其他教育方法而言,生动直观,能见度大,可信度高,易于被罪犯所接受。

(五) 实效性

这也是任何教育方法都要追求的效果。拿罪犯社会帮教来说,更能收到促进和巩固罪犯改造的实际效果。一方面,社会帮教的不少做法能及时解决罪犯眼前的实际问题,如婚姻问题、孩子问题、家里老人问题等等,这样更易引发罪犯深刻的思想感受,必然也易于收到好的教育效果;另一方面,特别要提到,社会帮教与罪犯刑满释放后的接茬帮教密不可分,这方面的工作做好了,又为巩固罪犯改造成果,使罪犯刑释后真正重新融入社会打下了坚实的基础。

二、罪犯社会帮教的意义

历史的经验和改革开放以来的实践经验,充分证明罪犯社会帮教有着重要的意义。

(一)体现了党的群众路线

在我国,监狱工作历来实行专门机关与群众路线相结合的原则。特别是改革开放以来,把社会帮教作为监狱教育改造工作的一项重要内容,以监狱为主导,在各级党委和政府的领导下,依靠各个部门、各群众团体、企事业单位、各基层组织、学校和社会各界人士以及罪犯亲属等等,配合监狱共同做好对罪犯的教育改造工作,充分体现和贯彻了党的群众路线。

(二)体现了综合治理的方针

对社会治安实行综合治理,是新时期党和国家为社会的长治久安制定的大政方针。监狱作为维护社会治安的重要机关,监狱以及罪犯教育作为社会治安综合治理的重要组成部分,当然也需要实行综合治理,而社会帮教就是综合治理的具体体现。社会治安综合治理,是由打击、防范、教育、管理、建设、改造六个环节和层面构成的社会系统工程。就改造而言,本身是社会治安综合治理的一个重要环节,同时它的推进也需要综合治理。监狱担负着对违法犯罪分子中罪行最严重、恶习最深、人数最多的这一部分人的改造,而要做好对他们的改造工作,单靠监狱自身的力量是远远不够的。因为不仅罪犯在狱中改造与社会紧密相连,需要依靠全社会的力量,运用政治的、经济的、行政的、法律的、文化的、教育的等各种手段,才能促其转化,而且罪犯将来最终还要回到社会,也需要社会方方面面的配合,才能使之顺利融入社会,成为守法公民,推进社会治安的良性循环。而罪犯社会帮教很好地在改造特别是教育改造中体现了综合治理方针,它既可以使罪犯在监狱服刑期间受到社会多方面积极因素的影响,加快改造步伐,又是在罪犯刑满释放后使其能够在社会得以安置帮教、与社会相融的重要纽带。

(三）体现了"三个延伸"的思想

在20世纪80年代中期,党中央对监狱改造工作提出了向前、向外、向后延伸,简称"三个延伸"的思想。所谓"向前延伸",是指把罪犯改造工作向公、检、法等部门延伸,从侦查、起诉、审判阶段起,通过对行为人加强认罪服法教育、提高定罪量刑质量、完备移送材料等工作,为罪犯入监后顺利接受改造创造有利条件;所谓"向外延伸",是指把改造工作延伸到社会,动员社会各个方面的力量,配合监狱共同做好对罪犯的改造工作;所谓"向后延伸",是指监狱把罪犯改造工作延伸到出狱之后,既要做好罪犯释前工作,同时要会同社会有关部门组织等多方面的力量,做好刑释人员的就业安置、就学保护、社会救济和接茬帮教等工作,以巩固改造成果,降低重犯率。"三个延伸"是系统工程理论在改造工作中的运用。它把改造工作的空间从狱内扩展到整个社会宏观大环境中,将时间从罪犯服刑这一特定时期延伸到刑前刑后。社会帮教主要体现了"三个延伸"中的向外延伸,通过发动社会多方面的力量,调动一切积极因素,推动罪犯改造,从而把"三个延伸"特别是向外延伸的思想落到实处。

(四）体现了监狱工作社会化的思想和顺应了行刑社会化的发展趋势

进入新世纪、新阶段,司法部向全国监狱工作提出了法制化、科学化和社会化的要求。就监狱工作社会化而言,是指监狱通过采取各种措施,争取多种社会力量对犯罪人的影响,以达到使犯罪人改过迁善、适应社会生活、不再犯罪的目的。监狱工作社会化,也是顺应了国际上行刑社会化的发展趋势,而监狱对罪犯的社会帮教工作,正是很好地体现了监狱工作社会化的思想和顺应了行刑社会化的发展趋势。

(五）是罪犯再社会化的重要条件

罪犯从一定意义上说,是社会化失败的个体,监狱的教育改造,实际上就是要使他们再社会化,而再社会化不可能脱离社会进行,必须从监狱外部更广阔的社会环境中寻找积极的教育力量和措施。罪犯社会帮教正是有力的举措。它从眼前看,可以消除罪犯的思想顾虑,增强改造信心,减少不稳定因素;从长远看,能够使罪犯更好地接受符合社会发展要求的价值标准、行为规范、生活方式,同时有助于帮助罪犯了解新的社会信息,认清新的社会形势,熟悉新的社会环境,使他们刑满后,能顺利融入社会,为社会所接纳。

(六）有利于树立我国监狱的良好形象,增进社会对监狱工作的理解和支持

旧监狱的黑暗曾给人们留下深刻的印象。新中国成立后,尽管我国监狱在惩罚和改造罪犯,维护社会稳定,保障社会主义经济、政治、文化、社会建设等方

面发挥了重要作用,但由于监狱的特殊惩罚性质又使人产生神秘感,在一些人心目中,往往认为监狱是阴森恐怖、充满暴力的地方,令人生畏。外界不了解监狱,甚至不少人以旧监狱的形象作简单类比。而通过罪犯社会帮教这一抓手,动员社会力量教育改造罪犯,可以大大提高监狱工作的透明度,使人们感到,我国监狱是体现文明、进步、深得民心的监狱,因而主动配合和支持监狱工作,同时对国际社会也是一个很好的窗口展示,既可以加深国际社会对我国监狱的良好形象的了解,同时能够以事实击碎某些敌对势力别有用心的诬蔑和诽谤。

三、罪犯社会帮教的形式

我国监狱对罪犯开展社会帮教,是在中央及各级的领导下,在广大监狱民警的努力和社会力量的参与下,在几十年特别是在改革开放以来,不断发展、不断完善的。特别是改革开放以来,从上到下,每过几年有新提法,社会帮教就有新的举措,从20世纪80年代初的社会治安综合治理的提出,到80年代中期提出的"三个延伸",再到90年代《监狱法》对利用社会力量参与帮教工作的肯定,再到现代化文明监狱的创建,又到21世纪提出的"三化"要求,以及司法部2003年颁行的《监狱教育改造工作规定》,都给罪犯社会帮教工作带来新的契机和发展。

应该看到,我国罪犯社会帮教工作在这些年来取得了显著成就,甚至得到国际友人的称赞。社会帮教之所以能取得成功,一有明确的法律法规(《监狱法》);二有共同的利益目标,维护社会稳定是民心所向,监狱部门的举措顺应了民心民意;三有党的坚强领导,党在国家和社会生活中具有强大的组织力和号召力,这为监狱依靠社会力量提供了政治保证。从这些年的情况来看,我国罪犯社会帮教的形式主要有以下几种:

(一) 地方党政机关、社会各界人士参与帮教

一是邀请当地(含监狱所在地和罪犯籍贯地)党政机关领导向罪犯做形势政策报告,召开座谈会回答罪犯关心的热点问题。二是由公检法机关对罪犯进行法制、认罪教育,听取罪犯的申诉、控告、检举;由原办案单位针对罪犯有罪不认,讲理、讲法、答询。三是社会各界人士为罪犯送温暖、献爱心。如工、青、妇、院校、文艺团体、企业等结对帮教,甚至把温暖送到了罪犯亲属身上。如上海烟草公司资助一些罪犯子女读书,一直资助到高中。四是鼓励志愿者参与帮教,为帮教活动提供便利。如上海帮教志愿者协会2006年就组织过一个"百名企业家进大墙安置帮教"活动,在罪犯中间以及社会上产生较大影响。五是社会企事

业、学校与监狱联合办学，选派专人担任文化、技术课程的兼职教师，在监内设立流动图书站等。六是由被害人单位、被害人揭露、控诉犯罪危害，唤醒罪犯良知，促其认罪、悔罪。七是邀请刑释后在社会上作出成绩和贡献的"回头浪子"现身说法，树立典型示范。八是邀请罪犯亲属来监狱参与帮教，到监狱共度新春、参加座谈等。

（二）邀请有关部门签订帮教协议，建立帮教组织

自北京市于20世纪80年代中期首创由监狱管理局与各城区政府签订帮教（综合治理）协议以后，各地相继推广并在实践中不断发展完善。范围大致包括：监狱与所在地政府或部门签订帮教协议；监狱与罪犯捕前单位签订帮教协议；监狱与罪犯亲属、罪犯本人签订帮教合同；监狱与社会帮教志愿者、罪犯本人签订帮教合同等。帮教协议的内容包括各方的职责、权利、义务和监督检查等。为了保证帮教工作的正规化、经常化，有的地方还在司法行政部门设立专门机构并选派专职工作人员管理。不少地方还成立了以老干部、老教师、老劳模为主体的"关心下一代委员会"。有的地方如上海还成立了新航总站、社会帮教志愿者协会，这些都较好地促进了罪犯的转化。

（三）罪犯法律援助

法律援助是为经济困难或者特殊案件的当事人提供无偿的法律服务，解决困难群众打官司难的一项法律制度。1994年起，司法部提出建立和实施法律援助制度，之后，这一制度也开始走进高墙，并在司法部颁行的《监狱教育改造工作规定》第41条中作了明确规定："监狱应当为罪犯获得法律援助提供帮助、联系，协调当地法律援助机构为罪犯提供法律援助服务。"近几年，全国不少监狱开始重视这一工作。有的监狱专门制定了《法律援助工作实施办法》，援助的内容主要包括法律咨询、代书、刑事代理和刑事辩护。法律援助既是促进司法公正的必然要求，也是运用社会资源促进罪犯改造的重要举措，很受援助对象的欢迎和好评。

（四）组织罪犯适当接触社会，参加社会的有益活动和社会服务

此即人们常说的"走出去"。如组织罪犯到社会上参观建设成就、展览、纪念馆，瞻仰烈士陵园；组织罪犯到大型工地、农村参加劳动，或选择有些表现好的罪犯到社会上参加一些公益活动；组织一些罪犯到社会上的学校、工厂、街道等以自己的犯罪教训现身说法，举办改造情况汇报演出；组织试工、试农、试读，适度放归社会等等。这些都为罪犯将来顺利融入社会打下基础。

尽管我国罪犯社会帮教工作总的发展是健康的，取得了很大成绩，但是，也

要看到,在这一工作的运作过程中,存在一些值得注意的问题。主要表现为在某些监狱存在帮教无序、针对性不强、做表面文章而不重实效等现象,以及存在管理上的漏洞。这些问题须引起重视和警惕。针对这些问题和不足,需要认真对待,切实采取改进措施,进一步做好罪犯社会帮教工作。

四、关于进一步加强和改进罪犯社会帮教工作的几点要求

在新形势下,为进一步加强和改进罪犯社会帮教工作,要求做到以下几点:

(一)充分发挥监狱的主导作用,完善领导机构

罪犯社会帮教是一个系统工程,其对象是监狱的服刑罪犯,因而需要充分发挥监狱的主导作用来组织协调,否则就会造成工作的无序。这就需要成立一个由监狱管教部门牵头,会同社会有关部门和单位组成的罪犯社会帮教领导小组。监狱一方要有监狱领导挂帅,负责帮教工作的组织协调工作。办公室设在监狱教育部门,配备高素质的专职干部具体负责日常的组织协调工作,社会有关部门和单位也要有一定数量的代表参加。定期召开会议,协调、布置相关工作。

(二)要进一步把罪犯社会帮教工作纳入法律化、制度化、经常化的轨道

首先,要完善立法。在现有监狱法的基础上,进一步完善有关社会帮教的法律法规。比如正在制定中的拟由国务院颁布实施的《监狱法实施细则》,就应对《监狱法》第 68 条"国家机关、社会团体、部队、企事业单位和社会各界人士以及罪犯家属应当协作监狱做好对罪犯的教育改造工作"的规定进一步细化,使其具有可操作性。只有完善立法,才能有法可依,把罪犯帮教工作进一步纳入法制化轨道。其次,要进一步制度化。围绕罪犯社会帮教工作的全过程建立和完善一整套贯彻落实罪犯社会帮教工作的制度,使监狱和社会等参与帮教的方方面面都知道并共同遵守。签订协议是一个好办法,但有了协议关键还在于落实。因此要通过有效的检查、监督保证各种协议、合同得到信守、落实和兑现。最后,要做到经常化。不要一阵风,要长流水,不断线,脚踏实地,长期坚持。平时要做好基础工作,并要做到工作忙时不忘记,任务重时挤不掉,重犯率低时不放松。

(三)在开展罪犯社会帮教工作的过程中,也可以借鉴国外监狱的一些有益做法,结合本国国情加以创造

国外特别是西方监狱,在开放式处遇、刑释人员回归社会保护等方面积累了一整套先进经验和有益做法,我们应当在以我为主的前提下,大胆借鉴,创造出适合我国国情的社会帮教方式方法。例如,我国也可以借鉴西方,探索低度警戒

监狱或对即将刑释的罪犯(一年左右)试验出监监狱,实行开放性处遇措施,如监外作业、监外就学。在确保安全的前提下,监狱可以为受刑人提供各种支持,如有能力的受刑人可以白天在监外上班、就学,下班、放学后回监狱居住。再如参与社区公共服务。受刑人可由监狱民警带领,参与社区公共设施(如学校、街道、社区公益机构的设施等)的维护、保洁工作,或者利用其他自身特长、技能从事社区公共服务工作(如有电器修理技术的可以为社区居民修理电器等)。再如参与社区联谊活动(如文艺、体育及其他活动),实行返家探亲制度(对表现好的罪犯,可以给予每月甚至每周1—3日假期返家探视,以恢复罪犯与家人情感联系)。这些做法,都是旨在使罪犯更好地在社会上接受教育,为回归社会打下一个好的基础。另外要在法律援助上动脑子,下功夫。比如如何建立健全机构,是否在监狱内建立服刑人员法律援助工作站,关于对服刑人员申诉的法律援助问题的把握等等,都需要在理论和实践上予以探索。

(四) 要讲求实效

在开展罪犯社会帮教工作的过程中,要一切从实际出发,不搞花架子,不做表面文章。衡量罪犯社会帮教效果固然离不开活动的次数、参与面的广泛性、社会参与人员的素质等,但要立足于解决罪犯思想上的热点和难点问题,帮助解决一些实际困难,在"帮"和"教"上做文章,最终达到转化他们思想,提高他们素质,使其成为守法公民的目的。总之,要防止"为活动而活动"的倾向,也不要把监狱搞成"动物园"和满足某些人好奇心的场所。要使社会帮教切切实实在罪犯心中播种、发芽、生根、开花、结果。这样才能减少重新犯罪,维护社会稳定,促进社会和谐。

(五) 加强管理,做到内紧外松

在罪犯社会帮教工作的具体开展过程中,监狱一方面对各种帮教参与力量要充分发挥他们的积极性,要在外部营造一种宽松的气氛;但另一方面,从内部管理上,作为监狱有关部门和民警,在任何情况下对任何人都不能搞"特殊化"。组织罪犯亲属帮教,要加强管理,注意监控,要认识到罪犯和家属之间的亲情关系也可能会使他们共同违反法律规定,钻管理制度不严的空子。监狱民警在与社会各种人打交道的过程中,要设置一道心理防线,既要相信绝大多数人是善良的,但也要防止被某些别有用心的人利用,要当心糖衣炮弹的进攻。

第二节 监区文化建设

一、监区文化建设的概念

环境对人的思想观念形成和发展具有十分重要的作用。监狱通过建设丰富多样的监区文化环境,可提升教育改造工作的效果。通过壁画、雕塑、名言警句标语等营造健康的改造氛围,能凸显监狱教育改造人的职能。目前,我国各地监狱内有图书室、阅览室,经常组织罪犯开展体育、音乐、美术、书法等活动;很多监狱都设立了绘画、编织、剪纸、锣鼓队等特色监区,通过监区文化,陶冶了罪犯的情操,促进了他们的改造。然而,关于监区文化的概念,目前尚存在不同认识。一种观点认为,监区文化是包括监区的各种工作制度建设、各种工作的成效收获,以及监狱民警的工作作风、警容风纪、道德风貌、单位工作风格、狱内环境美化、生活卫生管理和组织罪犯开展的健康有益的文化、娱乐、体育活动等,是一种"大文化"概念。另一种观点认为,监区文化主要包括监区环境美化、罪犯行为规范和组织罪犯开展健康有益的文化、文娱、体育活动。[①] 我们基本上赞同后一种观点,但又略有不同,我们认为,监区文化主要包括监区物质文化、罪犯行为文化、罪犯活动文化以及监区精神文化。所谓监区文化建设,就是通过对监区文化硬件和软件的创建,使罪犯受到健康有益文化的感染和熏陶,以更好地促进罪犯改造。

新中国从创建监狱事业时起,就把监区文化建设作为教育改造罪犯的重要辅助手段。20世纪50年代,为了教育改造反革命犯,监狱组织罪犯演出《白毛女》《周剥皮》《一贯害人道》等剧目,组织演出《千里冰河开了冻》《罪恶的三只手》等罪犯自编的剧目,效果很好。不少罪犯看了演出,情绪受到感染,思想受到启发,加速了认罪服法、积极改造的步伐。当时也较为重视图书馆、广播站、改造小报、黑板报建设等,以及室内户外环境美化、监区绿化工作。在监区文化建设的渗透下,绝大多数罪犯精神面貌焕然一新,成效是显著的。"文革"期间,监区文化建设被当作"右倾"受到批判。改革开放以来,监区文化建设得到了恢复和发展,特别是在20世纪80年代末90年代初,监区文化建设被提上整个监狱工作的议事日程,作为监狱科学研究的一个重要课题开始进行探索,并取得了可

[①] 参见劳改专业教材编辑部、《中国劳改学研究》编写组:《中国劳改学研究》,社会科学文献出版社1992年版,第363页。

喜的成果。这些研究成果,有的被吸收到《监狱法》和《监狱教育改造工作规定》的某些条款和章节中,对罪犯教育改造质量的提高起到了积极的推动作用。这一时期的监区文化建设,从以往的比较自在的阶段进入到了一个比较自觉的阶段,标志着监区文化建设由创立走向成熟。

二、监区文化建设的功能

监区文化建设的功能,主要有以下六个方面:

(一) 矫正功能

监区文化建设是教育改造罪犯的一种重要的方法,在教育改造罪犯工作中,一般是通过集体教育、分类教育、个别教育等较为正规的教育形式进行的,而监区文化建设作为辅助正规教育的一种手段,更侧重于通过形成良好的文化环境、打造制度文化、组织丰富多彩的文化活动等对罪犯思想、心理、行为的转化发挥作用,监区文化建设有利于改变罪犯消极的精神状态,使其心灵得到净化,消除罪犯的逆反心态,端正其改造态度,促进其认罪服法,积极接受教育改造。

(二) 渗透功能

监区文化建设的显著特点是把教育内容渗透到各种监区文化活动中,罪犯在参与娱乐性、知识性、趣味性等文化活动中,在潜移默化中受到启发、震撼、感动,罪犯思想、心理和行为发生悄然变化,促使罪犯在"润物细无声"中逐步接受监区文化所蕴含的积极信息,自觉自愿地把监区文化建设的目标转化为自己追求的目标,逐渐祛除不良的思想、心理和行为习惯,培养起良好的思想、心理和行为习惯。

(三) 调节功能

罪犯被判刑进入监狱服刑后,随着身份、环境等的改变,精神压抑、心情郁闷是常见的情况,这就需要监狱民警予以必要的疏通开导。而监区文化建设恰好具有调节罪犯心态的功能。它通过开展多种罪犯喜闻乐见、健康向上的文化活动,驱散他们心中消沉、抑郁的阴霾,帮助他们形成开朗、乐观、向上的积极心态,在思想上和行动上毅然向昨天告别,放下沉重的精神包袱,以新的精神风貌走向新生。

(四) 约束功能

监区文化建设对罪犯的约束,主要体现于一种软约束。如罪犯集体的共同追求目标、行为准则、良好的集体舆论、积极向上的改造风气等,能够起到一种扬善抑恶、扶正压邪的冲击力。它对生活在罪犯集体中的每一个罪犯形成一种约束力,因为上述的目标、准则、舆论、风气等,关系到每一个罪犯的荣誉、利益,因此每一个罪犯都要把自己的表现与集体荣誉挂钩,以约束自己不要违规,而某一个罪犯一旦实施了不轨行为,即刻就会遭到集体其他成员的谴责,他为了消除不利影响,也会迅速收敛或改掉越轨行为。这样监区文化建设就发挥出了无形的文化约束功能,把罪犯的行为纳入正确的改造轨道。

（五）激励功能

罪犯作为一个人,也有一般人所具有的正常需要,如生存、安全、情感等需要。罪犯虽然在监狱服刑,有些需要受到剥夺和限制,但很多合理需要还是受到法律保护的,也是可以在法律规定的范围内予以满足的。而监区文化建设是满足罪犯的合理需要,激励他们积极进取、奋发改造的重要催化剂。如通过开展多种健康向上的文化娱乐活动,在满足罪犯正当的精神文化需求过程中,使其心理上产生认同感,进而促使罪犯产生追求新生的愿望。在罪犯教育日常工作中不难看到,一本好书、一部好的电视剧、一部好电影,也能激发罪犯悔过自新。近年来,一些反映罪犯改造生活的电视剧的播出,在罪犯群体中产生很大反响,引发他们流下悔罪的泪水,点燃他们上进的火苗。

（六）辐射功能

长期以来,人们受过去旧监狱形象的影响,一般把监狱想象成阴森、恐怖、令人生畏的场所。而通过监区文化建设,不仅在监狱内部发挥作用,还可以通过宣传媒介的传播手段及个人交往等多种渠道对社会产生积极影响,促进社会对我国社会主义监狱形象有一个客观、正确的了解,促进社会对监狱罪犯教育工作的大力支持。同时监区文化建设也会对全社会的文化建设注入新的养料和活力,产生积极的促进作用。

三、监区文化建设的内容

监区文化建设的内容十分丰富,涉及面很广,这里主要谈以下几个方面:

（一）监区物质文化建设

这是监区文化建设的第一个层次,主要包括:第一,劳动、学习环境。要求安全、文明、美观、整洁。这样可以陶冶罪犯性情,激发热情,增添活力,提高效率。第二,文化设施。如阅览室、图书室、影视室、舆论宣传设施、体育娱乐器械等方面的建设。这样可以满足罪犯求知、求美、求乐等精神需求。第三,生活环境。如罪犯的监舍环境、生活服务设施的建设等。监区物质文化对罪犯的影响是很重要的,要重视对监区物质文化的建设。

(二) 罪犯行为文化建设

这是监区文化建设的第二个层次,是罪犯在劳动、学习、生活、日常交往中所表现出的行为文化。司法部颁布了《监狱服刑人员行为规范》,罪犯行为文化建设主要通过对罪犯行为的规范化管理来体现。通过对罪犯实施行为规范化管理,引领罪犯良好行为文化的形成。

(三) 罪犯活动文化建设

这是监区文化建设的第三个层次,是监区文化建设的载体。应该广泛发动罪犯参加健康有益的文化和文娱体育活动,抓好文化学习,开展读书活动,使罪犯在劳动学习之余尽可能多地参加文化娱乐和体育活动,促进他们身心健康发展。

(四) 监区精神文化建设

这是监区文化建设的核心层,是监区文化在建设和发展过程中,受一定社会文化背景影响,经过长期积累形成的一种精神成果和文化观念。它主要包括监区价值取向、改造风气、集体舆论、罪犯精神面貌等等,其中监区价值取向至关重要,它包括罪犯应具有的人生观、法制观、道德观、审美观、利益观等多个要素。精神文化渗透于前三个层次,指导着物质文化、整合着行为文化、规范着活动文化,在整个监区文化建设中居于内在的支配地位。因此要着力下功夫予以打造。

四、监区文化建设的方案和步骤

监区文化建设是一个有目的的活动,应当制订建设方案,在制订中,主要需要思考和回答以下三个问题:一是当下监区文化建设的状况如何?监狱或监区以及干警个人的工作态度、文化底蕴如何?罪犯的接受状态如何?薄弱环节是哪些?等等。二是如果按照我们的期望进行监区文化建设,在近期、中期和远期会取得什么样的成果?三是差距。目前的监区文化建设现状、做事习惯工作风格距离未来目标有多大差距?然后根据这些思考编制具体方案。

关于监区文化建设的步骤,各监狱的做法各有不同,但大致要经过下列步骤:

(一) 设立监区文化建设机构。由监狱教育科牵头,会同监区分管文化建设的干警组成。该机构负责制订明确的工作计划,形成详细的思路和方法。其职能可包括确立监区文化建设的宗旨和目标、课题和任务,监视和测评。

(二) 召开动员会。首先是在干警中发动,使干警明确监区文化建设的意义、目的、内容、要求,然后通过干警发动罪犯积极投入监区文化建设的各项活动,使罪犯明确参加监区文化活动的好处,激发积极性和主动性。

(三)对现有监区文化进行审视。审视可从三个方面进行:一是外部资源。主要包括社会文化资源、全国监区文化建设的好的经验和做法以及国外监狱文化资源等。二是内部资源。主要包括本监狱、监区历史文化资源,本监狱、监区当下文化资源。通过审视,找出现存文化与理想文化的差距和改进办法。

(四)根据监区文化建设的意义、目的、内容、要求进一步扩展、勾勒出监区文化建设的轮廓,形成监区文化建设手册或纲领。在审查及取舍的基础上,提炼出本监狱、监区核心价值观及行事理念,按不同层面制作《监区文化建设手册》《罪犯服刑手册》等。

(五)渗透和传播。这是监区文化建设中非常重要的一环。渗透传播渠道可以是能够体现监区文化的物质层面、行为层面、活动层面等等。要通过监区物质文化环境建设、罪犯行为文化建设和活动文化等建设,丰富和充实罪犯精神生活,提升文化品位,认识自身的价值,推动自身的转化。

(六)追踪与升华。要定期对整体和单项文化活动的开展情况进行总结,对活动的过程进行定期追踪,通过追踪,发现现状和目标之间的差距,找出原因,及时采取修正行动。同时要在总结追踪的基础上,进一步升华,使建设水平上升到一个新的境界,这样监区文化建设才能不断展现新的魅力。

五、监区文化建设的要求

提高监区文化建设的有效性,要求做到以下几点:

(一)提高认识,确定目标,制订计划

作为监狱及干警,要重视监区文化建设,要从改造罪犯、预防和减少犯罪,维护社会和谐稳定的高度出发,把它作为教育改造罪犯工作的重要辅助手段,联系本单位实际,确立建设目标。监区文化建设的根本目标是在狱内形成一种良好的行刑风尚和改造氛围,使罪犯在潜移默化中犯罪思想、心理和行为恶习得到转化,绝不能把监区文化建设活动的开展搞成纯娱乐性的消遣活动。各监狱及干警在开展监区文化活动中,都要以建设目标为导向,在此基础上,制订建设的总体规划和阶段性计划,并狠抓计划的落实。

(二)干警在组织活动中要考虑到监区文化建设的特点

监区文化建设的特点中感性的成分比较多,因此在开展活动时,要考虑到这一特点。在监区文化建设实践中,常用的方法如宣传鼓动法,办好墙报、黑板报、《改造小报》,利用组织读报等形式,宣传新人新事,激发罪犯改造热情。再如寓教于乐法,通过成立文艺宣传队,建立图书馆、阅览室,开展读书活动,放映电影、电视,组织体育活动,开展各种竞赛(包括队列竞赛、寝室卫生竞赛等),使罪犯在愉悦中情感受到陶冶,理智得以升华。

(三) 要处理好监区文化与社会文化和罪犯亚文化的关系

开展监区文化建设,首先要处理好与社会文化的关系。社会文化中,有主流文化和非主流文化,在非主流文化中,有不少是满足于人们消闲口味但又无害的,但也有与主流文化相悖的不良文化。在监区文化建设过程中,一定要坚持高扬主旋律,注意多样性,对社会文化信息中有益于罪犯改造的成分及时吸收到监区文化中来,并注意形式的多样性和趣味性,但同时对于各种有碍罪犯改造的消极有害的文化信息要严加抵制和控制,防止对罪犯产生新的消极有害的影响。其次,要处理好监区文化与罪犯亚文化的关系。监区文化是按照社会主义文化的要求建设的,它是积极、健康的,在罪犯改造中占主导地位。所谓罪犯亚文化,是罪犯在原有的消极意识的基础上,在监狱这一特定环境中形成的与监区文化相悖的价值观念、行为规范、行为方式、特有语言等等,具有腐蚀性、破坏性。因此对罪犯亚文化要加以批判和清除,绝不能放任自流。

(四) 因地制宜,讲求实效

开展监区文化建设,要因地制宜,从本地区、本单位的实际出发,特别是在硬件建设上不搞强求一律。条件好的或较好的监狱可以多开展一些文化建设项目,特别是在文化设施、器材上多投入一些资金。条件较差的监狱在原有设施以及现有人力、物力的基础上,量力而行,由简到繁,由小到大,逐步完善,从而使监区文化建设在条件不同的监狱都能得到充分的发展。与此同时,在文化活动开展中,要切忌赶时髦,搞花架子和搞形式主义,要在讲求实效上花大力气,下大功夫,从而更好地提高罪犯教育改造质量。

第四编

罪犯教育评价与比较论

第十六章　罪犯教育评价

罪犯教育评价,在罪犯教育学领域虽然尚属新兴,但正如加德纳所言:"过去和现在我都相信评估对于教育是最有力的手段。"随着罪犯教育工作的不断深化,罪犯教育评价也必将作为罪犯教育学的重要研究内容,成为完善罪犯教育思想、改革罪犯教育管理体制、核定监狱教育效能、认定罪犯教育绩效和提高教育改造质量的重要手段。可以说,加强教育改造罪犯工作考核与评价,保证《教育改造罪犯纲要》各项任务落到实处,对提高教育改造罪犯工作水平具有十分重要的意义。多年来,全国监狱工作坚持"惩罚与改造相结合,以改造人为宗旨"的方针,将改造人放在工作第一位,罪犯改造质量不断提高,教育改造工作取得了显著成效,为维护社会稳定和构建和谐社会作出了重要贡献。为进一步加强对罪犯的教育改造工作,强化教育改造工作各项制度和措施的落实,2008年司法部制定了《监狱教育改造罪犯工作目标考评办法》和《监狱教育改造罪犯工作目标考评评分标准》,明确由监狱的上一级管理机关定期组织进行对监狱教育改造罪犯工作的目标考评;考评结果作为评判监狱工作成效和考核监狱领导班子、监狱警察业绩的重要依据,定期予以通报。根据该考评办法,监狱教育改造罪犯工作目标考评应当包括下列内容:罪犯守法守规率;法制教育合格率;道德教育合格率;文化教育合格率;职业技术教育合格率;心理健康教育普及率;新入监罪犯心理测试率;顽固犯转化率和危险犯撤销率;出监罪犯评估率;教育改造罪犯工作保障。2010年,全国监狱系统认真落实《教育改造罪犯纲要》,首次对全国675所监狱教育改造工作进行目标考核,普遍实行"5+1+1"教育改造模式,为改造罪犯提供124万多个劳动教育岗位,19个省(区、市)进一步完善了罪犯劳动报酬制度。

可以说,罪犯教育的考核与评价关乎监狱教育改造工作的风向及水准,它对于确保罪犯教育改造质量,推动监狱工作全面发展而言具有重要作用。本章主要从罪犯教育评价概述、类型与原则、程序与方案设计等方面加以阐述与探讨。

第一节　罪犯教育评价概述

一、罪犯教育评价的含义

（一）评价

"评价"一词，英文为"evaluation"，在词源上的含义为引出和阐发价值。《辞海》对评价的解释是："评价货物的价格"；而"今亦泛指衡量人物或事物的价值。"按照马克思主义的观点，评价是一种认识与反映的过程。评价"实际上是价值，即客体与主体需要的关系在意识中的反映，是对价值的主观判断、情感体验和意志保证及其综合。"①

近年来，我国哲学界有学者把人的认识过程分成"知识性认识"与"评价性认识"两类。知识性认识以反映客体本身的规律和尺度为主导内容，其目的在于弄清事物"是什么"，即提示客体本身的属性和规律，解决的是"实有"的问题。它是用事实判断来表达的，最终结果是在于达到对客体"真"的把握，不包含情感、态度等因素。评价性认识则是以反映主体本身的需要和尺度为主导内容，它们是主体性认识的过程和结果。其目的则是在弄清事物"是什么"的基础上，把握事物"应如何"，解决的是"应有"的问题，必然通过价值判断表达人们的态度和情感。因此，评价即是评价主体在对价值客体属性、本质、规律等知识性认识的基础上，对价值客体能否满足并在何种程度上满足价值主体需要作出判断的活动。②

简言之，评价，即评定价值，③也就是指主体按照一定的标准对客体的价值进行判断的过程。这里的主体可以是个人或社会组织；客体是主体以外以及在一定条件下包括主体在内的一切客观事物；价值反映的是客体及其属性与主体需要之间的满足关系；标准则是主体根据自己的价值观以及事物发展的规律形成的对客体发展变化的一种期望，是判断客体的属性及发展变化达到主体期望的尺度，是主体对客体进行价值判断的论据。④

（二）罪犯教育评价

关于教育评价，国内外并无统一的界定。美国著名教育学家布卢姆认为，教

---

① 李连柯：《世界的意义——价值论》，人民出版社 1985 年版，第 106 页。
② 参见肖远军：《教育评价的原理及应用》，浙江大学出版社 2004 年版，第 5 页。
③ 参见刘本固：《教育评价的理论与实践》，浙江教育出版社 2000 年版，第 51 页。
④ 参见王景英主编：《教育评价理论与实践》，东北师范大学出版社 2002 年版，第 3—4 页。

育评价是"指系统收集证据以确定学习者实际上是否发生了某些变化,确定学生个体变化的数量或程度"①;库巴和林肯等人认为,教育评价描述的并不是事物真正的、客观的状态,而是参与评价的人或团体关于评价对象的一种主观性认识;评价结果就是这些人基于这种认识整合而形成的一种共同的、公认的主观看法。我国学者认为,教育评价是"教育活动满足社会和个体需要的程度作出判断的活动,是对教育活动现实的(已经取得的)或潜在的(还未取得但有可能取得的)价值作出判断,以期达到教育价值增值的过程"②;也有学者认为,教育评价是"评价者对教育活动或行为主客体价值关系、价值实现过程、结果及意义的一种认识活动过程,其核心内容是揭示教育活动或行为中的客体对主体的需要、目的的价值意义。"③

简单地说,教育评价就是按照一定的价值标准,对受教育者教育现象进行价值判断;或者说是对受教育者的发展变化及构成其变化的诸种因素所进行的价值判断。④

那么,什么是罪犯教育评价?本书结合教育评价的界定,根据罪犯教育的特点,试着将罪犯教育评价界定为:罪犯教育评价就是指评价者根据一定的标准,通过系统地采集与分析信息,对罪犯教育活动满足行刑需要的程度进行价值判断。也可以说是评判者对罪犯群体或个体在监狱接受教育改造后所发生的变化、程度及其构成其变化的诸种因素所进行的价值判断。可以从以下三点来理解此定义:

第一,罪犯教育评价的本质在于价值判断。评价,即评定价值,所以价值判断就是罪犯教育评价的本质属性。所谓价值判断,就是根据一定的标准,在事实判断的基础上,对客观事物的价值作出评判。⑤ 也就是对罪犯教育活动有无价值、有什么价值、有多大价值作出评判。价值判断是解释性判断,主要回答有什么意义的问题。

罪犯教育评价主要涉及罪犯教育改造价值的问题。罪犯教育改造的价值主要包括社会需要和个体需要。社会需要是指罪犯教育改造主要是为了满足社会预防的需要,是为了预防和减少重新犯罪的需要,是为了监狱将罪犯改造成为适

---

① 〔美〕布卢姆:《教育评价》,邱渊等译,华东师范大学出版社1987年版,第6页。
② 陈玉琨:《教育评价学》,人民教育出版社1999年版,第7页。
③ 王景英主编:《教育评价理论与实践》,东北师范大学出版社2002年版,第5页。
④ 参见刘本固:《教育评价的理论与实践》,浙江教育出版社2000年版,第20、55页。
⑤ 参见沈玉顺主编:《现代教育评价》,华东师范大学出版社2002年版,第2页。

应社会生活的守法公民的需要。个体需要主要是指罪犯个体的改造需要,以及适应社会和发展的需要等。因此,衡量罪犯教育的价值,要看它是否满足社会需要与个体需要。

第二,罪犯教育评价必须依据一定的评价标准。所谓的评价标准,是指评价主体衡量价值客体有无价值及价值大小的尺度或依据。[①] 也就是指评价主体对评价对象进行认识和评价时所依据的准则。[②] 在罪犯教育评价活动中,进行评价的组织或个人称为评价主体,如监狱、社会机构或专家与干警等,而价值客体与价值主体形成的价值关系则称为评价客体,也就是评价的对象。这里的评价对象是一种价值关系,而非某个具体的事物。罪犯教育的评价标准一定要符合监狱行刑的需要。这里的行刑需要主要以矫正或改造需要为核心,同时包括回归社会的需要。

第三,罪犯教育评价是建立在事实判断基础之上。在作出价值判断之前必须首先对教育价值关系中的客体及其相关因素进行系统描述与分析。教育评价者所获取的有关教育评价客体的信息,既要包括客体属性、结构、功能和过程等客体评价自身的信息,也要包括客体外部环境及背景等方面的信息。[③] 具体地讲,罪犯教育评价的对象是"罪犯的发展变化、程度及构成其变化的诸种因素"。这包含了两方面的意思:一方面,罪犯教育评价的重点对象是罪犯,即受教育者。之所以把罪犯作为评价的重点,是因为教育改造罪犯的质量是衡量监狱教育改造水平高低的根本标准。评价罪犯的发展变化,最根本的是要看其是否被教育改造成为合格的守法公民。另一方面,罪犯教育评价的对象,也包括与教育改造罪犯相关的各种条件,即"构成其变化的诸种因素"。这是因为现代教育评价的对象,囊括了除罪犯评价以外的其他评价对象领域。[④] 比如,罪犯的思想教育课程的评价,不仅包括思想教育课程本身,而且还包括影响思想教育课程的诸种因素,如授课监狱干警的知识、能力和品德修养,监狱的管理方式以及教学资源等因素。

二、罪犯教育评价的特征

罪犯教育评价,不是单纯的教育或心理测量,也不是名目繁多的罪犯教育评

[①] 参见肖远军:《教育评价的原理及应用》,浙江大学出版社2004年版,第5页。
[②] 参见刘本固:《教育评价的理论与实践》,浙江教育出版社2000年版,第57页。
[③] 参见肖远军:《教育评价的原理及应用》,浙江大学出版社2004年版,第7页。
[④] 参见刘本固:《教育评价的理论与实践》,浙江教育出版社2000年版,第56页。

比，它具有自身所固有的特征，具体如下：

（一）目的性

罪犯教育评价与日常生活中大量存在的价值判断活动不同。它是一种在特定目的的驱动下，按照一定的程序，通过系统地采集、分析信息，有计划、有组织的活动。

罪犯教育评价标准的确定，要求较为规范，稳定性也较强。罪犯教育评价活动一般既要依据行刑理念，也要依据《监狱法》及司法部对罪犯教育改造的相关要求来确定评定标准，往往还需要在一定的评价理论指导下，考虑罪犯教育目的的要求，设计出评价指标体系。正如美国著名的教育评价学家布卢姆所认为的，"评价是确定目标达到度的过程，也是确保目标达成过程有效性的持续改进或及时变革的过程。"① 罪犯教育评价的目的性，直接影响着罪犯教育活动的方向性。

（二）主体性

所谓主体，是指实践与认识活动中的实践者、认识者或行为者本身。② 所谓主体性就是人的本质属性，是指人作为对象性活动的主体所具有的本质特性，是人在认识和改造外部世界和人本身并创造着自己历史的活动中所表现出来的能动性、创造性和自主性。③ 传统教育改造观点认为，罪犯是教育改造的客体，监狱民警是改造的主体。但现代教育改造观念认为，罪犯也是教育改造的主体。"监狱改造的是犯人的犯罪根源，而不是犯人的肉体。改造工作一定要激发罪犯向善要求，鼓励犯人与干警一起改造存在于其内心导致犯罪的邪恶欲念。"④ 罪犯教育评价是评价者与被评价者共同建构的活动。在这一活动中，不能把评价者与被评价者区分为相互对立的两个部分，双方应该合作，共同完成评价活动。在很多情况下，被评价者同时也会是评价者，被评价者作为特定教育活动的主体，需要进行自我评价。

因此，罪犯教育评价的主体也可以有多个。社会、监狱、干警或罪犯及其家属，都可以成为罪犯教育评价的主体。开展罪犯教育评价活动需要充分发挥他们的主体性作用。

---

① 转引自沈玉顺主编：《现代教育评价》，华东师范大学出版社2002年版，第6页。
② 参见李顺德：《价值论》，中国人民大学出版社1987年版，第57页。
③ 参见程建平等：《主体性人格培育论》，北京大学出版社2004年版，第2页。
④ 麦林华：《犯人也是改造主体》，载《新民周刊》2003年第12期。

(三) 中介性

评价是实践与认识的中介。① 罪犯教育评价也就是罪犯教育实践与认识的中介。在罪犯教育实践中,只有当罪犯教育评价活动参与其中时,才能引导监狱民警教育改造罪犯的意识从感性上升到理性,使罪犯教育的指导思想、基本原则与活动适应罪犯教育发展的规律。

罪犯教育评价是罪犯教育活动体系中的一个重要环节,它为罪犯教育的决策提供依据,充当罪犯教育执行中的控制手段,成为罪犯教育目的与罪犯教育成果间的重要中介环节。制度化的罪犯教育评价活动,必将成为罪犯教育实践中不容忽视的重要组成部分,成为完善罪犯教育系统的一项基础性工作。注重罪犯教育评价的中介性,就是强调教育评价能够发挥其促进实践与提高认识的双重功效。

(四) 综合性

罪犯教育评价不是单一性的评价,它具有综合性。首先,罪犯教育评价不是一种一次性的活动,而是一个连续的动态的过程。比如,在这一过程中,需要综合分析所收集到的各种罪犯教育的相关信息,并不断地筛选、甄别、归纳出有用的信息,最终得出准确的结论。再如,学者泰勒曾指出:"评价在任何时候都必须包括一种以上的评估,因为要了解变化是否已经发生,必须先在早期作出一次评估,再在后期作出几次评估,从而才有可能确定所发生的变化。"②因而评价罪犯的发展变化,要坚持综合的、动态的观点,要看罪犯经过教育改造后都发生了哪些变化,变化的程度如何。

其次,罪犯教育评价的方法也是综合的。罪犯教育评价的方法既要求宏观判断,也需要微观判断;既需要过程判断,也需要结果判断;既要采用量化评估,也要进行质的评价;既需要考试、考核,也需要统计、测量等。

最后,罪犯教育评价的结果同样是综合的。罪犯教育评价的结果,不仅要看罪犯是否成为守法公民,而且要看罪犯的素质变化;不仅要看罪犯的法律素养、文化知识素养,还要看罪犯的政治思想、道德品德、劳动技能、心理健康等方面的综合素养;不仅要看罪犯狱内的改造表现,也要关注罪犯回归社会后的适应能力;不仅要进行罪犯行为的评价,也要进行心理的评价等。

(五) 预见性

"评价,特别是自觉的、有意识的评价,总是包含着对一定价值关系及可能

---

① 参见李顺德:《价值论》,中国人民大学出版社 1987 年版,第 57 页。
② 〔美〕泰勒:《课程与教学的基本原理》,施良方译,人民出版社 1994 年版,第 86 页。

后果的预见、推断。"[①]罪犯教育评价,也同样具有预见性。这主要是因为罪犯教育评价是建立在罪犯教育客观规律基础上的价值判断。通过罪犯教育评价,不仅可以把握罪犯教育活动中的发生原因,还可以把握罪犯教育活动的结果;不仅可以认识罪犯教育的过去与现在,还可以预测罪犯教育发展的未来。当然,因为要受到各种条件和因素的制约,这种预见性也是有限的。之所以强调罪犯教育评价的预测性,主要是要充分发挥罪犯教育评价为罪犯教育科学决策服务的功能。

三、罪犯教育评价的作用

（一）导向作用

罪犯教育评价,具有引导罪犯教育活动方向的作用。也就是说,罪犯教育评价,可以引导着罪犯教育活动朝着较为理想的目标发展。罪犯教育评价是一项目的性与规范性很强的活动,通过明确的教育评价目的、预设的评价指标系统得出较为权威的评价结论,可以使这一评价有如一盏"指路灯"、一根"指挥棒"或一把"标准尺",对罪犯教育活动起着指明方向、导航定标的作用。通过罪犯教育评价,可以为监狱教育改造部门指引工作方向;可以促使监狱民警更好地明确罪犯教育的目标。

（二）鉴定作用

罪犯教育评价具有对罪犯教育活动结果好坏、优劣的鉴定作用。比如通过对罪犯教育活动的评价,可以给不同的监狱罪犯教育的绩效、监狱民警个别教育的效果以及罪犯教育计划、课程与方案等的科学性和实效性,分出等级、列出层次、排出名次等,最终鉴别出罪犯教育改造质量高低、甄别出好坏、筛选出优劣,并为评选罪犯教育工作先进或"个别教育能手"等提供依据。

罪犯教育评价中的鉴定可以分为三类:一是水平鉴定,即根据一定的标准,鉴定监狱或监狱民警的教育改造水平。二是评优鉴定,即通过相互比较后评优。三是资格鉴定,即对从事罪犯教育的监狱民警的教育资格是否达标作出鉴定。此外,在客观公正的鉴定基础上,罪犯教育评价还可以激励监狱教育部门和民警,不断地在提高罪犯教育改造质量上下功夫。

（三）监控作用

罪犯教育评价可以作为教育管理的一种手段,对教育罪犯工作起到监控的

[①] 李顺德:《价值论》,中国人民大学出版社1987年版,第258页。

作用。首先,在罪犯教育评价过程中,评价者可以根据具体的罪犯教育实施部门和民警的教育工作的实际情况,对是否达到教育的目标进行检查,并对其是否达到目标、是否合格等作出鉴定与结论。而对于上一级罪犯教育管理部门的检查,下一级罪犯教育部门和相关干警就必须认真对待,并对检查出来的各类问题,如偏离罪犯教育目标的方案以及与评价标准间存在着的距离等,进行适时适度的调整,从而起到有效的监控作用。

(四)改进作用

罪犯教育评价具有改进作用。美国著名的教育评价学家斯塔弗尔比姆曾言:"评价最重要的意图不是为了证明,而是为了改进"①;泰勒也认为:"教育目标的分析、教育评价和教育计划是不断地循环着,当你在吟味教育评价的效果时,便会屡次对那些建立在教育前提的目标发生改良修正的联想,同时也会生发教授法或指导计划的修正方向。目标和指导计划修正以后,又要求指导法的修正,也要求评价计划的修正,它们是互为循环的。"②

罪犯教育评价的改进作用,主要通过两个方面加以体现:一方面,罪犯教育评价,通过对罪犯教育活动的实际状况、影响罪犯教育活动的过程和条件等的诊断,能够知晓何种罪犯教育措施、方法对罪犯教育改造有效,何种是无效的;认清哪些教育条件和影响因素是有利的,哪些又是不利的;可以发现罪犯教育活动中存在着哪些问题;了解到罪犯教育的不足与误区。另一方面,罪犯教育评价在诊断的基础上,可将诊断的结果及时地反馈到相关部门或个人,进而促使其将罪犯教育活动中好的教育内容、手段、方法和条件持续发扬、深化与拓展,将不足的方面加以改进、完善与提高,最终创造出真正"适合于罪犯的教育",进而全面提升罪犯教育改造质量。

第二节 罪犯教育评价的类型和原则

一、罪犯教育评价的类型

划分罪犯教育评价的类型,可以更好地把握和运用罪犯教育评价的理论与方法,更好地为罪犯教育工作服务。由于罪犯教育评价是一个系统的复杂的活动,所涉及的范围较广,内容也比较多,因此,从不同的维度或依据不同的分类标

---

① 转引自瞿葆奎主编:《教育评价》,人民教育出版社1989年版,第298页。
② 转引自同上书,第263页。

准去划分,可以将罪犯教育评价划分成不同的类型。

(一) 按罪犯教育评价的目的与时间,可分为诊断性评价、形成性评价与终结性评价

1. 诊断性评价。又称"事前评价",是指在罪犯教育活动开始之前,为使罪犯教育计划与方案能够得到有效实施而进行的评价。这种诊断性评价,目前在罪犯教育实践中运用较多。联合国《囚犯待遇最低限度标准规则》第 69 条规定:"在囚犯入狱并对刑期相当长的每一囚犯的人格作出研究后,就尽快参照有关他个人的需要、能力、性格、性向的资料,为他拟定一项处遇方案。"2003 年我国司法部《监狱教育改造工作规定》第 14 条也明确规定,监狱应当根据每一名罪犯的具体情况,安排监狱人民警察对其进行有针对性的教育。因此,在罪犯入监后都需要对罪犯进行诊断性评估,并依此制订相应的教育计划与个别教育方案。例如,对初入监的罪犯所实施的心理测验,实际上就是一种对罪犯所实施的诊断性评价。

2. 形成性评价。是指在罪犯教育活动中,为了不断地了解罪犯教育的实际状况以便能够进行调整,从而提高罪犯教育改造质量所进行的评价。形成性评价的目的是为了在评价的基础上,进行罪犯教育修缮或改进,以期达到罪犯教育的目标,而不是评出最终的优劣。形成性评价,对于改进和提高罪犯教育改造质量至关重要,只有在过程中,不断通过评价信息的反馈,及时修正罪犯教育活动中的不足,才能真正提高罪犯教育改造质量。

3. 终结性评价。是指对罪犯教育效果的评价。这一评价侧重于对罪犯教育成果作出评定,主要目的是作出好坏、优劣、水平高低的鉴定。终结性评价可以对监狱罪犯教育部门某一阶段实行的罪犯整体教育活动或某一项教育计划、措施或方案等进行评价;也可以是对某一罪犯在出监时进行评估,以判断其经过教育改造后的改变情况。比如,在监狱行刑实践中,监狱局罪犯教育管理部门对基层监狱的教育目标的达标考核,以及一些监狱在罪犯出监时进行的"再犯可能性"的测试,就是一种终结性的评价。

(二) 依据罪犯教育评价的内容,可分为条件评价、过程评价与结果评价

1. 条件评价。是指对完成罪犯教育活动所必需的基础条件的评价。如罪犯教育的设施等硬件条件、某些监狱民警的教师资格的认定等都属于这类评价。条件评价是过程评价与结果评价的基础。

2. 过程评价。是指对罪犯教育过程的评价。如对罪犯进行心理健康教育的教学过程评价以及教育管理过程的评价等均属于这类评价。过程评价一般情

况下,不直接涉及教育结果,而是侧重于对教育中存在问题的诊断。从发展趋势看,过程评价将会越来越受到重视,因为评价的重要作用就在于促进工作的改进和为教育决策服务。

3. 结果评价。是指对罪犯教育活动的结果与质量的评价。如罪犯教育改造质量好坏、监狱民警个别教育能力高低、教育水平优劣等。结果评价通常不涉及罪犯教育活动的过程或条件,更偏重对教育的实际结果进行评判或鉴定,并区分出不同的等级。结果评价与过程评价既互相区别,又相互联系,互为因果。罪犯教育成果是教育过程发展的自然结果,又是新的教育过程的前提。

(三) 依据评价的主体,可分为内部评价与外部评价

1. 内部评价。又称"自我评价",是指评价对象(集体或个人)根据一定的标准,进行自己对自己的评价。如由监狱对罪犯教育改造工作的水平与条件进行自我评价,或是罪犯自身对自己教育改造后的变化进行自评等。内部评价是建立在评价对象信任的基础之上的,能够激发被评价者自尊心、自信心,使其自觉地、主动地接受评价。比如,监狱内一般使用的心理健康量表(SCL—90)就是一种自评量表,罪犯使用它对自己接受心理健康教育后的变化实施评价,就属于内部评价。但需要注意的是,如果某个罪犯在狱内表现较为恶劣,这时就不大适合作自我评价。内部评价有利于自我认知、自我教育与自我提高。

2. 外部评价。又称"他人评价",这是指对某项罪犯教育活动由活动实施以外的人作为评价主体进行的评价。他人是相对于活动实施者而言的,既可以是机构、小组,也可以是个人。社会督导评价、专家评价、同事评价等都可以是他人评价。如社会机构对监狱罪犯教育改造质量的评估,监狱管理局教育改造处对某一监狱的罪犯教育改造状况的评价,或是主管教育的分监区干警对某一罪犯的教育改造变化的评价等。外部评价一般与鉴定有关,可以为罪犯教育决策者提供信息。

(四) 依据罪犯教育评价者参照标准,可分为绝对评价与相对评价

1. 绝对评价。亦称"目标参照评价",是指以评价对象的实际达到目标与既定目标相比较而作出结论的评价。比如,罪犯思想教育是否达到教学大纲的要求;罪犯的认罪悔罪情况是否达到鉴定罪犯认罪悔罪的标准或处于何种等级等。绝对评价具有三大优点:第一,预先设定目标,使行为有了目的性和可比性;第二,确定目标明确、具体,操作性强;三是相对简单,条件限制少。但同时,绝对评价也具有局限性:一是侧重于结果评价而忽视了过程评价;二是罪犯教育活动是复杂的,有预期结果的出现,也会有非预期结果的出现,对于非预期的结果怎样

评价,绝对评价没有回答。

2. 相对评价。亦称"常模参照评价",是指在一个团体内,以自己所处地位与他人所处地位相比较的评价,其评价参照系设在所属团体之中。相对评价的目的在于明确个体在总体中的地位。比如,罪犯的心理健康状况就可以与罪犯群体心理健康水平的常模进行比较,衡量其教育后的变化情况,这就是一种相对评价。相对评价的优点主要有:一是评价结果多以数据出现,便于统计;二是便于甄别与淘汰。相对评价的不足有:一是对于改进罪犯教育工作的帮助不大;二是会造成被评价者的心理压力,使一些表现差者丧失积极性。

(五)依据罪犯教育评价的方法,可分为定性评价与定量评价

1. 定性评价。是指对评价对象作概念、程度上的质的规定,然后进行分析评定,以说明评价对象的性质与程度的评价。也就是说,定性评价是在特定背景下,通过现场观察甚至亲自参与,或是与有关人员进行深入交谈,以及查阅有关书面材料等,对评价对象的状况作出描述、分析与评价结论。如对罪犯思想教育中认罪悔罪情况的评价,可以采用观察罪犯日常改造行为表现以及对被害人的态度等,对其作出评判。

定性评价有三个关键要点:其一,"背景",即人的行为要素要放在特定的背景下评价才能得到真正理解;其二,"个人感受",即定性评价必须理解评价对象个人丰富多彩的经历、愿望与想法;其三,"定性资料",即不去寻找个人行为间的定量关系,而是在纯自然的条件下观察、收集评价信息。定性评价主要采用个案研究、深度交谈、参与式观察、书面材料分析法等。

2. 定量评价。是指采用对评价对象进行数量化的分析与计算,从而判断出其价值的评价。也就是说,定量评价是采用结构式的方法,预先设定操作化的评价内容,收集评价对象可以量化的信息,运用数学方法作出推论的评价。比如,监狱中常用的对罪犯教育改造的计分考核,就属于一种定量评价。

定量评价也有三个关键要素:一是"全面性统计",即评价所得到的结果具有普遍性,不因时间、地点等背景性因素的变化而变化;二是"抽样研究",即评价要从总体中抽取有代表性的样本,通过样本推断总体;三是"确定事物间的关系",它可以帮助认识罪犯教育活动的相关性与复杂性,从而有助于认识教育改造活动的全貌,达到预测与监控的目的。

二、罪犯教育评价的原则

罪犯教育评价的原则,是指罪犯教育评价主体在评价过程中必须遵守的行

为准则。它是对罪犯教育评价工作的基本要求,是一种"行为准则"。在罪犯教育评价活动中,应当遵循如下原则:

(一) 方向性原则

方向性原则,是指在罪犯教育评价中必须有一个正确的、明确的方向。在我国监狱罪犯教育工作中,就是要依据监狱法律法规、监狱工作的的方针、政策及社会发展的要求等来开展罪犯教育评价工作,引导监狱及干警沿着正确的教育方向,全面提高罪犯教育改造质量。在现阶段的罪犯教育罪犯的实践中,贯彻这一原则需要注意:一是罪犯教育评价应以《监狱法》及《监狱教育改造工作规定》作为教育评价的出发点与主要依据;二是对罪犯思想、文化及劳动技能等成果的评价,要符合现阶段社会发展的要求,评价狱内教育要结合狱外的形势发展要求等。

(二) 客观性原则

客观性原则,是指在进行罪犯教育评价时,必须采用客观的实事求是的态度,不能主观臆断或掺杂个人偏见或带有明显的感情色彩。同时,收集的评价资料也必须是客观真实的,不能随心所欲,随意更改原始资料。贯彻这一原则需注意:一是坚持公正性;二是评价要采用科学的评价方法与技术。

(三) 可行性原则

可行性原则,是指罪犯教育评价要从罪犯教育的实际状况出发,在设计评价方案、制订评价指标体系、确定评价标准和实施评价活动等各个环节中,都要采取符合实际的客观态度,使评价切实可行,具有符合实践要求的可操作性。贯彻这一原则需要注意:一是评价的总体要求要切合罪犯教育工作实际;二是评价的指标要简明不失其关键、全面不失其重点;三是评价的标准要有可达性和鉴别力;四是评价方法要简便易行,具有可操作性。

(四) 效用性原则

效用性原则,是指罪犯教育评价必须针对实际存在的问题,充分运用评价的导向、激励作用,以促进实际问题的解决。罪犯教育评价不是为评价而评价,如果罪犯教育评价活动不能有效地帮助被评价对象找出存在的问题,不能提供有价值的帮助,这类评价就是无实效的。贯彻这一原则时,应注意两点:其一,评价要有较高的信度;其二,评价要有较高的效度。

(五) 单项评价与综合评价相结合的原则

罪犯教育评价时应遵循单项评价与综合评价相结合的原则。单项评价是指对评价对象的某个侧面或某一方面进行的评价;而综合评价则是对评价对象进行全面的、完整的、系统的评价。在罪犯教育评价时要遵循单项评价与综合评价相结合的原则。例如,罪犯教育改造成果的评价,既要评价思想教育成果,也要评价文化知识、技术教育成果,还要注意心理健康水平以及美育、体育的成果的评价等。既要关注罪犯认知的变化,也要考察改造态度的转变,还要评判改造行为的实际表现等。贯彻这一原则时,需要注意如下两个方面:一方面,综合性评价的全面性,也不是说在评价时对评价标准不分主次、轻重,等量齐观,而是要根据其指标权重的不同,有所侧重,分出层次。另一方面,单项评价结果的简单相加,并不就等于是综合评价。综合评价以单项评价为基础,又须是单项评价的发展。

(六) 定性评价和定量评价相结合的原则

罪犯教育评价应遵循定性评价与定量评价相结合的原则。遵循这一原则需要注意:一是在评价时,定性分析与定量分析应相互结合,互为补充。比如,罪犯思想教育的成果评价,不能只依据罪犯的到课率以及有关课程的考核成绩,而是要对其日常改造活动中的诸如认罪服法、遵守监规、接受教育、参加劳动等行为表现进行评价。二是尽管衡量罪犯教育改造质量的优劣是个定性的问题,但如果没有定量分析的依托,定性分析就不免过于主观,也难以比较和筛选。

(七) 静态评价与动态评价相结合的原则

罪犯教育评价应遵循静态评价与动态评价相结合的原则。静态评价是指对罪犯教育改造质量已经达到何种水平或程度进行判断;动态评价则是指对罪犯教育改造质量发展状态的评价。遵循这一原则需注意:一方面,静态评价只是在特定的时间内的现实状态,侧重于横向比较,而不论评价对象的过去和将来。另一方面,动态评价侧重的是纵向比较,注重罪犯的昨天、今天和明天。比如,对罪犯个体的教育改造质量的评价,既要关注罪犯目前的改造情况,又要考察其过去的犯罪史、主观恶性程度以及人身危险性的高低,等等。在同样时间内,如果现在的改造表现位居中等,但其过去曾是个危险犯或顽固犯,也应认为改造取得了较好的效果,评价时应予以充分肯定。评价时,只有静态评价与动态评价优势互补,才能真正得出准确的评价结论。

(八) 评价与指导相结合的原则

罪犯教育评价应遵循评价与指导相结合的原则。罪犯教育评价是按一定的原则、标准对已完成的行为作出肯定或否定的评价,使被评价者受到启发和激励。比如,在监区中评价"教育改造先进监区",在罪犯中评价"改造积极分子",在干警中评价"个别教育能手"等,是促使监狱变有样板,使罪犯改有榜样,使干警学有标杆。这也就发挥了评价的指导作用。遵循这一原则需注意:"指导本身同时又是评价的继续和发展"①。要通过指导,将评价上升到新的高度,并在新的评价基础上,对罪犯教育工作实践作出新的指导。

第三节 罪犯教育评价的程序和方案设计

罪犯教育评价是一项复杂的系统工程,要做好这项工作,需要运用一整套科学、缜密和规范化的程序与设计方案等。

一、罪犯教育评价的程序

罪犯教育评价的程序是把教育评价活动的各项内容,按其先后顺序、有机地组织在一起,成为一个具有特定功能的整体。罪犯教育评价的程序一般包括:

(一) 评价准备

罪犯教育评价准备,主要有组织准备、人员准备及方案准备。组织准备包括成立专门的评价组织;设置一定形式的评价办事机构;成立专门评价小组;动员监狱有关人员参与评价活动等。人员准备包括组织有关人员学习评价知识及相关评价规定,明确评价目的及方法,树立提高罪犯教育改造质量的价值取向。方案准备包括:其一,进一步确定评价目的,也就是评价活动想要得到的结果,即为什么要评价,是用于鉴定或区分等级,还是为改进服务;其二,设计评价准则和标准;其三,选择收集和处理评价信息的方法;其四,设计评价表格与文本,准备调查问卷、评议表以及统计测量工具等。

(二) 评价方案实施

罪犯教育评价方案实施,就是依据罪犯教育评价方案开展评价工作,得出评价结论。评价方案实施具体包括:

1. 收集评价信息。收集教育评价信息是实施评价的首要环节,收集信息的多少和质量高低,直接关系到评价结果的科学性。信息的收集要力求达到全面、客观、准确、真实与量足。

2. 整理评价信息。整理评价信息是指将收集到的全部信息,反复加以核实,并进行整理。具体包括:(1) 归类,即将各评价信息资料,初步整理归类。(2) 审核,即根据既定的评价目的,对评价信息进行鉴别、筛选,对缺乏的信息及

---

① 张玉田:《学校教育评价》,中央民族学院出版社1987年版,第35页。

时加以补充,并运用统计方法进行处理。(3)建档,即将审核后的评价信息,根据评价指标体系分门别类地编号建档,为作出评价结论做好准备。

3. 判定评价对象所达到的程度。这是评价实施阶段的核心工作。评价者以评价准则和标准为客观尺度,根据整理后的评价信息,判定评价对象达到指标的程度。判断评价对象是否达到目标,常用普罗沃斯提出的"差距模式",即把课程标准与个体的学业进行比较,以便从中获得制订课程所需要的"差距信息",目的是提示和克服课程标准与个体学业之间的差距。[①] 差距模式的评价过程可分为五个阶段:(1)设计阶段:制订课程的一系列目标或标准;(2)组建阶段:确定目标与原先的设想是否吻合;(3)过程阶段:通过实际学业与预期目标的比较,确定近期效果是否达到课程目标或标准,找到两者之间存在的差距;(4)结果阶段:确定长期效果是否达到课程目标或标准,把握形成差距的原因;(5)成本效益分析:通过比较分析,说明花费与收益是否相称。在罪犯教育评价过程中,在判定评价对象所达到的程度时,也可从实际出发借鉴这一模式。

4. 整合评价结果。这是评价实施阶段的最后一个环节。也就是评价者将分项评定的结果,运用罪犯教育理论知识和统计方法,把它们汇总成评价对象的整体综合结论。这要求评价组织者对汇总的各级评价结果进行定性、定量分析,形成评价意见,并可对评价对象作出优劣程度的区分,或作出是否达到应有标准的结论。

(三) 评价总结

1. 评价结果的检验。罪犯教育评价结果的检验,一方面要检查评价程序的每个步骤,视其是否全面、准确地贯彻了罪犯教育评价的基本原则,是否按照评价准则和标准实施;另一方面要运用统计检验方法,对评价结果进行检验。

2. 分析诊断问题。为了充分说明罪犯教育评价结果,有效地促进被评价人员改进工作,还需要对有关资料进行细致分析,并对被评价人员的优劣状况进行系统评论,以帮助他们找出存在的问题以及问题症结所在。分析诊断问题常用的方法有:(1)趋势直推法。就是以评价对象过去和现在的情况为依据,按照其自身发展的趋势推断未来的情况。(2)趋势横推法。就是拿评价对象与同类者相对照进行分析推断,来确定评价对象在同类中的位置。(3)因果分析法。就是在影响达标因素的诸因素中,分析哪些是促进因素、哪些是干扰因素,以及它们所带来的后果。

---

① 参见肖远军:《教育评价原理及应用》,浙江大学出版社2004年版,第52页。

3. 评价报告的撰写。罪犯教育评价报告框架一般包括三大部分：一是封面；二是正文；三是附件。封面一般提供下列信息：评价方案的名称；评价目的；评价者姓名；评价报告接受者姓名；评价方案实施和完成时间；呈送报告的日期。正文通常提供下列信息：(1) 概要，即对评价报告简要综述。解释为什么要进行评价，并可列举主要结论和建议；(2) 评价方案的背景信息，主要描述评价方案是如何产生的，重点叙述评价标准的编制过程及其理论依据；(3) 评价方案实施过程的描述，主要叙述收集信息和处理信息的过程等；(4) 结果及结果分析，主要介绍各种收集到的与评价有关的信息，包括数据和记录的事件、证据等，以及处理这些信息所得到的结果；(5) 结论与建议，要求对评价结果进行推断，得出结论，提出建议。

4. 制订改进计划。根据被评对象的评价报告，可以了解被评者的优势与不足，在此基础上，需要确定其改进要点。改进要点应该用清楚、简练、可测量的目标术语表达出来，描述期望被评价者所达到的目标时的行为表现，确立被评者应达到的成果指标等。

5. 评价结果的信息反馈。这是评价总结阶段的重要环节，包括：(1) 向有关领导部门汇报评价结果，为其决策提供依据；(2) 在一定范围内的同行中公布评价结果，供同行们相互借鉴；(3) 向被评对象或单位反馈，并向被评价者提出今后改进方向的建议。

6. 评价工作总结。评价工作总结一般包括：(1) 总结罪犯教育评价工作的经验教训，探寻评价活动的规律，提高评价工作效益，使评价走上科学化的轨道；(2) 开好罪犯教育评价工作总结会议，表彰先进，鞭策后进，不断提高罪犯教育改造评价质量；(3) 建立罪犯教育评价资料档案，将评价过程中各项文件、计划、方案、数据等，立卷建档，并建立评价档案管理制度。

二、罪犯教育评价的方案设计

罪犯教育评价方案是根据一定目的和罪犯教育活动及评价活动的一般规律，对评价的内容、范围、方法、手段、程序和组织领导等加以规范，并作出规定的基本文件。它是评价活动的先行内容，也是评价的核心。

(一) 罪犯教育评价方案的内容

罪犯教育评价方案的内容一般包括如下内容：

1. 评价的目的与指导思想。评价方案开始就应交代本方案进行评价的目的是什么，评价对象是什么，可预期达到什么结果，评价的指导思想、原则是什么。

2. 评价的内容。是指对特定的评价对象评价哪些方面的内容。评价内容是为评价目的服务的,哪些方面内容的信息能实现评价目的,它就应该是评价的内容。例如,在罪犯个体的评价中,如果要判断罪犯个体的综合素质,就应从思想素质(含法律、道德素质等)、文化素质、技能素质、心理素质以及体、美素质等各方面搜集信息;在监区罪犯教育评价中,如果为了评价监区教育改造罪犯的水平,就应在监区的教育投入、教育时间、教育者或个别教育能手的素质与能力以及教育设施等方面搜集信息;等等。评价内容确定得是否科学合理,直接影响评价方向和评价结果的有效性。

如果评价内容是以指标体系表达的,则还应为指标确定权重和编写评价标准,以形成指标体系。指标体系是评价目标的质和量的规定体系,是评价方案设计的核心内容。[1]

3. 对评价指标体系中方法、工具的有关说明。这一内容主要是对指标体系中指标、评价标准、量化符号等有关方面进行的说明,并对评价方案、评价方法和计量方法以及评价工具的选择及操作方法等进行解释。这部分是技术性要求部分的说明。

4. 评价实施程序的说明。这部分主要是以提纲的形式阐明评价实施的过程和步骤。

5. 附录。主要是罪犯教育评价的各种工具量表,如调查表、问卷、测试题及评价表等。

此外,在罪犯教育评价实践中,也可以根据不同的评价目的和需要,确定评价方案的内容。

(二) 罪犯教育评价内容的设计

1. 罪犯教育评价目标。罪犯教育活动是有目的、有计划的活动。对罪犯教育活动及其各个要素进行评价,是以罪犯教育活动实际效果与教育者所预期的教育目标相比较并作出判断、评估的过程。罪犯教育评价离不开罪犯评价目标,罪犯教育评价目标是进行罪犯育评价的前提和基础。

罪犯教育评价目标离不开罪犯教育改造的目标,它是对评价对象在评价项目及其所要求达到的程度、水准的一种规定。在实际评价活动中,常常要将评价目标具体化为指标体系或概括性问题的形式。

---

[1] 参见王景英主编:《教育评价理论与实践》,华东师范大学出版社2002年版,第82页。

2. 构建罪犯教育评价的准则。(1) 评价标准。所谓评价准则,是指对评价活动内容或某一方面质的规定。它规定评价活动评什么或不评什么,是评价方案的核心部分。① 评价准则是人们在评价活动中应用于对象的价值尺度和界限,是一定时期人们教育价值观念的反映,也是对教育规律认识的产物。评价准则主要有两种表现形式:一是指标体系;二是概括性问题。指标是指反映目标某一方面特征的规定。它是具体的、可测的、行为化和操作化的目标。罪犯教育评价指标是对评价教育客体内涵的分解,也可以说是反映罪犯某一方面特征的规定。比如,思想素质可以作为罪犯教育的一项指标,文化知识也能作为罪犯教育的一项指标。评价指标体系则是将各项单独的指标综合起来,形成一个系统的、具有密切联系的指标群。一般用权重来明确各指标间的关系,以及各指标在指标体系内的相互联系。比如,有一级指标、二级指标、三级指标等。

概括性问题是针对指标存在的问题所提出的表达教育评价内容的另一种方式。它是就评价者所关心的方面将被评客体分解为一系列的抽象问题,类似于日常的调查提纲。例如,对某监区干警的教育改造水平可以提出以下问题:干警的学历与专业情况;干警的现代行刑理念与罪犯教育理念情况;干警的教育改造经验情况;干警的敬业情况;干警的身心素质及品德素质;干警的教育、教学水平;干警的个别教育能力等。

(2) 指标体系的设计。设计罪犯教育评价的指标体系的具体要求包括:导向性、相互独立性、被评可行性、整体完备性和直观可测性。比如,对罪犯思想中认罪悔罪的评价,就可以将罪犯交代余罪、在狱内劳动行为表现、违纪行为,特别是对被害人的忏悔行为等,作为评价指标。

评价指标体系的设计程序可以是:

首先,提出初拟指标的方法。在评价对象之后,是明确评价目标,在评价目标确定后,制订者的目标就是分解目标。分解评价目标,可以从两方面着手:一是要研究目标的结构,分析目标的构成要素,并一一列出,在此基础上设计各项指标。分析时既要注重显现的因素,也要注意潜在的因素。二是划分层次,逐层分解。目标经过一次分解,有时仍笼统、抽象或可测性差,需要再次分解,直到满意为止。分解评价目标常用头脑风暴法和因素分析法。

其次,归类、筛选与精简指标。指标筛选的具体方法,主要包括:① 经验法。主要是罪犯教育评价者根据对目标内涵的分析,考查指标在总体的地位、作用是

---

① 参见肖远军:《教育评价的原理与应用》,浙江大学出版社2004年版,第60页。

否具有可操作性,指标群中是否有交叉重复等,在准确把握指标内涵、外延并从实际出发考虑可行性的基础上决定指标取舍。② 调查统计法。首先将初拟指标列成调查表发给被调查者,请他们指出其认为重要的指标,然后统计每项指标被提到的人数的百分比,再按百分比的大小取舍。③ 相关分析法。先按初拟指标系统试评,获得评价价值,然后求指标评价价值两两相关的矩阵,将相关程度高的指标合并,达到简化指标。

最后,专家论证。对于筛选过的指标,可初步形成指标体系。为保证指标系统的质量,还要进一步找专家论证。经专家论证后的评价指标体系最好再到评价对象中征求意见,以便使内容更符合实际,经修改后便可确定下来。

3. 分配指标权重。经过筛选的指标被确定下来后,就要考虑某一指标在整个指标体系中的重要性程度,这就是如何给指标加权的问题。加权是指为表示不同的量在总量中的重要程度,分别对它们赋予不同的系数值,这个过程就是加权。在评价指标体系设计中,加权是根据不同的目的、对象、时间和所处的地位,对评价指标指派不同的数值的过程。对评价指标指派的数值称为"权数"或"评价指标的权重"。分配权重的方法可以采用专家会议法、特尔斐法、两两比较法及秩和运算法。

4. 制订评价标准。评价标准表示达到什么程度才是合乎要求的,或称得上是优良的,是对评价对象的各项指标达到要求的程度在数量上的规定,是评价对象发生质变的临界点。

(1) 评价标准的组成要素。评价标准主要由三个方面构成:一是强度和频率。强度是指达到指标体系项目要求的程度或各种规范化行为的优劣程度。比如,在等级评定中,达到什么程度是优秀,什么程度是良好,什么程度算合格等。频率是指达到指标体系项目要求的数量或各种规范化行为的相对次数。例如,监区罪犯中劳动技能证书的合格率多少,罪犯心理健康教育的授课率多少,达到多少算达标等。二是标号。标号是指不同强度和频率的标记符号,通常用字母(如 A、B、C)、汉字(如甲、乙、丙)或数字(如 1、2、3)来表示。它没有独立意义,只表示一种分类,只有赋予其意义时,才具有意义。三是标度。是指评定时的档次。它是达到标准的程度,说明什么样的程度属于什么等级。表示标度等级的方式有三:其一,是用分数来表示,即用数量来表示评价对象的各项指标达到要求的程度,可用测验分数表示。比如,90 分以上为优秀,60 分为及格等;其二是用等级来表示:如"优、良、中、差""一等、二等、三等""A 级、B 级、C 级""达标、基本达标、未达标"等。

（2）确定评价标准的方法。具体常用方法包括：一是形容词标准法，即用形容词来描述评价标准的办法。比如某罪犯接受教育改造效果，可以用"好、一般、差"来描述效果评价标准。二是数字式标准法，即用数字来描述评价标准的方法。如某罪犯接受教育改造效果，可以用"1、2、3"来表示，每个数字表示一个等级。三是形容词—数字式标准法，即指导形容词和数字式两种标准法结合起来使用的评价标准，它用数字来确定等级，又用形容词来描述等级。四是内涵式标准法，即用定性描述语言来表示评价标准的方法。比如，对某罪犯接受教育改造效果，可以用"积极参加'三课'教育，能够认罪服法"等语言加以描述。

总之，罪犯教育评价是一个非常复杂细致的活动。目前，国内监狱实践中的罪犯教育评价，还在初步尝试与摸索阶段，值得深入探讨与研究。

第十七章 罪犯教育比较

第一节 罪犯教育比较的意义

对罪犯进行教育的现象在古代监狱已经出现了。例如,在中国的西周,奴隶制统治者已经有了教化罪犯的刑罚思想,所谓"明德慎罚""刑以弼教",都是主张刑罚与教化结合起来,使罪犯接受奴隶制宗法社会的伦理道德观念。但是,从总体上看,古代监狱——包括奴隶制时代的监狱和封建时代的监狱,是在报复主义和威吓主义刑罚思想指导下运作的,对罪犯的教育是极其微弱的。直到18世纪以后,在法国启蒙运动中日益发展的人道主义思潮的深刻影响和强力推动下,西方监狱经历了变革运动,自由刑在刑罚体系中越来越占据中心地位。伴随着自由刑的发展,19世纪末20世纪初,教育刑论应运而生。从此以后,教育在监狱制度中的地位日益重要,世界上不少刑法学家甚至认为:刑罚的本质就在于教育。如此规定刑罚的本质,在学术上是值得研究和商榷的。许多刑法学家仍旧坚持报应和惩罚为刑罚的本质。这一分歧,我们暂不讨论。但可以确定的是,教育日益上升为刑罚执行过程中的主导地位,这是各国监狱工作发展的共同趋势。凡文明国家,无不重视监狱对罪犯的教育。因为罪犯教育是改造或矫治罪犯的基本手段,或者说,在改造或矫治罪犯的过程中,教育起主导作用。离开了这一主导作用,对罪犯的改造或矫治是难以想象的。

因此,我们对罪犯教育比较,就不能不对中外监狱以及中国历史上监狱的罪犯教育进行比较。由于社会制度、意识形态和民族传统文化的差异,中外监狱的罪犯教育在内容和形式上都具有不同的特点,各有所长,各有所短,同时,中国的监狱在罪犯教育上也具有不同的历史特点。正由于如此,比较才富有价值。通过中外罪犯教育和中国罪犯教育历史的比较,我们将达到两个主要目的。

一、通过比较,我们将认识和把握中外罪犯教育的总体发展趋势

尽管由于政治、经济和文化状况存在着种种差异,各国监狱的罪犯教育和我国历史上不同时期的罪犯教育也不尽相同,但是,我们仍然能够在各种差异中看到监狱教育制度发展的共同趋势。这是因为:其一,犯罪是世界各国以及中国历

史上进入阶级社会后不同时期所面临的共同难题。在预防犯罪、教育和矫正罪犯的过程中,具有共同的规律、共同的特点。其二,由于世界各国的政治、经济和文化方面的交流日益发展,东西方文化日益融合,各国行刑制度也势必互相影响,互相渗透。任何一国监狱有效的罪犯教育方式很快会成为别国学习和借鉴的对象。例如,心理矫治原是西方监狱对罪犯的矫治手段之一,现在,中国的不少监狱,如上海、山东的监狱也普遍采用了这一矫治手段。其三,由于文化具有历史继承性的特点,我国历史上监狱的教化思想对今天仍有一定影响。因此,中外监狱的罪犯教育和中国历史上监狱的罪犯教育也势必存在着共同点和相似点。对它们进行比较,找出可供当今我国借鉴的成分,对于我国监狱以及罪犯教育正在进行的法制化、科学化和社会化建设具有重要意义。

一个国家的监狱是否能达法制化、科学化和社会化,并不仅仅是本国的事情。因为,监狱的法制化、科学化和社会化都是世界性的监狱发展趋势。随着东西方文化的融合,随着各国政治、经济和文化日益发展的交流,随着现代化大众传播工具的发展,对现代监狱的评判也必然日益国际化。因此,我国监狱的法制化、科学化和社会化并不是关起门来所能办到的事,而必须充分了解和把握当代国际行刑制度的发展趋势。特别是罪犯教育,应该是监狱法制化、科学化和社会化的集中体现,更应当引起我们特别的关注。我国监狱是以改造人为宗旨的,因此,监狱的"三化"建设,首先应当在推进监狱罪犯教育的法制化、科学化和社会化上下功夫,这就必须了解和把握世界各国监狱罪犯教育的共同发展趋势,同时对中国历史上的罪犯教育进行比较。只有在了解和把握世界各国监狱罪犯教育共同发展趋势和中国监狱的历史发展趋势的基础上,我们才有可能对我国监狱包括罪犯教育的法制化、科学化和社会化建设有更全面、深入的把握,使"三化"建设具有丰富的借鉴资源和明确的方向。

二、通过比较,我们将认识和把握中外罪犯教育的不同特点

由于政治、经济、文化、民族传统等多方面的因素,各国监狱和我国历史上不同时期的罪犯教育必然存在不同特点。了解和把握这些特点,对于促进我国监狱以及罪犯教育的法制化、科学化、社会化建设同样具有重大的意义。

从一定意义上说,我国监狱以及罪犯教育的法制化、科学化和社会化建设,是建设中国特色社会主义的有机组成部分。我们所说的"三化",既有国际化的标准,同时又具有中国特色。新中国监狱在六十多年的发展中,形成了自己的特色,特别在罪犯教育改造方面,取得了伟大的成就,在世界行刑制度中是独树一

帜的。但特色总是通过互相比较而显示出来并得以发展的,中国在罪犯教育上的特色,也应当从中外罪犯教育的比较研究和中国历史上罪犯教育的比较研究中得到认识,使之显示和发展。我们通过比较,更科学而客观地认识自己在罪犯教育上的特色和发展特色。这样,在法制化、科学化、社会化建设的过程中就能够在坚持自己特色的同时,着眼于发展特色,学习和借鉴国外监狱罪犯教育的长处,以及继承中国历史上罪犯教育的有益成分,同时剔除那些不利于坚持和发展我们自己特色的短处、无益甚至有害成分,以更好地保持和发展自己的特色。可以这样说,监狱以及罪犯教育法制化、科学化和社会化建设的过程,就是在比较中不断地坚持、丰富和发展自身特色的过程。

第二节 中外罪犯教育的比较

一、中外罪犯教育的共同点

对罪犯进行教育,在中外各国监狱制度中都占有极其重要的地位。1994年公布的中国《监狱法》总共七章,其中第五章、第六章专以对罪犯的教育改造为内容,可见罪犯教育在监狱工作中举足轻重的地位。重视对罪犯的教育是各国监狱发展的共同趋势,在联合国《囚犯待遇最低限度标准规则》中早已规定:"应该设法对可以从中受益的一切囚犯继续进行教育,包括在可以进行的国家进行宗教教育。文盲及青少年囚犯应接受强迫教育,管理上应予特别注意。"罪犯教育的规模与水准、科学性与成效如何是衡量一个国家的监狱法制化、科学化和社会化程度的重要尺度。

中国监狱与美国等外国监狱在罪犯教育上既存在着共同的内容、共同的发展趋势,同时又具有不同的特点。在这里,我们先就中外监狱对罪犯教育的共同内容与发展趋势作一比较。在我们看来,中外监狱罪犯教育共同点主要是:

(一)"教育刑论"是中外监狱教育的共同理论基础

中外监狱对罪犯的教育具有共同的理论基础,即创立于19世纪末20世纪初的教育刑论。教育刑论的思想在18世纪意大利刑法学家贝卡利亚那里已初见端倪,他在《论罪犯与刑罚》中写道:"刑罚的目的并不是要使人受到折磨和痛苦,也不是要使已实施的犯罪成为不存在……刑罚的目的,只是阻止有罪人再使社会遭受到危害,并制止其他人实施同样的行为"。贝卡利亚的刑罚目的论在英国功利主义思想家边沁那里进一步被归纳为对犯罪的"一般预防"和"特殊预防"这两个方面。通过刑罚的威慑作用预防一般人犯罪是所谓"一般预防";通过刑罚剥夺、限制罪犯的再犯能力,对其产生威慑作用,并进一步教育和改造罪犯,是所谓"特殊预防"。正是在预防重新犯罪这一刑罚的最高价值取向上,特别是在特殊预防理论的基础上形成了教育刑论。教育刑论的主要代表人物李斯特认为,早期的刑罚只是盲目的、直觉的、本能的,是非由目的观念所支配的一种"社会反应",刑罚的存在依据在于它的必要性和合乎目的性,其目的在于教育、改造罪犯,使他们适应社会,不再犯罪。

教育刑论使刑罚的价值取向发生了根本的变化,对罪犯的教育在刑罚活动中上升为主导地位,取代了报应、惩罚与威吓。监狱罪犯教育的重要地位也由此奠定。可以说,各国监狱罪犯教育的目的是相同的,即:改造或矫治罪犯,使他们适应社会,预防重新犯罪。例如《美国监狱制度——刑罚与正义》的作者写道:"矫正理论将注意力集中在罪犯身上。……矫正主要强调的是对罪犯的再教育,重新培训和再社会化"[①]。

(二) 监狱罪犯教育形成了基本相同的框架结构

中外监狱对罪犯的教育经过了长期的发展,在总体上已形成了基本相同的框架结构,即监狱的罪犯教育是由三大部分构成的。这三大部分在中国《监狱法》中的表述是:"监狱对罪犯应当依法监管,根据改造罪犯的需要,组织罪犯从事生产劳动,对罪犯进行思想教育、文化教育、技术教育"。不仅中国监狱如此,美国等外国监狱也是由这三大部分组成整体框架。下面试作一比较。

1. 思想教育或社会教育

我国不少监狱学家认为,思想教育是中国监狱所特有的教育,国外某些学者却又将思想教育贬低为中国监狱特有的"强迫洗脑行为"。我们认为,中国监狱的思想教育固然有自己的特色,但是,思想教育却并非中国监狱所特有,美国、日本及西方监狱都有思想教育,只是名称不同而已。什么是思想教育呢?所谓"思想"与"观念"或"观点"同义,指人们对客观事物的理性认识。在心理学上,思想、意识、观念、精神等概念具有密切的关系,甚至是同义的,统指客观世界在人脑中的反映,所谓思想教育实际上是使罪犯能够真实地反映客观世界。从心理学的角度看,思想教育是用正确的观念和知识去改变、充实、完善罪犯的认识结构。因此,思想教育的目的是很清楚的:改变罪犯的思想观念,使他们形成正

---

① 〔美〕理查德·霍金斯、杰弗里·P. 阿尔珀特:《美国监狱制度——刑罚与正义》,孙晓雳、林遐译,中国人民公安大学出版社1991年版。

确的社会化的生活态度、价值观念、法制观念、道德观念、人生目标等等,以适应社会生活。因此,思想教育是各国监狱都非常重视的罪犯教育内容。美国、日本等外国监狱所规定的"生活指导"或者"社会教育"等罪犯教育内容,其实与中国监狱的思想教育具有相同的教育目的。例如美国监狱的社会教育就是专为罪犯回归社会而设的教育,它通过讨论、教授等方法,启发、引导罪犯思索和认识各种社会问题,以适应社会生活。至于美国、日本以及西方国家监狱所普遍实行的宗教教诲,其实更是一种典型的思想教育了。国外有的监狱学家认为"宗教乃借神之力,志在劝善,最易动人,尤易动社会中下等无知之平民"[①]。与宗教教诲相结合的道德情操教育,也为西方各国监狱所重视。他们认为,道德败坏,情操低下是犯罪的重要原因,所以监狱的道德教育是重要的。在日本,对罪犯进行生活指导,首要的内容就是对罪犯日常活动中的道德教育。而道德教育也是中国监狱思想教育的重要组成部分。可见,思想教育、生活指导、社会教育、宗教教诲等监狱教育,属于教育目标基本相近或一致的教育,可以归于同一的思想教育或社会教育的范畴之内。

2. 文化教育

在罪犯中,文化水平低的人占绝大多数,这是世界各国监狱罪犯情况的共同特点,从这一基本状况很容易推导出文化教育在监狱罪犯教育中占的重要地位与作用,因此,中外监狱都非常重视对罪犯的文化教育。中国监狱对罪犯的文化教育以扫盲和普及初中教育为主,同时鼓励文化程度较高的罪犯参加社会上开办的函授大学、业余大学、电视大学等学习。在美国,罪犯的文化教育分为"中等教育和普通教育""成年犯基础教育""大学预科教育",有的监狱还开设大学课程和研究生班(如美国的拔特南监狱)。在日本,罪犯的文化教育主要包括普通教育(即中、小学教育)和函授教育(即高等学校函授学习)。由于各国经济和文化发展水平的差异,中外监狱文化教育所达到的层次不同,但无一例外都强调文化教育,则是共同的特点。

3. 技术教育

监狱对罪犯的技术教育与文化教育是密不可分的整体,国外有的监狱也称之为"职业教育"或"职业训练",目的都在于使罪犯学习和掌握一定的职业技术,便于他们回归社会以后顺利就业,自食其力,避免因就业、生计困难而重新犯

---

① 转引自何鹏、杨世光主编:《中外罪犯改造制度比较研究》,社会科学文献出版社1993年版,第232—233页。

罪，所以这项非常实用有效的教育内容，也为各国监狱所重视。如家用电器维修、剪裁缝纫、烹饪、理发、家禽饲养、木工、瓦工、电工、农具维修等。在美国监狱，对男女罪犯的职业教育有所区别：男子的职业教育内容较广泛，包括理发、印刷、焊接、屠宰、电子技术、烧烤、管道工技术、电视机和收音机修理、汽车维修、家具修理、医疗急诊训练等；女子的职业教育内容较少，主要有美容、秘书训练、数据处理、办公机器的操作、烧烤和食品加工等。从中外监狱的教育实践看，技术教育的效果是显而易见的，它有利于改造和矫治罪犯，预防重新犯罪。

综上所述，中外罪犯教育的基本框架是相同的，形成思想教育（社会教育）、文化教育和技术教育这三部分教育内容。此外，中外监狱都将文艺、体育、艺术等活动引入狱内，加强对罪犯的情操陶冶和美的教育，中国监狱的"监区文化建设"就是这一教育，其内容包括组织罪犯艺术团、举办罪犯创作的艺术作品展、组织文艺创作、开展体育活动等；在美国监狱，一般设有负责文娱活动的专职指导员，他们负责充实狱内文娱活动方案，与罪犯一起开展文娱活动，并与社会的文娱活动结合起来，这些文娱活动包括：垒球、棒球、足球、排球、网球、田径、乒乓球、橄榄球、棋类、桥牌、音乐、绘画、歌咏、电影、电视等等。

4. 监狱教学制度、教学设备日益完备

随着罪犯教育实践的丰富和发展，中外监狱的教学制度和教学设备都日益完备，主要包括：教学人员和教育管理人员队伍的建设，考试制度、考勤制度的建设，教室、图书馆、阅览室、电化教学的建设等。

5. 罪犯教育日益社会化

这是中外罪犯教育共同的发展趋势，联合国《囚犯待遇最低限度标准规则》规定，"在可行范围内，囚犯教育应同本国教育制度结合，以便出狱后得以继续接受教育而无困难"。中国《监狱法》规定，罪犯经过文化教育，"经考试合格的，由教育部门发给相应的学业证书"，罪犯经过技术教育，"经考核合格的，由劳动部门发给相应的技术等级证书"，还规定"罪犯的文化和职业技术教育，应当列入所在区的教育规划，国家机关、社会团体、部队、企业事业单位和社会各界人士以及罪犯的亲属，应当协助监狱做好罪犯的教育改造工作"。这些法律规定体现了中国监狱教育的社会化趋势。在英国，监狱的教育事务是邀请地方教育部门承担的，地方教育局提供全日制教员和业余教员，并负责监狱中的教育组织；在意大利，监狱对罪犯的教学组织工作和上课也是由公共教育机构负责的；在日本，有的监狱设立了本地区中学的分校（如松本少年监狱），由中学对学习期满、考试合格的罪犯发给本校的毕业证书。诸如此类的资料表明，监狱的罪犯教育与社会的教育制度已日益结合起来,尽管各国的国情不同、结合的程度不同,但罪犯教育的社会化则是中外监狱共同的发展趋势。

6. 罪犯教育日益科技化

随着现代科学技术的发展,中外罪犯教育也日益科技化。例如,在中国不少监狱已经在推广电化教育;在美国,监狱管理当局利用电子计算机详细报道医务、建筑、机械工业、服务行业、农业的有关情况,监狱则根据这些行业的情况和发展趋势编制罪犯的职业训练计划,避免了与社会需求脱节的盲目性。罪犯教育的科技化不仅体现为科学技术设备在罪犯教育中的运用,而且体现为各种自然科学和社会科学,如生理学、精神病学、心理学、教育学、行为学等在罪犯教育中的运用。如中国上海监狱的"分类改造"就运用了多种学科的知识。美国监狱所普遍采用的多种对罪犯的治疗方案,如心理预测、心理疗法、道德分析、行为矫正疗法、团体治疗、埃哈德讨论训练法、情感成熟指导教育等等,都是把科学的方法运用于教育矫正罪犯的实践。罪犯教育的科技化也是各国监狱共同的发展趋势。

通过上面的比较,我们不难看出,中外罪犯教育的基本内容和发展方向存在许多共同点,包括教育的共同理论基础、框架结构等等,这同世界经济文化的交流、发展的日益融合、日益全球一体化大趋势是一致的。

二、中外罪犯教育的不同点

由于中国监狱和外国监狱具有不同的社会制度、意识形态和民族传统文化作为背景,并由于生产力和科学技术发展水平的差异,罪犯教育也存在着不同的特点。下面我们就其中基本的不同特点作一比较。

(一)对教育对象的认识各有特点

监狱教育的对象是罪犯,教育罪犯必须先要认识罪犯,而要认识罪犯,应当以对人的本质认识为基础,因为罪犯是人类的一部分。人的本质,是自然性与社会性的统一,人既是自然的存在,又是社会的存在。应当说,中国监狱和美国等外国监狱都能够从罪犯的自然性与社会性这两个方面去认识罪犯,从而设计教育方案。但相比较而言,中国监狱主要是从人的社会性的角度认识罪犯。例如,从政治的角度、从阶级斗争的角度、从伦理道德的角度、从社会意识形态的角度等等。美国等外国监狱除了对罪犯的社会性进行认识以外,较侧重于从人的自然性方面认识罪犯。例如从医学的角度、从生理学的角度、从精神病的角度、从临床心理学的角度等等。美国的许多监狱(矫正机构)更愿意把罪犯作为"患者"进行治疗,所谓"康复模式""重新结合模式"都体现了美国监狱的罪犯观,这同中国监狱的罪犯观是有所差异的。

(二) 教育内容具有不同特点

由于罪犯观不同,以及社会制度和意识形态不同,在罪犯教育特别是思想教育或社会教育方面具有不同的内容和特点。中国的罪犯教育是以马克思主义为理论基础的,在教育中特别注重改造罪犯的世界观、价值观、人生观,改造罪犯的思想意识。在罪犯教育中,思想教育中的政治性是中国监狱所特别注重的教育内容。它包括:社会主义法制教育,世界观、人生观、价值观教育,政治态度教育,形势、政策教育等等,具有很强的社会意识形态特点。美国等外国监狱不公开提对罪犯进行有关政治性内容教育,却普遍有宗教教诲这一教育内容。在美国,大多数大型监狱都有专职基督教和天主教牧师,有的监狱使用兼职教士,社会上的教士们也为狱内罪犯提供义务的宗教服务。在日本,各监狱根据罪犯需要,设立的宗教教派有佛教、基督教、神学三种。宗教教诲在日本监狱法实施细则中有明确的规定。总之,宗教教诲在美国、日本等国的监狱罪犯教育中占有重要地位,而中国的罪犯教育则没有这项内容,因为马克思主义是无神论。另外,中国监狱罪犯思想教育的政治性内容也是美国等国监狱所没有的。当然,中国监狱是维护罪犯宗教信仰的权利的。由于注重从人的自然性认识罪犯,美国监狱在罪犯教育中自然注重以医学、生理学、临床心理学、精神病学等自然科学作为教育的理论基础来设计教育矫正罪犯的方案,如心理疗法、心理预测、行为矫正法、交往分析、情感成熟指导法等等。这些教育矫正方案把社会科学与自然科学结合起来,具有很强的技术性和可操作性。这类教育内容也为中国罪犯教育中所少见。

具体而言,东西方罪犯教育的内容及模式主要有以下不同:

1. 思想道德教育

罪犯教育是一种特殊的社会教育。在称谓上,美国多用"教诲""教化",英国、日本多用"矫正",视其为一种技术性的处遇活动。而我国则称为"教育改造",注重罪犯的思想道德教育,尤其强调思想、价值观的转变,具体包括人生观、世界观教育,认罪悔罪教育,法律常识教育,公民道德教育,形势、政策和前途教育等。但在国外,几乎没有对罪犯进行"思想政治教育"的概念,很少有国家专门为罪犯开设道德教育课程。当然,这种非专门道德教育的做法也并非是绝对的。比如,韩国就实行文化教育与道德教育分立,专门设置了道德教育方案,规定要进行16天(78小时)共16种不同科目的道德教育,包括培养罪犯的爱国情感、伦理意识及人际交往知识等。① 然而,"虽然大多数国家监狱没有专门的道德教育课程,但是这并不意味着这些国家不对罪犯进行道德教育,事实上这些国家也对罪犯进行道德教育,只是他们对罪犯的道德教育融于对罪犯的文化教育中。这是与中国的专门道德教育模式不同的教育模式。"②

实际上,专门的道德教育有助于实现罪犯的行刑个别化,矫正其不良恶习;而非专门化的伦理教育模式却更能贴近生活实际,亦能起到积极作用。过去我们过分强调对罪犯进行马克思主义理论教育,以此来端正罪犯的人生观和价值观。随着人们认识的提高与视野的开阔,已有不少人认为对于罪犯教育则应侧重于道德教育,因为道德教育具有更多的传统文化特质,更易于为罪犯接受并内化为自觉行动。

2. 基础教育的抉择

根据《监狱法》规定,我国的罪犯教育是一种强制性义务。而在西方,许多发达国家鼓励罪犯自愿参加矫正计划。"鼓励犯人自愿参加矫正计划,不仅是大多数西方国家监狱中实施矫正计划的显著特点,也是增强矫正计划的实际效果的重要途径。犯人自愿参加矫正计划之后,他们才有从中获得进步的欲望和动机,才能尽自己的努力实现矫正计划提出的要求和目标。"③为鼓励罪犯接受教育内容,一些国家的监狱提供各种奖励,如获得金钱津贴、允许折抵刑期等。在意大利,对于参加高中阶段学习的罪犯,学习期间可免除劳动且可领取日津贴,学习优良者还发给奖学金;大学课程的学习者也可根据其要求以及表现出的勤奋与进步程度免除劳动。瑞典法律则规定,参加学习和参加劳动的罪犯一样,仍按小时支付工资;如罪犯不愿参加学习,则必须全日劳动。当然,在特定情况下,罪犯教育也是强制性的。比如,美国马里兰州对于经测验阅读水平在八年级以下,并且要服刑18个月以上的罪犯,要求必须参加90天的学习。而日本对于没有完成九年制义务教育或缺乏学习能力的罪犯,亦规定必须接受初级文化教育。④

由此,中西方监狱对待罪犯基础教育的态度不同,但孰优孰劣不应一概而论。西方国家强调罪犯权利,尊重罪犯个性,从而将其视为自主权利的一部分;况且,从教育规律来看,鼓励罪犯参加教育比强迫其接受更能收到效果。然而,

---

① 参见武延平主编:《中外监狱法比较研究》,中国政法大学出版社1999年版,第289页。
② 同上书,第297页。
③ 吴宗宪:《当代西方监狱学》,法律出版社2004年版,第641页。
④ 参见刘利明:《罪犯矫正教育的中外比较研究》,载《河南司法警官职业学院学报》2012年第1期。

由于我国大部分罪犯的文化素质普遍偏低,智识教育程度的匮乏是重要罪因,且不少罪犯缺乏参加文化学习的积极性,所以有必要强制普及基础教育,这是与我国的基本国情相适应的。

3. 生活指导计划

西方许多监狱均对设有生活指导课程,这是我国监狱教育所欠缺的。生活指导训练内容广泛,涉及日常生活的方方面面。比如,美国监狱的生活技能教育主要包括可就业性或者寻找工作技能、消费技能、利用社区资源、健全和安全技能、子女养育和家庭技能以及公民技能。英国的生活教育课程旨在向罪犯提供发展个人认识、个人能力、社会能力和职业能力的机会,增强罪犯的自信和自尊。在加拿大,罪犯的生活指导计划涉及罪犯与家庭的关系与责任、如何为家庭提供适当的生活用品以及如何利用闲暇时间等。这些内容比较具体和实际,多为罪犯回归社会后面临的现实问题,因而容易为罪犯接受。尽管我国也有一些监狱涉及生活指导,但大多是随机的、零散的,缺少专门化、系统化的内容。从预防再犯的角度考虑,应在我国的罪犯教育中增设生活技能方面的实用知识。

4. 宗教教诲与牧师

在西方社会,近世基督教的勃兴为监狱行刑注入了文明元素。基督教晓谕,人类的原罪需要救赎。"对于赎罪者来说,以真诚的悔悟向一名教士忏悔其罪过,从而获得赦免在地狱中的永罚便已足够。"①宗教忏悔意在通过罪者的虔诚实现灵魂的洗涤,这被延伸至世俗罪孽的改悔中。赎罪的意念把牢房定义为忏悔的地方,从而渐渐使牧师成为监狱改良的中心人物。随着18世纪监狱的世俗化发展,以及福音运动和它对堕落感与宽恕心、祈祷与救赎的关注,宗教越来越在监狱行刑的新概念中扮演日益重要的角色——宗教教诲。"西方自有监禁以来,教会即热心于对罪犯的宗教教诲。在中世纪与现代早期,神父或牧师探访监狱,与犯人进行集体或个别交谈,直至伺送他们去极乐世界,多少已成常规。狱内都设教堂,神职人员以宗教匡整人心,从而辅佐人世,实为红脸白脸的神俗唱和。"②可见,宗教教诲是西方国家监狱的传统做法。

在美国和西欧一些国家,宗教教诲在罪犯教育体系中占据重要位置,监狱牧师属于一类特殊的专业人员。根据1987年《欧洲监狱规则》,"如果矫正机构内

---

① [美]哈罗德·伯尔曼:《法律与革命》,贺卫方等译,中国大百科全书出版社1993年版,第213页。
② 许章润:《说法 活法 立法:关于法律之为一种人世生活方式及其意义》,清华大学出版社2004年版,第210页。

有足够数量的信仰同一宗教的犯人,应当任命和批准一名合格的该宗教的代表。"从职责来看,监狱牧师主要提供宗教圣礼服务和个别指导与咨询等。在很多有一定规模的西方国家监狱中,还设有监狱教堂,它既是罪犯从事宗教活动的主要场所,也是监狱牧师的办公地点。此外,一些监狱还从社区聘请兼职牧师、志愿人员等,为不同宗教信仰的罪犯提供相应的宗教服务。

就立法而言,各国监狱立法中多有宗教教诲的规定,并普遍为罪犯参与宗教活动提供方便。比如,1952年英国监狱法规定,每个监狱教师应当有监狱牧师,监狱的牧师和任何助理牧师应当是英国国教会的神职人员。日本监狱法实施细则也规定,教诲可以在休息日或星期日举行,对在病监或独居监房拘禁的服刑者,可到其所在的监房进行教诲。此外,意大利、德国监狱法也有类似规定。在近代中国,单独和集体的教诲作为道德感化的核心,宗教伦理的意义亦使宗教仪式为监犯忏悔所必需,宗教教诲亦为监狱激发罪犯道德情感与向善之心的重要途径。

然而,时下我国监狱并不把宗教看成是一种可以借用的"力量",仅将宗教作为罪犯信仰自由加以保护,并对监狱宗教活动作出了限制。1992年,司法部《关于犯人、劳教人员信仰宗教和在狱所内从事宗教活动问题的批复》指出:"原则上允许信教的罪犯、劳教人员保持原有的宗教信仰,监狱、劳教所不强制罪犯、劳教人员改变自己的宗教信仰。但是,宗教信仰与宗教活动是两回事。鉴于监狱是专政机关,是惩罚和改造罪犯的场所,因此,在监狱、劳教所内不得举行宗教活动,不得在监狱、劳教所内设经堂、挂佛像和进行传教或宣传宗教教义的活动。对于信教的犯人、劳教人员看宗教书籍的问题,以不影响和妨碍教育改造为原则,可引导他们少看或不看,但不宜禁止或收缴宗教书籍。"目前,我国服刑人员中的信教人群呈增长趋势,罪犯的宗教信仰自由及其权利保障问题日益引起关注。尽管基于不同的宗教文化传统,发达国家的宗教教诲制度不一定适合我国实情,但在我国监狱行刑变革面向现代化、国际化转型的背景下,如何理性而客观地对待罪犯的宗教信仰自由,是值得思考的问题。

5. 心理矫治技术

关于罪犯心理矫治,国外的研究与应用起步较早,其心理矫治技术现在已得到广泛应用。美国学者特里·库柏斯(Terry A. Kupers)提出了监狱中心理健康计划的十个要素,即综合性治疗、自杀预防、集体治疗和特别问题、精神病学康复计划、对精神紊乱犯人的心理健康计划等,足见罪犯心理矫治计划的专业性。[①] 在美国,联邦监狱局要求心理学家提供三种模式的心理学服务,即罪犯服务和计划、工作人员服务和计划,以及临床与咨询服务和计划,并要在每个监狱中组建单独的心理学服务部门。从西方国家监狱系统的心理学计划看,不仅理论发达、内容丰富,而且有专门的心理专家、精神病专家等专业人员专职实施。这些监狱心理学家对罪犯的教育矫正发挥着重要作用。"今天,在确定犯罪行为的原因和治疗方法方面,心理学家的数量超过任何其他的专业人员。"[②]

相对而言,我国的罪犯心理矫治起步较晚。1994年底,司法部把罪犯的心理矫治纳入现代化文明监狱的考核验收之列,加快了罪犯心理矫治的推广。尽管目前许多监狱也已开始重视罪犯心理矫治,努力开展心理咨询、诊断与治疗等活动,并积极建立罪犯心理档案,进行罪犯个案心理测试,探索有效的心理康复模式,然而我国开展罪犯心理矫治的时间毕竟较短,在心理学技术研究与应用、人才培养与储备等方面仍与西方国家存在不小的差距。应当说,我国罪犯心理矫治现在仍处于探索与经验总结阶段,心理矫正技术应用的广度和深度均有待进一步延伸。在此情况下,借鉴西方先进、成熟的心理矫治技术将有助于提升罪犯教育矫正的质量。

(三) 教育原则和方式也有所区别

中国的罪犯教育有两个鲜明的特点:第一,强调监狱对罪犯所实施的教育具有强制性。我国《监狱法》第7条第2款规定:"罪犯必须严格遵守法律、法规和监规纪律,服从管理,接受教育,参加劳动。"即罪犯接受教育是没有选择余地的,必须这样做。教育的强制性是中国监狱长期形成的原则,其理论依据是毛泽东在《实践论》中早已阐明的:罪犯的被改造"须要通过强迫的阶段,然后才能进入自觉的阶段"[③]。中国监狱在长期的教育改造罪犯实践中坚信这一原则,甚至认为是罪犯教育改造的规律。第二,中国监狱强调罪犯教育必须与生产劳动相结合。我国《监狱法》第3条规定:"监狱对罪犯实行惩罚和改造相结合、教育和劳动相结合的原则,将罪犯改造成为守法公民。"中国监狱的这一原则也是在长期的罪犯改造包括教育改造实践中形成的,并且被证明是非常有效的原则,其理论基础是马克思主义教育与劳动生产相结合的原理。中国罪犯教育的这两个特点是美国等外国监狱的罪犯教育所没有的。以美国监狱为例,美国等西方国家

[①] 参见吴宗宪:《当代西方监狱学》,法律出版社2004年版,第692—693页。
[②] 吴宗宪:《当代西方监狱学》,法律出版社2004年版,第606页。
[③] 《毛泽东选集》(第1卷),人民出版社1991年版,第296页。

对罪犯接受教育或学习强调自愿,美国学者莫尔认为,强迫改造是不可能的,至少是靠不住的。这一观点很具代表性。在美国,有些罪犯教育方案收效甚微,原因在于参加的罪犯很少,或者说,这些方案不切合罪犯的兴趣和需要。这表明,美国的罪犯教育没有强制性这一特点。教育与劳动相结合这一原则在美国等外国监狱也是不存在的,因为在美国监狱,劳动基本上也并不是强制的。根据有关资料介绍,美国只有得克萨斯一个州大规模地组织罪犯从事生产劳动(主要是农业劳动,该州是美国第二大州,地多人少)。其他各州从事生产劳动的罪犯只占罪犯总数的三分之一,也就是说绝大多数罪犯是不进行生产劳动的。因此,美国监狱不可能将教育与劳动结合起来。

(四)从事罪犯教育的师资构成不同

在中国监狱,罪犯教育日常工作基本上是由监狱系统内部的工作人员即监狱民警来承担的,他们负责对罪犯进行思想教育、文化教育和技术教育等教育。我国《监狱法》也规定了监狱民警承担对罪犯进行教育改造的任务。有时根据需要,监狱也邀请社会上的技术人员或教师进监狱讲课。而西方国家从事罪犯教育的师资构成就复杂得多了。在英国,有关教育的事务邀请地方教育部门承担,地方教育部门向监狱提供全日制教员和业余教员,同时负责监狱中的教育组织工作;在意大利监狱,对罪犯的教学组织工作和上课,也是由公共教育机构负责的。至于从事宗教教诲、心理治疗等工作的宗教人士、心理专家、精神病专家都不是监狱工作者。许多从事罪犯心理咨询、心理治疗的人员都是来自社会有关部门。相比较而言,从事罪犯教育的工作者,其成员构成在中国监狱比较单一,而在美国等外国监狱则比较复杂多样,社会参与程度较高。

三、中外罪犯教育比较中的探讨

在中外监狱制度的比较中,我们以往容易产生的一种倾向是,简单片面地从政治的角度、从社会制度的角度、从意识形态的角度对美国等国外监狱的罪犯矫正和教育进行批判的否定,或认为其虚假,或认为其教育目的在于麻醉和奴化,或认为其无效等等。我们认为,这并非是一种可取的学术态度。在我国当今监狱以及罪犯教育法制化、科学化和社会化建设过程中,我们为什么要进行中外监狱制度的比较呢?根本目的不在于否定别人,肯定自己,而在于从比较中认识世界监狱制度发展的历史趋势,在比较中学习和借鉴别国监狱的长处,达到丰富和发展自身的目的,这里需要的是人类监狱文明的意识、宽阔博大的心胸和实事求是的态度。

根据前面对中外罪犯教育的比较，我们认为以下几个问题是值得深入探讨的：

（一）在监狱以及罪犯教育法制化、科学化和社会化建设过程中如何进一步推进罪犯教育的社会化

通过中外罪犯教育的比较，可以看到，罪犯教育的社会化是世界各国监狱发展的共同趋势。在这方面我们应当从美国、日本等外国监狱那里得到有益的借鉴。因为这些国家的罪犯教育社会化的程度高于我们国家，在罪犯教育的社会化方面创造了许多新的形式和途径。美国监狱从20世纪70年代开始的学习释放制度就很有特色，其内容是：允许罪犯白天去学校读书，下课以后返回监狱。目前，在美国至少有40个州加上哥伦比亚特区和联邦监狱系统都有学习释放制度。日本有的监狱请地方学校进监狱办分校。英国、意大利等国监狱的教育则由地方教育或公共教育机构承担，提供师资和管理。

罪犯教育社会化的实质是利用社会教育资源为监狱的罪犯教育服务，应该说其优越性是多方面的：其一，有利于提高罪犯教育的质量。社会上专门的教育机构，其师资力量、教育管理水平、教学设备、图书资料、教学经验等等方面条件毕竟大大优于监狱，因此，其教育质量也必然高于监狱。其二，有利于监狱教育和社会教育的结合。其三，有利于克服罪犯"监狱化"，使罪犯适应社会生活，并能对罪犯的改恶从善产生激励作用。其四，有利于减轻监狱的负担，由社会专业部门参与监狱工作，必然使监狱摆脱"麻雀虽小，五脏俱全"的格局，监狱管理人员可以从"样样都必须学，样样都必须会"的困境中解脱出来。

当然，罪犯教育的社会化程度与各国的政治、经济、文化发展的水平密切相关，与国情密切相关。我国目前的教育还不是很发达，不可能让罪犯教育占用过多的社会教育资源，因此，我们在这里探讨的还只是一种可能的发展趋势。可以肯定的是，罪犯教育社会化是各国监狱制度的发展方向。

在肯定这一趋势的同时，我们还应当指出，罪犯教育的社会化也并非有利无弊，其主要缺陷在于，它可能削弱监狱罪犯教育这一有机的整体。在我们看来，罪犯教育与普通教育一样，是一个有机的整体，教育者不仅向受教育者传授知识，而且为人师表，以其道德学识、待人接物、处世哲学等等对受教育者产生影响，所谓"教书育人"即指这种综合的教育影响。中国罪犯教育的特色在于：监狱工作人员既是监狱管理者，又是教育者，他们对罪犯进行直接管理，因此与罪犯朝夕相处，了解罪犯，并容易与罪犯达到情感上的相通，在互相了解和情感相通的基础上开展教育改造工作容易达到事半功倍的效果。而且，监管人员注重

"身教重于言教",容易对罪犯形成无形的人格感化力量。罪犯教育的社会化可能会淡化这种综合的、统一的教育过程和教育效果。所以,我们认为,罪犯教育的社会化是方向和趋势。中国监狱的文化教育、技术教育可以在利用社会教育资源方面进行探索和尝试,而思想教育则应保持中国监狱已经形成的特色,因为,中国这种"身教重于言教"的罪犯教育是最富于人道精神和民族特色的一种教育。

(二) 如何丰富和发展中国罪犯教育的内容和形式,使它进一步科学化,这也是值得我们探讨的

我国的罪犯教育是成功的,特别是改造日本战犯、国民党战犯和伪满战犯的成功,以及多年来一直保持6%—8%这样低的重新犯罪率,都证明我国监狱改造工作的成效,包括罪犯教育的成效。然而,我们的罪犯教育还应当不断地丰富和发展自己,我国监狱的罪犯教育存在着种种需要改善的方面。例如,教育改造罪犯的基础理论不够丰富,教育的手段比较单一,教育的思维方式比较陈旧,教育的内容和形式都变化不大,教育的目标设置与教育成效的检测缺乏科学的论证,等等。在中外罪犯教育的比较过程中,我们看到,美国等外国监狱的许多教育观念、教育思路、教育的内容与形式是值得借鉴的。

其一,应当开拓罪犯教育的基础理论,推进罪犯教育的科学化进程。美国监狱的罪犯教育中的科学技术含量(特别是自然科学含量)是比较高的,他们注重将各种学科的知识,如临床心理学、精神病学、行为科学等运用于教育方案的设计和矫治实践。我国监狱长期以来注重罪犯思想观念的转化,这固然是关键,但是应当看到,人是自然存在与社会存在的统一体,无论是忽略人的自然性还是忽略人的社会性,都是片面的。长期以来,我们忽略了运用自然科学的理论来改造罪犯,忽视了罪犯除了存在思想观念问题外,还存在心理问题、情感问题、行为偏差问题、精神病患问题、人格缺陷问题、社会适应问题,等等。近年来,我国监狱从国外引进了前所未有的教育理论与观念。例如,一些省、市监狱成立了"狱内心理治疗中心",心理咨询工作也开始起步,这就是教育基础理论的拓展。美国等国外监狱在运用科学技术教育矫治罪犯方面已有长期的历史,值得我们对这一经验进行实事求是、去粗取精的分析和研究,从中得到借鉴。

其二,发展生活化、具体化、科学化的教育。我国监狱的罪犯教育注重政治性、统一性、集体性、理论性、宏观性,如法制道德教育、形势政策教育等等,这都是很重要的。为了丰富和发展罪犯教育,我们还应当注重个案化的、生活化的、实用性的、微观的、具体的、有个性特色的罪犯教育。在这方面,尽管我们已经有

所尝试,但发展得还不够快。而美国、日本等国的监狱这方面已经有了多年的实践。所谓"生活指导"就是生活化、社会化、具体化的教育。例如,美国德怀特女子矫治中心设立了一个专门的教育机构——家庭服务处,依靠刘易斯大学向女犯开设了与抚养、教育孩子的技能有关的课程,并采取了个别咨询、分组咨询或办学习班的方式,对女犯进行人际交往指导,避免家庭矛盾激化,化解家庭内部暴力,发展父母与孩子在体能、思想认识以及感情等各方面的关系,树立生活目标等方面的教育,形成了女犯教育的个性特色。经过比较我们看到,我国的罪犯教育过于注重统一性,反而在一定程度上限制了各监狱罪犯教育个性化特色的发展。

其三,教育手段应当科学化、多元化。经过中外罪犯教育比较,不难看到,我国监狱的教育手段比较单一,主要是集体教育、上课、个别谈话、学习讨论、评比考核等几种。对此,可以借鉴国外监狱的教育手段。例如,美国1971年由沃纳·埃哈德创立的"埃哈德讨论训练法",1974年首次用于监狱。这一方案的目标是强迫受训者检查控制自己生活的信仰体系。而这些信仰体系使罪犯的日常行为成为无意识的、习惯性的。经过训练,罪犯充分体验到了这种信仰体系,就能鼓励自己成为支配自己行为的主人,而不是行为的体现者或反应者,这样,自己就能控制自己的生活了。据说,这一训练的效果是不错的。再如其他的教育矫治方案,如交往分析、现实疗法、行为矫正法、情感成熟指导法等等,其内容和形式都是比较丰富的。我们看到,美国的罪犯教育方案的设计是精心的,并包含着和运用着一定的学科理论或原理,一旦用于罪犯教育的实践就表现出丰富多元的教育手段。我们并非要照搬这些教育方案和手段,而是主张,我国监狱的罪犯教育也应当向科学化、多元化方向发展。

(三)如何使罪犯教育的成效得到保证

即便具备了完善的教育理论、明确的教育目标、丰富的教育内容与形式,如果监狱的教育者与作为受教育者的罪犯之间难以合作,那么,教育的成效就难以得到保证。美国监狱的罪犯参加教育的人比较少,这在很大程度上限制了教育成效的实现。相反,我国监狱的罪犯教育则收到了显著的效果。以文化教育为例,据统计,1991年底,全国监狱共开办各种文化学习班1.2万余个,参加文化学习的罪犯达51.8万余人,入学率占应参加学习的92.5%。再以技术教育为例,据1991年统计,罪犯中有56.1万人参加各类技术培训班,占应接受技术教育犯人的83.8%。累计有54.6万余人经社会劳动部门考核合格,获得技术等级证书。① 两者相比,何以形成这种反差呢? 原因并非在于中国的罪犯比美国的罪犯更好学,而是因为教育的原则与方式存在区别。在前文,我们已阐明,教育的强制性以及教育必须与劳动相结合是中国罪犯教育的两大原则,这两大原则保证了教育成效的实现,因为监狱的罪犯教育是一种特殊的教育,它的运行和实现必须借助于严格有序的规范,缺少这样的规范,不少罪犯是不愿和不会自觉接受教育的。强制性教育和监狱劳动把罪犯置于严格有序且充实的监狱生活之中(不至于像不少美国监狱中的罪犯,整日无所事事,精神空虚,无事生非),这对于罪犯养成遵守纪律、服从管理、接受教育、热爱劳动等良好品质和习惯是有益的。而这些品质和习惯的形成,对于教育效果的实现是极为重要的素质保证,因为好逸恶劳、自由散漫、随心所欲的罪犯总是不愿意接受甚至抗拒教育的。这里可能涉及一个"人权"或"人道"问题,在我们看来,中国监狱罪犯教育的强制性是真正体现了人道精神的。这就像医生对于病人的手术,当手术必须实施时,强制性就体现了人道精神。当然,强制性最终还必须转化为罪犯接受教育的自觉性,才能最终达到教育的目的,中国监狱的罪犯教育实践表明:这种转化是普遍规律。

(四) 如何使东西方监狱文化更好地融合与借鉴

中外罪犯教育矫正制度的迥异,与各国监狱行刑的文化渊源不无关联。伦理化与宗教性是中西方法律文化的显著差异。由于儒家思想的深远影响,我国传统行刑文化呈现出惩罚与教化的双重性格。儒家文化强调礼纲伦理,主张德主刑辅,因而在刑罚道义的基础上,我国传统的监狱行刑包裹着道德教化的温情脉脉的面纱。这也就不难理解监狱对罪犯传统道德教育的普遍关注。而在西方,近世监狱的行刑感化主义起源于宗教的怜悯与赎罪观。受人道与博爱观念的影响,基督教徒不忍见严刑峻法之残酷,而欲以道德裁制、宗教感化为防遏犯罪之法,进而由囚禁变为训诫,由惩治衍生感化。应当说,当代发达国家盛行的宗教教诲与此有着直接的渊源。

与此同时,西方法律文化憧憬自由和正义,强调法治主义、权利本位,有着理性主义和自由主义传统,这一文化潜质在行刑领域中便表现为重视罪犯权利保障。而我国传统法律文化强调民族和集体利益至上,追求整体秩序与社会和谐,这种固有的文化积淀或许是对我国监狱限制罪犯宗教信仰活动的诠释。可见,通过比较中外罪犯教育矫正措施,能够折射出中西方法律文化的深刻差异。

---

① 参见国务院新闻办公室:《中国改造罪犯的状况》白皮书,法律出版社1992年版,第14页。

此外，中外各国的意识形态、政治制度、基本国情等不同，也是罪犯教育矫正制度呈现多样化的重要原因。比如，中国近代时期曾在"西学东渐"中被动移植了西方监狱的教育刑思想及行刑感化主义；而新中国成立后，罪犯教育模式最初主要是对革命根据地以及苏联"劳动改造"学说的继承，在相当长一段时期内我们甚至以"劳改学"的提法代替"监狱学"；直至 20 世纪 80 年代监狱学研究转型和复苏后，我国监狱的教育模式又开始主动复归并大量融入西方元素。因此，以中西方监狱文化交融的"不解之缘"为视角，审视中西方监狱教育制度的不同，有助于我国监狱行刑文化更好地兼收并蓄。

第三节　中国罪犯教育的历史比较

在进行中外监狱罪犯教育的比较时，还应当就几千年中国监狱的罪犯教育历史作一简明的比较。这是因为，中国是世界上历史最为悠久的文明古国之一；中国文化是世界上保存得最为完整的文化之一。而中国监狱的罪犯教育，同数千年的传统文化是不可分割的。对中国监狱罪犯教育的历史进行比较不仅能使我们了解中国罪犯教育的文化特色，而且，能使我们了解世界（主要是西方）罪犯教育的理念与方法如何影响中国的罪犯教育。

一、从"明刑弼教""德主刑辅"到沈家本的感化思想

中国监狱的罪犯教育具有深厚的传统文化底蕴。中国传统文化以儒、道、释三家为基本结构，其中儒家占主导地位。对教化的高度重视，是儒家学说的基本特点。孔子作为儒家学说的创始人，本身就是一位世界史上的大教育家，始终提倡并实践"有教无类"。儒家重教化的思想对中国监狱的历史产生了深远的影响。重教化的思想虽然是因孔子与历代儒家的倡导与实践而成系统，但它作为传统文化的特色与源头则早已形成。特别是这种特色和源头在刑罚理念上早已体现出来。《尚书·大禹谟》表明了这一理念，即："明于五刑，以弼五教"。《尚书》所说的时代，应当是奴隶社会初期。当时虽已有刑，却是作为"教"的辅助手段而存在，德治教化是当时处理社会矛盾的基本方式。这一历史渊源长久的教化理念，在中国监狱文化中保存了下来。到了西周，当时统治者的刑罚观是"明德慎罚"，这其实是"明刑弼教"的延续，即刑罚作为教化的辅助手段。据《周礼·秋官·大司寇》记载，西周统治者"以圜土聚教罢民"，对收入监狱的"罢民"（轻微刑事犯）进行教化，使之悔改。这是"明德慎罚"理念的体现。

"明刑弼教"的刑罚理念到了西汉就成了"德主刑辅"。这是汉武帝时期儒家董仲舒提出的治国理念,即治理国家要以儒家的礼仪教化为主,刑事惩罚为辅,不能专任刑罚。这样,在数千年的封建社会中,监狱的刑罚理念具有儒家的色彩。由于儒家在中国封建社会中占思想上的统治地位,因此德主刑辅思想也为历代统治者所信奉。但是,封建专制的本质决定了监狱在总体上是冷酷与残暴的。对于教化囚犯,比较微弱,"习艺"之类教育更微弱。直至明朝,封建社会走向没落,其内部已经孕育出资本主义萌芽,监狱罪犯教育较前有所进步。据吕坤《狱政》记载,明朝囚犯已有不少"习艺"项目,如打绳、纺线、木作、挑网巾、结草履、做布鞋等,"待艺习颇通之后,令自为生"。这相当于现代监狱的职业技术教育,教育目的已经包含了为囚犯回归社会后的社会生存着想。这在封建社会是一个进步。

中国监狱的罪犯教育,在清末的监狱改良过程中有了显著的发展。19世纪,欧美以及日本对监狱制度进行了改良;狱制改良之风随着鸦片战争以后帝国主义国家的入侵而影响清王朝。为了摆脱国内外困境,清王朝进行了狱制改良。而狱制改良的代表人物是清末修订法律大臣沈家本。重视对罪犯的教育,是沈家本狱制改良的重要内容之一。在沈家本的罪犯教育思想中,中国古代文化中"明刑弼教"的传统与西方监狱改良中强调的感化理念统一起来了。一方面,他推崇"明刑弼教"的优恤之政;另一方面,他接受了西方的感化之说,反对严酷的威吓主义,主张监狱应当"以感化为归宿"。他的罪犯教育理念是:人是可以感化的;要使犯人弃恶迁善,必须在狱内施行教诲,收感化之功。他强调设置监狱的宗旨都是"非以苦人辱人,将以感化人也"。在罪犯教育中,他尤其注重对少年犯的教育。他认为"刑罚与教育互为消长",单纯用刑罚,而不普及教育,是难收"弼教"之功的。尤其是少年犯尚未成人,更是可教而不可罚。他说:"丁年以内(即十六岁以内)乃教育之主体,非刑罚之主体。"沈家本以感化主义为宗旨的罪犯教育思想最终形成了以感化主义为宗旨的监狱教诲教育制度。在《大清监狱律草案》中已明确表达出这样的行刑理念:"行刑之三大要素,曰纪律,曰作业,曰教诲及教育。"《大清监狱律草案》的第六章共七条,规定了监狱的教诲教育制度。对罪犯进行两个方面的感化教育:一是教诲,注重"德育""期其人格之改良";二是教育,注重"智育"。

由于清朝末年的封建专制统治已非常腐朽,监狱的罪犯教育也难以落实,难有什么效果。但是,对于中国监狱罪犯教育的历史而言,清末出现的罪犯教育理念是进步的。特别是沈家本的感化思想,既继承了中国古代文化"明刑弼教"的传统，又吸取了西方近代监狱行刑理念中的教育因素，是值得肯定的。

二、民国时期的罪犯教育

清王朝在辛亥革命中崩溃，实施未果的监狱改良则由北洋军阀政府所继续。在这一时期的监狱改良中，各类以西方监狱为范本的"新式监狱"开始创建。根据北洋政府1913年公布的《中华民国监狱规则》，在新式监狱中设置各类监狱官吏，其中包括教诲师和教师。教诲师在典狱长指挥下，负责对罪犯进行道德教育工作；而教师，则在典狱长指挥下，从事对罪犯的文化知识教育事务。对罪犯的教育成效如何，纳入北洋政府颁布的《监所职员奖惩暂行章程》中，对"尽心教导感化多名者"给予奖励。宗教教诲，是北洋军阀政府时期罪犯教育的主要手段。北洋政府在1915年召开的监狱会议通过决议："教诲应以因果报应感化有效方法为主，以他教辅之。"强调以宗教的因果报应之说劝导罪犯。

国民党政府的监狱管理制度继承了北洋军阀政府的监狱管理制度，仍然仿效资本主义国家监狱的罪犯教育方式。在1928年由南京国民政府司法部颁布的《监狱规则》中，设有教诲及教育专章，明确规定，在监者一律施以教诲及教育。教诲与教育之区别在于：教诲的目的是德育即道德训导和人格陶冶；教育的目的是智育的培训和训练。正如当时的监狱学者所说，教诲"即专注重于德育之谓也"，教育"即专注重于智育之谓也"。

国民党政府的新式监狱设有专职的教诲师，负责对罪犯的教诲；而旧式监狱（县监狱）的教育事务则由狱管员兼理。教诲的方法分为三种：集体教诲、类别教诲和个别教诲。集体教诲，就是集合全体罪犯于教诲堂，施以教诲，内容如"民族精神之谈话""总理遗嘱""监狱之作用""孔子之道""知足不辱""忍耐之功用""信仰入门与真义"等。类别教诲是针对不同类型的罪犯施以不同的教诲，如对鸦片犯的教诲有"戒烟与决心"；对盗窃犯教育有"不可无耻""善恶到头终有报""行为就是人格的表现"等；对伤害犯的教诲有"和气致祥"等。在类别教诲中，还包括入监教诲和出监教诲。入监教诲的内容如"对入监者的希望""求自新之路""积极改悔，永做良好公民"等；出监教诲的内容如"怎样做好人""修养完善人格""忍耐"等。个别教诲则针对罪犯个体情况施以教诲，往往先作问卷调查，以了解其历史、家庭、经济收入等情况。

国民党政府的监狱特别重视宗教教诲的作用，把佛教经典和基督教圣经作为基本教材。一些模范监狱除了让罪犯成天诵读佛经、圣经以外，还邀请高僧和牧师到监狱为罪犯谈佛法、讲圣经。如基督教上海圣公会到监狱讲授基督教教义长达 30 年。当时监狱学者认为:"宗教乃借神之力,志在劝善,最易动人,尤易动社会中下等无知之平民。犯罪人中,以此种下等人为多数。故宗教之力,功效无穷。"①国民党政府监狱的教育事务由专职教师负责。小学文化程度必修公民、国语、算术、珠算及习字、作文等课程。教育时间限定每星期 24 小时以内。

从新中国成立之前北洋政府和国民党政府的监狱罪犯教育相比较来看,其总体结构与教育内容及目的并无重大差异,都是由教诲与教育两大部分构成,分别以德育与智育为目的。而这一总体结构与内容则是从清末沈家本那时起就已经形成了。因此,可以这样说,在 20 世纪初,以沈家本为代表的清末监狱改良开始到 1949 年新中国成立这半个世纪里,中国监狱教育的总体构架和结构基本相同。由于从清末、北洋军阀政府到国民党政府的历代统治都是黑暗的专制统治,因此,其监狱之残暴黑暗和腐败也是大同小异,其教诲与教育目的是为了奴化犯人,维护其专制统治。但是,从监狱史发展的角度看,自沈家本以来,中国监狱接受了西方欧美监狱改良的影响,建立了监狱的罪犯教育制度,设计了教诲和教育的内容。这比起封建专制时代的监狱罪犯教育来说,是有所进步的。

在新中国成立之前,真正体现伟大历史进步的监狱是革命根据地的监狱。1931 年 11 月,中华苏维埃共和国成立后,开始建立工农民主政府的劳动感化院。这是与历史上一切剥削阶级的监狱有着本质区别的新型监狱。1934 年,中央工农临时政府的工作报告指出:"苏维埃的监狱对于死刑以外的罪犯是采取感化主义,即用共产主义精神与劳动纪律去教育犯人,改变犯人犯罪的本质。"劳动感化院利用多种形式对罪犯进行教育。譬如:上政治课、组织读报组、识字班、设立图书馆、出墙报、开展有教育意义的文娱活动等。到了抗日战争时期,根据地的监狱确立了"教育改造主义"的狱政思想,对罪犯的教育实践已经呈现出许多新的特点:

第一,强调监狱与旧中国监狱的本质区别。它不再是单纯的惩罚犯罪的场所,也是"犯人的教育机关"。②

第二,强调感化教育,并与资产阶级感化主义在本质上和内容上完全不同。特别是强调尊重罪犯的人格,把罪犯当人看待,清除一切虐待、凌辱、奴役罪犯的做法。

第三,强调教育与劳动改造相结合。抗日民主政府认为,"对犯人进行劳动

---

① 转引自何鹏、杨世光主编:《中外罪犯改造制度比较研究》,社会科技文献出版社 1993 年版,第 232—233 页。
② 具体参见 1942 年《陕甘宁边区司法纪要》。

改造,是改造犯人最有效的方法之一。"在强调劳动改造的同时,宗教教诲、思想奴化被否定了。

第四,强调监狱应以教育为主,在教育中突出思想教育。监狱有三项任务:管理、教育和生产,其中教育是中心。1945年陕甘宁边区司法会议指出,"对犯人的教育是监狱工作的中心,而教育是以实际改造其思想为主"。

同清末时期的监狱、北洋政府及国民党政府的监狱罪犯教育相比较,革命根据地的监狱虽然也是以教育刑论为基本理念,强调对罪犯的感化教育,但是,革命根据地的监狱已经是人类历史上一种前所未有的新型监狱,其罪犯教育已经具有新的特点。根本原因在于,革命根据地的监狱已经确立了以马克思主义这一人类历史上最先进的理论作为指导思想,并受到了社会主义国家苏联的监狱工作的影响。新中国成立以后,中国监狱在罪犯教育实践中所体现的基本特色,如教育与劳动改造结合、尊重罪犯的人格、实行人道主义等等,在革命根据地的监狱工作中已经形成。

三、新中国改革开放前后的罪犯教育

新中国成立以后,中国监狱的罪犯教育形成了鲜明的社会主义特色和中华民族文化特色。这些特色在革命根据地时期已经具备雏形,新中国成立以后得到了丰富和发展。特别是毛泽东关于罪犯改造的理论指导了中国监狱罪犯改造的实践。在改造日本战犯、国民党战犯和清朝末代皇帝以及其他刑事犯的实践中,中国监狱的教育取得了举世瞩目的成就。新中国成立半个多世纪以来,中国监狱罪犯教育的结构、目的、方法、基本特色是大体相同的,但是,变化和发展也是显而易见的。改革开放前后,中国监狱的罪犯教育的较大变化主要体现在以下几点:[①]

第一,改革开放以前,中国监狱的罪犯教育是以阶级斗争理论为指导的,强调以阶级斗争的观点、立场和方法来认识和分析罪犯的犯罪原因和思想行为特点,并以此为基础,以阶级教育作为罪犯思想政治教育的主要内容。改革开放以后,作为执政党的中国共产党否定了"以阶级斗争为纲",确立了以经济建设为中心,坚持四项基本原则、坚持改革开放的基本路线,罪犯教育的基础理论也发生了变化,不再局限于狭义的阶级分析和阶级教育,而是从人学的角度科学认识

---

① 由于在进行中外罪犯教育的比较过程中,我们已经阐述了新中国罪犯教育的基本内容和特点,因此,不再重复。在这里,我们仅对改革开放前后的罪犯教育作一比较。

罪犯、科学改造罪犯。

第二，改革开放以前，中国监狱的罪犯教育存在着泛政治化的特点，它体现在对罪犯的教育中，习惯于从政治高度来认识罪犯的道德问题、心理问题、行为问题；在教育内容的设计上，是配合历次政治运动组织罪犯学习相关内容，如《人民日报》社论、中央文件及相关政策、《毛泽东选集》等。改革开放以后，罪犯教育的泛政治化特点逐步淡化。虽然思想政治教育仍然是罪犯教育的主要内容，但并非泛政治化；而且，随着政治运动的结束，与此相关的教育内容也不存在了。特别是对罪犯的道德问题、心理问题和行为问题也不仅仅以政治教育角度为唯一分析角度了。

第三，改革开放以前，中国监狱罪犯教育的目标过高，甚至要求罪犯形成"无产阶级的世界观"（即马克思主义世界观）。改革开放以后，罪犯教育的目标越来越现实。1994年颁布的《监狱法》规定"将罪犯改造成为守法公民"。因此，监狱罪犯教育的内容和目的都是围绕这一现实目标而设计的，使罪犯能够顺利回归社会，不再犯罪。

第四，改革开放以前，中国监狱的罪犯教育方法和手段比较少。改革开放以后，各种新的教育方法和手段得到创造和普及，例如分类教育、心理矫正、监区文化建设、智力开发等。

第五，改革开放以前，中国监狱强调干警是教育主体，罪犯是受教育者，是被改造的对象。改革开放以后，罪犯在教育中的主体地位逐步被认可。罪犯教育，归根结底应当是罪犯的自我教育。这一理念已经被普遍接受。

综上可以看出，改革开放前后，中国监狱的罪犯教育发生了明显的变化。变化的根本原因在于改革开放前后中国的政治、经济和文化发生了深刻的变化，从而对罪犯教育产生了深刻的影响和改变。但新中国成立以来，中国监狱罪犯教育的基本特色是一脉相承的。

四、中国罪犯教育历史比较的几点结论

对于具有五千年文明史的中国而言，以上对罪犯教育历史的比较是非常粗略的。这种粗略不仅是因为历史漫长，同时也因为史料不全。即便如此，我们也可以得出这样几点结论：中国罪犯教育在不同的历史时期具有共同特点，但同时又具有不同的特点；对中国历史上的罪犯教育，我们应以历史唯物主义的态度，继承其长处，剔除其糟粕。下面作一简要论述。

(一) 从中国罪犯教育的总体历史看,存在着一些共同的特点

1. 从总体上看,中国作为一个文明古国,对罪犯教育比较重视。尽管在不同的历史时期,罪犯教育的地位和重要性是不同的,但是从世界史的角度看,中国的罪犯教育起步比较早,历史非常悠久。中国作为世界上四大文明古国之一,形成了重视教育和教化的历史传统。根据历史文献记载,中国古代教育的起源,可以追溯到夏以前。传说中的伏羲、神农、黄帝、尧、舜等,都非常重视教育。罪犯教育作为整个民族教育的一部分,起源也很早。从西周开始,监狱的罪犯教育已经有了明确的文字记载,这在世界史上是很罕见的。

2. 中国的罪犯教育具有明确的政治目的,那就是以安邦定国、长治久安为最高价值取向。从古代的"明刑弼教""德主刑辅",直到新中国监狱规定以"思想政治教育"作为罪犯教育的重点,无不体现这一特点。"明刑弼教""德主刑辅"等等,都是治国理念,属政治范畴。把罪犯教育归属于整个政治范畴之中,可以说是几千年中国罪犯教育历史的一大特点。

3. 中国的罪犯教育以家庭伦理道德关系为基本特色。在中国几千年的传统文化中,宗法家族文化占据着重要的地位,而宗法家族文化所注重的就是家庭伦理道德、家庭的宗亲关系。据《尚书·舜典》记载,虞时即设有学官,管理教育事务,负责对人民进行父义、母慈、兄友、弟恭、子孝五种家庭伦理道德的教育。这一总体的文化特点,决定了几千年中国的罪犯教育一脉相承的基本特色。至今,罪犯教育依然非常注重家庭伦理道德关系,讲求"亲情教育"。

(二) 中国罪犯教育在不同历史时期所具有的不同点

1. 在不同的历史时期,罪犯教育在监狱中的地位和重要性是不同的。在中国古代,虽然在刑罚理念上已经提出"德主刑辅""明德慎罚",但由于整个国家政治制度是专制主义的,因此,在刑罚实践上仍然是刑罚报复主义和恐吓主义占统治地位,罪犯教育地位甚低。但随着历史的进步,罪犯教育在监狱中的地位和作用日益重要。特别是鸦片战争以后,西方的刑罚文化影响中国,并与中国历史上固有的儒家重教思想相结合,罪犯教育在监狱中的地位上升了。到了革命战争年代,在革命根据地的监狱中,罪犯教育的地位与重要性更是极其重要了。新中国成立后,中国监狱工作始终坚持"以改造人为宗旨",从根本上确立了罪犯教育的重要地位。

2. 在不同的历史时期,罪犯教育的目的是不同的。从商周以降至清末以及北洋军阀和国民党统治时期,罪犯教育的目的是奴化,以巩固剥削阶级的统治。直到 20 世纪 30 年代革命根据地成立以后,罪犯教育的目的才发生了根本性的

变化,它以马克思主义关于"解放全人类"的思想为基础,教育改造罪犯,使他们改恶从善,重新做人。新中国成立后,由革命根据地的监狱所确定的罪犯教育目的被继承下来,并有所发展,在监狱制度建设乃至监狱法中得到了确认和体现。

3. 在不同的历史时期,罪犯教育的内容不同。教育内容之所以不同,有两个基本原因:其一,教育内容是为教育目的服务的,是由教育目的所决定的。不同历史时期的教育目的不同,教育内容也不同。例如,在中国封建社会,整个社会的教育是以"三常五纲"为基本内容的,监狱的罪犯教育也必然离不开这个主题。随着封建社会的结束,教育内容也发生了变化。又如,国民党统治时期监狱的"三民主义"教育也同新中国监狱罪犯教育的内容完全不同。其二,教育内容是同社会生产力的发展、同科学技术的发展、同社会的文明程度提高密切相关的。社会生产力越高,科学技术越发展,社会的文明程度越高,罪犯教育的内容越丰富,越先进。社会上的一般教育如此,监狱的罪犯教育也是如此。例如,对罪犯的技术教育之所以出现在明朝,同资本主义的萌芽已在封建社会内部形成是密切相关的。因为商品经济发展了,就需要更多的手工业劳动者。

4. 在不同的历史时期,罪犯教育的方法不同。罪犯教育的方法也是随着社会生产力的发展、科学技术的发达、社会文明程度的提高而日益丰富和发展的。越是古代,教育方法越简单;越是现代,教育的方法越科学,越丰富。西周时的监狱,对罪犯的教育手段是"幽闭思衍",是非常单一的;到了清末,已将教诲与教育相区别;即使在新中国监狱,改革开放前后的变化也很大,随着电视、电脑、音像设备等等信息技术的普及,监狱罪犯教育的方法也更加丰富多样。

由于古代史料的欠缺,我们只能对中国的罪犯教育作一个比较粗略的历史比较。在历史比较中,我们应当肯定,在中国奴隶社会、封建社会,直至新中国成立之前的半封建半殖民地社会,罪犯教育是以奴化为基本目的的。但是,对此我们还必须以历史唯物主义的态度,通过历史比较,剔除其糟粕,吸取其精华。例如,"明刑弼教"的重教育思想、"德主刑辅"的以德治国的理念以及在教育中注重家庭伦理道德等等,都是值得继承的,它们都鲜明地体现出了中华民族传统文化特色。

主要参考书目

1. 杜雨主编:《罪犯教育学》,陕西人民出版社1989年版。
2. 杜雨主编:《监狱教育学》,法律出版社1996年版。
3. 力康泰主编:《改造教育学》,群众出版社1985年版。
4. 司法部劳改专业教材编辑部编:《罪犯教育学》,社会科学文献出版社1993年版。
5. 王秉中主编:《罪犯教育学》,群众出版社2003年版。
6. 高莹主编:《矫正教育学》,教育科学出版社2007年版。
7. 华中师范学院教育系等合编:《教育学》,人民教育出版社1982年版。
8. 唐文忠等编:《教育学》,黑龙江人民出版社1983年版。
9. 叶上雄主编:《教育学》,人民教育出版社1991年版。
10. 全国十二所重点师范大学联合编写:《教育学基础》,教育科学出版社2002年版。
11. 傅道春主编:《教育学》,高等教育出版社2000年版。
12. 潘国和主编:《监狱法学》,华东师范大学出版社1995年版。
13. 潘国和主编:《当代中外行刑制度比较研究》,上海大学出版社1998年版。
14. 张耀灿等:《现代思想政治教育学》,人民出版社2001年版。
15. 史殿国、刘世恩主编:《监狱学基础理论》,中国市场出版社2005年版。
16. 夏宗素:《罪犯矫正与康复》,中国人民公安大学出版社2005年版。
17. 劳改专业教材编辑部、《中国劳改学研究》编写组:《中国劳改学研究》,社会科学文献出版社1992年版。
18. 中国监狱学会编:《优秀论文集》(2003—2005)(上、下册),中国监狱学会2007年编印。
19. 兰洁主编:《监狱学》,中国政法大学出版社1999年版。
20. 司法部劳改专业教材编辑部编:《劳改学基础理论》,社会科学文献出版社1993年版。
21. 王泰主编:《现代世界监狱》,中国人民公安大学出版社1998年版。